高职高专旅游及餐饮管理类专业系列教材

现代旅游客源国概论

主　编　杨载田　邓运员

参　编　覃业银　陈春泉　刘天曌

屈中正　彭灵芝　刘秋华

湖南省普通高校精品课程建设项目（湘教通［2006］33号－85）成果

湖南省教育科学“十一五”规划2006课题项目（06CZC036）成果

湖南省2008年普通高校教改项目（湘教通[2008] 263号）成果

机 械 工 业 出 版 社

本书是作者在高校多年的旅游教学和研究实践基础上所编写的一本具有较强改革创新意识的国际旅游客源市场读物。全书共八章，第一章为旅游客源国导论，对国际旅游客源市场及其相关理论知识进行了概括，对全球国际旅游宏观客源市场的发生、发展及其变化规律，以及中国国际旅游客源市场的兴起、发展及其在世界国际旅游中的地位进行了分析；第二至七章依次对全球六大国际区域及其所属主要旅游客源国形成的地理环境背景、旅游资源与旅游产品的特点及现代国际旅游业与旅游市场的发展进行了分析、概括和总结；第八章为世界特色旅游小国举要，对各大区域旅游市场中值得学习借鉴的一些特色旅游小国旅游业的成功之道进行了精要的分析和研究。本书具有较强的时代面向性和实际应用性特点，尤其对世界52个较为重要的国际旅游客源市场国家和19个特色旅游小国共71个国家进行了重点推介。本书以高职院校教材建设“理论以够用为度，重在学生实践应用能力培养”为基本依据，特针对各大国际区域旅游客源市场及其主要客源国家配备了地图，还有供审美鉴赏体验的上百幅生动直观的景观图片和供学生辨认识别的每个旅游客源国家的国旗、国徽图案；每章之后还特设了一个包括课堂讨论、复习思考、实践指点等内容的“实战演练”板块。

本书科学实用，既可作为高职院校的适用教材，又可供旅游工作者和旅游爱好者学习阅读，对国际旅游实践工作者进行国际旅游活动也具有一定的参考价值。

为方便教学，本书配备了电子课件等教学资源。凡选用本书作为教材的教师均可登录机械工业出版社教育服务网www.cmpedu.com免费下载。如有问题请致电 010-88379375 联系营销人员。

图书在版编目（CIP）数据

现代旅游客源国概论/杨载田，邓运员主编. —北京：机械工业出版社，2011.7（2022.8 重印）
高职高专旅游及餐饮管理类专业系列教材
ISBN 978-7-111-34693-7

Ⅰ. ①现…　Ⅱ. ①杨…　②邓…　Ⅲ. ①旅游客源—概况—世界—高等职业教育—教材　Ⅳ. ①F591

中国版本图书馆 CIP 数据核字（2011）第 149531 号

机械工业出版社（北京市百万庄大街 22 号　邮政编码 100037）
策划编辑：徐春涛　　责任编辑：徐春涛　安虹萱
封面设计：马精明　　责任印制：单爱军

北京虎彩文化传播有限公司印刷

2022 年 8 月第 1 版 • 第 8 次印刷
184mm×260mm • 16 印张 • 396 千字
标准书号：ISBN 978-7-111-34693-7
定价：45.00 元

电话服务	网络服务
客服电话：010-88361066	机　工　官　网：www.cmpbook.com
010-88379833	机　工　官　博：weibo.com/cmp1952
010-68326294	金　　书　　网：www.golden-book.com
封底无防伪标均为盗版	机工教育服务网：www.cmpedu.com

主 编 介 绍

杨载田，衡阳师范学院资源环境与旅游管理系教授，兼湖南科技经贸职业学院经济管理学院院长、中国徐霞客研究学会学术委员、全国丹霞地貌旅游开发研究会理事、全国农学会都市农业分会理事、湖南休闲农业协会特聘专家、湖南省旅游学会首席专家团专家；曾主持湖南省普通高校重点建设专业、重点建设课程、精品课程，以及“21世纪湖南旅游可持续发展研究”、“湖南教改重点项目中国旅游地理课程创新研究与实践”、“湖南高校21世纪课程教材建设项目《中国旅游地理》”等省、部级科研教改课题12项，参与国家自然科学基金资助项目、国家社会科学基金资助项目及全国“十五”教育科学规划项目等课题研究5项；出版专著和主编教材《徐霞客及其旅游研究》、《湖南旅游研究》、《湖南乡村旅游研究》、《中国旅游地理》、《旅游客源国概论》、《现代旅游学概论》、《湖南乡土地理》等16部，公开发表学术论文140余篇；获省、部级教学、科研优秀成果奖7项，优秀教材、科研论文及教学课题优秀研究成果奖12项。由于在教书育人及科学研究等方面成绩较为突出，杨教授曾获“全国优秀教师”、“市级学科带头人”和“有突出贡献的科技拔尖人才”，以及校级“十佳授课教师”、“教学名师”等荣誉称号，并经国务院批准享受政府特殊津贴。

前　言

世界旅游组织预言，“21 世纪是世界旅游的世纪”，“2015 年，发达国家将全面进入休闲时代，发展中国家紧随其后”，世界国际旅游客源市场发展前景广阔。中国的现代旅游业也像世界其他发展中国家一样，经历了先发展国际入境旅游，再发展国内旅游和国际出境旅游的过程。自 20 世纪 70 年代末以来的 30 多年间，中国现代旅游业已逐步呈现出国际入境旅游持续稳定发展、国内旅游蓬勃发展、国际出境旅游快速发展的大好局面。同时，中国旅游业在经历了政治接待、民间外交、旅游创汇、扩大内需、安置就业、开发西部、脱贫致富和新农村建设等发展阶段后，如今已从单纯实现社会经济提升到了国家发展战略和国家整体利益的层面上，尤其是国际旅游已发展到了一个前所未有的新阶段。为其服务的旅游教育随之兴起，“旅游客源国”课程应运而生，并已成为大专院校旅游、酒店等专业学生的必修基础课程。学者们对这门课程的研究对象、科学属性和任务的理解各有侧重，使其知识内容体系也呈现出百花争艳的态势。

教材是教学改革的载体、课程建设的核心，目前中国各大专院校所使用的教材出现了《中国旅游客源国概况》、《客源国概况》、《中国旅游客源国和地区》、《中国海外客源市场》、《中国旅游市场概论》等名称。由于近几年在“客源国概况”的教学中，我们有机会进一步学习研究了不少同行的专家学者所编著的相关教材版本，获益匪浅，也形成了自己对课程教材改革相对完善的一些思路，并共同编写了这本《现代旅游客源国概论》。本书的最大特色就是以继承和创新为宗旨，融合各家之长，形成自己的独特风格。

（1）将“概况”改成“概论”。我们认为“旅游客源国”应该是一门科学，而且是介于国际区域旅游市场学与世界旅游地理之间或旅游市场学与地理科学之间的一门边缘科学，具有很强的区域性、综合性和客观实践性特点，必须强调其应该有一定的理论构建。“概况”往往偏重于知识的罗列和资料的堆砌，难以让人将其理解为一门具有一定理论含量的高职课程，故而本教材构建了“旅游客源国导论”一章以引领全书，并以“旅游者及其旅游活动与地理环境的关系”即人地关系理论为主线，对中国国际旅游客源市场的发生、发展、特点和分布进行规律性探索，使读者对其旅游客源国家不仅知其然，而且知其所以然。

（2）服务目标明确，研究主题突出。“旅游客源国”课程的任务应该是为中国国际旅游客源市场的可持续发展服务，研究的主题应该也就是中国的国际旅游客源市场。国际旅游业发展的实践表明，只有放眼全球，全面学习，研究世界，既掌握国际旅游客源市场的一般规律，又掌握各旅游客源国的具体情况，建设中国旅游强国才能如愿以偿。因此，本课程教材的内容体系便是围绕国际旅游客源市场这个中心，研究其发生发展的地理环境背景、旅游资源与旅游地的特点，以及各国际旅游客源市场大区及其旅游客源国与中国的旅游关系，以全面展示中国发展国际旅游的丰硕成果。为此我们进行了高度概括和精练总结，使得教材在有限的篇幅之内专题研究了 52 个旅游客源国家，并对世界 19 个特色旅游小国进行了专题式精要论述，真正体现了当前我国的国际旅游客源市场遍及全球，有助于旅游经营部门开展国际旅游市场营销，也有利于读者放眼全球，认识和熟悉更多的与中国有关的旅游客源国家。本教材为中国公民出境旅游选择最适合自己的目的地国家提供了一定的依据，更为重要的是，它有利于学生全面认识和掌握国际旅游客源市场和目的地市场。

（3）对国际旅游客源市场区划体系进行适当调整，市场层面更加清晰。全书共八章，第一章为旅游客源国导论，研究主要国际旅游市场及国际区域旅游市场的基本理论与实际问题，以统领全书；第二章至第六章都是研究世界六大国际区域旅游市场及其客源国家的。每一个国际区域旅游市场都是通过第一节“概述”从宏观层面研究理论与实际问题，然后再分述各主要旅游客源国家。必须说明的是，中国香港特别行政区、澳门特别行政区及台湾省因目前的特殊国情使其具有某些国际旅游客源市场的特点，为了统计方便，国家旅游局将其列入“海外旅游市场”或“境外旅游市场”之中。我们认为该地区在“旅游学概论”等课程中多有论述，同时也是“中国旅游地理”课程研究的重要内容，在高职课程教学学时极为有限的情况下确实没有必要进行重复论述。另外，世界旅游组织所划分的六大国际区域旅游市场中，中东旅游市场包括西亚和北非两个次区旅游市场，而由苏联分化出来的“中亚五国”至今尚无着落；同时，我们认为国际旅游客源市场的教学区划并不等同于其应用区划，从教学的角度讲，非洲不能没有“北非”，“中亚”也应该有一个国际区域旅游市场的应有归属。鉴于“中亚五国”与西亚次区毗连，且自然环境与自然资源、历史文化与宗教信仰等方面相近，故而本教材将北非地区回归非洲旅游市场，将西亚和中亚调整为一个统一的国际区域旅游市场，即西亚与中亚旅游大区市场，这样的国际旅游客源市场区划变得更加完整，更符合国际旅游客源市场发展的实际。

（4）图文并茂，直观生动。本教材打破常规，比较多地运用了经济统计图表和地图等地理表现方法，以展示世界旅游客源市场各要素的内在联系及变化特征、各国际旅游客源市场大区及其客源国的空间分布，这不仅有利于开发学生的空间思维能力，培养学生的实际应用能力，而且使教材图文相衬，从而提高了教材的文化品位和科学实用性。本教材不仅知识准确、条理层次清晰、文字简练、语言简明易懂，而且适当选用了一些寓意较为深刻的奇闻轶事，更具趣味性和可读性。

《现代旅游客源国概论》是多校参与、多位作者合作的成果，是集体智慧的结晶。全书由杨载田、邓运员担任主编，负责组编、统稿、定稿等主体工作。具体编写分工如下：第一至三章由杨载田与邓运员共同完成，第四章和第五章由杨载田、覃业银、刘秋华共同完成，第六章由杨载田、刘天曌共同完成，第七章由杨载田、陈春泉共同完成，第八章由杨载田、邓运员、屈中正和彭灵芝共同完成；屈中正、刘秋华和彭灵芝还协助主编进行了修改与定稿工作；全书的统计图表和地图由邓运员和龚雨制作完成；每章的“学习提示”和“实战演练”部分由杨载田、邓运员、刘天曌共同设计完成；本书的多媒体电子课件由杨载田、刘天曌和彭灵芝共同完成。

本书在编写过程中借鉴了不少同行专家、学者的研究成果，也得到了湖南科技经贸职业学院刘福生董事长、刘平娥院长和彭文武副院长以及衡阳师范学院刘沛林院长、皮修平副院长的关心和指导，在此一并表示衷心的感谢！本书是《中国旅游地理》的姊妹篇，能有此机缘都在机械工业出版社出版，全赖于机械工业出版社领导的信任、关怀和徐春涛先生的具体指导，感激之情难以言喻。

由于能力和条件之所限，书中不足之处在所难免，有待于今后进行更为严密的逻辑构建和科学概括，也希望同仁、专家和热情读者批评指正。

杨载田于湖南科技经贸职业学院福园

2011年5月

目录

第一章

旅游客源国导论

学习提示

本章是整本教材的基础和先导。为便于后续各章的学习，本章特对国际旅游市场、国际旅游客源市场、国际旅游目的地市场等相关知识理论以及国际旅游市场的划分、特点、构成、主要影响因素等方面的知识进行了概括。同时，本章还对当今世界国际旅游客源市场的发生、发展变化特点，国际旅游客流及其流向、流量的规律，国际旅游客源市场的需求趋向等方面进行了简要分析；对中国国际旅游市场发展的特点及其在全球国际旅游市场中的地位、与世界主要客源国的关系进行了概略性的归纳和总结。本章学习的重点主要是与国际旅游客源市场相关的基本概念、全球国际旅游客源市场发展变化的主要特征、国际旅游客流规律和中国在全球国际旅游中的地位及其作用。

第一节　旅游客源国概论基础

一、国际旅游市场

1. 国际旅游市场的概念

国际旅游市场是指在国际旅游经济活动中，旅游者与旅游经营者之间围绕旅游产品交换所产生的各种联系和经济关系的总和。其中，旅游者和旅游经营者是国际旅游市场的主体，旅游产品是其客体。从旅游需求角度看，国际旅游市场是指一定时间和条件下对旅游产品具有支付能力的旅游群体，也就是通常所说的旅游需求市场或国际旅游客源市场，简称为旅游者市场，其反映了国际旅游需求和消费的总体规模和水平；从旅游供给看，国际旅游市场是指一定时间和地域范围内提供旅游产品的旅游经营者群体，也就是通常所说的旅游供给市场或旅游目的地市场，简称国际旅游地市场，其反映了国际旅游供给能力和提供旅游产品的规模水平。国际旅游市场由旅游客源市场和目的地市场构成。

2. 国际旅游市场的特点

（1）**全球性** 全球化已成为当代世界经济发展的显著特征。随着金融全球化、资本国际化、国际信息网络化的深入发展，各国经济间都相互依存、相互渗透、不断深入，使得国际旅游活动也遵循着由国内到国外、由区域向全球的发展规律。

（2）**波动性** 持续稳定发展是当代国际旅游市场发展的主流，但某一时期或某一地域受到诸如战乱、灾荒、恐怖袭击事件、流行性疾病、金融危机等因素的影响，就会造成全球性或地域旅游市场的波动和变化。

（3）**多样性** 旅游者的需求和旅游经营者的供给都具有多样性，决定了国际旅游市场也具有多样性。其主要表现为旅游者出游的需求和动机各不相同，或旅游经营者受各种社会、经济、环境条件的制约，导致多种多样的旅游需求或供给市场的出现。

（4）**季节性** 世界各国家和地区气候及其他如自然生态环境的差异，加上其休假制度和闲暇时间的安排差异，都会使旅游者出游时间集中在最舒适季节和最清闲的时间，乃至形成旅游目的地接待工作的“淡”、“旺”季变化。

3. 国际旅游市场系统

国际旅游市场是国际旅游者通过旅游媒介，从旅游客源地到达旅游目的地再回到旅游客源地的旅游活动全过程，是一种特殊的区域关系，是一种地域和功能上的完整的开放系统。该系统一般是由旅游者、旅游客源地、旅游交通（旅游通道）、旅游目的地和旅游业五个具有空间和功能联系的要素组成的开放系统。这一系统又受到由自然、文化、社会、经济、政治和技术等要素所构成的外部环境的影响。其中，旅游客源地、旅游目的地、旅游交通（旅游通道）是旅游市场系统的空间组成要素，旅游者和旅游业则是旅游市场系统的功能要素。五个要素通过空间和功能方面的相互作用联结为同一整体，并互为依存、相互影响、同步发展。

二、国际旅游客源市场

1. 国际旅游客源市场及其相关概念

（1）**国际旅游客源市场与海外旅游客源市场** 国际旅游客源市场又称国际旅游者市场，就是指产生国际旅游者的地域，即产生国际旅游者的国家或地区，简称为旅游客源地。在通常情况下，大多数国家和地区，既有本国的居民到别的国家旅游，同时也接待别的国家到访的游客，即既是旅游客源国，同时又是旅游目的地国，纯粹的旅游客源国是很少见的，互为国际旅游客源市场是当代国际旅游市场发展的大趋势。国际旅游客源市场需求，主要取决于一定时期市场范围内的人口数量、规模及其旅游者对旅游产品的购买欲望、购买能力和购买权利等因素。

根据我国对海外旅游者的界定，我国的海外客源由三部分人构成：包括外籍华人在内的外国人、海外华侨和港澳台同胞。鉴于港澳台地区属于我国领土主权不可分割的部分，按照国籍惯例不能将其划分为国际旅游者。但由于特殊的历史原因，香港和澳门有过一段国际屈辱史，尽管已经回归了祖国，目前尚属于特别行政区而实行了不同于内地的社会制度；尽管海峡两岸都认为只有一个中国，但台湾目前也仍保持着不同于大陆的社会制度。在目前这种特殊国情条件下，仅就旅游活动而论，港澳台游客来内地或大陆旅游采用了类似于国外游客的结算方法，故而特在旅游统计技术上采用了“海外”或“境外”客源市场的专业术语。

（2）**客流与流量、流向** 国际旅游客流是指国际旅游者由于旅游需求的近似性而引发的世界各国、各地区间群体性的空间位移现象。衡量旅游者空间移动规律的主要指标是流向和流量。

流向是指某个国家或地区旅游者根据其旅游需求对旅游目的地的选择指向。只有当旅游需求指向与旅游目的地的产品特征相吻合时，才会发生实际旅游空间的位移。流量是指一定时空条件下某一国家或地区出游人数所达到的数量规模。流量与流向互为条件，相互依存。国际旅游者在一定时期内有规律的流向和流量便形成了旅游客流的规律。

（3）**旅游购买力与旅游购买欲望** 旅游购买力就是指人们在其可支配收入中用于购买旅游产品的能力，即人们用于国际旅游的消费支出。旅游购买力通常由人们的收入水平所决定。旅游购买欲望反映旅游者购买旅游产品的主观欲望和需要，是把旅游者潜在购买力变成现实购买力的重要条件。旅游购买欲望一般取决于旅游者受教育的程度和消费观念的变化。

2．国际旅游客源市场的划分

（1）**国际旅游客源市场划分的概念** 国际旅游客源市场的划分，就是将全球旅游客源市场作为整体，根据国际旅游者对旅游产品购买所表现出的某些共同之处进行划分的过程。国际旅游客源市场划分有利于旅游目的地国家和地区更好地认识和了解复杂的国际旅游客源的分布、需求特点、发展趋势，以利于选定客源目标市场、开发旅游产品和有效地开展旅游市场营销。

（2）**国际旅游客源市场的类型** 国际旅游客源市场一般有五种划分方法即①按旅游者定义，可划分为过夜旅游者客源市场与一日游旅游客源市场。②按旅游目的，可划分为观光、公务、休闲度假、宗教等旅游客源市场。③按旅游消费水平，可划分为高消费旅游客源市场、标准消费旅游客源市场和经济型旅游客源市场。④按旅游组织形式，可划分为团体旅游客源市场和散客旅游客源市场。⑤按国家或地区即地理划分法，可分为洲别旅游客源市场、世界大区旅游客源市场、国家旅游客源市场等。例如，世界旅游组织（WTO）将全球划分为欧洲旅游客源市场、美洲旅游客源市场、东亚太旅游客源市场、非洲旅游客源市场、中东旅游客源市场和南亚旅游客源市场六大世界旅游客源市场，各大旅游市场又再分为若干个次区旅游客源市场，每一次区旅游市场又包括若干国家和地区。但必须说明的是世界旅游组织划分的世界六大旅游市场中，没有包括苏联解体时独立出来的中亚五国，而中东旅游客源市场中包括西亚和北非。就实际意义来说，中亚五国不能没有归属，而非洲不可能没有北非，故本教材特以西亚和中亚地区替代了中东地区。

3．国际旅游客源市场变化的主要影响因素

国际旅游需求的产生和实现，需要旅游者具备足够的支付能力、充足的可自由支配的闲暇时间、较好的身体状况和家庭环境、较强的旅游欲望以及有利的外部环境等，而这些主客观条件的具备都有赖于一个国家和地区多种因素的综合影响。

（1）**国家政治地理特征** 一个国家的领土规模、地理位置、定居人口数量、国家主权状况、政府质量等都直接或间接影响到其客源数量的规模、旅游者的消费水平、客流流向等。例如，美国是世界头等政治强国，德国是一个新兴的政治大国，它们都是著名的客源大国。

（2）**自然地理环境与自然资源** 一个国家或地区优越的地理环境和丰富的自然资源本

身就是其经济实力的展示，也将直接或间接影响到其社会经济发展及旅游需求能力的发展。例如，英国特有的海洋大国地位、优越的自然生态环境以及丰富的煤铁资源使其发展成为早期头等资本主义强国及近现代国际旅游客源市场大国。

（3）**经济发展水平** 现代国际旅游活动是一种高层次的物质消费活动，而一个国家或地区居民足够的可自由支配收入、充裕的可自由支配的闲暇时间、较高的受教育程度和科学文化水平，以及便捷的现代交通和发达的信息流等条件，无一不是以雄厚的经济实力为基础。纵观当今世界的客源大国如美国、德国、英国等国都是经济发展水平很高的国家。

（4）**人口特征** 一个国家或地区的人口规模、人口素质、城乡人口比重、居民宗教信仰，以及人口的年龄、性别、职业构成、旅游偏好、兴趣爱好、婚姻或家庭状况等因素都会对出游规模和客流的流向、流量产生较大影响。例如，一个国家或地区居民的受教育程度高，则其出国旅游的欲望强烈；城市人口比重大，则其居民出游的规模也会相应较大。

（5）**旅游资源特征** 旅游活动的动力便是地区间旅游资源与旅游环境的地域差异，其直接影响游客的流向和流量。例如，位处热带、亚热带地区的亚洲东盟各国冰雪罕见，冬季便形成了北上中国、日本等国领略北国冰雪风光的客流；相反，北美的加拿大和美国又形成了冬季南下中南美地区休闲度假旅游的巨大客流。

三、国际旅游目的地市场

1．国际旅游目的地市场及其相关概念

（1）**国际旅游目的地市场** 国际旅游目的地市场是对在一定的地域空间范围内向国际旅游者提供产品的旅游接待国家或地区的总称，简称国际旅游市场或国际旅游地，其反映了国际旅游供给的规模和水平。国际旅游目的地市场按旅游者活动的目的不同，可划分为观光目的地、休闲度假旅游目的地和专项旅游目的地；按目的地构成形态的不同，可划分为板块性旅游目的地和点线性旅游目的地；按空间范围大小，可划分为国家旅游目的地、区域性旅游目的地、城市旅游目的地和景区旅游目的地。但无论空间范围多大，其内部都必须具有相对一致的旅游吸引能力，其外部则必须具有相对异质的吸引力要素。

（2）**国际旅游过境地与集散地** 国际旅游过境地主要指国际旅游者去旅游目的地必经的主要口岸和交通枢纽；国际旅游集散地主要指国际旅游者去旅游目的地汇集和消散的国际口岸、交通枢纽及中心城市。过境地、集散地和旅游目的地都是国际旅游者实现旅游需求全过程的重要组成部分，也是旅游需求和供给的衔接。中南半岛南端的新加坡、中国香港、荷兰鹿特丹等都是三者的统一体。

（3）**旅游目的地吸引物与旅游环境容量** 旅游目的地吸引物是指旅游目的地一切能吸引旅游者的资源及条件，主要包括自然吸引物、人文吸引物和特殊吸引物三类，它们都是旅游活动展开的基础，是旅游者选择旅游目的地的决定因素。一个高水平的国际旅游目的地，一定集聚有许多数量丰富、质量上乘、组合很好的旅游吸引物。旅游环境容量是指旅游目的地在一定的时期内，某种综合性旅游吸引物或某种单独旅游吸引物的功能能够正常发挥并使旅游者满意条件下，所能接待外来游客的最大能力。旅游环境容量包括旅游资源容量、生态环境容量、服务水平容量、基础设施容量以及社会文化容量等，其直接影响旅游目的地的旅游接待规模和水平。

2. 高水平国际旅游目的地市场的必备条件

（1）**具有一定规模且独具特色的高品位旅游吸引要素**　这主要是指针对特定国际旅游目标市场和客源群体，在国际旅游市场上具有与众不同的独立特性，并具有一定市场优势的旅游资源和旅游环境及在此基础上开发出来的旅游产品。它既是一个国家或地区自然风景和社会历史发展的综合，体现一个国家或地区的自然、社会、历史、文化及民族的特色，也是一个国家或地区在国际旅游活动过程中的服务特色和设施特色，用以激发旅游者的旅游动机，并促成旅游行为。

（2）**系统完备而高水准的旅游设施和服务质量**　由于现代国际旅游者对旅游设施和服务的高标准和高要求，其中任何一个方面的缺失和不规范、不合理、不完善，都会直接影响其对旅游者的吸引力和其市场竞争力。因此，各地旅游基础设施和专门设施都必须系统、完备和高水准，对旅游者所提供的食、住、行、游、购、娱等旅游服务项目必须齐备、规范、及时、快捷、高效、富有人情味，以尽量满足国际旅游者求新、求异、求美、求乐，以及求得一个美好回忆的心理需求。

（3）**足够的活动空间**　空间是动态的综合性概念，在地域空间的基础上，还包括经济空间、社会空间、文化空间、心理空间以及市场空间（规模）等。具有足够的活动空间，才能满足国际旅游者的各种要求。按照空间尺度和地区的大小，旅游目的地可分为跨国甚至跨洲的大区域旅游市场空间、国家空间、城市空间，以及诸如观光旅游地、休闲度假旅游地等中等或偏小尺度的终极目的地空间，只有形成各种层次和类型的旅游活动空间系列，才能最大限度地满足国际旅游者的需求。

（4）**很好的可进入性条件**　可进入性条件是指国际旅游者进入旅游目的地的难易程度和时效标准。旅游目的地对旅游者的吸引力往往受距离衰减规律的影响，但快速、便捷、舒适、安全的现代交通可以缩短时间距离；方便的通信条件、简化方便的出入境手续、良好的社会治安条件，以及旅游接待地公众对发展旅游业的积极态度和友善好客的行为，更可以拉近心理距离。因此，旅游目的地国家应该创造良好的交通通达条件、便捷畅通的通信条件、方便的出入境签证手续和出入境验关手续、较高的服务质量，以及营造良好的社会环境，全方位、广角度提高其旅游可进入性。

3. 国际旅游目的地市场与旅游客源地市场的关系

国际旅游客源地旅游者的需求会随着社会经济的不断发展而发展，国际旅游目的地所提供的旅游产品是为主动适应和实现旅游者需求而创建和发展的，由此形成国际旅游客源市场和国际旅游目的地市场相互对应、互为依存和同步发展的各种关系：

（1）**国际旅游客源地与目的地的同一性**　这是以美国为代表的经济发达同时旅游业也发达的国家，包括美国、加拿大、英国、法国、德国、荷兰、瑞典以及日本等国家。这些国家一直是全球国际旅游市场的主体，既是主要的旅游客源国家，又是主要的接待国家。

（2）**国际旅游客源地与目的地相对应**　地中海、加勒比海、中美洲地区，以及东南亚的一些国家和地区，地理位置优越，旅游资源及其在此基础上形成的旅游产品丰富而独具特色，又与主要客源国相毗邻，故而形成了国际旅游客源地与目的地相对应的关系。例如，西欧地区对地中海地区、北美地区对中美洲地区和加勒比海地区、东北亚地区对东南亚地区等。

（3）**国际旅游客源地与目的地的分散与集中**　有的国际旅游目的地的客源来自四面八

方，呈现“众星捧月”之势。例如，阿尔卑斯山地区的游客便来自欧洲各次区域旅游市场。欧洲作为世界上最大的旅游目的地市场，其游客来自世界各地，然后不少游客又转道汇集于阿尔卑斯山地区。而有的客源地，其目的地又相对分散，如美国作为世界上最大的国际旅游者输出国，其流向中的加拿大、墨西哥、世界其他国家和地区大致各占 1/3。

第二节　全球国际旅游客源市场

一、国际旅游客源市场发展变化特征

1. 全球国际旅游客源市场持续稳定发展

1992 年，世界国际旅游客流量为 5 亿人次，年国际旅游消费 3000 亿美元，旅游业就业人数近 2 亿，从而宣告旅游业超过石油和汽车工业而成为世界最大产业部门。

现代旅游产业从第二次世界大战后开始蓬勃发展，从 1950 年至 2010 年的 60 年间，全球国际旅游人数年均增长率和国际旅游外汇收入的年平均增长均高于同时期全球经济增长速度，如图 1-1 所示。据世界旅游组织（WTO）预测，2020 年国际旅游人数将达 15.6 亿人次，整体上呈现出持续稳定发展态势。

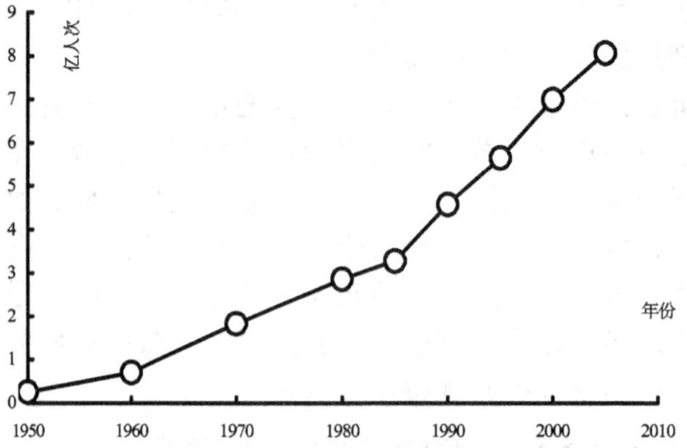

图 1-1　国际旅游增长情况

（资料来源：世界旅游组织《Tourism 2020 Vision》，http：//www.unwto.org）

2. 国际区域旅游市场发展不平衡

曾几何时，欧洲和美洲是世界国际旅游市场中的主要国际旅游客源地，但目前已经形成欧洲、东亚太和美洲三大客源市场鼎立格局。长期以来，每年源自欧美的国际旅游者占全球客源市场份额的 80%以上；自 2007 年，欧美地区每年产生的国际旅游客源占全球旅游客源市场份额降至 70%。随着东亚太地区经济的快速发展，其出境旅游业迅猛发展，国际旅游客源占全球旅游客源市场的份额也在快速增长，自 2007 年，其每年产生的国际旅游客源占全球市场份额近 20%。由此可见，欧美地区与东亚太地区的国际旅游客源市场所占全球客源市场的份额已发生了较大变化。非洲、中东和南亚三大市场相对增长速度也很快，但游客总体规模仍然很小。

3．旅游客源大国多集中于发达国家

从国际旅游组织（WTO）的多年统计数据看，国际旅游客源、客流主要集中在经济发达国家，如1997年的德国、美国、英国、日本、法国、意大利和中国七国，总出国旅游人数占世界旅游总人数的39.2%。其中，除中国为发展中国家外，其余均为经济发达国家。近20年来，这些国家的出国旅游人数仍然在迅速上升，其主体地位的格局没有改变。尤其是德国、美国和英国是目前世界最为主要的国际旅游客源市场。除此之外，荷兰、奥地利、瑞典、比利时、墨西哥、澳大利亚、西班牙、瑞士、沙特阿拉伯等中等发达国家或新兴工业国家也进入了国际旅游消费大国的行列，尤其是俄罗斯和韩国，都是近几年来崛起的新兴国际旅游客源输出国家。

4．国际客源细分市场需求多样化、高层次化

随着国际旅游者社会经济地位的提高和受教育程度及科学文化知识水平的提高，客源市场需求越来越变得多样化和高层次化：在产品形式上呈现出观光旅游产品精品化、休闲度假产品大众化、专项旅游产品特色化和生态化的趋向，尤其是休闲娱乐、度假旅游产品所占比重大，如图1-2所示；在旅游交通方式上提出快捷、舒适、准确和安全的要求，航空旅游发展迅速，如图1-3所示；在组织形式上要求自由灵活、随意、方便、舒适、放松、清新，故由过去“一统包”的团体旅游转变为多种形式的散客旅游，小团体旅游和家庭旅游发展迅速。由于发达国家人口老龄化和高福利化，老年人旅游市场规模可观。多年来，国际旅游客流流向一直以城市和旅游景区为主体，可现代不少国际旅游者，尤其是产出于大都市的旅游者对乡村旅游情有独钟，使得不少细分市场的构成表现出旅游者“追求自我”的心理。

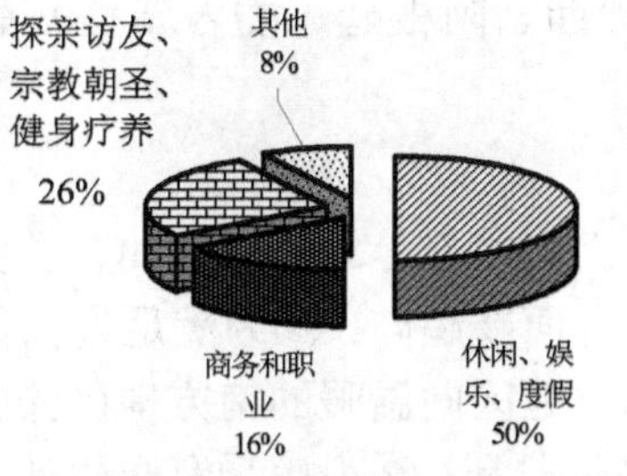

图1-2 2008年国际旅游目的构成

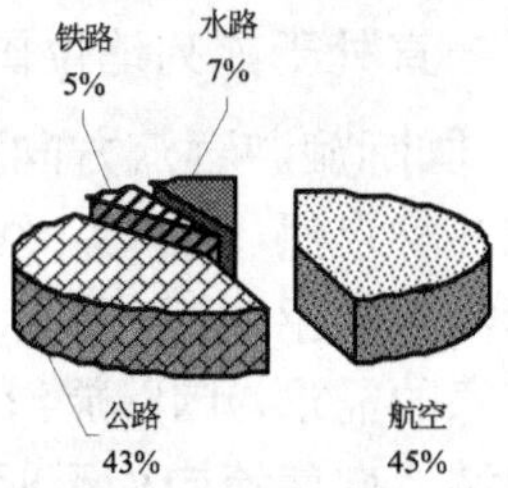

图1-3 2008年国际旅游交通方式构成

二、国际旅游客流规律

1．洲内尤其是周边邻国的近距离出国旅游占绝大比重

根据20世纪80年代初的统计，美洲出国旅游者中有70%在美洲地区内各旅游目的地国家旅游，东亚太地区出国旅游人次总数的75%在本区内的旅游目的地国家旅游，欧洲出国旅游者中更有高达79%的人以在洲内各旅游目的地国家旅游。前往周边邻国旅游的游客更为普遍，如德国旅游者流向丹麦、奥地利和西班牙的人次占德国出国旅游者总数的70%以上；法国旅游者大约有60%以上流向西班牙、比利时和英国；尽管美国是著名的远程旅游客源国家，但仍有60%以上的游客主要限于在美洲范围之内；奥地利、瑞士、加拿大、墨西哥等国家前往邻国旅游的人次所占比重更高。时至今日，这种格局并没有多大变化，究其原因，主要在于赴洲内特别是周边邻国旅游所花费用相对较省、交通便捷、时间允许，

且生活习惯相近，甚至很少有语言障碍。

2．国际远程客流以欧洲、美洲与东亚太之间的客流为主

20世纪50年代以来，欧美地区一直是世界上最主要的国际旅游客源地区和接待地区，这使得两地之间的客流成为国际远程客流的最大客流。20世纪80年代以来，随着东亚太地区经济的高速发展和旅游业的迅速兴起，该地区成为国际远程出游的另一新兴客源地；同时，东亚太地区特有的旅游资源和文化对欧美旅游者也产生了越来越大的吸引力，而成为其主要旅游目的地。据有关统计数据显示，自20世纪90年代以来，欧洲每年接待的区外来访游客中，来自美洲的约占70%，来自东亚太的约占20%；美洲接待的区外旅游者中，来自欧洲的约占60%，来自东亚太的超过30%；东亚太接待的区外旅游者中，来自欧洲的约占50%，来自美洲的约占40%。显然，远程国际旅游客流以欧洲、美洲和东亚太之间的客流为主。

3．主体旅游客流稳中有降，新兴国际旅游客流不断涌现

据预测，国际主体客流继续保持在欧洲、美洲和东亚太之间的格局短期内不会有很大变化，但传统旅游大国所占全球客流份额必将呈现继续下降的趋势，新兴国际旅游客流不断涌现的趋势十分明显。其主要原因有以下几点：①亚洲、非洲和拉丁美洲的中国、土耳其、墨西哥、巴西、阿根廷、新加坡、韩国、马来西亚、印度等国家的崛起，使其大量输出和接待国际旅游客源的条件日趋成熟，并逐渐发展成为具有巨大市场潜力的新兴旅游客源市场和目的地市场；②随着国际旅游的持续发展，许多发展中国家政府十分重视国际旅游业的发展，并依托其丰富而独特的旅游资源优势及靠近发达地区的区位条件，大力发展并成为吸引力较强的旅游新兴目的地；③欧美及东亚太地区内部一些旅游目的地国家的兴起，如东盟十国、北欧各国、拉美四强（墨西哥、巴西、阿根廷、委内瑞拉）等，也相对削弱了一直处于前列地位国家的相对市场份额。

4．国际旅游客流方向多元化

在各种自然、人文、经济因素的综合影响下和旅游者求新、求异、求知、求美、求乐多种心理需求的驱动下，国际旅游客流方向出现了四个方面新趋向：①为满足人们休闲度假和冬季避寒的需求，国际旅游客流主要从气候寒冷的北方地区向温暖的南方地区流动，如北欧各国旅游者向南流向处于亚热带的地中海地区乃至热带非洲；②为感受海洋生活，大陆地区的旅游者流向海滨或海岛地区，如加勒比海、地中海、印度洋等地区的不少海洋岛国，每年都吸引成千上万的来自各大陆的国际旅游者；③为满足其自然回归、绿色享受的心理需求，许多现代化大都市的国际旅游者流向目的国的乡村，如欧美地区的英、法、荷、意、美、加及阿根廷等国的乡村旅游都很发达，每年都要接待大量来自各国大都市的国际旅游者；④还有一些国际旅游者流向具有某种特殊关系的国家或地区，如中国与东北亚、东南亚周边国家文化传统的渊源关系，美国与英国、巴西与葡萄牙等欧洲国家间历史上由于移民而形成了"血浓于水"的关系，英国和英联邦国家间特殊的政治经济关系，都会促成彼此间的客流关系。

三、国际旅游客源市场的需求趋势

1．多样化与多层次化

随着旅游消费阶层的扩大、旅游阅历的增长、识别等级的提高，越来越多的旅游者视旅游为丰富人生经历的一项活动，故被称为"经历型旅游者"。其需求的个性化越来越突出，

消费群体越分越细，每一个细分市场都有其特殊的需求，细分市场的个性化带来总体市场的多样化。世界旅游组织在预测未来20年世界旅游大趋势时，列举了十项热门旅游需求，即海滨旅游、运动旅游、探险旅游、生态旅游、文化旅游、城市旅游、乡村旅游、游船旅游、主题旅游和会议旅游。每一个旅游需求市场还会出现许多更细的市场，如运动旅游有硬运动与软运动之分：硬运动指参加或观看竞技型体育赛事活动，如奥运会、世界杯；软运动则指参加娱乐性、运动性或休闲性运动，如滑雪、潜水和打高尔夫球等。又如，会议会展需求市场包括国际型大会、国际学术专业会议和国际博览会等。

2．全球化与个性化

随着国际旅游交通条件的改善，特别是航空技术的发展和各种快捷、安全、舒适、经济的大型喷气式客机的广泛使用，旅游者休闲时间的增多以及知识视野的扩大，国际旅游交通条件和旅游市场的时空距离对国际旅游的限制不断弱化，越来越多的旅游者加入到中、远程国际旅游者的行列，使得国际旅游客源市场与目的地市场不断扩大；同时，相当一部分文化程度高、旅行阅历丰富和环保意识很强的旅游者，追求特殊的可选择的自主型旅游经历，于是散客旅游相对于团体旅游将会急剧发展，越来越多的国际游客更倾向于单个或者小群体的外出旅游，以家庭为单元的小团队旅游正在成为21世纪团队旅游的主体，自驾车旅游将会越来越普遍，21世纪将是自助旅游发展的世纪。

3．综合化与特色化

国际旅游者为了获取更多、更美的体验，要求自己的旅游经历尽量丰富多彩，要求旅游目的地供给的旅游产品具有复合型多功能的特点，既要求吃、住、行、游、购、娱等各大旅游要素齐备，又要求旅游产品品种多样，还要求旅游活动主题鲜明、独具特色、品位高。目前凡具有很强吸引力的旅游目的地国家都具有这样的特点。例如，位于波斯湾西南岸的卡塔尔国，依靠其石油财富，将一个原本以打捞鱼虾为主的贫穷落后小镇多哈建设成了一座新兴的现代化首都城市。那里不仅有深水港、国际机场，而且有著名酒店、购物中心、动物园、观光畜牧农场、沿海观光休闲大道和海滨浴场，更有大型的体育运动场，乃至第十五届亚运会都在此举行，多哈已经成为旅游者所向往的综合性旅游胜地。与此类似的阿拉伯联合酋长国的第二大城市迪拜，不仅建起了世界独一无二的豪华七星级酒店伯瓷（又称阿拉伯塔）和世界第一高楼迪拜/哈利法塔，而且哈利法塔本身就是一个具有综合性功能的旅游大楼。

4．优质与安全

珍惜生命是人的本能，旅游目的地吸引力再大，如果旅游者的安全没有保障，一般旅游者也不敢光顾。这就是“巴厘岛爆炸事件”后印尼旅游业下滑、中东战争使旅游者望而却步的主要原因。正因为如此，现在世界各国都更加重视其旅游安全保障和旅游健康保障建设。同时，国际旅游者要求更加优质的服务，即规范化、个性化和情感化的服务。旅游目的地国家的接待服务包括吃、住、行、游、购、娱六大要素，无论在哪个环节上，都必须推进规范化和个性化服务。规范化服务的实施，能把各个服务环节上的动作协调起来，使复杂的服务系统化、程序化、制度化、日常化，从而有效地保证基本服务质量；个性化服务包括语言沟通和情感沟通，核心是要把对客人的尊重、关切、体贴全部融入谦恭随和、善解人意、机灵麻利、办事稳妥、随机应变的服务之中。有规范化服务作基础，再在个性化服务上下工夫，便会真正赢得国际旅游者心底的满意。

第三节　中国在国际旅游市场中的地位

中国现代旅游业起步虽晚，却发展迅猛，至今已在全球国际旅游市场中具有举足轻重的地位。

一、国际旅游接待市场强国

1．国际旅游接待市场基础雄厚

随着中国经济的快速发展、人民生活水平的显著提高，旅游业也得到了迅猛发展，并成为国民经济和人民生活的重要组成部分。1998 年，旅游业被确立为国民经济新的增长点，步入了快速发展的阶段。2004 年，全国旅游总收入达 6840 亿元人民币； 2005 年，全国旅游总收入达 7686 亿元人民币，比上年增长 12.4%；2006 年，全国旅游总收入达 8850 亿元人民币，比上年增长 15%；2009 年，全国旅游业总收入达 1.29 万亿元人民币，比上年增长 11.3%。旅游业对社会就业的带动作用更加显著：2008 年和 2009 年，全行业在职人员培训总量分别达 338.28 万人次和 397.11 万人次，2005～2009 年在职人员培训总量年平均增长率达 10.2%。与此同时，旅游产业体系日臻完善，产业要素进一步健全，产业结构日趋合理，综合配套明显提高，旅游设施、旅游服务、旅游环境进一步得到优化。民航、铁路、公路、能源、通信、口岸等基础设施的不断改善，为国际旅游业加快发展和国际旅游市场的开拓奠定了良好基础。

2．国际旅游接待市场发展强劲

自 20 世纪 80 年代初以来，我国的国际入境旅游和国内旅游都得到快速发展，如图 1-4 和图 1-5 所示，我国已经从旅游资源大国发展成为世界旅游大国。

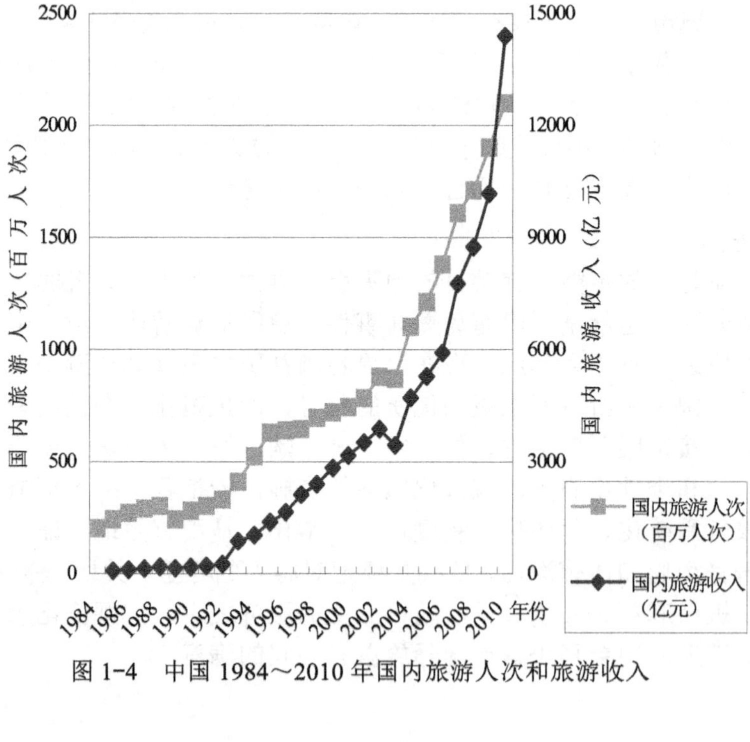

图 1-4　中国 1984～2010 年国内旅游人次和旅游收入

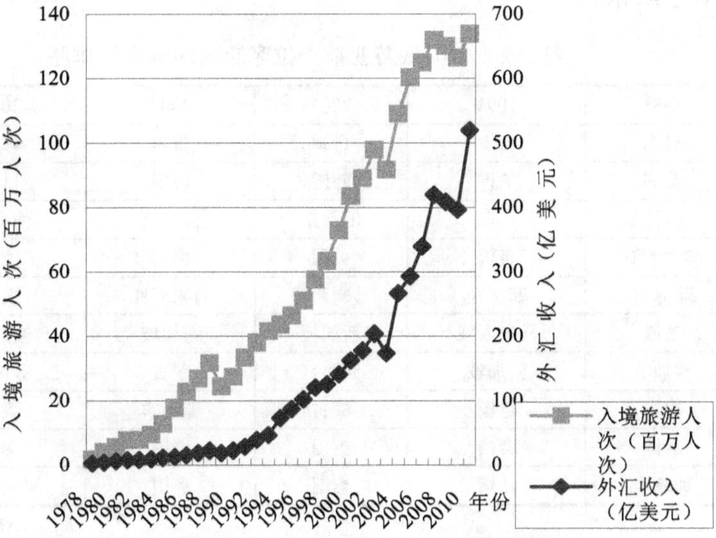

图 1-5　中国 1978～2010 年入境旅游人次和外汇收入

从 1949～1978 年，中国入境旅游业初具雏形，但尚未形成产业。1978 年以后，在改革开放政策的推动下，中国入境旅游业迅猛发展。1992 年，来华旅游入境人数已经进入全球前十，到 1994 年，中国入境旅游外汇收入进入世界前十。到 2004 年，中国入境旅游总量、创汇分别居世界第四位和第七位。近些年来，我国入境旅游位次虽然没有发生多大变化，但入境旅游总量和创汇收入已大大提升，入境游客和国际旅游外汇收入分别由 2005 年的 12029.23 万人次和 2.96 亿美元增至 2009 年的 1.26 亿人次和 396.75 亿美元。

3. 国际旅游客源市场不断扩展

中国的国际旅游客源市场，如果按照外国人来华人次的规模大小排序，其宏观洲际市场目前依次为亚洲、欧洲、美洲、大洋洲和非洲，如表 1-1 所示。

表 1-1　近几年来外国人来华旅游者的地区分布

市场分布	2001		2004		2010	
	来访人次（万人次）	所占比例（%）	来访人次（万人次）	所占比例（%）	来访人次（万人次）	所占比例（%）
全球	1122.64	100	1693.25	100	2612.69	100
亚洲	686.42	61.14	1073.66	63.41	1618.87	61.96
欧洲	268.38	23.90	377.57	22.30	568.78	21.77
美洲	127.76	11.38	178.92	10.57	299.54	11.47
大洋洲	31.97	2.76	45.21	2.67	78.93	3.02
非洲	7.32	0.66	17.34	1.02	46.36	1.77
其他	1.49	0.16	0.52	0.03	0.21	0.01

（资料来源：根据《中国旅游统计年鉴》的数据整理而得，http：//www.cnta.com）

显然，中国入境旅游市场的主体在亚洲洲内，欧洲和美洲是中国入境旅游客源市场的重要组成部分。关于我国入境旅游的主要客源国，多依据旅华人次的规模来认定和排序，自 20 世纪 90 年代以来，以亚太地区国家和欧美国家为主体的格局没有多大变化，如表 1-2 所示。

表 1-2 中国旅游业前十位客源国的范围和排序

排 序	1981	1991	2001	2004	2007	2009
1	日本	日本	日本	日本	韩国	日本
2	美国	美国	韩国	韩国	日本	韩国
3	英国	苏联	俄罗斯	俄罗斯	俄罗斯	俄罗斯
4	澳大利亚	英国	美国	美国	美国	美国
5	菲律宾	菲律宾	马来西亚	马来西亚	马来西亚	马来西亚
6	法国	马来西亚	新加坡	新加坡	新加坡	新加坡
7	新加坡	新加坡	菲律宾	蒙古	菲律宾	菲律宾
8	德国	德国	蒙古	菲律宾	蒙古	蒙古
9	泰国	泰国	英国	泰国	泰国	澳大利亚
10	加拿大	法国	泰国	英国	澳大利亚	加拿大

（资料来源：国家旅游局）

二、国际旅游客源市场大国

1. 国际旅游出境市场规模不断扩大

随着国内旅游和入境旅游的迅猛发展，中国的出境旅游也增长迅速。1997 年 3 月，国家旅游局、公安部颁布《中国公民自费出国旅游管理暂行办法》，标志着中国出境旅游市场的形成。在国家的旅游发展政策上也经历了由“不宣传、不提倡、不鼓励”，到“适度发展”，再到“规范发展”的过程。经过多年发展，中国已跻身全球出境旅游消费前十位，是全球增长最快的新兴客源输出国。1997 年，中国公民出境游 532 万人次，2000 年突破了 1000 万人次，2003 年达 2022 万人次，首次超过日本约 1700 万人次的出境规模，成为亚洲最大的客源输出国。2004 年，中国出境旅游人数达 2885 万人次，居世界第三位；旅游消费总支出为 191 亿美元，居世界第七位。2007 年，中国出境旅游人数达 4095 万人次，居亚洲第一位、世界第五位。2010 年，我国出境旅游人数更是高达 5739 万人次，同比增长 20.4%；出境旅游消费 480 亿美元，同比增长 14%，消费总量稳居世界第四，表明中国已快速地跨入世界国际旅游客源大国行列，而且这些年来仍在继续稳定发展。

2. 国际旅游出境目的地国家不断增多

中国出境旅游目的地国家集中度已发生明显变化。1997 年，中国刚开办公民出境旅游，当时旅游目的地仅有东南亚四国，截至 2010 年年底，经国务院批准的我国公民出国旅游目的地国家和地区总数达到 140 个，其中已经实施 110 个，除一些中东和西亚国家之外，几乎包括了亚洲、大洋洲和欧洲的所有主权国家和地区。在远距离市场上也有了很大的突破，非洲和南美主要旅游目的地国家都包括在中国公民出境旅游目的地（ADS）国家之内。据统计，2009 年中国出境旅游人数达 4765.63 万人次。2005～2009 年，中国出境旅游人数每年平均增长率高达 11.43%，中国出境旅游在国际旅游市场上已发挥越来越重要的作用。总体来说，中国公民出境目的地仍然以亚太地区为主，但欧美地区增长较快：从地域上看，1997 年以前出游目的地主要集中在新加坡、马来西亚、泰国三国，而现在发展到韩国、澳大利亚、新西兰、日本、德国、英国、法国、意大利、美国、加拿大等更多目的地国家；按地区统计，2007 出境旅游目的地人次，东南亚各国占 50%、韩国和日本约占 30%、欧洲、美洲和大洋洲约占 20%。

3．国际旅游出境旅游者的消费结构发生变化

近年来，在中国公民出境总人数中，因公出境人数与因私出境人数都出现了增长的势头。随着人民生活水平的提高和消费观念的转变，因私出境旅游冲破长期封闭，一经开办就成为旅游市场的热点。从 2000 年起，中国因私出境人数超过因公出境人数，并成为出境旅游的主体，尤其是休闲度假已成为中国公民出境旅游的一种重要新方式，出境旅游质量正在不断提升。德国莱茵深度体验或泰国兼程休闲度假等旅游方式越来越普及，如 2005 年，中国公民出境旅游 81%以上是自费出境旅游，高收入的群体是我国出境旅游的主体，中国公民在境外的消费支出水平普遍高于目的地国家和地区市场的平均水平。据有关统计资料显示，目前，中国游客在澳大利亚的人均消费为 3000 美元，粗略推算，国人每年出境旅游消费的总支出至少在 200 亿美元以上。

三、中国与世界主要客源国的关系

1．客源国与目的国基本相互对等的国家

所谓相互对等，目前主要指两个国家之间所接待的对方客流数量在其排序中的序位基本对应。例如，2000 年以来中、日、韩三国的主要客源国和旅游目的地国虽有一些变化，但总体来看形成了较为稳定的互为客源市场格局。以 2003 年为例，在 1400 万到访中国的外国游客中，日本游客份额占 19.8%，韩国占 17.1%，日、韩分别是中国第一、二大客源国。在 521.2 万到日本旅游的外国游客中，中国游客份额占 8.6%，中国是日本第三大客源国；在 447 万到韩国旅游的外国游客中，中国游客占 11.5%，中国是韩国的重要客源国之一。中国与俄罗斯也互为重要的客源国和目的国，如 2004 年和 2005 年，俄罗斯是中国第三大客源国，同时也是中国出境旅游的第二大目的地国家，至 2009 年，俄罗斯入境游客已达 174.3 万人次，为第三大客源国，我国赴俄罗斯的旅游人数也达 68.42 万人次。马来西亚、新加坡、澳大利亚、新西兰和中国也是客源国与目的国相互对等的国家。2004 年，中国出境旅游最大的突破是欧洲旅游目的地的确定。欧洲对中国旅游市场有着强大的吸引力，自 2004 年欧洲被确定为我国出境旅游目的地以来，中国出境旅游市场的潜力也受到欧洲国家的关注。因此，互为旅游客源地的关系快速发展。

2．以中国作为目的地国家为主、客源地国家为辅的国家

在世界国际旅游市场中，以中国作为目的地国家为主、客源地国家为辅的主要国家包括美洲的美国、加拿大，亚洲的菲律宾、印度等少数国家。美国是世界上最大的客源国，也一直是中国最大的客源国之一，尽管 21 世纪以来，其所占比重有所下降，但目前仍然是中国第四大客源国，如 2008 年、2009 年分别占中国入境外国人总数的 7.4%和 7.8%；加拿大一直以来也是中国重要的客源国之一，如 2008 年、2009 年分别占中国入境外国人总数的 2.2%和 2.5%，分别居中国客源国第十二位和第十位。由于美国、加拿大距离遥远，导致中国出境旅游赴美、加人数相对较少，虽然中美 ADS 协议已签订，这种格局却并未发生太大变化，如 2009 年，美国来华的旅游人数已达 170.98 万人次，而中国赴美游客仅

为 82.42 万人次。菲律宾也一直是中国主要的客源国，如 2008 年和 2009 年分别占中国入境外国人总数的 3.27%和 3.41%，均居中国客源国第七位，而同期中国出境赴菲律宾的游客人数却相对较少，均仅占出境人数的 0.36%。印度作为南亚地区最大的国际客源国，近年来也逐渐成为中国的主要客源国家。由于中国与南亚地区的民间交往不多，中国赴印度的出境游客相对较少，与其形成中国以接待为主、出境为辅的国际旅游客流关系。

3．以中国作为客源地国家为主、目的地国家为辅的国家

在世界国际旅游市场中，以中国作为主要客源地国家为主、目的地国家为辅的国家，主要分布在中国周边的越南、缅甸、泰国等。前者因其国民的国际出游能力相对较低，因而来华的人数相对较少，如 2008 年、2009 年中国赴越南的旅游人数分别高达 145.9 万人次和 134.33 万人次，分别占中国出境赴外国旅游总量的 13.37%和 10.88%；而 2010 年在同比增长的情况下，越南来华旅游人数也仅为 92 万人次，只占中国入境外国人总数的 3.52%。缅甸等国也与越南类似，如 2008 年、2009 年中国赴缅甸的旅游人数高达 33.48 万人次和 34.63 万人次，占中国出境赴外国旅游总量的 3.1%和 2.8%，2005~2009 年我国赴缅甸的旅游人数年均增长率达 22.6%。中国对于泰国而言，尽管从旅游者总量来看，两国相互是重要的客源国，但考虑到中国入境旅游和出境旅游人数的比例关系，则相对来说，泰国以中国作为客源地国家为主、目的地国家为辅，如泰国 2008 年、2009 年来华旅游人数分别为 55.43 万人次和 54.18 万人次，分别占中国入境外国人总数的 2.28%和 2.48%；而同期中国赴泰国的旅游人数则高达 62.39 万人次和 62.19 万人次，分别占中国出境赴外国旅游总量的 5.72%和 5.12%。法国与中国的客源关系比较特殊，法国 2004 年、2005 年来华旅游人数分别为 28.11 万人次和 37.20 万人次，分别占中国入境外国人总数的 1.7%和 1.8%；而同期中国赴法国的旅游人数则高达 50 万人次和 70 万人次，分别占中国出境赴外国旅游总量的 6.0%和 7.8%。但到 2009 年，法国来华旅游人数已达 42.48 万人次，为我国第十六大客源国，占中国入境外国人总数的 1.94%；而同期我国赴法国旅游人数下降为 22.81 万人次，但其占出境赴外国旅游总量的比例也达 1.85%。因此，法国经历了作为目的地国为主、客源地国家为辅向作为客源地国家为主、目的地国家为辅的转变。

实战演练

一、课堂讨论

1. 根据国际旅游客源市场的主要影响因素，说明俄罗斯作为我国一级客源市场的潜力。（可预习俄罗斯一节）

2. 面对现代国际旅游客源市场的需求趋势，中国的旅游工作者应该怎样应对?

二、复习思考

1. 国际旅游市场的基本概念及其主要特点。
2. 国际旅游市场系统的五大要素及其相互之间的联系。
3. 国际旅游客源市场与国际旅游目的地市场概念。
4. 国际旅游客源市场与海外客源市场概念的比较。

三、实践指点

1. 阅读“世界政区”地图和世界交通地图。

（1）在地图上认识世界七大洲、四大洋及其相对位置，并在地图上认识美国、德国、英国、法国、意大利、俄罗斯、日本、韩国、澳大利亚、新加坡、马来西亚、印度尼西亚、印度等国家的具体位置。

（2）在地图上了解北京、上海、香港特别行政区同世界各国联系的主要航线。

2. 读图并绘制图。

（1）在老师指导下读懂教材上本章的各个旅游经济统计图表。

（2）在互联网上，搜索前一年或两年前中国的前十位客源国家，并查找补充调整表 1-2。

四、知识拓展与案例

【知识拓展与案例 1-1】　海滨旅游

海滨旅游是未来 20 年世界旅游大趋势的十大热门旅游产品之一。休闲度假约占国际旅游总体市场的 5%，而其中以海滨度假的规模最大。据 WTO 估计，仅地中海沿岸每年就接待 1 亿国际游客，其中 85%流向西班牙、意大利、法国和土耳其的海滨。全球最热门和最成熟的海滨度假地还有加勒比海、夏威夷群岛等。度假地一般要求交通方便、生态环境优良且具有特色、附近有知名旅游景点、尚未被无序开发、具有综合旅游服务功能等。

海滨度假的发展趋势：一是远程度假的增长高于平均水平，目前欧洲每年约有 250 万人次去远程目的地，北美度假游客也是越走越远，南太平洋、东南亚和南美的海滨正在成为更多人的选择。二是海滨度假的个性化趋势，适应特殊要求（譬如度蜜月的新婚夫妇）的个性化度假越来越受到市场欢迎。三是复合式度假，即一次假期包括海滨度假和某种特殊兴趣旅游。四是全包式海滨度假，即游客在旅行前一次性支付几乎所有的费用（机场接送，行李提取、各种政府税、住宿、每日三餐、小吃、饮料、香烟、使用度假地的各种设施，甚至包括小费和晚间娱乐费用，有的还包括太阳镜、洗浴用品、牙刷、内衣、外衣、袜子、鞋子等）。这种海滨度假模式起源于加勒比海，现在已发展到全球范围。全包式海滨度假的国际群体主要是年轻人、丁克家庭（双薪无子女家庭）、家庭度假者，最主要的是家庭度假型和夫妇度假型游客。其价格一般在 1250～1500 美元。其市场开拓关键是在市场细分的基础上确定目标群体——家庭、夫妇、享乐……要适合消费者的心理需求，适应度假者的思维方式、行为方式及其感受，市场分得越细，产品越有针对性（如家庭度假型、夫妇度假型、享乐主义型等），越能赢得市场。度假市场的营销要有创造性，首先要舍得花钱做广告；其次要重视口口流传的作用，要借助有经历的旅游者向亲朋好友宣传，扩大市场影响。

◆ **联想：**①海滨度假的地位，发展趋势，营销需求；②世界发展海滨度假的地区及国家的主要分布与主要目标市场；③中国海滨度假发展的条件、现状及对策。

【知识拓展与案例 1-2】　高尔夫旅游

高尔夫旅游指以在异地打高尔夫球为主要目的的旅游。其中包括以打高尔夫球为旅游主要目的的游客，也包括在旅游过程中捎带打高尔夫球的游客。所谓高尔夫球（Golf：G=Green 绿色；O=Oxygen 氧气；L=Light 阳光；F=Foot 步行），即在绿色的草地上，呼吸着新鲜的氧气，沐浴着灿烂的阳光，优哉游哉缓步前行。高尔夫运动要求有开阔幽静的自然环境，维护良好的、有特色风格和一定档次的球场，球场地势具有挑战性，俱乐部式经营的球场更具吸引力。高尔夫旅游还要求球场之外的文化、历史和自然风光构成的总体吸引力，高尔夫旅游者追求个性化的产品，注重旅行生活中的自我体现和个人自由度。

高尔夫是运动，是休闲，是社交。人们在没有电话干扰的绿草茵茵的球场，在将小球打进小洞的过程中，放松身心，获得灵感。越来越多的家庭度假者选择有高尔夫球场的度假地，越来越多的会议组织者将会场附近有高尔夫球场作为选址的一个重要条件，越来越多的商业协议是在球场而不是在会议室达成的，越来越多的商务旅游者在目的地不放过打高尔夫球的机会。

目前全球有2600万高尔夫球爱好者，其中1/5是国家级协会会员，每年均要外出打球，全球范围内每年的高尔夫旅行消费在50亿美元以上。美国有250万高尔夫球会员，平均每年都外出旅行2次以上，每次旅行人均花费2500～3000美元；欧洲约有320万人打高尔夫球，其中140万在英国，45万在瑞典，32万在德国。德国高尔夫爱好者近程旅游6～8天，远程旅游10～16天，人均每天消费220～250美元。据调查，出国旅游的日本人当中，有10%参加打高尔夫球的活动；韩国在境外打高尔夫球的人数是海外旅行人数的7%。高尔夫球旅游市场的目标群体，主要是中老年消费者、工薪阶层和退休者。日本和韩国打高尔夫球的人口比例高，但由于土地面积小，寸土寸金，建球场的费用很高，打球的费用也很高。目前日本、韩国出国打高尔夫球成为一种新的时尚，主要是因为到中国等邻近国家打球费用相对较低。

◆ 联想：①高尔夫旅游的地位、发展趋势与营销要求；②结合中国国际客源市场的现状说明中国发展高尔夫旅游的潜力及产品市场的布局。

五、旅游景观美学欣赏

北京渔阳国际滑雪场

芬兰的诺德中心球场

中国丽江古城高尔夫

新加坡海滨夜景

阿联酋迪拜塔

阿联酋迪拜伯瓷酒店

第二章

东亚及太平洋地区

学习提示

随着东亚及太平洋地区经济的崛起，其国际旅游业随之迅速发展。自2006年起，东亚及太平洋（以下简称东亚太）地区接待的国际旅游客流人数已超过美洲而居世界第二位。据世界旅游组织预测，到2020年，东亚太的游客人数将达到3.97亿人次，中国作为亚洲及太平洋地区的国际旅游接待大国和主要目的地国家，在区内旅游市场占有极其重要的地位。2009年，中国共接待入境外国旅游者2193.75万人次，其中亚洲游客占所接待人数的61.2%。日本和韩国旅华游客人数分居世界各国旅华游客排名榜第一、二位。马来西亚、新加坡、菲律宾、泰国、蒙古、越南、朝鲜以及澳大利亚、新西兰，也都是我国重要客源国。东亚太地区及其客源国家是整个课程的重点，必须重点学习和掌握。

第一节　概　　述

亚洲全称亚细亚洲，位于东半球的东北部，东濒太平洋，南临印度洋，北接北冰洋，西靠大西洋的属海地中海和黑海，面积4400万km^2，是世界上面积最大的一个洲；现有48个国家和地区，人口总数超过35亿，约占世界人口的60.5%。人们习惯上把亚洲分为东北亚、东南亚、南亚、西亚、中亚和北亚六个地区。国际旅游客源市场将东北亚与东南亚统称为东亚。分布于太平洋中部和西南部赤道南北两侧的浩瀚海域中，介于亚洲、南极洲和南北美洲之间由澳大利亚大陆和10000多个岛屿组成的广大地域，统称大洋洲。其总面积为897万km^2，是全世界面积最小的一个洲。按照世界旅游组织对国际旅游市场的划分，把大洋洲与东亚划归一个旅游市场，即东亚及太平洋旅游地区，习称东亚太旅游市场，包括东北亚、东南亚和太平洋三大旅游次区域。

一、区域旅游资源与旅游环境特征

1．优越的自然生态环境和丰富的生态旅游资源

（1）浑然一体的山、海、岛地面结构　在亚洲东部分布着朝鲜半岛、中南半岛、马来

半岛、日本列岛、琉球群岛以及中国的澎湖列岛、台湾岛等一系列向太平洋凸出的弧形岛屿，形成了亚洲东部的双重海岸奇观。在澳大利亚东北部沿岸的大洋中，形成了由近3000个珊瑚礁体组成的绚丽大堡礁奇观。分布于亚洲东南部太平洋中的马来群岛，由21000多个大小岛屿组成，是世界上岛屿最多的群岛。大洋洲也是由10000多个岛屿组成的群岛区域。多火山地震是本区地面结构的又一特征。日本、印度尼西亚等国都是火山温泉遍布的国家。本区的不少岛屿为火山岛和珊瑚岛，与波光粼粼的大海构景，风光明媚，形成不少生态旅游胜地。

（2）**以热带、亚热带为主的气候环境**　东亚太地区大多位于南北回归线之间，同时又深受海洋影响，大部分属于湿润多雨地区，但各地气候差异明显。中南半岛属于典型的热带季风气候，有干湿季之分。马来半岛、马来群岛及大洋洲的太平洋群岛地区为热带雨林气候，高温多雨。这种气候条件不仅为热带作物的发展提供了有利条件，而且在碧海沙滩、阳光、绿野的映衬下，该地区成为最具活力的生态旅游之地，也是中高纬度地区旅游者冬季避寒度假的理想之地。澳大利亚内陆则气候炎热干燥，为热带沙漠气候。亚洲大陆东部多位于温带季风区域，唯蒙古国地处内陆蒙古高原上，属极端大陆性气候。

（3）**独特的河湖水体景观和生物景观**　东亚太地区大多数河湖风光如画，除中国的大河、大湖外，中南半岛上的伊洛瓦底江、湄南河、红河、湄公河以及澳大利亚的达令河、墨累河，都地处热带、亚热带，沿岸为常绿阔叶林景观；朝鲜半岛上的大同江、洛东江、汉江和日本列岛上的信浓川等河流，虽流程不长，但风景秀丽，旅游开发充分。本区域的湖泊类型齐全，且多特色风景湖泊。本区拥有世界第二大热带雨林体系和世界半数以上的珊瑚礁。世界上热带、亚热带和温带的主要生态类型在本区都有存在，然而本区又具有世界上的很多特有物种，如盛产铁木、檀木、乌木、柚木等珍贵林木和亚洲象、鳄鱼、玳瑁、海龟及孔雀等珍稀动物，澳大利亚的桉树、袋鼠、树袋熊等动植物更为其独有。

2. 多样的社会文化和经济环境

（1）**多种文化的汇集**　亚太地区为世界多种文化的汇集之地，并形成了多元文化并存的格局。例如，世界上黄种人、白种人和黑种人三大种族在这里都有分布；世界的三大宗教——基督教、伊斯兰教和佛教在本区域也都有分布。其中，东北亚的中国、日本、朝鲜、蒙古，以及中南半岛上的泰国、缅甸、柬埔寨等国为东方式佛教国家，马来半岛与马来群岛上的印度尼西亚、马来西亚和文莱信奉伊斯兰教，菲律宾及大洋洲诸国信仰基督教。从历史发展的进程看，本区域的大多数国家和地区都有过沦为殖民地或半殖民地的历史，如朝鲜和韩国就曾成为日本的殖民地。各种不同的文化背景，形成各色文化景观，从而构成了各种各样的旅游文化体系。

（2）**高速发展而异彩纷呈的经济**　按照经济发展水平，本区可以分为三类国家，即一类如日本、澳大利亚等发达国家，二类如新加坡、韩国等新兴工业国家，其余为发展中国家。从整体上看，本区经济发展具有三大明显的地域特征。首先，经济高速发展，并已成为推动世界经济增长的主要力量。经济起飞展现出“日本、澳大利亚—‘亚洲四小龙’—马来西亚、泰国等东盟国家—中国、越南”的空间扩散过程。其次，城市化进程加快并已形成了北起东京、首尔、北京，中间经上海、台湾、马尼拉、曼谷、新加坡、雅加达，直至珀斯、墨尔本、悉尼的东亚太巨型城市带。再次，农业在亚太地区各国的经济中占有重要地位，而且异彩纷呈。水田农业、旱田农业、牧区农业、种植园农业等一应俱全。

（3）**迅速发展的地缘经济和区域经济合作** 第一，亚太经济合作组织（APEC）自1989年由澳大利亚前总理霍克倡导成立。其宗旨是维护和促进亚太地区的经济发展，发展和加强开放的多边贸易体系，减少成员之间的关税壁垒。第二，贸易和投资自由化迅速发展。1994年APEC通过的《茂物宣言》提出，发达成员方不晚于2010年、发展中成员方不晚于2020年实现贸易和投资自由化的目标。第三，各层次的区域合作组织不断加强，1967年成立的东南亚国家联盟（ASEAN），其成员国不仅包括东南亚十国，而且至今年开始召开“10+3”（东盟10国加中国、日本和韩国）经济部长、贸易部长会议，标志着东盟的合作已扩展到东亚地区。亚太地区还发展了如“湄公河”、“图们江”等次区域合作组织。

3. 多彩的人文景观资源

（1）**品位很高的历史文化城市景观** 东亚太地区各国有不少独具特色的历史文化名城。例如，日本的京都，为日本故都，又是日本花道、茶道的繁盛之地，被称为“真正的日本”；泰国清迈，为兰纳王朝故都，全城300多座佛教寺庙密集地散布于各街巷角落，足以显示泰国“千佛之国”、“黄袍佛国”的风韵；越南河内，鲜花四季盛开，享有“百巷春城”的盛誉。京都、清迈、河内，都是全球知名旅游杂志《旅游与游憩》组织读者评出的2005年的亚洲五大最佳旅游城市。享此殊荣的还有中国的香港和泰国的曼谷。清迈、曼谷与悉尼还是该杂志组织评出的2005年全球十大最佳旅游城市。除此之外，日本的东京、大阪，韩国的首尔、釜山，马来西亚的吉隆坡，缅甸的仰光，越南的胡志明市，澳大利亚的墨尔本，菲律宾的马尼拉，以及新加坡、雅加达等大都市莫不风光如画。

（2）**遍布城乡的各式宗教建筑景观** 亚太地区各种宗教建设各展风姿。例如，坐落于泰国曼谷华贵大皇宫不远的玉佛寺，巍峨有致，金碧辉煌；柬埔寨的吴哥窟、印度尼西亚的婆罗浮屠等佛教建筑都是世界级的文化遗产；文莱清真寺以豪华、美丽著称，其坐落于斯里巴加湾市的哈桑尼·波尔基亚清真寺，屋顶“葱头”全部用黄金镶嵌而成，显示出一派“豪气”；位于马来西亚吉隆坡的国家清真寺，其诵经堂可同时容纳8000人祈祷，为亚太地区最大清真寺；坐落于悉尼的圣玛丽大教堂规模最宏大，被称为“澳大利亚天主教堂之母”。

（3）**特色人文景观资源奇特无比** 在东亚太地区的各种特色环境下形成了一些被称为“国粹”的特色人文景观资源。最具特色的首先是日本的相扑，这是一种最具日本特色的体育竞技项目。其次是印度尼西亚巴厘岛的舞蹈，这里的人能歌善舞，全岛有庄严肃穆的宗教舞蹈、浪漫清新的民间舞等各种类型的舞蹈200多种，堪称世界舞蹈艺术的宝库。泰国大象表演、朝鲜的鼓舞、菲律宾的梯田等，均是引人注目的特色人文景观资源。

二、现代旅游业与旅游市场的发展特点

1．国际旅游业发展迅速

据世界旅游组织统计，2000～2010 年全世界国际旅游出境和入境人数年平均增长分别为 3.6%和 3%，而同期的亚太地区却为 6.5%和 5%。显然，亚太旅游市场的发展速度高于世界平均水平。尤其是出境旅游市场发展势头强劲。日本、韩国、澳大利亚、新加坡、马来西亚、菲律宾和泰国等都是著名的出境旅游大国。新西兰、中国香港、中国台湾的出境和入境旅游也具有很大规模。东亚太地区已成为继欧洲、北美之后又一世界富有潜力的国际旅游市场。

2．多元国际旅游客源市场的格局形成

东亚太地区旅游业的发展一般都遵循着“国际入境旅游—国内旅游—国际出境旅游”的模式。20 世纪 60 年代以来，本区主要是接待欧美游客，以发展国际入境旅游获取外汇收入为主要目的。随着经济的高速增长，人们的生活水平明显提高，人们的出境旅游需求随之变得强烈，从而使本区在继续发展入境旅游的同时，也重视发展国际出境旅游市场，故而不少国家成为了客源输出地与旅游目的地的双重角色，东亚太旅游市场的发展在出境和入境上趋于平衡。至此，东亚太地区各旅游地大致可分为以下三类：一是以出境旅游为主、入境旅游为辅的国家，即市场输出型国家，如日本、韩国；二是以入境旅游为主、出境旅游为辅的国家，即市场输入型国家，如泰国、马来西亚，中国大陆亦属于这种类型；三是出境旅游与入境旅游兼胜的国家，即市场开发型国家，如澳大利亚、新西兰和新加坡。

3．区域旅游合作不断加强

亚太地区各国有着地理位置的相关性、资源优势的互补性和文化的相近性等特点，于是通过各国在资源开发、设施建设、企业合作、市场开拓等方面的合作，实现旅游优势互补、丰富和完善旅游产品、形成区域旅游发展合作以及统一的亚太地区旅游品牌形象，已成为各国和各地区的共同追求。首先，东亚太各国一直比较重视本地区的旅游合作，目前东亚太旅游市场已经全面实施了区域旅游可持续管理，为各经济体的旅游信息建立了网络渠道，并建立了 APEC 旅游可持续发展国际中心，致力于提高亚太旅游市场的创新能力。其次，为加强区域合作，一系列理事会已成立，如亚太旅游协会、东亚旅游协会、东盟旅游协会、东亚太旅游教育培训机构等。再次，东亚太各国都将区域内旅游市场作为自己的开发重点目标，并形成了互为目标市场的格局。

三、中国在东亚太国际旅游市场中的地位

1．东亚太地区一直是中国国际入境旅游的主体客源市场

据统计，自 20 世纪 80 年代以来，东亚太地区一直是中国国际入境旅游市场的主体市场。以我国入境旅游发展最好的 2007 年为例，进入我国前十名的入境外国旅游者国家中为亚太地区的国家就有韩国（居第一位）、日本（居第二位）、马来西亚、新加坡、菲律宾、蒙古、泰国、澳大利亚这八个国家。在我国国际入境旅游客源市场中，发展最快的国家或地区也属于亚太地区，如东盟地区 1997～2006 年的来华旅游人数增长了 136.2%。由于东

亚太地区的经济发展正处于上升阶段，各国的出境旅游市场也处于蓬勃发展时期，加上人口基础规模大、出境旅游人数多、东亚太出境旅游市场潜力大，21 世纪的东亚太地区将仍然是中国国际入境的主体市场和重点市场，并会有更大发展。

2．东亚太地区是中国国际出境旅游的重要目的地市场

国际出境旅游市场已成为中国旅游业的重要组成部分，中国出境旅游市场规模 2006 年便达到了 3452 万人次，成为亚太地区第一大客源输出国和全球出境旅游市场增幅最快、潜力最大、影响力最广泛的国家之一。中国公民出境旅游的首要目的地仍然是亚太地区，常年约占全部出境旅游人数的 90%以上。亚太地区的日本、东盟各国、澳大利亚、新西兰、韩国这些年来一直是最受中国旅游者所喜爱的旅游目的地。而且，中国还是新加坡、韩国、日本、越南等国家最为重要的客源国。

3．中国国际旅游业在东亚太地区的地位日显突出

随着中国旅游业的快速发展，中国已成为东亚太旅游发展的增长极：从国际旅游收入看，中国大陆地区国际旅游收入在东亚太地区的比重从 1995 年起一直稳居本地区的第一位；在接待国际旅游的人数和国际出境旅游人数上也已上升为东亚太旅游地区的第一位，而且消费水平同东亚太地区其他国家相比相对偏高。中国与东亚太地区旅游发展是相辅相成的关系：一是中国旅游产业的整体发展，有利于推进东亚太地区实力整体提升；二是中国是东亚太地区重要的旅游目的地和客源地，其旅游经济发展的巨大潜力，是东亚太地区旅游发展后劲之所在；三是中国凭借自身强大的带动和促进作用，带动区域内其他国家旅游业的发展。同时，东亚太旅游和谐发展需要中国发挥大国作用，通过客源输送、市场开拓、联合开发等形势带动地区旅游发展。

第二节　日　　本

日本全称日本国，“日本”的意思是“日出之国”，即太阳升起的地方。其国土面积为 37.8 万 km^2，人口总数约为 1.27 亿。大和族占 99%以上，信仰佛教和神道教。日本的首都是东京；国旗呈白色，正中绘有一轮红日，白色象征纯洁和正直，红色象征真诚和热诚。国徽是圆形，绘有 16 瓣黄色的菊花瓣图案，菊花图案也是皇室御纹章上的图案；国歌是《君之代》；国花是樱花；国鸟是绿雉。

一、旅游业与旅游市场发展的地理环境背景

1．自然环境与自然资源

（1）多岛、多山　日本领土由北海道、本州、九州、四国四大岛屿及其附近 3900 多个岛屿组成，海岸曲折，港湾众多。日本是一个多山的国家，山地和丘陵占全国国土面积的 70%，以位于本州中央的飞弹山脉海拔最高，富士山是其主峰，平原以关东平原最大。日本的火山、温泉众多，全国约有火山 1200 多处，温泉 20000 处。

（2）温和湿润的气候　日本大部分地区属温带海洋性季风气候，终年温和湿润，但气温的南北差异较大：1 月平均气温北部-10℃，南部 10℃；7 月北部 18℃，南部 26℃。年

降水量为1000～2000mm，但梅雨、暴雪、台风常有发生。

（3）**河流、湖泊众多** 日本的河流短小流急，水力资源丰富。大部分河流较短，以信农川和利根川稍长。全国有湖泊600多个，以滋贺县琵琶湖最大、秋田的田泽湖最深、北海道东北部的摩周湖透明度最高。

（4）**资源多样，但矿产资源贫乏** 日本的水力资源、森林资源、地热资源、水产资源等人均占有量均居世界前列，尤其是森林覆盖率达67%，但矿产资源贫乏。除石灰石、硅石和硫磺外，其他需依赖进口。

2．高度发达的资本主义经济

（1）**飞速发展的经济** 尽管第二次世界大战给日本经济带来了毁灭性的打击，但战后其经济得到恢复和调整。1955年完成经济重建，1968年即超过联邦德国，成为仅次于美国的资本主义经济大国；同时，日本是世界最大的债券贸易盈余国。

（2）**高度发达的工业** 日本汽车、船舶、钢铁、石油制品、乙烯、家电、钟表等15种工业产品，均占世界产量的第一、第二位。尤以电子技术、生物技术和新材料为重点的高新技术产业发展迅速。日本工业高度集中于太平洋沿岸的京滨、阪神、东京、北九州四大传统工业地带。

（3）**有特色的农业** 日本农业综合自给率仅为68%，但自有其特点：一是以个体经营为基础，进行现代化的商品生产；二是集约化程度高，单位面积的投入量与产值均高于欧美；三是以水利化和化肥化为先导，逐步实现机械化；四是农业中以耕地为主，且水田多于旱田；五是农业兼业化和高龄化显著。日本的水稻、苹果、花卉和养殖业是日本农业的四大支柱，养蚕业和渔业较发达。

（4）**发达的交通运输与对外贸易** 日本已形成了以海运为中心，公路为骨干，并与铁路、航空协调发展的现代交通运输网络。其拥有的公路里程和汽车持有量仅次于美国，高速铁路新干线，总长2329.1km。航空客运量仅次于美国。历届日本政府都将“贸易立国”作为发展日本经济的重要国策，对外贸易额一直仅次于美国和德国，居世界第三位。其出口的产品主要有钢铁、汽车、机械、船舶、家用电器等；进口产品多为原料、燃料、食品等。

3．独特的历史和政治发展过程

（1）**从对外侵略扩张到经济大国地位的确立** 日本于公元645年建立起以天皇为绝对君主的封建中央集权国家。1868年明治维新后，其资本主义获得发展，并逐步走上了对外侵略扩张的道路，最终成为第二次世界大战的战败国。战后，日本经济获得快速发展，使其成为仅次于美国的世界第二大经济强国。

（2）**君主立宪制国家** 战后日本将绝对天皇制国家变为以天皇为国家象征的议会内阁制国家。国家实行以立法、司法和行政三权分立为基础的议会内阁制；天皇为日本和日本国民总体的象征，无权参与国政。议会泛称国会，由众、参两院组成，为最高权力机关和唯一立法机关；内阁为国家最高行政机关，内阁总理大臣也称首相，为最高行政首脑，由国会提名，天皇任命。

（3）**实行政党政治** 战后，日本代表不同阶级、阶层的各种政党相继恢复和成立，目前参加国会活动的主要政党有自民党、民主党、公民党、自由党、共产党、社民党和日本新党等。日本内阁成为政党内阁，首相即为内阁总理大臣，由在国会中占一半以上席位的政党领袖或政党联盟推举的人担任。

4．传统的文化与高度发达的教育

日本与中国地理位置接近，同在“儒学文化圈”内，但在国家观念、集团乡亲观念、文武观念、道与理的观念上与中国差异较大。例如，受“岛国根性”的影响，日本以“国家为本、忠孝一致、忠重于孝”。日本人恪守祖俗，故天皇制可长期延续；“榻榻米”与“和服”至今存在。其集团观念很强，在企业文化上反映为终身雇佣制、资历和企业工会制，并具有强烈的尚武精神。日本人讲究效率，重视方法。拳道、棋道、柔道、剑道，都是研究方法的学问。凡是讲究方法的规则，日本人都制定得十分详细。日本的传统文化艺术独特，尤其是书道、花道和茶道独具特色。书道即书法，由中国传入，有全日本书道联盟；花道又称插花、生花、华道，即把适当剪下的树枝或花草经过艺术加工后插入花瓶等器皿中的方法和技术；茶道即品茶之道，是通过接待宾客、交友相亲的特殊礼节，表演品茗的高尚技艺。日本教育发达，基本上实现了12年义务教育制，全国有大学600多所，最为著名的大学有东京大学、早稻田大学和京都大学等。

二、旅游资源与旅游地特点

1．人文景观资源丰富的城市

日本的名胜古迹甚多，但多集中在城市，历史文化名城京都和奈良，便集中了全国1/5的国家文化遗产。

（1）**东京**　日本国首都，也是亚洲地区金融、贸易等交流活动的中心。其面积为2162km^2，有人口1255万，被称为世界第一大城市。东京的文化发达，共有各类大学190多所。主要风景名胜有上野公园、银座、东京塔、富士山、国立博物馆等。

银座　东京最繁华的商业区，有“东京心脏”之称。每逢双休日和节日下午，这里一切车辆禁止通行，是步行者的王国。

东京塔　东京最高点，高333m。塔内除电视发射台外，还有远东最大的蜡像馆。

东京迪尼斯乐园　亚洲第一个迪尼斯风格的游乐园，全日本最大的游乐场，为仿美国迪尼斯乐园而修建的。

东京国立博物馆　展有世界各国6000多件民族资料和世界各地房屋23栋的爱知县小世界博物馆以及“长崎原子弹中心陈列馆”。

（2）**京都**　日本从8世纪末起约有1000余年历史的皇宫所在地，有“千年古都”之称，有清水寺、平安神宫、二条城、桂离宫等众多寺院和历史文化古迹。

清水寺　京都最负盛名的寺院，自然景观以春樱盛开及秋枫转红季节最美，寺内各幢建筑原为17世纪重建。不用一根钉也能屹立不倒的正殿“清水舞台”，建筑技艺高超；正殿左侧的亭楼，以139根木柱筑起，也很奇巧。

平安神宫　京都极具皇室气派的建筑物。宫内除供奉当年决定由奈良迁都京都的桓武天皇及最后一位定都京都的孝明天皇而充满皇室色彩外，原来整座神宫还是依据平安京时代皇宫的8:5比例缩建的，气派庄严。

岚山周恩来总理纪念诗碑　位于京都市郊岚山山麓，是日本人民为缅怀周恩来总

理而建的，上面镌刻着周总理1918年4月5日写的“雨中岚山—— 日本京都”诗文。诗中写道：

雨中二次游岚山，
两岸苍松，夹着几株樱。
到尽处突见一山高，
流出泉水绿如许，绕石照人。
潇潇雨，雾朦浓；
一线阳光穿云出，愈见姣妍。
人间的万象真理，愈求愈模糊；
——模糊中偶然见着一点光明，
真愈觉姣妍。

（3）**奈良** 日本三大古都之一，是公元710～784年的日本首都，有东大寺、兴福寺、法隆寺、唐招提寺（唐鉴真开创）、国宝馆等古迹。

唐招提寺 位于奈良，日本最早佛教律宗戒院，唐高僧鉴真东渡日本后开始建造，是一组具有中国盛唐风格的建筑物。寺院大门上红色横额“唐招提寺”是日本孝庄女王仿王羲之、王献之字体所书。

2．自然景观多奇

（1）**富士山** 日本第一高峰，海拔3776m，山顶终年积雪，山上有瀑布和温泉湖泊，山的北麓有富士五湖。全山高大雄伟、秀丽，被誉为“圣岳”。富士山是一座活火山，自有文字记载以来共喷过18次，最后一次为1707年。

（2）**上野公园** 东京最大的公园，以樱花最为著名。其内还有上野动物园，园内饲养着来自世界各地的多种动物，中国赠送的大熊猫就养在这里。

（3）**箱根** 位于神奈川县西南部，温泉之乡、疗养胜地。箱根的芦之湖为火山湖，湖水清澈湛蓝，映出富士山的雄姿，为箱根一景。另一奇景是终日山腰被白烟缭绕的大涌谷。箱根温泉久负盛名，最著名的是“箱根七汤”。

（4）**宫岛** 旧名严岛，位于广岛县佐伯郡，面积30.18km^2。岛内古老的神社、佛寺等建筑随处可见。严岛神社是宫岛上具有代表性的胜景，为古安芸国的一座宫殿。宫岛秋天艳丽如火的红叶、大元公园的樱花、包浦自然公园漫长的沙滩，都令人神往。

（5）**大国山国立公园** 位于北海道中部，日本面积最大的火山群公园。山上终年积雪，山下原始森林有数十条瀑布飞流而下，可看到十胜火山喷烟的景色。

3．具有东方传统色彩的社会风情与生活习俗

日本人的饮食包括日本料理（和食）、中餐和西餐。他们以米饭为主食，副食多为鱼和姜汤；喜欢清淡，不吃油腻，很少吃动物“下水”。日本人的服装有和服、西服及各种流行款式的便装与时装等。日本式住房建筑的特色首先是木质结构，其次是房间里有垫得高高的“榻榻米”（草垫）。日本人很重礼仪，平时见面多行鞠躬礼；拜访他人时常准备些见面礼品，以示感谢；见面礼节语有“您好”、“对不起”、“打搅您了”、“请多关照”等。日本的民间节庆活动最主要的有元旦（1月1日），一般都要庆新年，举家去寺庙、神社参拜；成人节（1月15日），男女年满20周岁，都必须参加由各级政府或有关单位举行的“成人仪式”；樱花节（3 月 15 日～4 月 5 日），日本各地樱花盛开，每年都举办盛大的观樱会，此时人们纷纷出游赏花。此外，还有女孩节、端午节、七夕节、圣诞节、敬老节等活动。日本实行一夫一妻制，注重订婚仪式，盛行旅行结婚。在日本的家庭中，丈夫婚后把收入原封不动地交给妻子，然后由妻子按收入比例向丈夫发放零用钱。日本人忌绿色，不喜欢荷花，而喜欢樱花、乌龟和鸭子等。

三、现代旅游业与旅游市场的发展

1. 国际入境和出境旅游市场并盛

日本政府十分重视发展国际入境旅游市场。日本各级旅游组织通过电视、广播、广告、印刷品及举办展览会等形式介绍日本，向海外大力宣传日本的旅游环境，使日本的国际入境游客不断增加。日本的主要客源市场目前以亚洲旅游者为主，其次是西欧和北美。日本国际出境旅游发展迅速，2007 年出国旅游人数达 1730 万人次，已成为世界上主要旅游客源国之一。日本人出国旅游前往最多的国家首先是美国，其次是中国和韩国，而去美国的旅游者中近 50%去夏威夷。

2. 旅游接待条件优越

日本已形成了以海运为中心、公路为骨干、铁路和航空协调发展的交通格局。其在旅游业中最具影响的交通设施，一是铁路，主要铁路将各大城市连接起来，高速铁路新干线最高时速可达 300km；二是航空运输，国际航线遍及世界各地，成田和羽田为两大国际航空港，日航（DAO）为日本最大的航空公司。除此之外，日本的接待设施先进，早在 1996 年，全日本就有日式和西式的各类饭店 78730 家，另有商业旅馆 390 多家，家庭旅馆 26400 家，青年旅馆 380 多家。日本全国共有各种体育设施 292117 处，其中滑雪场 734 处，高尔夫球场 1687 处，海水浴场 1379 处，游艇基地 380 处，射箭场 56 处。全国各地还有观光休闲渔场 1637 处，观光休闲牧场 239 处，观光休闲林场 1626 处。

3. 日中旅游关系迅速发展

由于中日两国是一衣带水的友好邻邦，中日两国的文化交流源远流长，尤其是历史上中国文化对日本文化的影响深远，中国的山水风光、文化古迹对日本人具有很大的吸引力，使得日本成为中国的最大客源市场；同时，中国也一直是日本重要的客源市场国之一。中国接待日本游客最多时达年接待 397.75 万人次（2007 年）。目前日本大部分出境游客来自经济发达、交通便利的东京及其周围的神奈川县、埼玉县和千叶县。旅游市场中女性市场和老年人市场所占比重大。因日本旅游者崇尚个性化以及追新求异的特点，散客旅游已成为其出境旅游的主要趋向。日本来华旅游的目的主要是历史文化观光、自然风景观光和参观博物馆、美术馆。日本旅华客源市场潜力巨大，同时中国旅日市场发展迅速，中日互为客源市场的格局已形成。

第三节 朝鲜半岛上的国家

朝鲜半岛位于亚洲东北部，北以鸭绿江、白头山天池、图们江与中国和俄罗斯接壤，西临黄海，东靠日本海，南隔朝鲜海峡和对马海峡与日本相望。半岛南北直线最长距离 840km；东西直线最长距离 360km，总面积 22.21 万 km^2，号称“三千里锦绣江山”。

朝鲜半岛三面环水，背依中俄大陆，正当亚洲太平洋地区日本列岛通往亚洲大陆的天然“桥梁”地带；朝鲜海峡扼东北区通往东南亚海上要冲，战略地位十分重要。

分立于半岛南北的大韩民国和朝鲜民主主义人民共和国，本为同一民族，并有着共同的历史、语言、文化和风俗习惯，由于近代特殊的历史原因而以北纬 38 度线为界，形成了社会经济特征完全不同的两个国家。

一、朝鲜半岛南部——韩国

韩国全称大韩民国，位于朝鲜半岛的南部，面积 9.93 万 km^2，现有人口约 5000 万。居民属于单一民族，韩国人称之为韩族。50%的居民信仰佛教和基督教。通用韩语。首都为首尔。国旗为太极旗，国旗中间有太极图案，象征韩国人民永远与宇宙协调发展。国徽为圆形，圆面为五瓣的木槿花，中间为阴阳图案，象征民族的坚忍和活力。国歌为《爱国歌》，国花为木槿花（无穷花），国树为松，国鸟为鹊。

（一）旅游业与旅游市场发展的地理环境背景

1. 较为优越的自然生态环境与较为贫乏的自然资源

韩国的山地、高原和丘陵占国土面积的 70%。东部太白山脉纵贯南北，南部沿海为丘陵平原，属温带季风气候，冬寒夏热，年平均降水量 1500mm 左右。河流短小流急，水利资源丰富，主要有洛东江和汉江。矿产资源不多，具经济价值的主要有煤、铁、铝等 500 多种。森林覆盖率为 50%。

2. 新兴的经济强国

朝鲜南北分离之后，韩国属于世界上最贫穷的农业国家之一。朝鲜战争停战后到 1961 年，韩国处于经济恢复和重建时期。从 1962 年起，韩国开始全面发展经济。经 40 多年的努力，韩国已成为新兴的工业国家，是世界上的造船工业大国、第六大产钢国和第五大汽车生产国，电子、化学、电器、纺织等工业在世界上都具有一定地位，被称为“汉江经济奇迹”，并跻身于“亚洲四小龙”之列。

3. 独特的历史与政治发展历程

公元前 3 世纪，朝鲜半岛的中南部建立了以“三韩”族为中心的“辰国”，经历了高句丽、百济、新罗三国鼎立的时代，统一新罗时代，高丽时代，李氏朝鲜时代，并于 1910 年沦为日本的殖民地。1945 年日本投降后，美苏以北纬 38 度作为分界线，分别进驻朝鲜半岛。1948 年，美军占领区的朝鲜中南部宣布成立大韩民国。韩国实行立法、行政、司法分立的政体。总统为国家元首和武装部队最高司令，由全民选举产生，任期五年，不得连任。韩国主要政党有新千年民主党、大国家党、自由民主联合党和民主国民党等。

4. 发达的文化与教育

秦汉以后到隋唐，中国的许多制度、文化，包括佛教都传到朝鲜半岛，中国儒释道的传统文化、中国的诗歌文学和音乐（孔庙音乐和唐乐）以及中国的民间习俗都对韩国社会产生了深远的影响；韩国的文字，从早期的吏读法（用汉字标记韩语）到民族文字训民正音的创制完成，都吸收了汉字的许多特点，从而促进了朝鲜半岛封建社会的繁荣与发展。近代韩国饱经磨难，造就了很强的民族自尊心和自强不息的精神及很强的团队精神。韩国高度重视教育，年满7岁的儿童均入学接受教育，全国各类大专院校数以千计。比较著名的有国立首尔（旧译“汉城”）大学、延世大学、高丽大学和梨花女子大学等。

（二）旅游资源与旅游地特点

1. 自然人文景观与现代观光项目交融

（1）**名山资源** 全国400m以上的山峰94座，其中著名的有雪岳山、智异山、汉拿山（1950m）、五台山、伽山、俗离山、月岩山、雉目岳山、内藏山、鸡龙山，号称十大名山。

（2）**溪谷资源** 著名溪谷有雪岳山的千佛洞溪谷、土旺山溪谷和海印寺溪谷等。

（3）**瀑布景观资源** 著名瀑布有雪岳山的大胜瀑布、济州岛的正房瀑布和天帝瀑布等。

（4）**温泉资源** 著名温泉有儒城、东莱、海云台、温阳和水安堡等。

（5）**湖泊资源** 火山湖泊白鹿潭是韩国最大的天然湖。

（6）**滨海和海岛游览地** 有瑞山海岸、济州岛、江华岛、巨济岛，全国另有较好的海水浴场55处。

（7）**著名的历史遗迹** 景德宫、德寿宫、昌德宫、昌庆苑等。

（8）**著名寺院** 海印寺、松广寺、通度寺、佛国寺、洛山寺、法注寺、华严寺、神兴寺和月精寺等59座。

（9）**公园** 国家公园15处，道玄公园20处，大众公园和游览公园19处。

（10）**人文和文娱体育场所** 全国有15个书院、39个博物馆、4个美术馆、73种乡土文化祭、20多处狩猎场、3个赛马场、20个高尔夫球场和57个渔场。

（11）**产业观光资源** 产业旅游观光资源主要指工、农业设施和社会公共设施及反映经济建设成就的展览会、展销会等。目前，韩国的产业观光对象有规模较大的工业区28个，如蔚山、温山、浦项钢铁、仁川机械、昌原、丽川、鱼尾、群山、大丘、丰月等工业区和马山、里里两个出口工业特区。

2. 各具特色的旅游城市和旅游胜地

（1）**首尔** 韩国首都，全国政治、经济、文化中心和重要交通枢纽。人口约1200万。1394年为朝鲜王朝——李朝的京城，名胜古迹众多，以景福宫、景德宫、昌德宫和社稷台最为著名。近代建筑有青瓦台（现总统府）。市内有国立中央博物馆、国立民俗博物馆和世纪纪念馆等，近郊还有韩国民俗村。有各类寺庙420多座。市内交通发达，其地铁线路长度名列世界第七，市郊有金浦国际机场。

景福宫 李朝（1392—1910）时期的五大宫之一，呈正方形，南面是正门光化门，东面是建春门，西面是迎秋门，北面是神武门。宫内有勤政殿、交泰殿等殿阁。还有敬天寺十层石塔、梵天寺地光国师贤母塔等国宝级的遗迹。

昌德宫 昌德宫又名乐宫，为中国式宫殿建筑，高大庄严。殿内装饰华丽，设有帝王御座。殿前为花岗石铺地，三面环廊。殿后的东南部分以乐善斋等建筑为主，是王妃居住的地方，殿内陈列着王冠、王服以及墨宝、武器和其他手工艺品。

（2）**庆州** 韩国古都，市内寺院、王陵、纪念馆、王宫、天文台等遗迹遍布，已列入《世界遗产名录》。郊外的佛国寺、南山佛像群雕、东山石窟庵是佛教艺术的珍品。

国立庆州博物馆 这是仅次于首尔国立博物馆的韩国另一座最高水平博物馆。该馆仿照新罗石塔而建，两层高，由本馆和古坟馆组成，共收藏约 2.9 万件物品。馆外有用青铜铸造的韩国最大的圣德大王神钟，高 3.36m，重 23t。

大陵苑 庆州古坟公园内约有 30 多座古墓。其中天马冢是新罗王侯及王妃的陵墓。古坟公园内还有味邹王陵、金冠冢等。

（3）**釜山** 韩国第二大城市和最大国际港口，主要的金融、贸易城市。主要旅游胜地有全国最大的海滨浴场、海云台和松岛、东莱温泉、梵鱼寺、通度寺等。

（4）**济州岛** 位于济州海岸之南，风光优美，民俗淳朴。“三多三无三宝”为岛上的特色。“三多”即风多、石头多、女人多；“三无”即无门、无强盗、无乞丐；“三宝”即海产、植物、方言。故而济州岛成为韩国青年蜜月旅行的首选去处，被称为“浪漫之岛”和“蜜月之岛”，又有“东方夏威夷”的美誉。

雪岳山 位于东海岸江原道东草的西南方，为太白山脉最高峰，全国第二大国家公园。雪岳山大瀑布较为知名，“雪岳山四季”被《韩国日报》1984 年选为“韩国八景”之一。

佛国寺 坐落于庆尚北道的吐含山山腰处。该寺背依青山，碧溪川流，林木茂密，山门上书有“吐含山佛国寺”六个金黄色大字。寺内的东塔多宝塔，西塔释迦塔，都是新罗时期最精美的宝塔。

3．古朴的社会风情和生活习俗

受到中国儒家“修身齐家”和“三从四德”思想很深的影响，在韩国社会生活中，家长是家庭中权威的象征，讲究尊敬长者，孝顺父母，妻子服从丈夫；朋友间注重礼节、遵守信用，是全社会的习俗。韩国人的饮食起居具有鲜明的民族色彩。衣着方面，其民族服装称“韩服”：男装宽松裤腿，大襟上衣；女装高腰紧身长裙和肥袖短袄。虽然韩国人已经流行穿西式服装，但遇到节日喜庆，许多人还是喜欢穿着传统服装一展风采。韩国人的主食和中国北方人的主食差不多，有米饭、打糕、面条、煎饼、凉粉等，但喜食泡菜、生拌鱼和铁板烧烤。传统的韩国建筑是草顶或瓦顶平房，推拉门，烧火炕。韩国的传统节日都带有浓厚的东亚文化色彩。

（三）现代旅游业与旅游市场的发展

1．政府主导，发展目标高远

早在 20 世纪 60 年代，韩国政府就将旅游业作为赚取高额外汇的“战略产业”进行重点扶持；80 年代，提出了“旅游立国”的口号，具体目标是“全体国民旅游职业化，整个国土旅游资源化，旅游设备国际标准化”；1993 年金泳三总统及其政府提出“把旅游推销列为内阁六大工作之一”，将出国旅游作为韩国全球化运动的一个重要组成部分。为进一步促进韩国的国际入境和出境旅游，韩国政府又特别制定了“观光振兴的五年计划（1999～2003）”。根据这一计划，韩国将旅游业作为国家 21 世纪发展的基础产业，至 2007 年，当年接待外国游客 64 万人次，国际旅游收入 89 亿美元。

2．出境旅游市场快速崛起

韩国自 1989 年开始实行出境旅游自由化的政策，当年有 121 万人次出游；从 1998 年以后，每年跃升一个百万数量级，及至 2007 年达到了 1333 万人次，国际旅游支出达 234 亿美元。韩国出境游客前往的国家和地区按数量排序为中国、日本、美国和泰国。韩国出境游可按目的分为旅游观光（48.5%）、商务活动（22.9%）、探亲访友（8.8%）。韩国人出国旅游最感兴趣的是购物（93.3%），其次是城市旅游（90.5%），再次是自然风光旅游（86.7%）。

3．韩中旅游关系发展空间很大

中国与韩国在 1992 年建立外交关系后，两国旅游关系发展迅速。2007 年，韩国旅华游客 477.68 万人次，创历史最高水平而超过日本，成为中国第一大入境客源国。目前，游客集中流向山东、北京、上海、辽宁、浙江和江苏等省市；吉林、湖南和北京等省市海外客源市场中，韩国游客规模都处于第一的地位。与此同时，中国已成为韩国重要客源旅游市场。随着两国间经济、贸易、文化的交流和发展，中国公民到韩国旅游的欲望得以强化，旅韩人数呈逐年递增的趋势，2009 年达 147.42 万人次，创历史最高水平。由于中韩两国是近邻，交通便捷，随着经济、文化、贸易交流的不断扩大，两国互为客源市场的发展空间很大。

二、朝鲜半岛北部——朝鲜

朝鲜全称朝鲜民主主义人民共和国，面积 12.28 万 km^2。人口约 2400 万，由单一的朝鲜族组成，通用朝鲜语。部分人信仰佛教。首都平壤。国旗为红、白、蓝条带和红色五角星的旗子。国徽由红色绶带束扎的稻穗构成椭圆形图案，顶部有一颗光芒四射的红五角星，其下有革命圣地白头山，中间为水坝、水电站、高压输电线架等图案，底部的红色饰带上用朝文写着“朝鲜民主主义人民共和国”。国歌为《爱国歌》。国花为木槿花。

（一）旅游业与旅游市场发展的地理环境背景

1．较为优越的自然环境与自然资源

全境山地高原面积占国土总面积的 80%，平均海拔 2000m。东部日本海沿岸纵列着太白山脉，主峰金刚山海拔 1638m，为著名的风景名山。平原和低地多分布于西部和南部，以大同江平原和清川江平原较大。属温带大陆性季风气候，夏热冬寒，但最低气温可达 −43.6℃，年平均降水量为 1120mm。河流短小流急，富水力资源，除北部边境的鸭绿江、图们江外，境内还有大同江、清川江。矿藏主要为煤、铁、铜、铅等，石墨和菱镁矿居世界前列。森林覆盖率达 74%，沿海盛产渔盐。

2．发展中的工农业国家

朝鲜工业产值占工农业总产值的 75%左右，形成了以采矿、电力、钢铁、有色金属冶炼、化工、机械、纺织为主的工业体系，主要工厂大多集中在东北部沿海地区。种植业是农业的基本部门，以水稻、玉米种植为主。盛产温带水果。高丽参与中国参齐名。畜牧业落后，海洋渔业发展条件较为优越。交通运输以铁路为主，通过鸭绿江大桥与中国铁路相连。

3. 苦难的历史与社会主义政治制度

朝鲜与韩国经历了同样的历史后，1948年9月9日，朝鲜民主主义人民共和国成立。1991年9月17日，朝鲜与半岛南部的韩国一道加入联合国。当代朝鲜实行的是社会主义制度。最高人民会议是国家最高权力机关，行使立法权。最高人民会议常任委员会，是最高人民会议休会期间的最高国家权力机关。国防委员会是国家主权的最高军事领导机关和全面管理国防的机关，由最高人民会议选举产生。委员长统率、指挥全国一切武装力量。内阁是国家最高权力的行政执行机关和全面管理国家的机关。朝鲜政党制度是朝鲜劳动党领导下的社会主义多党制。

4. 东方传统文化与发展中的教育

朝鲜民族受中国儒家思想的影响，形成特有的优雅、恬静、传统人伦关系的文化，故有“礼仪之邦”、“君子之国”称誉。朝鲜同韩国一样深受中国文化的影响，朝韩两国本为同一民族，也有着共同发展的历史文化习俗，与韩国的文学艺术基本相同。唯有不同的是，朝鲜是社会主义国家，强调社会主义情感教育，坚持社会主义文学、电影和歌舞艺术，提倡“千里马”精神。朝鲜政府重视教育，已实行11年的免费教育制度，40%的学生可升入大学，而且每个学生可以按个人的兴趣爱好选择学校及专业。余下的或安排参军或进入专科学校学习。著名的大学有金日成综合大学、金哲柱师范大学等。

（二）旅游资源与旅游地特点

1. 丰富多彩的自然山水风光

朝鲜山地丘陵面积大，而且森林覆盖率高达74%，乃至形成了金刚山、妙香山、白头山等山地型风景名胜。朝鲜的河流多而水源丰足，大多数河流的上游段多急流、瀑布。中朝边境上的天池是世界上著名的火山口湖，是著名的旅游胜地。朝鲜西部海岸形成不少山、海、岛风光，是进行海滨休闲度假的理想之地。

妙香山 位于平安北道、慈江道和平安南道交界处，毗卢峰高1909m，为妙香山的第一高峰。因山势奇妙，漫山馨香，景致佳绝，素称沸流山、太白山。山上四季景色各异，尤以秋天红叶满山最为壮观。

金刚山 位于太白山脉的北部。山势峰峦竞秀，璀璨生辉，犹如金刚石闪闪发光，故名金刚山，有外金刚、内金刚、海金刚之别。外金刚景色雄伟壮丽，代表着男性美；内金刚则有万瀑洞等柔和秀丽的溪谷，代表着女性美；而海金刚以碧波荡漾的海景湖色别具一格，使人流连忘返。

白头山 位于中朝边境，海拔2750m，是全国最高的山。火山爆发时喷出来的白色浮石覆盖山巅。山巅的火山口湖叫天池，面积9.165km^2。白头山有很多发源于天池的瀑布。白头山冬季气温可达-40℃左右，天池的冰可厚达4m。但北岸有水温70℃的温泉（硫磺泉）。

2. 有特色的城市旅游资源

（1）**平壤** 朝鲜首都，坐落于大同江下游平壤平原和丘陵的交界处。其东部、西南部、北部和东北部有山地环绕，唯南部是肥沃而平坦的平原。大同江及其支流普通江流经市区，而且江中有绫罗岛、羊角岛、狸岩岛等岛屿，形成了“山—水—岛—城”浑然一体的山水型城市景观。公元427年，高句丽建都于此，至今保留有高句丽古城和安鹤宫遗址等名胜古迹。市内现代高楼林立，64层高的饭店大厦耸立于绫罗岛上，还有千里马青铜雕塑、朝鲜革命博物馆、凯旋门、朝中友谊塔等名胜。

万景台　位于平壤市万景台区万景台洞，因在峰顶可以欣赏一万景色而得名，山脚下的村庄叫做万景台。1912年4月15日，金日成主席就在这里的小草房诞生，至今这里完好地保存着金日成一家的旧居及其钓鱼场、学习场、摔跤场等史迹。

千里马铜像　矗立在万寿台的丘岗上，于金日成49寿辰的1961年4月15日建成。基座是用360多种2500多块不同规格的花岗岩垒起来的千里马铜像刻画了朝鲜人民跨上千里马向前冲的气势，表现出不断革新、不断前进的英雄气概和坚强斗志。

朝中友谊塔　为了纪念在朝鲜战争中用鲜血帮助朝鲜人民的中国人民志愿军的丰功伟绩，朝鲜人民建造了这座友谊塔。友谊塔是由两层基座和塔身组成，由1025块花岗岩和大理石砌成，象征着中国人民志愿军10月25日赴朝参战。塔身正面是“友谊塔”三个朝文大字。友谊塔正面基座的一层用朝文镌刻着“高举抗美援朝保家卫国旗帜，跟我们的人民在这块土地上并肩作战，打败了共同的敌人的中国人民志愿军烈士们，你们留下的丰功伟绩和用鲜血凝成的朝中人民的国际主义友谊，将在繁荣昌盛的我国疆土上永放光芒！”

（2）**开城**　地处朝鲜半岛军事分界线西部的北侧，紧临停战村板门店，与韩国咫尺相望。历史上，开城曾是朝鲜半岛上第一个统一国家高丽国王朝的首都，为南北交通要道和商品集散地。著名的开城人参以此为集散地。主要风景名胜有高丽博物馆、军事分界线三八线、板门店等。

板门店　位于开城市东南部，是开城和汉城（首尔旧称）之间的一个村庄的名字。1953年7月27日，《朝鲜停战协定》在此签订，标志着历时三年的朝鲜战争结束。这里有朝鲜停战谈判签署停战协定的会场、军事停战委员会会议室和中立国监察委员会会议室等名胜。

（3）**南浦市**　位于大同江入海口，直辖市，也是朝鲜第二大城市，西海岸最大的天然良港和创汇基地。主要的风景名胜有卧牛岛、台城湖和西海闸门、海滨浴场、高句丽古坟墓等。

西海闸门　距离南浦15km，是拦截大同江入海口的大坝，有三个能通过2000～50000t轮船的闸室和36个水门。整个大坝气势恢弘。大同江的景色也因此变得更加美丽。

（4）**新义州**　位于中朝边境鸭绿江南岸，是京义线（首尔—新义州）铁路的北方终点站，现已被设立为特别行政区，并将建成国际性金融、商贸、娱乐以及旅游区。

站前广场　位于新义州市中心，广场北有巨大的金日成铜像，铜像后即为平安北道革命事迹馆。事迹馆里陈列着金日成和金正日以及金正淑（金日成夫人）的革命事迹。

3. 具有东方文化色彩的社会风情与生活习俗

朝鲜民族的传统节日受中国传统文化的影响，带有浓烈的东亚文化色彩。朝鲜人在菜肴上喜食泡菜、生拌鱼肉、狗肉等。传统的民族服饰以白色和浅色为主。妇女的长裙上及胸部，下至脚跟，宽舒自由；鞋如船形，鞋尖向上翘起。男子则穿短衣肥裤，外罩坎肩。头顶重物搬运是朝鲜农村妇女的特长，即使重达百斤也可行走自如。朝鲜民族崇尚体育，妇女喜欢压翘板，荡秋千；男子喜欢打球和摔跤。朝鲜民族还能歌善舞，以唐乐、乡乐以及大鼓舞、仗鼓舞最为著名。

（三）现代旅游业和旅游市场的发展

1．旅游和旅游市场发展现状落后

朝鲜旅游业起步较晚。1985 年朝鲜政务院才成立国家旅游局，并下设国家旅行社和青年旅行社。1986 年接待入境旅游者 8.5 万人次，但主要是中国游客。1987 年 9 月，加入世界旅游组织。朝鲜的国际出境旅游目的地也主要是中国，2009 年入境中国的朝鲜游客为 11.21 万人次，但旅游目的地主要是中国的东北地区。朝鲜的国际出境和入境旅游都处于较为落后的状态，在亚太地区的旅游区域合作中有被边缘化的趋向。

2．旅游设施和旅游景区、景点建设有所发展

朝鲜目前已形成了以平壤为中心，向外辐射到白头山、妙香山、元山、开城、南浦和海州等八条线路，建设了与之配套的 450 余座公园、游园地和 1600 多处旅游景点，建设有约 4.5 万张床位的宾馆设施，修筑了平壤至南浦、平壤至元山、平壤至开城和平壤至妙香山的高速公路，在国际区域合作方面开发了以鸭绿江、图们江边境水域为核心的中、俄、朝三国沿江旅游线和以渤海、黄海、日本海为核心，以中、朝、韩、日、俄为旅游目的地，以海洋旅游产品为展示的海洋循环线，而且已经将“长白山—朝鲜罗津、先锋—俄罗斯、海参崴七日游”、“中国丹东—平壤—开城三八线、板门店四日游”等国际旅游线路付诸实施。

3．朝鲜与中国的旅游关系

中朝两国自古以来就是唇齿相依的友好邻邦，一直保持着传统的睦邻友好合作关系。1961 年 7 月 11 日，两国签署了中朝友好合作互助条约。20 世纪 90 年代以来，两国领导人进一步加强交往，中朝睦邻友好合作关系进一步发展。21 世纪以来，两国高层领导互访更加频繁，由此也促进了中朝之间的旅游关系。

第四节　蒙　　古

蒙古全称蒙古国，位于亚洲大陆东部，介于俄罗斯和中国之间，国土总面积 156.7 万 km^2，是世界上第二大内陆国家。人口约 260 万。喀尔喀蒙古族占全国人口的 80%。主要语言为喀尔喀蒙古语。居民主要信奉佛教。首都为乌兰巴托。国旗为红、蓝、红三色条带旗。国徽呈圆形，圆面为蓝色，中间是一匹飞奔的骏马，马之下是一个法轮。国歌为《蒙古国国歌》。

一、旅游业与旅游市场发展的地理环境背景

1．东亚内陆高原国家

蒙古地处蒙古高原的北部，地势高亢。平均海拔 1000m 以上的地区占全境的 80%以上。地形上分为西北部高山区、北部山地高原区、东部平原区和南部戈壁区。境内除分布于中蒙边境的阿尔泰山外，还有分布于北部的肯特山、杭爱山等海拔 3000m 左右的大山。主要

河流有色楞格河、鄂嫩河，最大湖泊为乌布苏湖。蒙古属极端温带大陆性气候，冬长而严寒，夏短而酷热，气温变化剧烈，多暴风雪。在整个蒙古高原上，草原、戈壁和沙漠广布，景观以旷野为特色。

2．传统的牧业国家

畜牧业是国民经济的基础。牧场约占国土面积的 79%，人均牧场用地近 $70hm^2$，居世界各国之首；国内工业品的原料和人民必需的消费品及出口物资的绝大部分来自于畜牧业。主要牲畜有绵羊、山羊、牛、马、骆驼等 5 种，马肉、山羊肉、绵羊肉和牛肉的人均占有量居世界前列，蒙古有“马背上的民族”之称。农业以种植业为主，属于广种薄收型。畜牧业基本上是游牧和半游牧方式，易于安装和拆运的“蒙古包”和伴随牧民的“马头琴”为蒙古族的两大特有人文景观。交通运输以铁路、公路为主。出口以矿产品、畜产品为主，进口主要为机械设备、燃料、原料和日用品等。主要贸易对象为俄罗斯，近年同中国的贸易有较大发展。

3．与中国有着特殊关系的历史与政治

公元 13 世纪，成吉思汗统一了蒙古各部落，并建立了蒙古汗国，其孙子忽必烈建立了元帝国，建都北京。后来以朱元璋为代表的农民军推翻元帝国，其残余势力在相当于现代的蒙古地区建立了后元政权，后被清廷所征服，并成为大清帝国的一部分。1911 年在沙皇俄国的支持下宣布“自治”，1921 年成立君主立宪政府，1924 年 11 月 26 日建立蒙古人民共和国。1992 年 2 月改称蒙古国。蒙古为议会制国家，大呼拉尔为国家最高权力机构，总统为国家最高元首，政府是国家政权的最高执行机关，下设国务院及各部。政府总理由总统提名，大呼拉尔批准。

二、旅游资源与旅游地特点

1．富有特色的旅游城市和山水名胜

（1）**乌兰巴托市** 风景名胜集中，以市内苏赫巴托广场为中心，北面有国家宫，东面有国家古典艺术剧院、中央文化宫，西面有乌兰巴托市政府、中央邮局等建筑名胜，中央广场还有苏赫巴托纪念碑，库苏古尔湖离乌兰巴托也不远，这一切使其成为了整个蒙古国的旅游中心和最大的旅游城市。

（2）**博格达山** 位于乌兰巴托南图拉河畔。景观以奇为著，以险为绝。三峰昂天挺立，银装素裹，遍地是原始森林和山地草原，风光如画。特别是每年七八月间，谷底遍地山花怒放，香气浓郁；半山春意盎然，绿草如茵。

（3）**库苏古尔湖** 国家自然生态保护区，被称为“东方的蓝色珍珠”，属贝加尔湖水系，水域总面积为 $2760km^2$，一共有大小 96 条河流汇入湖中，湖水深处可达 262.4m，却清澈见底。湖周森林里生活着麋鹿、西伯利亚狍、狼、狐狸、野猪、山猫、棕熊等。

（4）**哈勒和林遗址** 哈勒和林是成吉思汗蒙古帝国的首都，当时是世界上陆地贸易最发达的国际大都市，1368 年毁于明朝军队手里。这里的额尔德尼召是用哈勒和林遗址上的石头筑成的，是蒙古国第一个喇嘛教及佛教中心，其周围的 108 塔举世闻名。

2．生态旅游资源丰富多彩

蒙古地广人稀，不少地方仍然保持原始的自然景观和人文风貌。境内有大小湖泊 3000 多个，多保持原始天然状态，水质优良。广阔的戈壁滩上生活着成群的戈壁熊、野马、野骆驼、野驴、黄羊等珍稀野生动物，被联合国列入红皮书的野驴，仅哈坦布拉格县就达3万头；全世界黄羊仅100万头，蒙古就拥有80万头。蒙古原生态的文化资源，首推哈勒和林遗址，其周围的108塔至今保存完好，是目前蒙古唯一的一处《世界文化遗产名录》地。其次为甘登寺，现为蒙古佛教中心所在地，寺内建有27m高的“神勇无畏菩萨”站像。再次是楚鲁特河流域的楚鲁特岩画群，绵延120km。

3．独特的草原风情与社会习俗

牧草茂盛的广阔蒙古草原，与星星点点的蒙古包和白云一样的羊群交织成最典型的草原风光画面。草原上的蒙古人喜食“烤全羊”、“手抓羊拐”、“烤羊排”、“奶茶”和“马奶子酒”等；宽大的蒙古袍和宽腰带、扁帽、皮靴是蒙古男子的传统民族服装；用毛毡建成的毡房是蒙古人游牧生活的传统住房；那达慕民族节日伴随着赛马、射箭、摔跤、叼羊等活动，都是其重要的民族民间活动；进行农牧产品交易会、祭鄂博及宰牛、杀羊、念经祭祀也是蒙古人民的重大事件。蒙古人非常好客，特别是对远方来的客人，女主人会把传统的奶茶和其他乳制品端到客人面前热情款待，如能住下来，还可陪客人一起骑马或骑骆驼奔驰。在游牧或日常生活中，蒙古人相遇时最先总要极有礼貌地相互问候“家畜安好”，其次问“家人平安”，最后才相互寒暄，充分显示了牲畜在人们生活中的特殊地位。

4．以草原游牧为特色的文化与发展中的教育

蒙古文学在古代和近代都受中国汉文学和西藏文学的影响，《西游记》、《三国演义》、《红楼梦》、《甘珠尔》等名著广泛流传于民间与寺院。现代文学则受俄罗斯文学影响较大。其民间文学以传说、民歌、谚语及说唱等口头文学为主，内容以蒙古游牧民族生活为题材，极具民族特色。蒙古歌舞、马头琴、壁画，是蒙古艺术的代表。蒙古实行免费义务教育，现已普及中学教育。高等教育发展较快，蒙古国立大学是其规模最大的大学。

三、现代旅游业与旅游市场的发展

1．国际旅游落后，且以边境经贸旅游为主体

据有关统计资料显示，2006年，蒙古接待国外游客39万人次，国际旅游收入达3亿美元。国际出境旅游人数近些年来一直保持在60万人次左右，国际旅游支出稳定在1亿美元左右。显然，无论其国内旅游、出境旅游还是国际入境旅游，规模与旅游收入都保持在较低水平，而且多伴随边境贸易来往的形式出现，一切都有待发展和提高。

2．基础设施建设有成就，但有待发展

近些年来蒙古改造了与中国、蒙古和俄罗斯间的国际铁路联运线“扎门乌德—乌兰巴托—纳乌什举”和乔巴山通往俄罗斯博尔集亚的铁路，并向东南延伸至俄中蒙边境的塔木察格布拉克，以适应中、俄、蒙三国的旅游合作和包括中、俄、朝、蒙、韩、日在内的东北亚太旅游圈的发展；加强了乌兰巴托、苏赫巴托、乔巴山、科不多的旅游城市建设，建成旅游饭店和大小宾馆700多家共5000多个床位，但整体仍然落后，接待水平也较低。

3．与中国和俄国具有特殊的旅游关系

中国、俄罗斯和蒙古国土彼此相连，传统友谊把三国联系在一起，区域旅游对外发展的天地广阔。近些年来三国旅游合作发展迅速，尤其在蒙古的国际出境和国际入境旅游中，中国和俄罗斯都占突出地位。例如，2004 年，中国到蒙古的旅游人数占亚太地区到蒙古旅游者总数的 76.8%，俄罗斯到蒙古的旅游者人数占欧洲地区到蒙古旅游者总数的 54.7%；同年蒙古到中国的旅游人数为 55.38 万，占蒙古出境旅游者总数的 76.5%，蒙古到俄罗斯旅游者人数为 10.41 万，占蒙古出境旅游人数的 16.6%。2009 年，来华蒙古游客有 63.12 万人次，蒙古成为中国第八大客源国。

第五节　新　加　坡

新加坡全称新加坡共和国，位于东南亚马来半岛最南端。由新加坡岛及附近 63 个小岛组成，为热带城市岛国。面积为 682.7km^2，人口约 500 万。其中华人占 75%，还有马来人、印度人等。居民多信奉佛教和伊斯兰教。马来语为国语，通用华语和英语。首都为新加坡市。国旗由上红下白两个相等的横长方形组成，左上角有一弯白色新月和五颗白色五角星。国徽由盾徽、狮子、老虎等图案组成。红盾左侧是一头狮子，这是新加坡的象征；右侧是一只老虎，象征新加坡与马来西亚之间历史上的联系。国歌为《前进吧，新加坡》。国花是胡姬花。

一、旅游业与旅游市场发展的地理环境背景

1．优越的自然环境与贫乏的自然资源

新加坡北与马来半岛隔着仅 1200m 宽的柔佛海峡，两边有长堤相连；南隔新加坡海峡同印度尼西亚相望。其地处太平洋与印度洋要冲，扼马六甲海峡东口，有东方“直布罗陀海峡”和“东方十字路口”誉称。主岛地势低平，3/4 的面积海拔不到 15m，武吉知马山海拔 177m，为新加坡最高峰。新加坡属典型的热带海洋性气候，常年湿润多雨。河流顺着地势由中部高地呈放射状分流。主要河流有新加坡河、加冷河。植物品种资源仅 2000 多种，另有著名的热带观赏花卉胡姬花（兰花）品种近千种。

2．东南亚地区的经济区域中心

1824 年，英国占领新加坡，并把它作为其在东方的最大战略据点和航运枢纽中心加以经营，使其逐步发展成为一个以转口贸易、加工出口和航运为主体的独特经济类型。新加坡独立后坚持全面开放，大力发展制造业和各类第三产业，进而发展成为“新兴工业化国家”，也是世界上经济发展最快和富裕程度最高的国家之一，被称为创造了世界经济奇迹的“亚洲四小龙”之首。现在的新加坡，已成为东南亚地区的国际航运、航空和贸易中心，工业和技术服务中心，投资和金融中心，国际旅游和会议中心，以及世界著名的电子工业中心等。

3．显示无限生机的年轻国家和现代西方民主政治

新加坡古称淡马锡，后改称信河补罗或新加坡拉，意为“狮子国”。15 世纪臣属马六

甲王国，16 世纪为马来亚柔佛王国的一部分，1826 年沦为殖民地，1942 年被日军占领，战后英国恢复其殖民统治。1959 年 6 月，新加坡成立自治邦，1963 年和马来亚、沙巴、沙捞越组成马来亚联邦，1965 年 8 月 9 日脱离马来西亚，成立新加坡共和国，现为英联邦成员国。新加坡国家政体为议会共和制，总统为国家元首，由议会选举产生，任期四年。实行总理负责制，总理由议会中的多数党提名，总统任命，任期四年。

4．多元文化与发达的教育

新加坡属于多元文化，但汉文化和马来文化地位突出。文学艺术同样具有多元性特点，尤其是受中国、印度、马来文化的影响深刻，阿拉伯和西方的文学艺术对其也颇有影响，呈现出万花筒式的艺术魅丽。例如，戏剧有马来剧、中国剧；舞蹈有中国采茶舞、印度神舞等。新加坡有完善的教育体系及制度，是成功融会西方教育的典范。政府大力普及国民教育的同时，极其重视吸收海外留学生前来求学，并为他们提供奖学金，有政府大学三所、理工学院五所、其他专科院校 40 多所和私立院校上百所。其中著名的有新加坡国立大学、南洋理工学院、新加坡师范学院等。

二、旅游资源与旅游地特点

1．独具特色的新加坡市

新加坡的首都为新加坡市，亦称星城，位于新加坡岛东南部，南临新加坡海峡，市区面积 100km^2。新加坡市与新加坡国家名称相同，在世界上独一无二。新加坡市的职能主要是人居与商业，特别重视环境保护，营造最佳人居环境，工厂多迁到了城外。城市建设布局合理，每一栋房子第一层全部架空，以利于儿童畅通无阻地游玩；每组房屋的前后左右都有草坪、花园、树木。重视卫生建设，凡室外抽烟和随意抛弃垃圾都要处以罚款。新加坡市以清洁、绿化、美丽和繁荣著称，享有“花园城市”的美称。

2．具有热带风光特色的风景名胜

（1）**圣淘沙岛**　位于新加坡岛以南 1.8km 处的海中，面积 3.47km^2，有洁白沙滩、热带鱼类与动植物的展示、历史遗迹、探险乐园和五星级饭店，为新加坡最负盛名的旅游胜地。尤其是“海底世界”为亚洲第一个最大的热带海洋水族馆；“蝴蝶馆”与“世界昆虫馆”有超过 50 种 2500 只的蝴蝶；“胡姬花园”种满世界各地的胡姬花；“喷泉花园”有多彩多姿的喷泉。“探险乐园”分设亚洲村、梦幻岛屿与火焰山，梦幻岛有各种刺激的水上或潜水活动；火焰山是一处多媒体游乐园；亚洲村则可让游客体验亚洲各国风情。

（2）**新加坡植物园**　位于市区，占地 54hm^2，园内有 20000 多种亚热带、热带的奇异花卉和珍贵的树木。园内植物标本室，收集各种草本植物标本约有 50 万。维多利亚式建筑的胡姬亭，种植 12000 多株名贵兰花。

（3）**夜间野生动物园**　占地 40hm^2。园内有 47 种不同的自然环境，可分为喜马拉雅丘陵、尼泊尔河谷、热带非洲、印尼－马来亚区、亚洲森林河区、缅甸山腰森林、印度次大陆及马来亚雨林八大区。在多姿多彩的森林河谷中，栖息着大约 1200 种夜间活动的动物。高度先进的照明技术可使游人清楚地欣赏动物而又不会干扰到它们的夜间活动。

（4）**裕廊飞禽公园** 坐落于裕廊山上，面积 20.2hm^2，拥有来自世界各地 600 种超过 8000 只的飞禽。“瀑布大网笼”是世界最大且游客可进入的网笼，占地 2hm^2，大网笼内建有世界最高的人工瀑布，饲养有来自南美洲和非洲 80 种 1500 只飞禽。“企鹅天堂”是世界第二大企鹅展示区。“飞禽公园”内有寓教于乐的飞禽表演和猛禽表演。

3．多彩的社会风情与民族习俗

新加坡是一个具有高度文明的城市国家，城市街道整齐、绿树成荫，鲜花四季常新，环境洁静，享有“花园城市”的美誉。爱清洁、讲卫生，是新加坡人的基本习惯。不随地吐痰、不乱扔垃圾已成为人们的公共道德。市内高楼林立，建筑物多具英国风格，但也不乏中国风格、阿拉伯风格。新加坡人十分注重礼节，但各民族有异，如见面打招呼，华人为拱手作揖；马来人先用双手互相接触，指向各自胸前，表示衷心问候；印度人则双手放在胸前，微微闭目，表情虔诚安详。接待客人一般是请客人吃午饭或晚饭；到新加坡人家里吃饭，可以带一束鲜花或一盒巧克力作为礼物。新加坡人喜欢红双喜、大象、蝙蝠图案，数字禁忌 4、7、8、13、37 和 69。各民族共同的节日有每年 8 月 9 日的国庆节、4 月 14 日的食品节、7 月的百鸟争鸣节等。但各民族也还有自己的传统节日，如华人的春节、马来人的开斋节、印度人的踏火节等。

三、现代旅游业与旅游市场的发展

1．旅游业和旅游市场持续发展

旅游业是新加坡的五大支柱产业之一。尽管其缺少自然风光、山水胜景，却能充分利用自身优越的地理环境，大力建设各种独具特色的人文景观，开展各种绚丽的节庆活动，营造优美舒适的旅游环境，提供世界一流的旅游服务，进而成为亚洲旅游业最发达的国家之一。2007 年，新加坡接待外国游客 796 万人次，旅游外汇收入 87 亿美元。出境旅游也比较发达，每个人每年都会有出境旅游的机会。

2．旅游设施发达

旅游交通异常发达。“弹丸之地”的新加坡有电气化铁路 67km、公路 2898km，有与马来西亚相连的柔佛海公路、铁路长堤。全国有 140km 海岸线，500 多条航线连接 700 多个港口，有来自 80 多个国家和地区的 1300 多家船务公司的轮船日夜进出新加坡港口。樟宜机场是亚太地区最大的国际机场之一，新加坡航空公司的飞机可达 60 多个国家和地区的 127 个城市，年游客吞吐量为 2400 万人次。全国有客房 24 万间。新加坡的史丹福瑞士酒店为世界最豪华、服务水平最高的酒店之一。世界贸易中心大厦可供大型国际会议使用的场所超过百处。

3．中国与新加坡是典型的互为旅游客源市场国家

早在 20 世纪 80 年代后半期，新加坡就成为我国排名前十位的客源国之一。1990 年两国建交后，双方经贸、科技、文化、旅游方面的交流进一步发展，来华游客一直保持平稳增长。2007 年，新加坡来华游客 92.20 万人次，排中国客源国第六位。同时，新加坡也是中国公民出境旅游最早的客源国之一。2009 年，中国公民赴新加坡游客达 66.81 万人次，在各国赴新加坡游客中处于前列地位。

第六节 马来西亚

马来西亚全称马来亚联邦。国土由马来半岛南部马来亚（西马）、加里曼丹岛北部的沙捞越地区和沙巴（东马）三部分组成。陆地总面积约 33 万 km^2。人口约 2600 万，马来族人和其他土著人占 60%，华人约占 25.38%。伊斯兰教为国教，马来语为国语，通用英语。首都吉隆坡。国旗主体部分由 14 道红白相间、宽度相等的横条组成，左上方有一深蓝色的长方形，上有一弯黄色新月和一颗带有 14 个尖角的黄色星。国徽中间为盾形，上面绘有一弯黄色新月和一颗带有 14 个尖角的黄色星，盾面上的图案和颜色象征马来西亚的组成及其行政区划。国歌为《月光》，国花为木槿。

一、旅游业与旅游市场发展的地理环境背景

1. 优越的自然生态环境和丰富的自然资源

西马地区地势北高南低，以山地丘陵为主，东西两岸为平原；沙捞越地区东南边境为山地，西部为平原；沙巴地区中西部为山地，东部为平原。沙巴的基纳巴卢山海拔 4101m，为全国最高峰。马来西亚海岸线总长 4192km，属热带雨林气候，终年炎热，年均气温 29℃，温差小。河流短小，以西马的彭亨河、东马的拉让河较大，湖泊不多。天然橡胶和锡产量居世界首位，有“橡胶和锡的王国”的誉称。森林覆盖率约 60%，盛产多种热带硬木。

2. 迅速发展中的工农业国家

马来西亚属新兴工农业国家，农业是国民经济中的重要部门，尤以热带经济作物种植居重要地位，盛产橡胶、油棕、可可、椰子等。橡胶产量和出口量居世界前列，胡椒、棕油等出口也居重要地位。林业发达，热带锯木和原木出口分别占世界第一、第二位。工业重要部门有电子产品、石油、钢铁、汽车加工、锡矿开采、木材加工、纺织等。锡的出口量居世界第一位。1987 年以来，经济持续高速发展，成为亚洲地区引人注目的新兴工农业国，被称为“亚洲四小虎”之一。

3. 悠久的历史与独特的政体

公元 1 世纪，马来半岛建立了狼牙修、赤土、丹丹等邦国。15 世纪初，马六甲王国建立并统一了马来半岛南部各邦，发展成当时东南亚主要国际贸易中心。16 世纪起，该地区先后遭到葡萄牙、荷兰和英国侵入，20 世纪初完全沦为英国殖民地。二战期间，被日本占领，战后复受英国殖民统治。1948 年组成马来亚联合邦，1957 年 8 月 31 日独立，马来西亚为英联邦成员国。政体为君主立宪联邦制，由各个州的苏丹或州长组成统治者会议，选举产生国家元首。最高元首同时也是伊斯兰教宗教领袖。国家最高立法机构是两院制国会，国会中的多数党组成政府，其领袖出任总理。

4. 多元文化与发展中的教育

马来西亚是个多民族国家，马来人、华人和印度人等都有自己独特的文化。政府倡导

民族融合，努力塑造以马来文化为基础的国家文化。马来西亚艺术亦多受印度、阿拉伯和中国等东方文化的影响。例如，歌舞注重手上动作，与戏剧融为一体，舞姿优美，富有诗意；音乐的乐队由鼓手、号手、大孔竖笛手组成，并有竹笛、三弦琴、铜锣等；工艺品中的镯，银、金制品，各种蝴蝶标本，蜡染布做成的“巴迪服”等，精美而富有特色。马来西亚政府推行国民教育政策，小学为免费教育。高等教育比较发达，有马来亚大学、国民大学等七所高等院校。

二、旅游城市与旅游地特点

1. 充满生机的自然风光胜地

（1）**黑风洞** 位于吉隆坡以北 11km，印度教圣地。洞在半山，山下有 272 级石阶直连山腰的光、暗二洞。洞中开阔高大，无数巨型钟乳石柱由洞顶垂吊而下。山下设有岩洞博物馆，展示色彩鲜明的印度神像和壁画。

（2）**云顶高原** 位于吉隆坡东北 50km 处，面积 $5000hm^2$。高原山峦层叠，林海茫茫，空气尤为清新，花草四季葱茏。这里已建起现代化旅馆、温水游泳池、人工湖、高尔夫球场等配套的旅游设施。云顶娱乐城内设有赌场，来自马来西亚和世界各地的赌徒及游客们，怀着不尽相同的心态，走进充满诱惑的赌场。

（3）**浮罗交怡群岛** 理想的海浴天堂，位于马六甲海峡北面，由 104 个珊瑚岛组成。洁白的沙滩，碧蓝的大海，婆娑起舞的椰树，淳朴雅致的小楼，构成一幅绝妙的热带风情画。浮罗交怡主岛面积 $527km^2$，岛上建有国际酒店、政府的迎宾馆和别墅。

2. 具有鲜明地域特色的旅游城市

（1）**吉隆坡** 全国最大的华人和华侨聚集的城市，面积 $244km^2$，人口 150 万。市内风景秀丽，街道整齐，典型的穆斯林建筑和中国式住宅交相辉映。著名风景胜地有黑风洞、国家博物馆、湖滨公园、国家清真寺等。

国家清真寺 位于市中心丹也大楼对面，可容纳 8000 人同时祈祷，为东南亚最大的清真寺之一，是马来西亚伊斯兰教活动中心。屋顶为星型，由 49 个大小圆拱组成，中央有水池和喷泉，水池处有高达 73m 的尖塔直刺蓝天。

王宫 位于火车站以南，本来是一位富有的中国商人的住宅，后改建成雪兰莪苏丹的王宫，现在是国王的王宫。墙为白色，带有大阳台，是一幢金黄色圆顶式建筑，金色圆顶具有阿拉伯的建筑风格，黄色代表着皇家的尊贵。皇家的花园会、授职仪式、招待会等，都在这里举行。

（2）**槟城** 槟城又名乔治市，是马来西亚唯一的自由港和第二大城市，因岛上遍布香料用的槟榔林而得名。位于槟榔屿的东北角与马六甲海峡北口的东侧，面积 $760km^2$，人口约 100 万。这里青山绿水，阳光明媚，洁白无瑕的绵长海滩，迷人的海滨风光，充满热带风情，主要旅游景点有升旗山、槟城博物馆及美术馆、极乐寺和蛇庙等。

（3）**马六甲** 曾为马六甲王国都城，现为重要海港和农林产品集散中心，历来商业十分兴盛。东西方移民聚居于此，语言、宗教、风俗习惯等融合了世界各国的特点而独具一格。乡村有著名的“马六甲牛车”，车篷两头如弯月般地翘起，牛颈系着叮当悦耳的铜铃。

3. 多姿多彩的社会风情与民族习俗

马来西亚由马来族、华人和印巴族三大民族组成，其宗教、文化和风俗习惯各异。伊斯兰教穆斯林很虔诚，每天都祈祷五次，到麦加朝圣过的人备受尊敬。马来西亚人平时一般忌讳用左手，习惯用右手用餐或接受别人的东西，通常男士不主动与女士握手。普遍喜好辣食，忌食猪肉，不饮烈性酒，在正式场合也不敬酒；最禁忌猪，但喜爱猫。男女传统礼服分别是：男士为无领上衣，下着长裤，腰围短纱笼，头戴“宋谷”无边帽，脚穿皮鞋；女士礼服为上衣和纱笼，衣宽如袍，头披单色鲜艳纱巾。男士着装除民族服装或西服外，可穿长袖巴迪衫。巴迪衫是一种用蜡染花布做成的长袖上衣，质地薄而凉爽，现已渐渐取代传统的马来礼服，成为马来西亚“国服”。马来西亚的节日较多，其中主要的有华人的春节，印度人的新年、屠妖节，穆斯林的古尔邦节，基督教的圣诞节等。

三、现代旅游业与旅游市场的发展

1. 旅游业地位突出，旅游市场稳定发展

马来西亚有绮丽的自然风光，迷人的海滨沙滩，别具风情的名胜古迹。马来西亚政府重视旅游业的发展，开辟了众多国家公园，新建和改善了旅游设施，使旅游业成为国家的第三大创汇产业。马来西亚的国际入境旅游和出境旅游已具有相当规模。旅游业始创于20世纪60年代，1998年便已接待外国游客685.6万人次，至2007年达2097万人次，创外汇收入168亿美元，进入世界旅游接待大国行列。自20世纪80年代以来，马来西亚每年出国300万人次以上，在全球旅游客源国出游人数排名20位左右。

2. 旅游接待条件优越

主要旅游点有槟城、马六甲、浮罗交怡岛、邦咯岛等。马来西亚是食客的天堂。主要有遍布城乡的形形色色辛辣的马来食品、种类繁多的中餐、南北印度风味美食、越南与葡萄牙美食，以及沙爹、咖喱饭、干咖喱牛肉、印度煎面包、叻沙、鸡饭和各式炒面炒饭。国际连锁快餐业在各大城镇设馆营业数以千计，路边熟食档与美食市集各显风味。在马来西亚购物乐趣无穷，各种宝石和精美手工艺品物美价廉。购物中心大厦密集林立，是一个地道的购物天堂。马来西亚政府重视旅游条件的完善。交通发达，全国铁路总长2300km，公路总长6.19万km^2，国际航线68条。全国有各类旅游饭店10万间，既有豪华五星级国际酒店，也有各种经济类酒店。

3. 中马旅游关系稳步发展

1974年5月，马来西亚与中国建交，两国经济文化合作来往日益密切。两国贸易与旅游团组互访频繁。自1989年以来，旅华人数连续7年呈两位数字增长。进入21世纪以来，马来西亚来华旅游发展更为迅速。2000年来华旅游人数44.1万人次，2009年达105.9万人次，排中国客源国第五位；同时，自中国公民开始出境旅游至今，马来西亚一直是中国公民出境旅游的重要目的国之一，2009年，中国大陆居民旅马游客达60.9万人次。

第七节 泰 国

泰国全称泰王国，位于东南亚中南半岛中部，面积 51.3 万 km^2，人口约 6300 万。居民中泰族占人口总数的 40%、老族占 35%、华人占 12.1%，还有马来、高棉等共 30 多个民族。95%以上的居民信仰佛教。泰语为国语，通用英语。首都曼谷。国旗是由红、白、蓝三色构成的五条旗。国徽图案是一只大鹏鸟，鸟背上蹲坐着那莱王。国歌为《泰王国国歌》。国花为睡莲，国树为桂树。

一、旅游业与旅游市场发展的地理环境背景

1. 优越的自然地理环境与丰富的自然资源

地势北高南低，全境以平原为主。中部为河渠纵横的湄南河冲积平原；西部、西北部为以他念他翁山脉为主的山地，因他暖山海拔 2595m，为全国最高峰；东部为呵叻盆地。大部地区属热带季风气候，全年分三季：3～5 月为热季；6～10 月为雨季；11 月～翌年 2 月为凉季（旱季）。年平均降水量为 1000～2000mm，山区可达 3000mm。湄南河境内长 1200km，富灌溉和舟楫之利。湄公河是泰国、老挝之间的天然界河。矿产资源丰富，其中钾盐居世界首位，锡的储量居世界第三。森林覆盖率为 27%，盛产柚木。

2. 发展中的工农业经济

泰国原为落后的农业国家，20 世纪 50 年代以来开始实施以工业化为中心的经济发展战略，大力发展民族经济，一跃而成为令人瞩目的亚洲新兴工业国家，尤其是制造业发展迅速。农业以种植业为主，盛产稻米、玉米、木薯、橡胶、甘蔗、绿豆、麻、烟草、咖啡豆、棉花、棕油、椰子果等。其中木薯产量居世界第一位；橡胶产量占世界总产量的 1/3，90%用于出口。泰国是世界著名的大米生产国和出口国，素有“东南亚米仓”之称。泰国还是仅次于日本、中国的亚洲第三大海产国，为世界第一产虾大国。对外贸易地位重要，主要出口锡矿、大米、天然橡胶、木材、珠宝、纺织品等。

3. 独特的历史发展与政治体制

泰国已有 700 多年的历史。公元 1238 年建立了素可泰王朝，开始形成较为统一的国家，1350 年称为暹罗。从 16 世纪起，其先后遭到葡萄牙、荷兰、英国和法国等殖民主义者的入侵；1896 年，成为英属缅甸和法属印度支那之间的缓冲国，从而成为东南亚唯一没有沦为殖民地的国家。1939 年更名为泰王国，1945 年恢复暹罗国名，1949 年 5 月又改称泰国。

泰国从 1932 年实行君主立宪制，国王是国家元首和武装部队统帅，立法机构是两院制国民议会，参议员由总理提名，国王任命；众议院议员由大选产生。政府首脑为总理，由议会建议、国王任命。泰国政治实行多党制。

4. 古老而多彩的文化与发展中的教育

泰国历史文化古老，仅佛教文化就有 2000 多年的历史，并衍生出了许多具有泰国地域特色的文化。泰国文学最早产生于 13 世纪素可泰王朝时期，当时基本上是宗教文学和宫廷

文学。20 世纪 20 年代以来，泰国新兴文学兴起，文坛出现了一批年轻的新人新作品，如被看作泰国新文学奠基人的西巫拉帕及其代表作《向前看》。泰国艺术主要是造型艺术和表演艺术，如建筑、雕塑、壁画、舞蹈、戏剧和音乐。传统工艺发达，手工艺独树一帜，尤其宝石、黄金制品、鳄鱼皮革、泰绣等极具代表性。政府重视教育发展，实施 12 年基础义务教育，著名高等院校有朱拉隆功大学、玛希敦大学、亚洲理工学院等。

二、旅游资源与旅游地特点

1. 自然景观资源“三绝”

（1）**热带海岛风光** 泰国南濒泰国湾，西南部还与印度洋的安达曼海相临，沿海有许多具热带风光的海岛。

普吉岛 位于泰国南部的安达曼海，面积 543km^2，是树林成荫的小山岗，椰林、橡胶树林点缀其间。西海岸遍布细白的沙滩、湛蓝的海水，阳光普照之下的大大小小海滩闪烁着拍岸的浪花，令人陶醉。岛上不同地点的度假酒店，提供齐备的水上活动，包括帆船、潜水、钓鱼、滑浪风帆、滑水等活动。

沙梅岛 位于泰国湾中西部，是仅次于普吉岛的第二大岛，周围有 80 多个大小岛屿，风光秀丽，海水清澈，逾 300 万株椰树和其他热带植物覆盖全岛；环岛多处白色细沙滩犹如银链，海水浴、日光浴、帆板、划艇等项目丰富多彩。

苏梅岛 泰国第三大岛，这里最早的居民是 150 年前从海南来此定居的中国人，世代以种椰子为生，每个月要向曼谷运送约 200 万只椰子。细腻的沙滩、晶莹剔透的海水、茂密蓊郁的椰树林与农田阡陌，可让游客尽享田园的宁静与乐趣。

（2）**鳄鱼世界** 在泰国中南部，湄南河三角洲的湖沼湿地生活着成群鳄鱼，尤以曼谷市郊的鳄鱼湖最为集中。其中北榄鳄鱼湖动物园园中数十个水池里饲养着 6 万多条鳄鱼，最大可重达 1100kg，堪称“世界鳄鱼之王”。在这里还可看到精彩的鳄鱼表演。

（3）**大象盛会** 泰国东北部素林府生活着成群的大象。被驯服后的大象是当代主要的交通运输工具和农业耕种工具。现代泰国动物园里的大象可进行大象踢足球、象战、人象拔河、群象跳舞等节目表演。每年 11 月的第三个周末为“大象节”，会举行热闹的大象表演活动，可吸引 10 万外国观众。

2. 人文景观三大奇观

（1）**“千佛之国”、“黄袍佛国”** 佛教被奉为泰国国教，全国 95%的人信奉佛教。全国有大小寺庙 30000 多座，多集中于曼谷、清迈、佛统等城市。

曼谷 面积 1600km^2，人口约 800 多万。全市有佛寺 400 多座，被称为“佛庙之都”。其中，玉佛寺集中了泰国佛寺精华，位于大王宫东侧，由大殿、凉亭、佛塔、钟楼、藏经楼等建筑群组成。一尊通体透明的青玉佛，安放在 11m 高的金箔塔上。玉佛身上披着价值连城的金缕衣，一年凉、热、雨三季，国王要亲自为玉佛换衣。

清迈 位于泰国北部，泰国古都，著名的佛教文化古城，泰国第二大城市。四周群山环抱，清澈的滨河流经市区，气候凉爽，树木葱翠，是东南亚著名的避暑旅游胜地，每年有上百万游客前往观光。主要旅游景点有双龙寺、王室冬宫等。

（2）**活景观光和与动物亲密接触** 泰国的动物表演，已成为一种极富魅力的观光资源：

鳄鱼表演口中留人；长毛犬表演钻火圈、跳迪斯科；大象席卷美女奔跑、踢足球。有的动物园将训练有素的珍稀动物，在驯兽员的带领下与游客零距离亲密接触，如游客抚摸鳄鱼背，海豚给游客表演钻圈，金刚鹦鹉有意"巧落"游客身上，猩猩"拳击手"搀扶游客入场观光表演，并送上一个吻……一切都体现了人与大自然的和谐亲近。

3．具有佛教色彩的社会风情与生活习俗

泰国是一个礼仪之邦，被誉为"微笑的国度"。泰国人性情温和，待人热情，有礼貌。见面时通常双手合十于胸前，互致问候。头被泰国人认为是最神圣的部位，忌讳别人触摸；忌用左手传递东西、接拿物品；坐时忌跷二郎腿；谈话时忌用手指指对方；到寺庙拜佛或参观时，须衣冠整洁，脱鞋。泰国华人较多，民间也有春节、清明节、端午节、中秋节等节日。泰国人着装比较讲究，正式场合和庄重的仪式中男士均穿西装；妇女穿裙装，忌穿长裤。佛教是泰国的国教，无论是风俗习惯、文学、艺术还是建筑等方面，几乎都与佛教有着密切关系。凡是信佛教的男孩子，到了一定年龄，都要削发为僧一段时间，连王室和贵族也不例外。

三、现代旅游业与旅游市场的发展

1．旅游业已成为泰国经济可持续发展的支柱产业之一

2000 年，泰国接待外国旅游者近 1000 万人次，外汇收入超过 75.4 亿美元。2007 年，接待国外游客达到 1446 万，创国际旅游收入 206 亿美元。建设高质量旅游目的地已成为一个全国性的目标，可持续旅游被列为国家议程的优先项目之一。

2．成功地实施旅游相关政策

泰国《可持续旅游国家议程》政策包括：旅游是所有泰国公民有权享受的一项基本权利；对旅游进行统一、综合的管理；把旅游作为教育年轻人和向泰国人民提供不断学习的一种手段；旅游业必须建立一套创造就业机会；利用现代技术保持泰国旅游业在国际舞台上的竞争力，提高公有和私有部门的服务与管理标准。

3．中泰互为客源市场格局已形成

1975 年 7 月 1 日，中泰两国建交。此后，中泰关系迅速发展。自 1978 年以来，泰国旅华游客保持持续增长。虽期间由于金融危机有所波动，但总体保持一定水平和规模。2009 年，泰国来华旅游 59.20 万人次，位于我国入境外国旅游的第九位；同时，泰国也一直是我国重要的旅游目的国家。2006 年，我国赴泰国旅游 84.33 万人次，互为客源市场的格局已经形成。

第八节 菲 律 宾

菲律宾全称菲律宾共和国，位于东南亚的菲律宾群岛上，共有大小岛屿 7107 个，陆地面积 29.97 万 km^2。其中吕宋、棉兰老、萨马岛等 11 个主要岛屿占全国领土面积的 96%。人口约 8500 万，马来族人约占全国人口的 85%。少数民族有华人、印度人、阿拉伯人等。以他加禄语为基础的菲律宾语为国语，通用英语。居民约 84%信奉天主教，华人多信奉佛教。首都马尼拉。国旗左边为白色等边三角形，中间是放射着八束光芒的黄色太阳，三颗黄色的五角星分别在三角形的三个角上；旗面右边是红蓝两色的直角梯形。国徽呈盾形。国歌是《菲律宾民族进行曲》，国花为茉莉花，国树为纳拉树，国鸟为菲律宾鹰。

一、旅游业与旅游市场发展的地理环境背景

1. 优越的自然环境与丰富的自然资源

国土全部由岛屿组成，海岸长 18500km，多良港，岛间多海峡。大部分岛屿多山。地处太平洋火山地震带上，全国有活火山 20 多座。棉兰老岛东南部的阿波火山海拔 2954m，为全国最高峰。菲律宾属海洋性热带季风气候，一般在群岛西部有旱季（11～4 月）和雨季（5～10 月）之分，东部海岸终年有雨。河流短小流急，主要河流有棉兰老河、卡加延河。多火山口湖泊，较为著名的为吕宋岛上的内湖。菲律宾有铜、金、银、铁、铬等矿藏 20 余种，出产乌木、檀木等珍贵木材，热带植物多达万种，素有“花园岛国”美称。

2. 以农业为主的经济

菲律宾原以农业为主，但工业发展迅速，工业产值现已超过农业。农产品主要有稻谷、玉米、木薯、豆类、橡胶、菠萝、椰子、甘蔗、马尼拉麻和烟草等。椰子产量居世界第一位，有“世界椰王”之称。工业以采矿和农产品加工为主。出口糖、椰子、椰油、铜矿石、木材和蕉麻等；进口机器、燃料、汽车、电器设备等。交通运输以公路和海运为主，公路长 16.1 万 km，大小港口有 399 个。

3. 曲折的历史与独特的政体

菲律宾人的祖先是亚洲大陆移民。14 世纪前后出现了由土著部落和马来族移民构成的一些割据王国，其中最著名的是苏禄王国。1521 年麦哲伦率西班牙舰队到达菲律宾。1565 年，西班牙侵占菲律宾，殖民统治 300 多年。1898 年 6 月 12 日，菲律宾共和国成立，后又相继被美国、日本占领。第二次世界大战后，美国人恢复了对菲律宾的统治。1946 年 7 月 4 日，菲律宾再次宣告独立。菲律宾实行三权分立的总统共和制。总统是国家元首、政府首脑和武装部队总司令，由选民直接选举产生。两院制的国会是国家最高立法机构。24 名参议院议员由选民选举产生；众议院议员 250 名，其中 80%通过选民选举产生，其余部分则由大选中获胜的政党及总统各委任一半。

4. 多彩的文化与发展中的教育

菲律宾具有古老的文化，著名的叙事诗《阿丽古荣》、史诗《拉姆安格的生活》、民间故事《麻雀与小虾》和《世界的起源》等，都是古代流传下来的优秀口头文学作品。早期文字文学主要有伊斯兰世界的《萨尔西拉斯》。西班牙统治时期，著名诗人弗朗西斯科·巴尔塔萨尔在狱中写的《弗罗兰第和罗拉》为菲律宾近代文学的第一篇杰作，作者被誉为“菲律宾人的诗王”。著名诗人阿塞·帕尔马的代表作《菲律宾诺斯》已成为今日菲律宾国歌歌词。民族音乐和舞蹈与西班牙舞蹈能融为一体，是其艺术的最大特色。菲律宾的乡村舞蹈极富乡土气息，被称为国舞。菲律宾中小学已实行义务教育，全国有高等教育机构 1403 所。著名高等学府有菲律宾大学、东方大学、远东大

学等300多所。

二、旅游资源与旅游地特点

1. 自然人文并盛的旅游城市

（1）**马尼拉**　全国政治、经济和文化中心，人口近800万，位于吕宋岛西岸，东南濒临天然优良港湾——马尼拉湾。巴石河将马尼拉分成两个部分，河上的六座桥梁连接市区南北两部。终年温和湿润的气候、绮丽多姿的热带风光、引人入胜的名胜古迹，使马尼拉成为东南亚最著名的旅游胜地之一。著名的风景名胜有马尼拉大教堂、圣地亚哥古堡、国际会议中心、椰子宫和中国城等。

椰子宫　用椰子树建造的大厦，人称“椰子博物馆”。为了向国内外旅游者展示“椰子之邦”的风貌，菲律宾特建造了这座椰子宫。椰子宫的六角形褐色屋顶，一共使用了2000多棵树龄在70年以上的椰树；椰子宫的房顶是用椰子板做的；粗大的支柱是用椰树干做的；墙壁则是用椰子毛壳的纤维混合水泥制成的椰砖砌成的。椰子宫内处处飘散着沁人心脾的椰树清香。

黎刹公园　位于马尼拉市中心，为纪念菲律宾国父黎刹而建。公园面对马尼拉湾，园内繁花似锦，绿草如茵，环境清幽，公园东边的人工池内放置着菲律宾最早试做成的菲律宾群岛模型，观光者在此可对菲律宾7107个岛屿的位置一目了然。

马尼拉大教堂　菲律宾最大和最古老的天主教堂，1958年由梵蒂冈出资修复。古教堂外表古老，式样别致，建筑水平高超，与现代建筑交相辉映，形成东方与西方、质朴与繁华、古老与现代的混合体。教堂内珍藏有意大利、德国和西班牙等国的著名艺术家奉献的大量青铜制品、镶嵌工艺品和雕塑等。

（2）**宿务**　全国第二大城市和重要海港，曾为菲律宾的首都，由百余个岛屿组成，面积326km^2，人口70多万。位于菲律宾维萨亚斯群岛中心，素有“南方皇后都市”之称。这里有高度发达的商业和工业，旅游业是其重要产业。

宿务国家公园　宿务国家公园面积1.54万hm^2，园内有白色沙滩和清澈海水，还有世界级的度假酒店——马克坦香格里拉饭店。在市郊一座可以俯瞰全城的山坡上，菲籍华裔有一座道观，观中有道士和供游客占卜凶吉的卜卦，还有一尊姜太公钓鱼的雕像。

（3）**碧瑶**　位于马尼拉北部，为菲律宾的中央特别市，著名避暑胜地，被称为菲律宾的“夏都”。由于其海拔1524m，四季凉爽宜人，为休闲度假理想之地。市区和近郊繁花似锦，植物茂盛。主要景区景点有总统夏宫，集佛教、天主教、道教于一体的贝尔大教堂，以及伯纳尔公园、莱特公园、海滨渔村、土著民居等。

2. 自然人文景观引人入盛

（1）**巴纳韦高山梯田**　位于吕宋岛北部伊富高省的巴纳韦镇附近。梯田开辟在海拔1500m高的山上，是2000多年前由伊富高民族开辟的。当地山势峻峭，所有梯田均用巨大石块砌成内壁，用料总量超过埃及金字塔。其用竹子做成灌溉用的水管，建成了迄今世界上最大的人造灌溉系统，灌渠几乎可围绕地球半圈。巴纳韦高山梯田已被列入《世界自然文化遗产名录》。

（2）**马荣火山**　位于吕宋岛东南端，是菲律宾最大的活火山，海拔2462m，被誉为“世界最完美的山锥”。上半部几乎没有树木，下半部则森林茂密，呈完美的圆锥形，顶部覆盖着灰白色的岩溶。1616年以来喷发47次，最大的一次喷发在1814年，2001年6月24日再次喷发。

（3）**塔尔火山** 世界著名活火山。火山口形成长24km、宽14km、水深170m的湖泊，湖中有岛，岛上还有小火山口。这种湖中有山、山中有湖的景色构成的“母子”火山，又称“爱子”火山，是大自然的一大奇迹。

（4）**菲律宾文化村** 又名“千岛缩影”，位于马尼拉市东南角马尼拉国际机场附近，占地35km^2。公园内部的设计和建筑，展现了全国几十个省的风土民情和各种山区土著的房屋建筑。每一个庭园都代表着菲律宾群岛一个省的乡土风光和典型建筑，展示了菲律宾各个民族的文化遗产。

（5）**柯里基多岛** 位于马尼拉湾入口的巴丹半岛旁，是战略要塞。1942年，美国麦克阿瑟将军在此坚守27h，终不敌日军进攻而撤退，但于1945年又率军夺回此岛。岛上设有太平洋战争纪念馆、纪念碑。

（6）**唐人街** 位于巴鑫河北岸的宾朗度假区，以王彬街为主干。王彬是一位华侨，曾捐钱支持菲律宾反对西班牙殖民统治的革命运动，于1912年去世，菲律宾政府为颂扬他，立王彬街以示纪念，街上有他的铜像和纪念碑。这里华语电影院、中国菜馆、佛寺及中国工艺品商店林立。

3．独特的社会风情与生活习俗

礼尚往来是菲律宾人的一大特点。菲律宾人喜欢送礼，也喜欢收取礼物，尤其在生日或圣诞节，送给菲律宾朋友一些礼物会使对方很高兴。菲律宾人喜欢外国人赞扬他们的国家和家庭，适当得体的称颂会使双方成为朋友。很多生活习俗与西方国家相似，并带有浓厚的宗教色彩。菲律宾人尽量回避“13”这个数字，如集会聚餐不宜13个人，到旅馆住宿也没有13号房，对星期五也存在忌讳。招呼别人时，要伸直手臂，手掌向下，摆动指头。日常话题多以婚姻、家庭、职业、烹饪等为主。“特尔诺裙”是菲律宾女子的国服，这是一种圆领短袖连衣裙，两袖挺直，两边高出肩稍许，宛如蝴蝶展翅，俗称“蝴蝶服”。菲律宾人婚礼多在教堂举行，由神父主持证婚。南部穆斯林婚礼多在清真寺里举行，由伊斯兰教长老主持证婚。

三、现代旅游业与旅游市场的发展

1．旅游基础设施有待改善

2007年，菲律宾接待外国游客仅309万人次，而到中国香港、中国澳门、泰国及印尼等地的外国游客却分别为1715万、1290万、1446万和551万人次。菲律宾面对发展机遇，却没有足够的酒店和国际机场来接待数量猛增的游客。2003年海啸后，中国游客增加30%，仅春节期间的中国大陆游客就有5000人次，可马尼拉的酒店以及大陆来菲律宾的航班和包机早就被预订一空，其薄弱的旅游基础设施及有限的接待能力等使很多外国游客望而却步。加快菲律宾的旅游设施建设势在必行。

2．积极开拓国际旅游市场

菲律宾的现代旅游业起步于20世纪60年代，经历了起步、发展和停滞三个阶段。特别是 1981 年至今，政治动荡、火山爆发和绑架爆炸事件的发生使菲律宾的国际形象受损，各国旅游者望而却步。近些年来，菲律宾旅游部决定把中、日、韩作为其重点开发对象，邀请中国旅游机构和媒体访问菲律宾，加强在这些国家的市场推广。菲律宾政府已在菲驻中国大使馆增设旅游办事处，并将对中国游客实施落地签证政策，将其在菲逗留期限从 7 天延长至 14 天。菲旅游部长杜拉诺表示，尽管旅游业面临种种挑战，但经过各个部门的共同努力，菲律宾将抓住发展机会，有望实现旅游业增长 20%的目标。

3．中菲旅游关系发展比较平稳

中菲两国是近邻，两国人民的友好交往源远流长。早在唐宋时期，中菲两国就有了经济文化交往。1975 年 6 月 9 日，中菲两国正式建交。建交以来，两国高层各领域合作成效显著。2004 年 9 月，阿罗约对中国进行国事访问。2005 年 4 月，中国国家主席胡锦涛对菲律宾进行国事访问。2007 年 1 月，温家宝总理对菲律宾进行正式访问，中菲两国发表联合声明。近年来，中菲政治互信不断加强，经贸合作日趋广泛，文化交流和民间往来也日益增多。2008 年菲律宾来华旅游 79.53 万人次，成为中国较为稳定的客源市场，而且在世界旅华客源国中排第七位。

第九节　印度尼西亚

印度尼西亚全称印度尼西亚共和国，简称印尼，由分布在太平洋和印度洋之间的爪哇、苏门答腊、加里曼丹（南部）和伊里安岛（西部）等 17508 个大小岛屿组成，素称“千岛之国”。陆地面积 190.4 万 km^2。人口约 2.17 亿，居民中爪哇族占 47%，巽他族占 14%，还有马都拉族等 100 多个其他民族。87%的居民信奉伊斯兰教。印尼语为国语，广泛使用英语。首都雅加达。国旗旗面由上红下白两个相等的横长方形构成，红色象征勇敢和正义，白色象征自由、公正和纯洁。国徽由一只金色的鹰、一面盾和鹰爪抓着的一条绶带组成，鹰象征印尼人民的光荣和胜利。国歌为《印度尼西亚共和国国歌》。国花是毛茉莉。

一、旅游业与旅游市场发展的地理环境背景

1．自然地理环境优越，自然资源丰富多样

全境多山地、丘陵，伊里安岛的查亚峰海拔 5030m，为全国最高峰。全境有 800 多座火山，地震频繁，尤其是苏拉威西及马鲁古一带经常发生强烈地震。大部分地区属于热带雨林气候，具有高温、多雨、风小、潮湿的特点。山区比较凉爽，茂物、万隆等四季如春，是良好的游览避暑胜地。河流大多不长，但在一些较大河流下游形成了广阔深厚的冲积平原，沼泽广布。矿产资源丰富，其中石油和锡在世界上占有重要地位。森林覆盖率达 67%，盛产铁木、檀木、乌木和柚木等贵重木材。拥有许多世界濒危的动植物，如苏门答腊虎、象、犀牛、科莫多巨蜥、黑猴、猩猩、天堂鸟和尸臭花等，素有“热带宝岛”之称。

2．农业地位突出，工矿业发展迅速

印尼是一个传统的农矿业国家，独立后致力于发展工业、振兴农业，使国民经济获得

迅速发展，一跃成为“亚洲四小虎”之一。在经济多元化方针下，其改变了独立前只有采矿、原料加工、纺织和食品等产业的局面，造船、汽车、飞机装配、化肥、水泥等现代工业获得了迅速发展，目前是世界最大的胶合板生产国和出口国、第三大煤炭出口国、世界第九大天然气生产国和东南亚最大石油生产国。农业地位重要，胡椒、木棉、奎宁的产量均居世界首位，天然橡胶、棕榈油和椰子的产量居世界第二位。交通运输业以海运和空运为主，全国各类港口有634个，有民用机场187个。

3．曲折的历史与西方现代民主政治

13世纪末至14世纪初，印尼历史上最强大的麻喏巴歇封建帝国在爪哇建立。16世纪初起，葡萄牙、西班牙和英国先后入侵印尼。1602年，“荷兰东印度公司”开始了对印度尼西亚长达300多年的殖民统治。1945年8月17日宣告独立，成立印度尼西亚共和国。1949年12月27日成立联邦共和国，加入荷印联邦。1950年8月正式宣布成立印度尼西亚共和国。印尼的政体是总统内阁制。国家最高权力机构是人民协商会议，人民协商会议负责制定和修改宪法并选举总统；立法机构是人民代表会议；总统作为最高行政首脑和最高统帅，直接组织和领导内阁，行使行政权。

4．发展中的文化与教育

印尼早期文学，受印度梵文化影响，印度两大史诗《罗摩衍那》、《摩诃婆罗多》都给印尼文学以很大影响。15世纪以来，伊斯兰文化传入印尼，其代表作有《杭杜亚传奇》、《庚•丹布罕》等。20世纪初，现代文学诞生，各个时期都有不少反映现实生活题材的作品，如20世纪70～80年代的短篇小说《天空变得更加阴暗》，就是这种作品的代表。主要艺术形式有舞蹈和音乐，尤以民间舞蹈独具特色。已实行九年制义务教育，高等教育较为发达，全国有高等学校163所，在校学生近300万，著名大学有雅加达的印度尼西亚大学、日惹的加查马达大学、泗水的艾尔朗卡大学和万隆的班查查兰大学等。

二、旅游资源与旅游地特点

1．得天独厚的自然生态旅游资源

印尼是一个热带海洋岛国，全国有829座活火山，占世界总量的1/6，多集中于爪哇岛、巴厘岛。因火山爆发形成了不少火山活动造成的湖泊，全国最大湖泊多巴湖便是其典型代表。印尼的热带雨林面积在世界上仅次于亚马逊河流域，所拥有的植物品种达20多万种，珍稀濒危物种有525种。既有大象、老虎、犀牛等亚洲型高等哺乳动物，又有澳大利亚型有袋类胎生动物。全国拥有10000多个岛屿，超过50000km的海岸线和300万km^2的海洋面积。这些构成了印尼特有的热带“山—海—岛”自然奇观。

（1）**巴厘岛** 位于爪哇岛东面的赤道无风带，有“诗之岛”、“舞之岛”、“花之岛”等雅称。面积约5560km^2，人口约280万。岛上气候温和多雨，四季花开不断。巴厘岛有五座完整的锥形火山峰，其中阿贡火山（巴厘峰）海拔3142m，是岛上的最高点。四周沙滩环绕，海水湛蓝清澈，海滨浴场景色迷人。岛内外遍布火山、断涯、寺庙、梯田、珊瑚礁。沙滩、空气、海水和适宜的气候、民族风情，以及独特的“石雕村”、“绘画村”、“蜡染村”、“银器村”、“木雕村”等手工业胜地，每年可吸引100余万游客。

（2）**乌绒库伦国家公园** 位于爪哇岛最西南端伸向印度洋的乌绒库伦半岛上，包括周围小岛，总面积为3.9万hm^2，为印尼最大的野生动物自然保护区。库伦半岛南岸岩壁临海，风大浪急，终年涛声震耳，浪花飞溅；北岸风柔浪细，白色沙滩绵延不绝。半岛内的森林遮天蔽日，藤蔓丛生。林中生长着野牛、鹿、野猪、黑豹、金钱豹、猴、狒狒等走兽和巨蟒、眼镜蛇、蜥蜴、鳄鱼等爬行动物，并有鸟类200多种。该公园已列入《世界自然遗产名录》。

（3）**多巴湖**　东南亚最大的淡水湖，位于苏门答腊岛北部海拔900m的高原上，最深处达450m，面积1300km²。由于海拔高，年平均气温只有22℃左右。湖泊由火山活动形成，湖四周有许多火山，岛西北端有著名的瀑布群，湖心岛风景秀丽，环境优美。

（4）**婆罗摩火山**　距泗水西南150km，山高2393m，位于登格尔山巅上。顶部形成边缘高而中部低的大台地，南北宽9km，东西长10km，台地内是一片由登格尔火山爆发而形成的沙海，风景独特。

2．多姿多彩的旅游城市与风景名胜资源

（1）**雅加达**　人口840万，东南亚最大城市。北部为旧市区，临海，商业繁荣，名胜古迹很多；南部为新城区，是行政中心及现代花园住宅区，亦是商业中心，风景名胜众多。

国家纪念碑　树立在市中心的独立广场上，是一座高达137m的大理石方形尖塔，四周环绕着基座平台以及一把掺入33kg黄金的青铜钊。

国家博物馆　位于独立广场西边，馆中收藏了荷兰人19～20世纪初取得的古董、书籍、民俗用品和大量珍贵文物。

印尼缩影公园　坐落在雅加达以南10km处，占地120hm²，把全国岛屿山川、都市港口、名胜古迹、风土人情按照地理位置，以缩影艺术展现在游人面前。

（2）**泗水**　东爪哇省府，印尼第二大城市，重要港口。市中心以北是中国人、阿拉伯人街区。泗水居住着近百万华裔，600年前郑和下西洋时到过该处，华人建有郑和清真寺。市内有优良的海滨浴场、大清真寺、亨德里克堡和印尼最大的达莫动物园等景点。

郑和清真寺　世界上第一个以“郑和”命名之清真寺。该寺飞檐画栋，赤柱碧瓦，其建筑设计参照中国北京牛街清真寺，充满了中国特色。清真寺的右侧，陈列有郑和宝船的仿制船和郑和下西洋的巨幅画像。

（3）**日惹**　位于爪哇岛中心，印尼最著名的旅游城市之一，人口100万，为爪哇文化的摇篮。至今保留着皇家宫殿、有百年历史的皇家温泉区和被联合国教科文组织列为世界文化遗产的婆罗浮屠佛塔、普兰巴南神庙等。

婆罗浮屠佛塔　世界最大的古老佛塔，东方五大古迹之一。建于公元8世纪，当时动用几十万民工，历时15年才完成。婆罗浮屠建筑呈金字塔形，共十层，一～六层为四方形，七～九层呈圆形，第十层是个钟形大塔，直径9.9m。下部六层共建有石壁佛龛432个，每个佛龛内置一莲座和佛像；上部三层建有72座两人高的钟形塔，每个塔内也有一尊成人大小的石佛。所有佛像的面部神情和姿态各异，栩栩如生。塔内各层都有回廊，回廊两旁的石壁上刻有各式各样的浮雕，堪称艺术珍品。

（4）**万隆**　西爪哇首府、印尼第三大城市，位于爪哇岛西部海拔715m的万隆盆地中，群峰环绕，植物繁茂，环境优美，是著名的旅游和避暑胜地。1955年4月18日～24日，第一次亚非会议在万隆举行，史称“万隆会议”。

（5）**三宝垄**　中爪哇省的首府，是一个工商业发达的通商口岸和闻名于世的港口城市。

这里以独特的包容性兼容了中国文化、荷兰文化和印尼文明。城市得名来自中国的民族英雄——郑和，在这里“三宝公”的故事妇孺皆知。这里既有中国的古老寺庙，又有欧式的洋楼，还有爪哇风格的民宅。

三宝庙 位于中爪哇首府三宝垄西南的望安山，是当年华侨和当地华人为纪念中国航海家郑和而建立的，为中式古建筑。庙内有“三宝洞”、“三宝井”等古迹，并供奉有郑和（三宝）塑像。

3. 富有情趣的社会风情与生活习俗

印尼人大多信奉伊斯兰教，忌讳用左手传递东西或食物，忌讳有人摸他们孩子的头部。爪哇岛上的人最忌讳有人吹口哨，认为这是一种下流举止，对乌龟特别忌讳，认为乌龟是一种令人厌恶的低级动物。伊斯兰教徒禁食猪肉和使用猪肉制品，不饮酒。印尼人比较注重互送名片，初次相识，客人就应把自己的名片送给主人。爪哇男人，平时习惯身裹沙笼，外出或参加庆典时总要在腰间挂着一把精致漂亮的短剑。巴厘岛上的妇女搬运物品时习惯把各种物品叠放成塔状，用一个托盘顶在头上。印尼偏爱茉莉花，并把茉莉花视为纯洁和友谊的象征。

三、现代旅游业与旅游市场的发展

1. 现代旅游业发展迅速

印尼旅游业是仅次于石油和纺织的第三大外汇来源。据统计，20 世纪 70 年代初，印尼每年接待外国游客 20 余万人；到 1980 年，就达到 56.1 万人次，旅游外汇收入 2.89 亿美元；2007 年，接待外国游客达 551 万人次，创汇近 58 亿美元；近几年又有所发展。印尼的出境旅游规模目前也保持在每年 300 万人次左右。印尼的主要客源国为东盟各国、澳大利亚、日本和美国；出境旅游目的地以新加坡、中国香港和日本等地为主。

2. 旅游接待设施建设力度大

印尼政府不断增加旅游业投资，大力建造旅游设施。近几年，先后投资 5.7 亿美元，大力开发新的旅游景区景点，将原有的四大旅游区扩大到 17 个。为把其建设成国际旅游度假胜地，塑造“东方加勒比海旅游区”形象，印尼建成了一系列海滨度假旅游区、温泉旅游区、森林生态旅游区，并重视住宿设施和交通设施建设。目前全国拥有 500 多家县级旅游饭店、4000 多家非星级饭店；拥有大型国有飞机场 146 个、地方和私人小型飞机场 400 多个，开辟了 400 多条国际航线；海港遍布全国各大岛屿，游船穿梭于各大岛屿之间。

3. 印尼与中国的旅游关系发展迅速

印度尼西亚同中国于 1950 年 4 月 13 日建交，曾经中断而又于 1990 年 8 月 8 日恢复外交关系。此后两国高层互访不断。2005 年 4 月，中国国家主席胡锦涛对印尼进行国事访问，并出席 2005 年亚非峰会和万隆会议 50 周年纪念活动，胡锦涛和印度尼西亚总统苏西洛签订了《中国与印尼关于建立战略伙伴关系的联合宣言》，从而促进了两国旅游关系的发展，尤其是华人和华裔公民的来华寻根旅游发展迅速。2009 年，印度尼西亚来华旅游 46.9 万人次，居当年世界各国来华游客的第 13 位。与此同时，印尼也是中国公民出境旅游的主要目的国，2009 年我国大陆居民赴印尼游客达 32.87 万人次，创历史最高水平。

第十节 越 南

越南全称越南社会主义共和国，位于中南半岛东侧，东面和南面临南海，面积 32.95 万 km^2。人口 8400 多万，京族约占总人口的 89%。通用越南语。信教居民多信奉佛教、天主教。首都河内。国旗旗面为红色，旗中心为一枚五角金星。国徽呈圆形，红色的圆面上方镶嵌着一颗金黄色的五角星；下端有一个金黄色的齿轮，象征工业；圆面周围对称地环绕着两捆由红色饰带束扎的稻穗，象征农业。国歌为《进军歌》。

一、旅游业与旅游市场发展的地理环境背景

1. 优越的自然地理环境与丰富的自然资源

地势西北高东南低，境内 4/5 为山地和高原。北部和西北部为高山和高原，红河以北地区海拔 500～1000m；中部长山山脉纵贯南北，绵延于越、老、柬边境，长 1000km，构成越南地形的骨架。越南的平原大多由河流冲积而成，主要有红河三角洲、湄公河三角洲等。主要河流有红河、太平江、湄公河。海岸线总长 2530km，红河口到贤良河口一般较为平直，多沙滩；贤良河口玉潘切一段，海岸曲折多良港。越南属热带季风气候，旱雨季明显，年均降水量 1800～2000mm。越南有煤、铁、铬、钛、铅、锌、铜、锡、铝和磷酸盐等矿产。森林和林地约占国土面积的 50%，出产铁木、红木和柏木等珍贵木材。

2. 高速发展的经济

由于长期的战争破坏，越南经济十分落后。自 20 世纪中期以来，越南开始实行全面革新开放路线，很快摆脱了经济危机。随着从柬埔寨撤军和裁军，其国际形象得以改变，获得了许多国家和国际组织的援助，经济获得了高速发展，GDP 年均增长率曾达 8.9%，被称为“越南经济奇迹”。但目前经济以农业为主，盛产稻米，其次是玉米、薯类及热带经济作物和热带水果；江河及沿海捕鱼业发达；有煤炭、电力、冶金、纺织等工业部门。全国公路总长约 20 万 km，铁路总长 2530km，并有陆上河流水道总长 4.1 万 km，大小港口 116 个。越南对外贸易发展迅速，已同世界上 150 多个国家和地区建立贸易关系。

3. 艰难曲折的发展历史和社会主义制度

越南于公元 968 年成为封建国家，1884 年沦为法国的保护国，第二次世界大战中被日本侵占，1945 年 9 月 2 日宣布越南民主共和国成立。后历经 9 年的抗法战争和 11 年的抗美救国战争，于 1975 年 1 月取得全面胜利。1976 年 7 月，越南南北实现统一，定国名为越南社会主义共和国。在越南，议会称国会，国会是国家最高权力机关，国会常务委员会是国会常设机构。国家主席为国家元首，由国会代表以无记名投票选出，任期五年；政府是国家最高行政机关，总理和国家副主席由国家主席提名，经国会选举产生。

4．多姿多彩的文化与发展中的教育

越南属汉文化圈，具有东方文化传统，又受西方文化的影响深刻。同时，越南有自己特色的地域文化，如“四”文化：“四苗条”——国土苗条、道路苗条、房子苗条、姑娘苗条；“四怪”——男人斗笠头上戴、女人手帕往脸盖、人力车子倒着踩、花钱要用大麻袋；“四色”——少女穿白衫、牙齿染黑色、男人戴绿帽、送礼忌白色。越南文学自古受中国文化影响深刻，公元10世纪后吸收其他一些外来文化，逐步创立了自己的文学。越南的民间文化艺术有西原地区的钟鼓演奏和芦笙“丁南”、号角“奇巴”等传统民间乐器，顺化的宫廷音乐和舞蹈，以及遍及各地的独弦琴、木叶哨等。越南把教育视为第一国策，已普及小学教育。全国现有各类大学81所。但教育事业仍面临着学校基础设施、教学设备、校舍和教室短缺等问题。

二、旅游资源与旅游地特点

1．独具魅力的自然生态旅游资源

越南具有多种多样的特色景观，典型的生态系统、国家公园自然保护区，构成了丰富多样的生态旅游资源系统。目前全国有10座国家公园，53个自然生态保护区。沿海有许多天然的海滨浴场和优质的海滩，世界自然文化遗产的下龙湾最为著名，位于越南中部的芽庄，也都是气候宜人的天然海滨浴场。越南的山地具有许多风景宜人的避暑胜地，如位于红河中游地区的三岛山、地处黄连山的沙巴。境内还有多乐湖、湄公河等迷人水景景观。

（1）**下龙湾** 坐落于广宁省吉婆岛以东地带，为海上风景地貌景观。纵横70km^{2}有余，由1600多个岛屿组成。由于地势陡峭，大部分岛屿杳无人迹，自然风光原始天然。有的岛一峰独立、一柱擎天，有的两山相靠、一水中分，有的峰峦重叠、峥嵘奇特，有“海上桂林”之称。

（2）**芽庄海滩** 芽庄为越南中部的海滨城市，市东长达7km的白色海滩，形状酷似一弯新月，拥抱着碧海，沙白滩软，水清潮平，棕榈树与椰子树沿着海岸延伸，呈现出一派南国风光，被誉为“东海岸边绚丽的花篮”。

（3）**沙巴** 地处黄连山谷，重峦叠嶂，各种鲜花争奇斗艳，附近还有银娑瀑布、藤桥、云水、水宫洞、天门、风洞等景点。

2．丰富多彩的城市人文旅游资源

（1）**河内** 全国政治、文化、经济和交通中心，历史文化名城，位于红河三角洲西北部，面积597km^2，人口257余万，曾为越南李、陈、后黎等封建王朝的京城。河内具有热带城市特色，树木终年常青，鲜花四季盛开，湖泊星罗棋布，有“百花春城”之称。名胜古迹有还剑湖、西湖、文庙、独柱寺、二征庙、玉山祠、龟塔、巴亭广场、列宁公园、风塔和医庙等。

（2）**胡志明市** 旧称西贡市，1976年改称胡志明市，是越南经济中心，全国最大的城市和工业中心，最大的港口和交通枢纽。胡志明市位于湄公河三角洲的东北侧，由同奈河、西贡河和威古河形成的三角洲上，面积1945km^2，人口400多万。主要风景名胜有草禽园、骚坛公园、印光寺、天后庙、越南国寺和独立宫等。

（3）**顺化皇城**　即顺化故宫，位于香江北岸，为阮氏王朝的皇宫，也是越南现存较完整的古代建筑群落，建筑式样仿中国北京的紫禁城。围绕皇城外层的京城则模仿法国式建筑。皇城呈四方形，四周有护城河，城内宫殿层层叠叠，建筑雄伟。

3. 多姿多彩的社会风情与生活习俗

越南的传统节日与民俗受中国传统文化影响很大，传统节日主要有春节、清明、端午、中秋、重阳等。民风淳朴，人民文明礼貌。见面时习惯打招呼问好，或点头致意，或行握手礼，或按法式礼节相互拥抱，多以兄弟姐妹相称。越南人多信奉佛教，佛教被尊为国教。越南人供奉祖先，普遍信城隍、财神。一般百姓家里都设有供桌、香案，逢年过节在家中进行祭拜。服饰穿着简单，正式场合男士着西装，女士着民族式长衫和长裤。饮食习惯与我国广东、广西和云南一些民族相似。喜吃清淡、冷酸辣食物。越南人忌讳三人合影，不能用一根火柴或打火机连续给三个人点烟，不愿让人摸头顶，席地而坐时不能把脚对着人。

三、现代旅游业与旅游市场的发展

1. 旅游业飞速发展，成为新的经济增长点

自 1986 年实行改革开放以来，越南旅游业发展迅猛。1987 年接待国外游客 3 万人次，1990 年增为 25 万人次，而 2007 年高达 424 万人次。目前，越南在吸引外国游客方面已经位居东南亚第五位，成为东亚太地区重要的国际旅游目的国家之一。

2. 旅游设施建设初见成效

越南政府高度重视旅游业，制定旅游业发展战略和措施，不断发展和完善旅游交通业、旅行社业和旅馆业，保障了旅游业的稳定发展。越南现有宾馆饭店 8556 家，客房 17 万多间，计划未来三年增加 4～5 星级酒店客房 1.5 万～2 万间，以提高旅游接待的能力和水平。

3. 日益兴旺发达的中越旅游关系

中越两国山水相连，有着悠久的传统友谊。1950 年 1 月 18 日，越南与中国建交。1991 年 11 月，越共中央总书记杜梅、部长会议主席武文杰率团访华，双方宣布结束过去，开辟未来，两党两国关系实现正常化。1999 年 3 月，江泽民总书记和越共总书记黎可漂在北京确定了两国“长期稳定、面向未来、睦邻友好、全面合作”的 16 字方针，全面合作、共谋发展。从此，两国高层互访不断，从而促进了旅游关系的发展。从 2000 年起，越南成为中国公民出境旅游的目的地国家之一，2008 年，我国赴越南游客达 149.5 万人次，成为越南第一客源国；同时，越南旅华游客也有一定发展。2005 年，越南来华游客达 20.1 万人次，比 1995 年增长了 20 倍，近年又有了新的发展。

第十一节　澳大利亚

澳大利亚全称澳大利亚联邦，位于大洋洲的西南部，由澳大利亚大陆和塔斯马尼亚岛等 10000 多个岛屿组成。面积 768.23 万 km^2，人口约 2000 万，是典型的移民国家。

95%的居民为英国和欧洲、亚洲的移民后裔，其中华侨华人约 56 万。居民绝大多数信奉基督教。通用英语。首都堪培拉。国旗旗底为深蓝色，左上方是红、白“米”字，下面为一颗较大的白色七角星，旗底右边为五颗白色的星，其中一颗小星为五角，其余均为七角。国徽左边是一袋鼠，右边是一只鸸鹋，这两种动物均为澳大利亚所特有，是国家的标志、民族的象征。国歌为《前进吧，美丽的澳大利亚》。国花为金合欢，国树为桉树，国鸟为琴鸟。

一、旅游业与旅游市场发展的地理环境背景

1. 独特的自然生态环境和丰富的自然资源

澳大利亚大陆地势低平，平均海拔不到 300m。其东部沿海地区南北延伸的科迪勒拉山地，一般海拔 800～1000m；中部为平原盆地，海拔在 200m 以下，北艾尔湖水面为海平面以下 16m，为全国最低点；西部为高原区，海拔多在 200～500m 之间。全境 35%的面积为沙漠和半沙漠覆盖。境内最大河流为墨累河及其支流达令河，其余多为间歇性内流河。大部分地区属热带和亚热带。大陆年平均气温南北差别大，年平均降水量 470mm。地下水和渔业资源丰富，矿藏中的铝矾土、铁、镍、锌、锰的储量和产量居世界前列。

2. 发达的工农业国家

澳大利亚是一个发达资本主义国家，经济以农牧业、采矿业和制造业为主，对外贸易发达；是世界上的第三大小麦出口国，第二大蔗糖出口国，也是主要的水果生产国；羊的数量、羊毛产量均居世界首位，羊的存栏头数达万亿只，故被称为“骑在羊背上的国家”。澳大利亚工业发达，主要工业部门有冶金、机器制造、纺织化工、食品等。外贸在国民经济中占有突出地位，外贸收入在国内生产总值中占 30%，主要出口农产品、矿产品。主要贸易对象为美国、韩国、新西兰、中国和新加坡等。

3. 简短的历史与独特的政治体制模式

澳大利亚原为土著人的家园。1770 年，英国航海家詹姆斯·库克船长率船队抵达澳大利亚东南沿海，并宣布其为英国殖民地。1788 年，英国开始向澳移民，1901 年组建了澳大利亚联邦，并成为英国的自治领地；1931 年成为英联邦内的独立国家，拥有内政和外交自主权。澳大利亚总督由英女王任命。联邦议会是国家立法机构，由女王（由总督代表）、众议院和参议院组成。政府由众议院多数党组阁，为澳大利亚最高行政机关，由总理和外交部、国库部、国防部等各部长组成。

4. 多元文化与发达的教育

澳大利亚是一个几乎完全由移民组成的国家，90%以上的人口为英国、希腊、荷兰、德国、西班牙等欧洲移民后裔。澳大利亚的文学艺术独特而多样化，可说是原始文明与现代文明并存，东方文明与西方文明相融。在文学方面，帕特里克·怀特 1973 年获得诺贝尔文学奖，许多澳大利亚散文作家也在国际上建立了自己的声誉。在利用新型传播媒介如因特网和多媒体进行创作方面，澳大利亚作家走在前列。视觉艺术、表演艺术、阿库布拉帽、离奇和浪漫的时装、澳大利亚电影等充满着艺术活力。全国已实行中小学十二年义务教育制，共有大学 42 所。其中最为著名的有澳大利亚国立大学、格尔菲斯大学、墨尔本大学、

悉尼大学和新南威尔士大学等。

二、旅游资源与旅游地特点

1. 独具魅力的自然人文奇观

（1）**澳大利亚大堡礁**　位于澳大利亚东北部大陆架上，礁区从弗雷泽岛正北到约克角绵延 2038km，是世界上最大的珊瑚礁，号称世界七大自然奇迹之一。在大堡礁区域内共有 400 多种珊瑚、4000 多种软体动物和 1500 多种鱼类，是儒艮和大绿龟等一些濒临绝迹动物的栖息之地。大堡礁的礁体多在水下，有些在退潮时可露出水面。广阔的珊瑚礁群与丰富多样的海洋鱼类、透明见底的海水等赋予这一地域独特的吸引力。

（2）**黄金海岸**　澳大利亚东海岸昆士兰省东南海岸长达 42km 的沙滩和海滨浴场令人称绝。这里气候宜人，日照充足，海水清澈，海滩细沙平软，最适于人们游泳和滑水，加上配套建设的“梦幻世界”、“海洋世界”和“电影世界”三大娱乐场所，使其更增添了吸引魅力。

（3）**凯因斯热带雨林保护区**　这里澳大利亚土著部落生活的地方之一，也是发展生态旅游、展示部落文化的自然公园。这里把土著部落的日常生活与传统提炼成几个很有特色的旅游项目，如飞镖、投标枪、管乐器和民俗表演，把土著图腾——蛇转化为彩虹蛇道，通向圆形剧场——土著风情表演舞台。为了保护自然生态，林区开辟了专门浏览车通道，道路也是顺应地形的，完全是自然地面。为了让游客观赏到整个雨林区的面貌，还设有索道、热气球一类的空中观赏方式。

（4）**沙漠中的艾尔斯巨石**　位于澳大利亚沙漠中部的艾尔斯巨石，高 348m，基部周长 940m，是目前世界上发现的最大的整块不可分隔的单体巨石。基石表面上镌刻着无数平行的直线纹路，整体色泽朱红，突兀隆起于空寂无物的广袤沙漠之上，显得雄伟壮观而又神秘莫测。

（5）**布尔斯班的羊资源与动物世界**　布尔斯班利用羊资源和珍禽异兽发展旅游观光活动，主要有公羊表演、狗赶羊群表演、树熊合影、动物农场和特色购物等项目。例如，公羊表演是让八只不同品种的公羊按照指令分别从羊圈走出来到表演现场亮相，解说员分别介绍每种羊的特点，每只羊都相应地点头致谢，然后进行剪羊毛表演；动物农场主要让游客亲近本土动物，包括袋鼠、小山羊、小绵羊等，令人陶醉。

2. 高度现代化的美丽旅游城市

（1）**悉尼**　澳大利亚最大的城市和海港，人口 350 余万。城市位于悉尼港桥的南北两岸，南部为商业区，北部临海地带为住宅区。著名的悉尼歌剧院与悉尼港大桥遥相呼应，构成天然画卷。市区内还有悉尼塔、澳大利亚博物馆、华人社区和唐人街等胜迹。悉尼民风友善，食物精美，阳光与海滩加上流行的时装服饰，使其连续八年被评为世界最佳旅游城市第一名。

悉尼歌剧院　三面环海，其建筑外形宛如扬帆出海的船队，又像被海浪涌上岸的一只只贝壳，斜竖在海边，白色的帆状屋顶由十块大“海贝”组成，最高一块高达 67m，为世界公认的 20 世纪最美丽的“稀世之作”。

悉尼桥　连接悉尼城区南北两岸的大桥，全长 1149m。其单拱跨度达 503m，居世界第一，与悉尼歌剧院一道成为悉尼的标志性建筑。

（2）**墨尔本** 澳大利亚第二大城市，维多利亚州首府，全国工商、金融中心和交通枢纽，人口300多万。市内高楼大厦与古老英国建筑交相辉映，独具欧洲风味，以时装、美食、各种娱乐活动、文化及体育活动而著称。主要风景名胜有皇家植物园和维多利亚艺术馆等。

皇家植物园 澳大利亚皇家植物园有两处，一是悉尼皇家植物园，集中了4000多种世界植物，以集中展示了澳大利亚200多种特有的桉树为特色；二是墨尔本皇家植物园，是公认的世界上设计最好的植物园。墨尔本皇家植物园沿雅拉河南侧的低岗波状起伏，占地超过40hm^2，荟萃了来自世界各地的花草树木1.2万余类3万余种。在园内的标本室内收藏有150余万种植物标本。英女王伊丽莎白二世的丈夫爱丁堡公爵、泰国国王普密莲、英国前首相麦克米伦等名人都曾前来观光游览。

（3）**堪培拉** 堪培拉是具有纯粹政治功能的城市。市区没有摩天巨厦和热闹繁华的商场街市，也没有制造污染的工厂，却有如茵的草地和众多的花卉。在不到30万人口的城市里共有1000多万株树木，绿地面积占市区总面积的60%以上，人均绿地面积仅次于华沙，比“欧洲花园”日内瓦高出四倍，享有“万花之都”的盛誉。主要风景名胜有格里芬湖、国会大厦等。

格里芬湖 位于堪培拉市中心，是以首都建设总监伯利·格里芬命名的人工湖。湖岸周长35km，面积704hm^2，将堪培拉市一分为二。湖岸的联邦公园建有库克船长纪念喷水池，从湖底喷出的水柱有140m之高，在阳光的照耀下，水雾化成的彩虹甚是眩目。湖的东西两端有两座大桥，将全城连成一体。邻侧国王公园的亚斯班岛上建有钟塔，内有53只英国捐赠的钟定期演奏，钟声悦耳。

（4）**珀斯** 西澳大利亚州的首府，位于澳大利亚的西岸，距其他大城市的最短距离超过2700km，被称为“世界上最孤独的城市”。市区人口100万，市郊分布着十几处规模巨大的国家公园，到处是茂密的森林。市内建筑散布在绿色的公园和森林之间，仿佛是一座座岛屿浮现在绿色的海洋之上。市内有澳大利亚第一大城市公园——帝王公园，园中生活着许多澳大利亚独有的珍禽异兽，生长着稀世罕见的名花异卉。

3. 迷人的动物世界

澳大利亚特殊的地理位置使其与世界其他大陆处于长期隔绝的状态，因而得以保留着许多独特的古老物种。

（1）**鸭嘴兽** 产于澳大利亚南部以及塔斯马尼亚岛上，是一种极为奇特的卵生哺乳动物。鸭嘴兽生活于河流中，以甲壳纲动物为食，每次产卵2～3枚，卵孵化期为10天，幼兽从母兽乳腺区湿润的皮毛上舔食乳汁。

（2）**袋鼠** 产于澳大利亚大陆及其附近岛屿，是特有的哺乳纲有袋目动物。其最大特征是有一对细长有力的后肢，用以跳跃前进。雌兽腹部有一个育儿袋，胎儿发育完全即产出，在育儿袋中发育成幼鼠。不同种类的袋鼠体态差异很大，身高从0.23～3m不等。灰袋鼠的最大跳跃高度可达13.5m，堪称动物界的跳高能手。

（3）**考拉** 又称树袋熊，是一种生活于澳大利亚东海岸的有袋类动物。身体圆肥，绒毛遍体，眼小而亮，行动笨拙，模样十分可爱。

4．多彩的社会风情与生活习俗

澳大利亚人热爱生活，喜欢户外活动，既喜欢美酒佳肴，又会欣赏艺术音乐，同时还喜爱运动、海滩和烧烤。澳大利亚人坦率，在穿戴方面比英国人随便，但在讲究形式与礼仪方面却毫不逊色。人们对时间极其重视，会面有必要提前安排并恪守约会时间。如果您被人邀请，应为女主人带花或带一瓶酒。澳大利亚人在第一次见面或谈话时，通常互相要称呼为“先生”、“夫人”、“女士”或“小姐”，熟悉之后就直呼其名；第一次见面时习惯于互相握手。到商店里买东西不要讨价还价，坐车要主动系安全带。忌讳数字“13”和“星期五”、兔子和兔子图案，忌送菊花、杜鹃花、石竹花和黄颜色的花。喜爱袋鼠、琴鸟、金合欢花图案等。澳大利亚人一般不爱辣味、不吃海参，喜欢酸甜味，尤爱中国淮扬菜、浙菜、沪菜和京菜。

三、现代旅游业与旅游市场的发展

1．国际出、入境旅游市场都有很大发展

2008 年，澳大利亚接待国际旅游者 435 万人次，旅游外汇收入 84 亿美元，居世界第 11 位。游客主要来自日本、新西兰、美国、英国和爱尔兰，近几年来自中国和韩国的游客增长迅速。入境旅游者中度假旅游比重大。澳大利亚人均国民生产总值已超过 2 万美元，加上 5 天工作制和每年有 4 星期的带薪假期的公民还可领取额外的度假津贴，故而出国旅游人数 2007 年已达 546 万。在出国旅游者中，度假旅游者几乎占 50%。旅游目的地主要是新西兰、美国、英国、印度尼西亚、新加坡、泰国、马来西亚、斐济和中国等。

2．基础设施建设初具规模

目前澳大利亚国内有旅游机构 400 个、国际机构 12 个，国际航空可达世界上 30 多个国家和地区。澳大利亚人均铁路长度居世界第一位，全国各大城市和旅游区间均有空调火车可达；全国公路总长 98 万 km，庞大的高速公路和普通公路可将游客送至全国任何一个城镇乡村。拥有各类饭店约 1150 个，汽车旅馆约 3200 个，共计房间 157156 个，床位 451369 张。其中墨尔本的洛克曼摄政王饭店、摄政饭店及悉尼的塞贝尔饭店等，都是世界一流饭店。澳大利亚的餐饮、娱乐、购物等设施发展也很快。旅游纪念品中有水晶制品、高档瓷器、裘皮大衣等高质量消费品，也有极具地方或民族特色的衣帽、动物玩具和各类器皿等大众产品。澳大利亚的博彩业发达，全国各地都设有各类赌场、赌馆及赌博俱乐部。

3．中澳旅游关系前景广阔

1972 年 12 月 21 日，中澳两国正式建交；1984 年，中澳两国正式通航。1984 年来华澳大利亚旅客即达 7.2 万人次，1985 则增至 7.8 万人次，当时成为我国仅次于日本、美国的第三大客源国，但以后的五六年时间内一直徘徊不前。到 1995 年以后才持续发展，至 2009 年达 56.19 万人次，在中国客源国中位列第 11 位。澳大利亚来华旅游市场表现出传统线路为主、观光产品为主、中高档价位为主等特点。预计其发展趋势将表现出传统旅游线路延伸、散客增多、商务旅游者逐渐增长等特点，中澳旅游关系的发展前景广阔。值得指出的是，澳大利亚是中国公民出境旅游的主要目的国家，中国公民赴澳

旅游人数也在不断增长，2009 年中国大陆赴澳大利亚游客达 45.21 万人次，创历史最高水平。

第十二节 新 西 兰

新西兰位于澳大利亚东南面，是南太平洋上的岛国，由北岛、南岛和斯图尔特等一些小岛组成，领土面积 27.1 万 km^2。人口约 370 万，81%为欧洲移民后裔，毛利人占 14.5%，城市人口占 85%以上。通用语为英语。70%的居民信仰基督教和天主教。首都惠灵顿。国旗为蓝底红白“米”字四星旗，国徽中心图案为盾徽，盾面上有五组图案：四颗五角星代表南十字星座，象征新西兰；麦捆代表农业；羊代表该国发达的畜牧业；交叉的斧头象征该国的工业和矿业；三只扬帆的船表示该国海上贸易的重要性。国歌为《上帝保护新西兰》，国花为银蕨，国鸟为几维鸟。

一、旅游业与旅游市场发展的地理环境背景

1．优越的自然生态环境与较为丰富的资源

新西兰境内山地和丘陵地区约占全国总面积的 3/4。南岛西部绵延着高峻雄伟的南阿尔卑斯山脉，超过 3000m 以上的山峰有 19 座，其中库尔峰海拔 3764m，是其主峰，西麓沿海分布着深邃的峡湾；东坡沿海有较大的平原分布；北岛分布有东北—西南走向的四条山岭；中、西部有大面积火山、高原，地震频繁，富地热资源。向西北突出的奥克兰半岛地势较低，海岸曲折。全境大部分地区属温带海洋气候，年平均降水量 600～1500mm。全境河流短小湍急，水能蕴藏量较大。温带森林草原广泛分布，渔业资源丰富。

2．农牧业地位重要的经济发达国家

新西兰农牧业地位突出，工业和对外贸易都以此为依托。天然草场和人工草场广布，畜牧业用地占全国土地总面积的 47%，从事畜牧业的人口占全国人口的 80%。新西兰是世界上最重要的畜产品出口国。其羊肉和乳制品出口量长期居世界首位，羊毛出口量居世界第二位，牛肉出口量居世界第三位，有“畜牧王国”的雅称。新西兰的种植业也很发达，水果和蔬菜比重大，并可大量出口。工业以农牧产品加工为主，食品工业尤其发达，盛产优质羊肉、牛肉、黄油和奶粉。林产品加工工业是以纸浆生产为主，是世界重要的纸浆出口国。制造业和矿产业不很发达，但技术较先进。海运地位重要，对外贸易中出口物资以农牧产品为主，进口物资主要是工业设备的轻工产品。

3．移民国家与独特的政治体制

早在 14 世纪，毛利人定居新西兰。1769～1777 年英国人五次抵新西兰考察，18 世纪后期占领新西兰，并向新西兰大批移民。1840 年，新西兰沦为英国的殖民地，1907 年成为英国自制领土。1947 年完全独立并成为英联邦的成员国，实行英国式的议会民主制。英国女王是新西兰的国家元首，女王任命的总督作为其代表行使管理权。总督与内阁组成的行政会议是法定的最高行政机构。内阁掌握实权，由议会多数党组成。议会只设众议院，由普选产生，任期三年。

4．移民文化与土著文化交融，教育发达

新西兰人分别来自许多不同的文化背景，主张言论自由、宗教自由和人人平等。绝大多数新西兰人的住房是一层或两层结构，有庭院，房屋密度相对较低。住房以木材制作，风格以英式为主。几乎所有的新西兰家庭都有轿车。新西兰人热爱运动，有近一半人参加至少一种运动或健身俱乐部。最普遍的运动项目为橄榄球、高尔夫球、英式女子篮球、田径、板球、泛舟、网球、足球、滑雪和游泳等。新西兰政府规定6～16岁的孩子必需上学，中小学生实行免费教育，由政府拨款并实行自主管理。比较著名的大学有维多利亚大学、奥塔哥大学、奥克兰大学和惠灵顿学院等。

二、旅游资源与旅游地特点

1．自然生态旅游资源丰富多奇

新西兰所特有的山、海、岛地貌组合和温带海洋性气候环境，使其到处是森林、草原、鲜花和阡陌田园，还有连绵的海岸线和阳光、海水、沙滩、急流、瀑布、地热温泉以及冰川、湖泊，整个新西兰宛如一个大花园。奇特更是新西兰旅游资源的一大特色，如北岛的怀多摩萤火虫溶洞，竟云集有数以万计的萤火虫；位于南岛中南部东海岸的奥马鲁城外，重达4t的巨型鹅卵石浸在海水中已有400多年的历史，每当退潮时便会放出几种不同光芒的色彩；这里还生长着特有的黄眼企鹅和小蓝企鹅。

2．风景名胜资源相对集中

新西兰到处风光如画，移步有景，但又高度集中于几个旅游景区或旅游城市，如北岛的奥克兰、惠灵顿、罗托鲁阿和南岛的库克山等地。

（1）**奥克兰**　位于北岛的奥克兰半岛南部，为新西兰第一大城市和最大港口，并享有“帆船之都”的美誉。这里有显示美丽奥克兰风光的城市大道、海港大桥，城市内还有奥克兰博物馆、奥克兰城市艺术画廊、里道顿海底世界、奥克兰海事博物馆和天空之城娱乐城等景点，周境有海滨、岛屿、天然森林。

奥克兰海港大桥　连接奥克兰最繁忙的港口——怀提玛塔海港南北两岸的一座大桥，全长1020m，离海面高43m，高峰时期一天可过往车辆11.5万辆以上。港口大桥与停泊在港口的万柱桅杆，组成了一幅美丽的画面。

萤火虫洞　位于罗托鲁阿附近，号称世界七大奇景之一。乘坐平底船可见头顶千万只萤火虫，幽幽光点密布，仿佛在满天星光之下。

（2）**惠灵顿**　全国政治、文化中心，也是世界上最南的首都城市。地处北岛西南端，三面环山，一面临海，地势起伏，林木茂盛，风景秀丽。主要景点有市政广场、议会大厦、总督府、总理府、植物公园、圣保罗教堂、国家博物馆及众多的火山公园。

新西兰国家博物馆　唯一由政府管理的博物馆，也是南半球最大的博物馆。坐落于惠灵顿皇后湾附近。博物馆建筑风格独特，馆藏丰富。主要展厅有海洋地质和地貌展厅、生物展厅、毛利建筑、习俗和传统艺术展厅。我国北京市人民政府赠送的张衡地动仪（复制品）也陈列在地质展厅内。在博物馆内观众可以通过动手、观看影视片和听取解说了解和学习相关知识，免费向游人开放。

（3）**罗托鲁阿**　位于北岛中部，是南半球最有名的泥火山和温泉区，有北岛“温泉城”

之称，以其地热奇观驰名世界。罗托鲁阿是毛利人的文化中心。著名的风景名胜有毛利文化村、爱得顿牧场、怀奥塔普地热保护区，附近还有著名的陶波湖。

毛利文化村 位于罗托鲁阿市中心附近，内有毛利人的会议厅，柱子上雕有记述阿拉瓦部族历史的精美图案。1963年，市西南角的娃卡丽娃毛利寨辟为公园，内有会议厅、住房和贮藏室等早期建筑。毛利族人擅长用地热烧煮食物，游客在罗托鲁阿可品尝到地道的石头火锅。

陶波湖 位于罗托鲁阿以南，是由火山喷发形成的世界最大的火山湖。离陶波湖10km处建有新西兰最大的地热发电站。附近的旅游点有胡卡瀑布、蓝湖、彩虹崖和苏尔弗火山口等。

（4）**库克山** 位于南阿尔卑斯山脉的中心，海拔3764m，已辟为库克峰国家公园。这里有仅次于中国喜马拉雅山冰川的全球第二大冰川塔斯曼冰川，其附近还有特卡波和普卡基两大冰积湖，可开展滑雪和湖上的水上活动。湖畔辽阔的坎特伯里大平原阡陌纵横、农牧富庶，畜牧业尤其著名。区内有被称为“南岛绿洲”的汉默泉镇及众多的温泉。

3．社会风情与生活习俗独具一格

新西兰民族地域文化异彩纷呈。例如，北岛的罗托鲁阿地区是毛利族的历史文化荟萃地，其源远流长的毛利文化、别具一格的民族工艺引人入胜。尤其是毛利族的石头火锅、毛利舞蹈、手雕工艺可称“三绝”。新西兰第一大城市奥克兰是国际文化的荟萃之地，这里既有富有殖民色彩的19世纪建筑物，也有华人市场和欧陆式工艺雕刻品商店，在奥克兰博物馆里还可以看到毛利族及波利尼西亚的历史遗迹和资料。南岛基督城，处处洋溢着英国传统文化的气息，是英国本土以外最有英国色彩的城市，19世纪的建筑物比比皆是。南岛东海岸的达尼丁，是具有苏格兰文化特色的城市，新维多利亚式和歌德式建筑十分普遍。另外，还有新西兰移民和土著毛利人和平共处的典型城市罗托鲁阿等，尽皆特色独具。

三、现代旅游业与旅游市场的发展

1．发展迅速的国际出、入境旅游

新西兰的国际旅游业比较发达，尤其是国际入境旅游的发展较快。2003年国际入境游客已达210万人次。国际出境旅游也相当发达，每年出境游客都保持在130万人次左右。目前新西兰旅游收入占其GDP的10%，并能提供39%的就业机会，是仅次于乳制品的第二大出口创汇产业。旅游客源以亚太地区为主，欧美地区发展得也较快。国际出境旅游目的地主要是亚太地区和欧美地区，其中最重要的是澳大利亚、日本和英美。

2．重视旅游设施与特色旅游产品的建设

新西兰建设成了海、陆、空立体交通网络。北岛铁路干线以惠灵顿到奥克兰为中轴，南岛以东侧的南北干线为主；公路运输四通八达；一些较大的旅游城市如奥克兰、基督城、惠灵顿、汉密尔顿、克赖斯特彻奇等都建有国际机场；沿海航运业比较发达。新西兰拥有一流的国际连锁饭店，如史丹福广场、凯悦、南平洋饭店、喜来登、太平洋饭店等。旅游接待地能突出生态旅游和文化旅游两大主题，如奥克兰利用其繁华的都市风光和“皇后之都”的美誉，大力发展城市风光游和购物游，并利用天然的海滨、港口和岛

屿，大力发展水上旅游。又如著名的旅游胜地罗托鲁阿，利用其地热温泉优势，大力发展了地热观光游和温泉度假；利用其美丽的爱得顿牧场，开发了观赏示范剪羊毛、牧羊犬表演、参与挤牛奶的乡村旅游项目；利用其特有的毛利人原住民文化，开发了欣赏毛利人歌舞、参观毛利人制作手雕工艺和品尝毛利族“石头火锅”的旅游项目，无不令旅游者称奇。

3. 中新旅游合作关系发展迅速

1972年12月22日新西兰与中国建交，此后中新两国高层互访不断，经济贸易往来不断加强。2005年，中国—新西兰自由贸易区第五轮谈判在新西兰首都惠灵顿结束，双方在货物、服务贸易和其他经贸领域的关系取得进展。中新两国互为客源国市场的格局逐渐形成，双方旅游发展极为迅速。2009年新西兰旅华游客10.04万人次，成为中国重要的远程客源国之一。到新西兰旅游的中国游客亦不断增长，甚至成为新西兰重要客源国中增长速度最快的国家。

实 战 演 练

一、课堂讨论

1. 东亚太地区现代国际旅游市场迅速崛起的原因及对中国国际入境旅游市场的影响。

2. 中国在东亚太国际旅游市场竞争的优势、劣势及其对策。

二、复习思考

1. 试比较日本与韩国国际旅游客源市场的特点及对中国的影响。

2. “东盟”包括的主要国家及其旅游业与旅游市场发展的各自地理环境背景、旅游资源与旅游地特点以及现代国际旅游市场发展现状。

3. 澳大利亚、新西兰旅游业发展的各自地理环境背景、旅游资源与旅游地特点以及现代国际旅游市场发展的现状。

4. 中国与日本、韩国、东盟各国及澳大利亚、新西兰之间的旅游关系。

三、实践指点

1. 查阅《世界地图集》与教材“东亚及太平洋地区主要旅游国家示意图”，了解“东亚太”各主要旅游国家的地理位置特点、地理轮廓特征及其首都和主要旅游城市的相对位置。

2. 从互联网中了解“东南亚国家联盟（ASEAN）”的基本情况及其与中国的合作关系。

四、知识拓展与案例

【知识拓展与案例2-1】　日本文化神韵与旅游新变化

（1）日本人的岛国意识

“岛国意识”即“生存意识”、“危机意识”。日本人有一种较为强烈的生存危机感，从而表现出较强的勤劳、俭朴、努力、创新意识。这种意识表现在生活的方方面面，如推崇樱花的气质，日本尊樱花为国花，不仅是因为樱花的妩媚娇艳令人陶醉，更主要是她经历短暂灿烂之后随即凋谢的“壮丽”：“欲问大和魂，朝阳底下看山樱。”日本人认为人生短暂，活着就要像樱花一样只争朝夕。樱花气质代表男子汉气概，被尊为日本精神。岛国意识下形成的那一份悲壮由此可见一斑。这种意识的形成与地理小国、资源贫国、人口大国、多灾之国的地理环境不无关系。

（2）独特全新的大和文化

日本独特全新的文化，主要体现在对传统文化的继承性、对外来文化的兼容性和对求道革新的独创性。正是这种继承性、兼容性和独创性造就了日本独特的全新文化，即所谓“杂食文化”。日本人自己亦如此描述：“右手拿算盘，左手拿《论语》”，“东洋的道德，西洋的技术”。其文化既包含着儒家思想的内容，同时又散发着浓重的欧美气息。其所遵循的君臣父子的道德基石，造就了含蓄深沉的民族性格。日本人对多神共处的宗教给予极大包容，同时又受其岛国意识的影响，形成了好胜爱强、博采众长、求道创新的文化神韵，这种文化完全可以说是日本历史的产物。

（3）日本国际出境旅游的新变化

自20世纪90年代后半期以来，日本国际出境旅游市场大致有十个方面的变化：一是随着出境市场的成熟，占旅游主导地位的是多次出国的“常客”；二是总需求趋向低预算、短时间、访问临近目的地；三是越来越多的游客喜欢购买具有更多时间和活动项目的包价旅游；四是未婚女性出游率下降，但“新娘子说了算”的新婚旅游和“手控钱袋子”的妻子或母亲说了算的家庭旅游增多；五是中老年游客比重增大；六是家庭旅游迅速增加；七是修学旅游需求增大；八是越来越多的旅游者出境旅游时注重参加体育活动或户外活动，尤其喜欢潜水、滑雪和打高尔夫球；九是生态旅游需求增大；十是再访游客比例增大，尤其希望与目的地的当地人有更多交流。据统计，日本出境旅游目的有82.2%为休闲度假；日本来华游客中，25%喜欢结伴而行，46%以上为再访游客，46%选择团体旅游，5%旅游者来华旅游决策受朋友推荐、媒体报道和出版物的影响。日本旅华目标群体一是中老年游客，二是学生，三是农民。从长远看，日本家庭市场极具开拓价值：当代日本人开始重视家庭，视家庭为温馨、放松、减压的归宿，回归家庭成为社会趋势。在旅游市场上，家庭旅游、夫妇出游、亲朋好友结伴游已成为时尚。

◆ **联想**：①日本出境游与旅华市场的新变化及其原因，这种变化对中国国际入境旅游市场的影响；②日本岛国意识和独特全新的大和文化的形成与其历史地理环境的关系及对中国国际入境旅游市场的影响；③中国国际入境旅游市场的日本目标市场群体及其对策。

【知识拓展与案例2-2】 韩国出国旅游新趋向

韩国国际出境旅游以近距离目的地为主，并以廉价、近距离为两大特征。来华旅游在韩国属大众消费，小康之家均可轻松支付。由于韩国与中国历史文化、宗教的渊源关系，至今韩国佛教尚有9200多座寺庙和1100多万信徒，而且韩国佛教多与儒教融会贯通，大多数佛教徒接受了儒教关于忠孝仁爱的信条。韩国目前约有42.1万儒教徒，首尔的成均馆大学为韩国的儒教中心，另有200多所设有孔庙的乡校，向青年人传授传统的价值观念和礼仪。其人际关系体现出儒教的伦理道德教律，乃至影响着韩国人的行为方式。因此，中韩建交后，来华游客超出其他市场的速度而使中国一跃成为韩国的首位旅游目的地市场。

韩国旅游市场有两个值得注意的趋向：一是复合旅游产品受到欢迎。韩国人酷爱滑雪、钓鱼、登山、潜水、打高尔夫球等运动，尤其是出国打高尔夫球已成为一种新时尚，主要目的地便是东南亚和中国。这些地方的高尔夫球场设施条件好、价格低，韩国消费者到这些地方的总开销（包括往返机票，打两场高尔夫球，在当地观赏、娱乐的消费）相当于在国内打一场高尔夫球的费用。在我国与韩国有直达航班又具备条件开发高尔夫球场的城市，组合观光游览与高尔夫球相结合的短期产品推向市场具有开发潜力。二是家庭旅游市场。韩国人民很重视家庭旅游，视其为培养孩子、开阔眼界的途径，越来越多的家庭每年拿出4～5天时间带孩子出国旅游。家庭旅游占其国际出境旅游市场的份额已超过30%。与家庭旅游相关联的是韩国的家庭主妇，韩国家庭的钱袋子是掌握在女性（妻子或母亲）手中的，她们是影响家庭旅游支出、目的地选择的关键人物。但她们外出旅行时间不长，要求轻松、多拍照、多购物。

◆ **联想：**①韩国与中国的历史文化渊源关系的具体体现及对中国国际入境旅游客源市场的影响；②面对韩国出国旅游市场的新趋向，中国应采用的应对措施。

五、旅游景观美学欣赏

新西兰汤加里罗

越南下龙湾

泰国普吉岛

澳大利亚悉尼歌剧院

印度尼西亚巴厘岛

马来西亚吉隆坡双子塔

第三章

欧洲地区

学习提示

欧洲是全球国际出入境旅游人数规模最大、国际旅游支出和收入最多的国际旅游市场，也是我国远程旅游中最为重要的国际旅游客源市场和目的地市场。国际旅游组织将欧洲再分为西欧、北欧、中欧/东欧、南欧/地中海四大旅游次区市场，而且各次区市场都有其典型代表国家，如图3-1所示。为巩固和发展我国传统客源市场，英、德、法、意、俄、荷等出境旅游大国同时也是我国重要远程旅游客源主场，是学习研究的重点。为健康发展我国的出境旅游市场，对作为我国重要目的地市场兼客源市场的西班牙、希腊、瑞士、奥地利等国家也应很好地学习研究，而且要重点掌握各旅游客源国家客源形成的地理环境背景、旅游者的社会生活习俗以及中国与各个国家的旅游发展现状和前景。

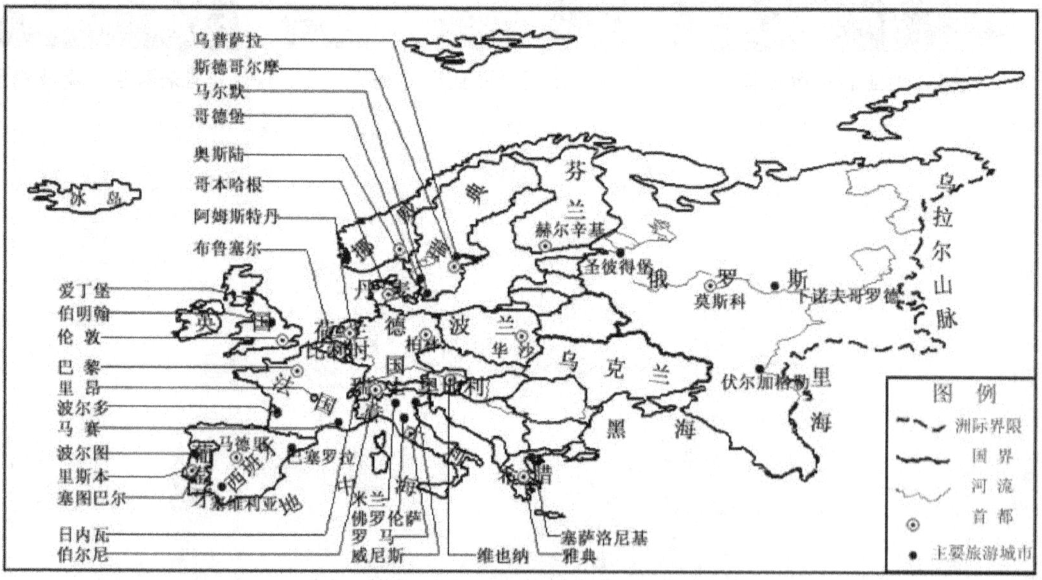

图3-1 欧洲地区主要旅游国家分布示意图

第一节　概　　述

欧洲全称欧罗巴洲，为亚欧大陆的一部分，形似亚欧大陆向大西洋伸出的一大半岛。北临北冰洋，西临大西洋，隔地中海与非洲相望，面积 1016 万 km^2，约占世界陆地面积的 6.8%，现有 44 个国家和地区，在地理上习惯分为西欧、中欧、东欧、南欧与北欧五个地区。欧洲是世界资本主义发展最早、经济发展水平最高、发达国家最集中的地区之一。旅游活动历史悠久，现代旅游业高度发达，旅游需求旺盛，不仅是世界上最大的国际旅游接待市场，同时也是最大目的地市场。世界旅游组织将欧洲地区划归一个统一的旅游大区，其下又分为西欧、北欧、中欧/东欧和南欧/地中海四大旅游次区。

一、区域旅游资源与旅游环境特征

1．人口的区域特征明显，民族成分复杂

欧洲人口 7.28 亿，约占世界总人口的 13%，人口密度居世界第一，但人口增长率为世界最低。城市人口约占全洲总人口的 64%，且多大城市和特大城市。其中，西欧城市人口比重最高，大城市和特大城市成群分布，而北欧地区人口相对较为稀少。居民的大多数为欧罗巴人种，少量为东方人种。所使用的语言大致为同属于印欧语系的日耳曼、拉丁和斯拉夫三大语族。基督教是欧洲占统治地位的宗教，天主教、东正教和新教是其三大教派。罗马城内的梵蒂冈教皇统治着全世界的天主教派，成为一个特殊的宗教组织。随着移民的迁入，在欧洲也还有一些其他人种及其宗教信仰，尤以亚洲人种及伊斯兰教最为突出。

2．自然生态环境优越，自然资源丰富

地形总特征以平原为主，冰川地貌分布较广，高山峻岭汇集于南部。全洲平均海拔 300m，是世界上地势最低的一个洲。主要平原有东欧平原、波德平原、西欧平原。阿尔卑斯山脉横亘欧洲南部，许多山峰海拔在 4000m 以上，终年积雪，景色壮美。东南部高加索山脉的主峰厄尔布鲁士山，海拔 5642m，为全洲最高峰。南欧的意大利等国和北欧的冰岛，多火山地震。河网密度大，湖泊众多。河流中以伏尔加河最长，多瑙河流经的国家最多；湖泊多达 6 万个以上，其中芬兰有“千湖之国”、瑞典有“万湖之邦”的称号。欧洲大陆海岸曲折，多半岛、岛屿、港湾和深入大陆的内海。全洲除最北部属寒带及南欧沿海地带属亚热带外，其余几乎都在温带，且深受海洋影响，是世界温带海洋性气候分布最广的一个洲。矿产资源丰富，尤以煤、铁、石油资源的储量最大。水力资源丰富，沿海有北海、挪威海等天然渔场。

3．发达而实力雄厚的经济

欧洲是世界资本主义经济发展最早的地区，至今一直是世界经济发展程度最高、人民物质文化生活水平最高的一个洲。工业发达，尤其是英国、德国、法国、俄罗斯、荷兰等国均在世界上具有重要地位。俄罗斯、德国、波兰为世界主要煤炭生产国；德国科隆、法国巴黎等都是重要的化学工业中心；德国的光学仪器、汽车制造，瑞典的精密机械都居世界领先地位；英国、法国的电子工业，俄罗斯、英国、法国的航天工业和核能工业具有很

强实力；瑞士的钟表工业，丹麦、荷兰的食品工业，俄罗斯的毛纺工业等都很著名。欧洲农业居世界领先地位，精耕细作和大规模集约化生产是欧洲农业的最大特色。多数国家的农业是农牧结合，以畜牧业为主，但北欧和西欧各国的乳用及乳肉并用的畜牧业发达；南欧各国以种植业为主；俄罗斯、乌克兰的棉花、甜菜和向日葵产量大。欧洲对外贸易发达，金融、保险、旅游等方面极具活力。

4．丰富多彩的自然人文旅游资源

欧洲的乡村到处是森林、牧场、果园，各种自然生态与田园风光和谐统一，处处似园林。欧洲多山，青山绿水随处可见，特别是阿尔卑斯山的晶莹雪峰、浓绿树林、如茵的草地、湛蓝的湖泊、清澈的山涧流水，共同构成了阿尔卑斯山脉的迷人风光；西班牙、希腊和葡萄牙的海滨、阳光、沙滩、海水令人陶醉。欧洲到处是古城、古迹和特色文化，每座城市都有自己的博物馆和地域文化、艺术设施；每座城市的宫殿、古堡、教堂、民宅、碉堡、桥梁都得到很好的保存。例如，荷兰阿姆斯特丹中世纪商人的帆船、德国海德堡的古桥及铜猴、比利时布鲁塞尔小男孩于连的雕像、意大利的古罗马斗兽场以及佛罗伦萨的圣玛利亚教堂等。

二、现代旅游业与旅游市场的发展特点

1．高度发达的现代旅游业

欧洲旅游活动历史悠久。早在罗马时代，人们为洗矿泉浴、参加节日庆典、观看运动会以及求知等就开始离家出游。中世纪时，陆上“丝绸之路”和海上“香料之路”使本区与亚、非之间交往频繁。15世纪航海业蓬勃发展，探险者的足迹遍布全球各地。欧洲的现代国际接待旅游业高度发达，法国、西班牙、意大利、英国、德国、奥地利、波兰、匈牙利、希腊、葡萄牙、瑞士等国接待国际游客人数常年排列在世界前20位之内；同时，欧洲又是近现代世界最大、最成熟的客源地，德国、英国、意大利、法国、荷兰等都是世界上最主要的客源产出国。

2．国际旅游接待服务一流，管理规范

欧洲各城市之间几乎都有航空线相互连接，公路网密布，并以高速公路为骨干，汽车旅馆及露营地与之配套；饭店设施先进，管理水平世界一流，服务周到，有适合于家庭旅游的套房，有可以代为照顾婴儿的服务项目，有专门方便残疾人下榻的饭店等；有规模巨大、信誉良好、服务规范的大旅行社，也有服务细微、颇具特色的小旅行社，且管理规范。欧洲各国重视区域旅游合作。早在1948年，欧洲旅游委员会就应运而生，现已有23个成员国。该组织在对市场进行调查研究的基础上，组织成员国联合开发目标市场以共同提高旅游接待水平。成立于1967年的欧洲共同体（简称欧共体，现改称欧洲联盟）颁发的《欧洲共同体旅游业发展规划》对欧洲旅游业的发展目标、对外关系、地区政策、企业政策、合作政策和旅游开发基金等都作了统一的规定；1993年1月起还实施了《欧共体包价旅游规定》，以法规的形式规定了各成员国旅游服务的统一标准及旅行社、饭店和航空公司的运作规范。

3．出境旅游仍以洲内为主，远程旅游市场已经形成

目前欧洲的出境旅游仍以洲内为主。据统计，欧洲区域旅游者常年占其接待国际入境

旅游总人数的88%左右，这是因为一方面欧洲本身旅游最发达，旅游基础设施完备；另一方面，欧洲各国、各民族有较相近的文化背景、语言背景，相互旅游不会产生陌生感。此外，欧洲本身旅游资源丰富，能吸引大量的旅游者，尤其是地中海、阿尔卑斯山等风景胜地都是欧洲旅游者最向往的地方。但近几年来，随着人们消费能力的进一步提高，求新、求奇心理动机的增强，以及世界各地对欧洲市场促销力度的加大等，使欧洲远程旅游市场前景看好。特别是20世纪90年代以来，在欧洲出境旅游市场全面萎缩的情况下，远程旅游市场却一枝独秀，呈持续繁荣之势。特别是亚太地区已成为最受欧洲人欢迎的旅游目的地；同时，由于文化的历史渊源关系，北美地区仍然是欧洲游客的最大目的地市场。

三、中国在欧洲旅游市场中的地位

当代欧洲是中国的主要客源市场，同时也是中国公民出境旅游的主要目的地之一。从20世纪80年代起，来中国旅游的欧洲公民逐年增加，尤其是来华客源较集中的英国、德国、法国和俄罗斯发展速度惊人，如表3-1所示。

表3-1 20世纪90年代起欧洲各国来华旅游人数 （单位：百万人）

国家	1992年	1996年	2000年	2004年	2007年
俄罗斯	89.5	55.56	108.02	179.22	300.40
德国	12.13	17.90	23.91	36.53	60.51
英国	12.98	20.52	28.39	41.81	55.26
法国	11.62	12.33	18.50	28.11	46.34

资料来源：根据中国历年旅游统计年鉴

第二节 英国

英国全称大不列颠及北爱尔兰联合王国，由大不列颠岛和爱尔兰岛北部地区及附近5000多个小岛组成。领土面积24.41万km^2，人口约5800万，城市人口占总人口的3/4。居民中英格兰人占总人口的80%，其余为爱尔兰人等。居民多信奉基督教。官方通用语言为英语。首都伦敦。国旗为长方形，由深蓝底和红、白“米”字形图案组成“米”字旗。国徽是英国皇室的徽章，国歌是《神佑女王》，国花为玫瑰，国鸟为红胸鸽。

一、旅游业与旅游市场发展的地理环境背景

1. 海洋性岛国环境与丰富的自然资源

大不列颠岛北部和中部为山地，东南部为平原，主要山脉有奔宁山脉、格兰扁山脉、坎布里亚山脉。格兰扁山脉的主峰尼维斯峰海拔1343m，是全国最高峰。北爱尔兰为高原，熔岩分布较广。主要河流有塞文河、泰晤士河；著名的湖泊内伊湖是英国最大的淡水湖；位于苏格兰境内的尼斯湖，传说湖中有长约15m的怪兽潜居湖底。海岸线长达11450km，

沿岸多海湾、岬角、半岛和岛屿，海岸曲折，多优良港口。伦敦、利物浦、曼彻斯特等都是重要港口。气候属温带海洋性气候，全年温暖湿润，年平均降雨量 800～900mm。伦敦等地气候潮湿，冬季则常出现浓雾，具有“世界雾都”之称。主要资源有煤、铁、石油、天然气、核能和水力等。沿海地区水产资源丰富。

2．传统型的经济大国

英国是资产阶级工业革命发源地和老牌工业强国，采煤、钢铁、机械制造、纺织等为其传统工业。20 世纪后半期以来，新兴的飞机制造业、汽车、化工、电子和海底石油开采等迅速崛起；信息工程、卫星通信和微电子等新科技产业有较快发展。农业在英国的比重很小，但机械化程度高，养牛、养羊业发达，主要农作物有小麦、甜菜、马铃薯等。交通发达，铁路纵横交错；公路已成网络，其中 3032km 是高速公路；航空发达，国际航线可往返世界 68 个国家和地区，希思罗机场是世界上最繁忙的国际机场；海运航线可达五大洲主要港口，有伦敦、利物浦、朴次茅斯、多佛等天然海港。英法海底隧道的贯通，加强了英国和欧洲大陆的联系。外贸发达，与世界 80 多个国家和地区都有贸易关系，最大贸易伙伴是欧盟。金融业发达，伦敦是欧洲乃至世界最大的金融中心。

3．悠久的资本主义发展历史和典型的西方民主政治

7 世纪开始形成封建制度，15 世纪资本主义开始发展。1640～1660 年的资产阶级革命及 18 世纪后半期的产业革命后，资本主义发展迅速，使英国由一个农牧业国家一跃而为一个“世界工厂”，并倚此在欧、亚、非、美、澳各洲推行殖民扩张政策。到 1914 年，英国拥有的殖民地达 3350 万 km^2，是其本土面积的 150 倍，号称“日不落帝国”。两次世界大战后，英国国力受损，殖民统治体系土崩瓦解，取而代之的是一个组织松散的“英联邦”。国家政体为君主立宪制。国王为国家元首（现为女王），首相为政府首脑。内阁由首相、副首相及各部大臣组成。最高司法、立法机构由国王、上院和下院组成。主要政党有工党、保守党和自由民主党等。

4．高度发达的文化与教育

英国文化繁荣，名人辈出。16 世纪，艾萨克·牛顿发现了万有引力，建立了经典力学体系；18 世纪，瓦特发明了蒸汽机；19 世纪，达尔文发表了《物种起源》等著作。从 1904 年到 1980 年，共有 77 位英国科学家获得了诺贝尔奖。文学艺术方面，莎士比亚的戏剧艺术，拜伦、雪莱、狄更斯的文学创作，罗素的哲学在世界文化界都有着较为重要的地位。英国教育发达，用于基础教育（包括学龄前）的费用占国民生产总值的比例每年超过 5%。5～16 岁为其法律规定的强制教育阶段。剑桥大学和牛津大学为世界著名大学。据统计，历史上剑桥大学涌现过 47 位诺贝尔奖获得者；牛津大学有 26 位毕业生任英国首相。

二、旅游资源与旅游地特点

1．高度发达的旅游城市

（1）**伦敦** 英国首都，全国政治、经济、文化和交通中心，世界上最大的国际港口和航运市场。伦敦跨泰晤士河下游两岸，人口约 700 万。主要名胜古迹有白金汉宫、唐宁街 10 号（首相府）、议会大厦、大本钟、伦敦塔、大英博物馆、国家画廊、圣保罗教堂、威斯敏斯特教堂、格林尼治天文台、海德公园和马克思墓等。

（2）**伯明翰** 英国第二大城市，曾是英国工业革命的中心，后来逐渐发展成为工业城市，现在是英国中、小型工业中心。伯明翰分为新城和老城两部分：新城的火车站附近是英国工业展览会的所在地；老城车站是伯明翰市的中心，商店集中，人流不息。市区只有少数高楼大厦，显得古朴无华。

（3）**爱丁堡** 苏格兰的首府及其政治、文化和金融中心，其美丽的自然景色和优雅的建筑使其赢得“北方雅典”的美誉。爱丁堡有迷人的海湾，宏伟而别具风采的宫殿、教堂和城堡。英国著名作家斯科特和斯蒂文森、古典政治经济学家亚当·斯密、唯心主义哲学家大卫·休谟等都长期在此生活和著书立说，18世纪德国著名作曲家门德尔森曾赞美爱丁堡绮丽的风光是他创作灵感的源泉。

（4）**斯特拉斯福** 莎士比亚故乡，著名旅游胜地，位于英格兰中部，人口仅2万，但游客每年达150万人次。人们来此的主要目的是想目睹莎士比亚诞生、工作、生活和安息的地方。莎士比亚的故居坐落在亨利街，是一幢典型的都铎式两层木房，古雅庄重。房子的右侧是“莎士比亚中心”，既是图书馆也是档案馆。莎士比亚婚后住的房子叫“安妮·赫舍薇的茅舍”，房内布置仍仿照当年模样。

2．富有西方文明特色的风景名胜旅游资源

（1）**白金汉宫** 位于伦敦威斯敏斯特区，英国王宫，由英国白金汉公爵1703年建造。1963年为英王乔治三世买下作为王宫住宅。由英王乔治四世设计的白金汉皇家花园，内有湖泊、草地、小径，并有各种奇花异卉。女王的重大国事活动，都在这里举行。白金汉宫前禁卫军交接仪式是伦敦的一大特色人文景观。

（2）**圣保罗大教堂** 位于泰晤士河北岸，为一座两层十字形绿色圆顶巨型建筑物，顶端矗立着一个镀金十字架，建筑总高达111.6m。建有欧洲最大的地下室，内有英国名将纳尔逊、威灵顿和建筑师雷恩的坟墓及历代国王的大理石浮雕像。

（3）**西敏寺** 又称威斯敏斯特教堂，位于伦敦议会广场附近，一直是英国历代国王和女王加冕登基及王室成员举行婚礼的场所。历代国王死后也葬于教堂后部的墓地，许多名人在此安葬，是英国著名历史人物的荟萃之所。

（4）**大英博物馆** 建于1753年，坐落于伦敦鲁塞尔大街，是一座规模庞大的古罗马柱式建筑，这里所珍藏的文物和图书资料，世界上任何一个博物馆都不能比拟。例如，其中最大的陈列室——埃及馆陈列数量达7万多件；东方艺术馆中，大部分是中国的历代稀世珍品，达2万多件。

（5）**大本钟** 伦敦著名古钟，位于泰晤士河畔、议会大厦北面，被视为伦敦象征。建于1859年，重14t，钟盘重305kg，钟声通过广播传及世界各地。

（6）**伦敦塔桥** 是泰晤士河上的28座桥梁之一，也是泰晤士河上最古老的一座桥梁，桥内的电力设计可使桥面打开，方便过往的大船顺利通过。现已成为泰晤士河上的一大绚丽景观。

（7）**伦敦塔** 始建于1078年，占地7.2hm²，历史上曾作为王宫、法院、监狱，现在已经成了对外开放的博物馆，陈列有英国历代国王的王冠、王室珍藏的金银珠宝。伦敦塔中间的城堡是最早王室的居所。身着传统服装的皇家卫兵每天举行国王钥匙交接仪式，典雅庄严，令旅游者倍感新奇。

（8）**温莎堡** 位于伦敦西郊，濒临泰晤士河南岸，因女王行宫温莎堡在此而著名。温莎堡是世界最大而仍做居住用的古堡，始建于11世纪。

3．典型的西方文明风情与社会生活习惯

英国是典型西方文明之地，特别注意社交礼节。例如，在引见客人时，一般要向地位高的人介绍地位低的人，向老年人介绍年轻人，向妇女介绍男士；在谈话时给人以谨慎、庄重和感情不外露的印象，坐着交谈时忌讳两膝张得太宽，更忌跷二郎腿；站着交谈，不喜欢背手或手插入口袋。英国人喜欢蔷薇花，视之为国花；喜欢养猫、狗等动物，把狗看成是神圣动物、忠诚伴侣。不大喜欢大象及其图案，忌讳“3”、“13”和“星期五”。以米饭或点心为主食，注重菜的鲜嫩、焦香，口味上喜欢甜、酸和微辣，忌讳用味精调味，不吃狗肉或带黏汁或过辣的食物；进餐习惯先喝酒，每餐还必吃水果；有喝茶的习惯，每天上、下午都有两次喝茶时间。英国节假日很多，全国性的公共节假日有元旦、圣诞节、复活节、耶稣受难日等。

三、现代旅游业与旅游市场的发展

1．高度发达的现代旅游业

英国是世界著名的旅游大国，出境旅游仅次于美、德两国；国际入境旅游人数也具有很大规模和很高水平。周到、优良的服务是英国旅游业的又一特点。英国的旅行社、交通业和娱乐场所绝大多数为私人经营，为了竞争，对游客的服务十分周到热情。全国共有旅行社7000余家，负责组织游客的住宿、行程和游览事宜。导游人员不仅熟悉当地的历史、地理、名人逸事和风土人情，还能巧妙地解答客人提出的各种问题。全国现有饭店2万多家，汽车旅馆和小客栈近2万家，另有帐篷和大篷车营地1.6万个，客房14.6万间（套）。

2．国际出入境旅游稳定发展

国际旅游业发达，位列世界十大旅游客源国和十大旅游接待国之内。早在1950年，英国就接待入境旅游者60多万人次，排名于十大旅游接待国之列；2009年，接待入境旅游者3000万人次，居世界第五位，旅游收入307亿美元，居世界第四位。英国的入境旅游者中约2/3来自西欧国家，近1/5来自北美洲。出境旅游自20世纪90年代以来以14%的速度持续增长，英国人出国旅游的目的地以邻国为主，包括西班牙、法国、希腊、德国和意大利等西欧国家。在远距离旅游的英国人中，有近一半是去北美；从20世纪80年代中叶起，前往中国及东南亚国家的英国游客迅速增加。

3．中英旅游关系源远流长

英国是西方国家中较早到中国旅游的国家之一，20世纪60年代便有成批的游客访华。中国改革开放后，来华的英国游客逐年增加。1983年英国来华旅游的人数突破5万人次，1988年增加到9.66万人次。但是，这些人中的一半以上是居住在印度、新加坡、中国香港等国家和地区的持英国护照者，从英国本土来华的游客只占其中的1/3。从90年代起，英国到中国旅游的人数稳步增加，从1991年的11.5万人次增加到2009年的60.51万人次，在中国主要客源国排名中列第九位。同时，英国也是中国旅游者最为向往的国

家，2009 年中国大陆旅英游客达 25.68 万人次，处西欧各国第一位。中英互为客源市场的格局正在形成。

第三节 法 国

法国全称法兰西共和国，位于欧洲西部，西濒大西洋，东南临地中海。面积 55.16 万 km^2。人口约 5800 万，法兰西人占 90%。居民中 80%信奉天主教，官方语言为法语。首都巴黎。国旗为蓝、白、红三色旗。法国没有正式国徽，但传统上采用大革命时期的纹章作为国家的标志。国歌为《马赛曲》，国花为香根鸢尾花，国鸟是公鸡。

一、旅游业与旅游市场发展的地理环境背景

1．极其优越的自然环境与丰富的自然资源

全境 80%的领土为海拔 500m 以下的平原和丘陵。山地集中在东部和南部边缘地带，主要有比利牛斯山脉、阿尔卑斯山脉，法意交界处的勃朗峰海拔 4807m，为全国最高峰；中部为中央高原；西部为丘陵平原；北部为肥沃的巴黎盆地和卢瓦平原；西南部是加龙平原。境内河流众多，主要河流有塞纳河、卢瓦河、加龙河和罗讷河。西部为典型的温带海洋性气候，东部大陆性较强，南部为典型的地中海式气候。矿藏以铝土、铀、钾盐、铁和煤较多，其中铁和铝土储量居世界前列且开发利用充分。

2．高度发达的工农业国家

法国是世界上仅次于美国的第二大农产品出口国。牛肉和牛奶产量居世界前列，禽蛋产量居欧共体国家首位。种植业中的大豆、小麦和甜菜产量列世界前五位，葡萄种植及葡萄酒产量居世界第一位，油橄榄和花卉生产具有重要地位。法国是世界重要工业国家，工业门类齐全：钢铁工业规模巨大，机械制造业是发展最快和最重要的工业部门，核能发电量仅次于美国，飞机制造业居世界第三，汽车产量居世界第四。军火工业、宇航工业、稀土提炼、海洋开发等领域的技术水平也处于世界领先地位。时装和化妆品在世界范围内久享盛名。交通便利、快捷，已建成以巴黎为中心通向全国各地的辐射完整的公路网，铁路总长度 3.5 万 km；海运业发达，通过海运可以与非洲、亚洲和美洲发展商贸往来；航空线总长 105 万 km，法兰西航空公司现为西欧最大的航空公司。

3．悠久的历史与典型的西方民主政治

公元 843 年形成独立国家，17～18 世纪为封建社会鼎盛时期。1789 年 7 月 14 日，爆发资产阶级大革命，此后经过两次帝国和五次共和国，第二次世界大战前成为世界上仅次于英国的殖民帝国。第二次世界大战后，法属殖民地大部分先后独立，其余被法国划为海外省和海外领地，至今仍拥有四个海外省和五个海外领地。法国实行多党制的议会改革共和政体。议会为国家最高权力机构，由国民议会和参议院组成。国民议会议员由选民直接

选举产生，参议院由各省议会和市政委员会间接选举产生。总统为国家元首，掌握国家的行政、军事和外交权力，由选民直接选举产生。以总统为首的法国中央政府负责执行总统决定的对内和对外政策，掌握行政机构和武装部队，并按宪法规定向议会负责。

4．高度发达的文化与教育

法国拥有优秀的雕塑、绘画、音乐、戏剧、电影、时装设计和古典艺术等，在全世界享有很高的声誉。尤其是法国电影，以其独具的艺术魅力强有力地征服了各国观众。法国的时装设计以款式高雅而享有盛誉，巴黎更是拥有“世界时装之都”的美誉。法国是著名的葡萄酒酿制大国，葡萄酒文化是伴随着法国的历史与文明成长和发展起来的，已渗透到法国人的宗教、政治、文化、艺术及生活的各个层面。法国也是“香水之国”，无论是香水所使用的材料还是精雕细琢的香水瓶，都显示着法国人卓越的才华和高贵的品位。法国教育发达，中小学已实现了义务教育，高中生获会考合格者即可升入大学深造。全国现有综合性大学 80 多所。巴黎大学是世界闻名的高等学府，曾有 20 位诺贝尔奖得主在此毕业。

二、旅游资源与旅游地特点

1．独具特色的风景名胜资源

（1）**蓝色海岸与绿色乡村**　法国既濒临地中海又濒临大西洋，还拥有阿尔卑斯和比利牛斯等山地。其滨海地区以“蓝色海岸”为最。“蓝色海岸”是指戛纳至法意边境之间的一段海岸，全长 60km，阳光明媚、环境秀美。自 19 世纪英国维多利亚女王驾临尼斯度假后，蓝色海岸声名鹊起。阿尔卑斯山区不仅是冬季运动最发达的地区，也是夏季不可多得的避暑胜地。法国拥有 1200 多处温泉，其中 110 处温泉附近建有度假疗养中心。法国乡村宽广，自然景色婀娜多姿，吸引着众多的法国人夏季去乡村露营度假。

（2）**卢瓦河谷**　地处法国腹地，全长1012km，被称为“法兰西母亲河”。中游河谷一带，两岸精致的小丘、一处处的葡萄园、绿树掩映下的古堡宅院，景色迷人，素有“法国花园”的美称。历史上法国全境建有大小城堡 36000 多座，中世纪城堡就有万余座，享有“城堡之国”的美誉。保存完好的卢瓦河谷城堡群是全法国最大、最神奇的城堡群。

（3）**科西嘉岛**　位于地中海，是法国最大的海岛。这里是拿破仑的诞生地。岛上有急流、峡谷、海滨沙滩，还有布满了柠檬树、橘树和橄榄树的原野，风景优美，气候宜人，是法国著名旅游胜地。

（4）**阿尔卑斯山**　阿尔卑斯山脉的西部在法国境内，是冬季运动的摇篮，1924 年第一届冬季奥林匹克运动会就在法国境内的夏蒙尼勃朗举行。阿尔卑斯山脉主峰勃朗峰，它的北部斜面有号称“冰海”的大冰河，特别壮观。在勃朗峰脚下有小城沙莫尼，是世界闻名的现代登山运动的发源地。

（5）**诺曼底**　拥有惊心动魄的历史、富饶的田园农庄、崎岖的海岸线和繁荣的城市。芒什海岸外的圣米歇尔山四面环海，圣米歇尔山修道院举世闻名，是宗教建筑中的杰作。诺曼底埃克梅斯的种马场是马的圣殿。诺曼底闻名于世在很大程度上与 1944 年 6 月 6 日的登陆有关，当时盟军从 15 个不同地点登陆法国，诺曼底顿时变成了一个巨大的战场，发生了许多可歌可泣的战斗故事。

2. 多具辉煌历史的旅游城市

（1）**巴黎** 全国的政治、经济、文化中心，也是世界上最著名的旅游城市，位于巴黎盆地中央、塞纳河畔，人口1083.6万，有2000多年的发展历史，留下了埃菲尔铁塔、凯旋门、凡尔赛宫、卢浮宫、巴黎圣母院、巴黎歌剧院、爱丽舍宫等60多处著名的风景名胜。

凡尔赛宫 位于巴黎西南郊，是闻名世界的法国王宫，西方古典主义建筑的代表，以豪华宫殿的高超建筑、雕刻、绘画、园林艺术称胜，已被列入《世界文化遗产名录》。

凯旋门 位于巴黎市中心戴高乐将军广场的中央，为纪念拿破仑1806年打败俄奥联军而建，高49.5m。内墙刻有宣传拿破仑96个胜利战役的浮雕。12条大街以凯旋门为中心，向四周辐射，气势磅礴。

埃菲尔铁塔 高320.7m，是巴黎最高的建筑；塔身为钢架结构，总重9000t，用设计者名字命名并闻名世界，是巴黎的象征。

卢浮宫 位于巴黎塞纳河右岸，是法国最大的王室建筑之一，法国文艺复兴时期最具代表性的宫殿建筑群，1793年改为国家美术博物馆，珍藏的艺术珍品多达40余万件，其收藏品之多、之精居世界博物馆之冠。

蓬皮杜文化中心 坐落在巴黎拉丁区，是一座设计新颖、造型特异、用钢铁和玻璃建成的现代化建筑，有“文化工厂”之称，由大众知识图书馆、现代艺术馆、工业制造中心以及音乐音响谐调和研究中心四部分组成，是世界上最大的现代艺术博物馆。

巴黎圣母院 坐落在巴黎市中心塞纳河中的小岛上，是一座典型的哥特式天主教教堂。不仅因雨果的著名小说《巴黎圣母院》而出名，更因为它是巴黎最古老、最大和建筑史上最出色的天主教堂。

（2）**斯特拉斯堡** 位于法国东北角，现为欧盟办事机构所在地。近几百年来一直是德、法竞相争夺的地方，归属问题多次易手于法、德之间，从而给这个城市处处留下了多民族文化的印迹。斯特拉斯堡主要名胜有欧洲宫、圣母院博物馆等。

（3）**马赛** 法国最大港口和第二大城市，重要工业中心，位于地中海北岸，景色秀丽，气候宜人。这里集中了法国40%的石油加工工业、70%的修船厂。在马赛老港口的伊夫岛上，有法国著名作家大仲马在小说《基督山伯爵》里着力描写的伊夫古堡。

（4）**波尔多** 法国西南部吉伦省省会，濒临加龙河。其酿酒历史悠久，葡萄酒驰名于世，特等“波尔多红葡萄酒”被列为世界葡萄酒“皇后”，一瓶百年陈酒在国际市场上可售3万多美元。法国年产各类葡萄酒占世界葡萄酒产量的1/6，出口总值约10亿多美元，其中波尔多生产的占90%以上。

（5）**里昂** 法国第三大城市，也是法国最古老的城市，位于罗讷河和索恩河交汇处，是美食之都、纺织中心、内陆港口和大学城，也是高卢地区的军事和商业首府。福维耶圣母院是里昂的标志建筑。

3. 具有典型西方文明的社会风情与生活习俗

法国人社交礼仪文明高雅，人们见面时一般行握手礼，在社交场合经常以亲面颊或贴面来代替相互间的握手。对妇女谦恭礼貌是法国人引以为豪的传统。在餐桌上敬酒应先敬女后敬男，走路、进屋、入座等都是让妇女先行，拜访、告别时也是先向女主人致意和道谢。到法国人家里做客别忘了带鲜花，但枝数不能是偶数。法国人爱美食，法国大菜和葡萄酒历来为世人称道。喜欢喝浓咖啡、葡萄酒、苹果酒，爱吃蜗牛和新鲜食物。比较讲究用料酒，这使法式菜具有香味浓厚、鲜嫩味美的特点。穿着追求时尚，“巴黎时尚”曾作为世界时尚的象征。法国服装华丽而考究，世界最著名的服装设计师和最高级的时装均来自法国。化妆品制造业冠盖全球，“法国香水”成为高贵典雅的代名词。法国节日比较多，主要有元旦、五一国际劳动节、国庆节（7 月 14 日）、停战节（11 月 11 日），以及天主教的一些节日，如圣灵节、圣诞节、复活节、耶稣升天节、圣母升天节、圣灵降临节等。

三、现代旅游业与旅游市场的发展

1. 三大旅游市场强劲，国际入境旅游更是兴盛不衰

法国是世界旅游大国。法国接待国际旅游者常居世界第一位；国际旅游收入居世界第二位或第三位。主要客源国是德国、英国、荷兰、瑞士、比利时、意大利、美国和日本。出境旅游者近年都在 1700 万人次左右，国际旅游支出为 500 亿～600 亿法郎，居世界第五位。国际旅游目的地主要是地中海沿岸国家和邻国，远程旅游者不多。国内旅游市场十分活跃，旅游者每年超过 5000 万人次，且表现出五大特点：一是度假时间高度集中在夏季；二是喜欢海水、阳光；三是偏爱大自然，到乡村去欣赏原始自然风光、领略原汁原味乡村文化已成时尚；四是冬季旅游活动发展迅速；五是国内旅游度假的交通工具以私家汽车为主。

2. 旅游接待设施先进，旅游企业兴旺发达

法国旅游接待和服务设施庞大。全国拥有不同等级的饭店 4 万余家，各类床位 400 万张，其中以露营地、旅游拖车营地的铺位最多。冬运设备先进齐全，建有滑雪道 8500km、滑雪场面积 2000km²、高山营地和滑雪中心 455 处，冬运床位 120 万张，占西欧冬运床位总数的 1/3；上山机械索道 3600 条，每年运送游客 6 亿人次。全国有大小旅行社 3800 多家、旅游销售网点 4000 多家。乡村旅游发达，1988 年设立了农业及旅游接待服务处，并结合法国农业经营者工会联盟、国家青年农民中心和法国农会与互助联盟等专门农业组织，建立了名为“欢迎莅临农场”的组织网络。在这一网络中，包括了农场客栈、点心农场、农产品农场、骑马农场、教学农场、探索农场、狩猎农场、暂住农场和露营农场九个系列，全国目前有 1.6 万农户进行乡村旅游接待，吸引了 33%的法国国内旅游者到乡村度假。

3. 中法旅游关系发展平稳

1964 年 1 月 27 日，中法两国建立大使级外交关系。建交后，两国关系总体发展顺利，旅游关系也随之迅速发展。2004 年 9 月 1 日，中国公民团体赴法旅游正式启动，旅游双向往来的良好格局进一步加速形成。该年中国公民赴法人数达到 50 万人次。2005 年 1 月 19 日，前国务院副总理吴仪出席了在人民大会堂举行的法国旅行商联合会第 46 届年会欢迎仪式并致辞，她指出本届年会的召开，必将对推动中法旅游合作，对深化两国全面战略伙伴关系发挥积极作用。近年来，在两国政府的重视下，两国文化交流日益频繁，旅游往来不断增强。法国来华旅游人数 2007 年为 46.34 万，创历史最高水平，居中国入境游客第 15 位。中法旅游合作前景美好。

第四节　荷　兰

荷兰全称荷兰王国，位于欧洲西部，西、北濒北海，面积 4.19 万 km^2，人口 1556.71 万。居民中 90%以上为荷兰族人，还有少数为弗里斯族人；36%信奉天主教；36%信奉基督教新教。官方语言为荷兰语。首都阿姆斯特丹。国旗由红、白、蓝三个相等的平行长方形自上而下排列。国徽为斗篷式，国歌为《威廉·凡·那叟》，国花为郁金香，国鸟为琵鹭。荷兰有"风车之国"、"花卉之国"、"低洼之国"等誉称。

一、旅游业和旅游市场发展的地理环境背景

1. 河海相交的自然环境与较为贫乏的资源

荷兰在历史上被称为"尼德兰"，在荷兰文中其意为"低洼的地方"。荷兰全境 60%的国土海拔不超过 1m，甚至有 24%的土地低于海平面，最低点海拔 -6.7m；东南部一角为全国最高处，瓦尔斯堡海拔 321m，为全国最高点。全境可分为西部沿海低地区，东部波状平原区，中部和东南部高地区三部分。水网稠密，主要河流有莱茵河、马斯河、须耳德河等；湖泊众多，以艾瑟尔湖为最大。荷兰属温带海洋性气候，降水较为丰富，年均降水量 765mm，年平均阴雨日达 300 个。沿海风能资源丰富。

2. 经济发达的工农业国家

荷兰属发达的工农业国家，也是全球最富有的 15 个国家之一。主要工业部门有石油化工、电子仪器、食品、冶金、纺织、造船等，多有规模巨大的跨国公司，如石油工业的"英荷壳牌石油公司"、食品工业的"尤尼莱弗公司"、电子仪器工业的"飞利浦电器公司"等。农业生产高度集约化，畜牧业和花卉、蔬菜园艺业很发达。在全国的农业总产值中，畜牧业占 70%，园艺业占 20%。猪肉、奶酪、鸡蛋、黄油、奶粉、家禽、牛肉的出口额均居世界前列。荷兰是世界最大的花卉出口国，其出口额占世界总量的 60%以上，尤以郁金香享誉世界。海外贸易与航海业发达，是世界第七大贸易国。进口主要的原料为主，出口的各种制成品为主。

3. 辉煌与屈辱并存的历史及当代西方民主政治

16 世纪前长期处于封建割据状态。1556 年起受西班牙统治，1648 年独立。17 世纪末成为海上殖民强国，18 世纪后殖民体系逐渐瓦解。1795 年法军入侵，并于 1810 年被并入法国。1815 年成立荷兰王国。第一次世界大战时保持中立，第二次世界大战初宣布中立，1940 年德国入侵，王室和内阁流亡英国。战后放弃中立，于 1949 年加入北约。战后政局稳定。荷兰人民不仅敢于与外来侵略势力斗争，而且敢于与自然作斗争。为了解决人多地少的矛盾，从 13 世纪至今，进行了大规模围海造地运动，人工造地面积约占国土总面积的 17%，工程量之大、工期之长，可与中国的万里长城相比。荷兰政体为君主立宪制。贝娅特丽克丝女皇是国家元首。立法权属国王和议会。一院和二院组成议会。

4．高度发达的文化与教育

荷兰拥有品位高雅、灿烂辉煌的文化艺术。每年 8 月 15～19 日的阿姆斯特丹运河音乐节，使阿姆斯特丹市从一座幽静的历史古都蜕变成荷兰最华丽的音乐殿堂，荷兰与世界各国顶尖音乐家齐聚一堂。鹿特丹国际电影节是在电影界深获好评的国际电影节，每年都要展出约 200 多部非商业电影与纪录片作品。荷兰经久不衰的绘画传统享誉世界，孕育出了许多知名的绘画大师和作品，如梵高的《吃土豆的人》、《向日葵》、《麦田收割者》，伦勃朗的《浪子回头》，哈尔斯的《愉快的伙伴》等。荷兰高等教育发达，并有严格的品质控管系统，著名的大学有莱顿大学、荷兰大学、蒂尔堡大学、海牙大学、格罗宁根大学和乌特勒支大学等。

二、旅游资源与旅游地特点

1．具有世界影响的旅游城市

（1）**阿姆斯特丹** 全国最大城市、第二大港口及王宫所在地，也是全国最大的金融、商业、文化和工业中心，以及世界重要的烟草、钻石、贵金属的贸易中心。阿姆斯特丹位于艾瑟尔湖畔，有运河直通北海。市内有 165 条运河和 1292 座桥梁，交织出美丽的“水都”风光。令这座城市最有魅力的还是它所拥有的郁金香、钻石和珍贵的艺术珍藏以及热情好客的居民。尤其是这里拥有世界最著名的“考斯特钻石厂”，维多利亚女皇皇冠上的钻石便是在这里切割和打磨出来的。

（2）**海牙** 位于荷兰西南部的北海沿岸，全国第三大城市。13 世纪以来，一直是荷兰的政治中心。荷兰的议会、首相府和中央政府各部门均设在这里。坐落于市郊的著名建筑“和平宫”，是由世界各国政府于 1907～1913 年联合建造的，象征协力缔造和平之意，现为联合国国际法院所在地。自 1248 年荷兰国王威廉二世选择海牙作为首都，这个城市便留有了许多富丽堂皇的宫殿与浓绿的森林，更使其充满着皇家的典雅气度。特别是坐落于市郊的马德罗丹“小人国”更是赫赫有名。

马德罗丹“小人国” 是缩微小城，城内汇集了荷兰国内 120 多座著名建筑和名胜古迹，均按 25:1 的比例模仿实体建造，并陈列在美丽的庭院中。“小人国”的复制品是动态化的，游客可以欣赏到风车随风徐徐转动，游艇在河岸中行驶，救火员紧急扑灭火灾，火车在全世界最长的铁轨模型中蜿蜒穿梭等。黄昏时分，5 万多盏路灯亮起，城市的景色美不胜收。1972 年，马德罗丹被“荷兰城市联盟”接纳为正式会员，成为世界上最小的城市。

（3）**鹿特丹** 素有“欧洲门户”之称，为世界第一大港，也是荷兰重要的商业金融中心，位于北海之滨、莱茵河三角洲上，拥有得天独厚的地理位置和广阔的经济发达腹地，已成为欧洲大宗货物的最大集散中心。目前这里有近 400 条海上航线通往国内和世界主要港口，并有多条高速公路、铁路、输油港与西欧稠密的运输网相连。鹿特丹现代的桥梁、摩登的建筑，备受世人瞩目，被称为现代建筑“实验场”。最为著名的建筑有靠近“旧天堂”附近的“立体之家”、“太空高塔”、“巡回港湾”和“博物馆公园”等。

（4）**乌特勒支** 荷兰的地理中心，也是全国最美丽的城市和第四大城市，拥有 2500 年的历史。其涓涓的流水、充满诗意的运河、悠悠的白云，勾勒出中世纪的浪漫风情。

2．具有独特的改造大自然魅力的风景名胜资源

（1）**须德海拦海大坝** 须德海以围海造田工程浩大而闻名于世。其位于荷兰西北，面积

5000km^2，水深 5m 以下，北部经瓦丹海和西弗里西亚群岛通向北海。1927 年开始修建、1932 年完成的大坝，全长 30km，高 7.5m，宽 90m。大坝把须德海和北海截断，使须德海变成了内陆淡水湖即艾瑟尔湖。湖内共建了五个围垦区，造化了 20.5 万 hm^2 农田。这些围垦区现在已成为了重要的稳定高产农业区，到处是良田、牧场、环境优美的居民点和新兴城镇。

（2）**荷兰风车** 荷兰人民早在 13 世纪以前就修筑了阻挡海水入侵的堤坝并围海造田。最初人们治水和修建各种工程全靠人力。15 世纪初，荷兰人民巧借北海之滨强大的风能资源，发明了利用风力排水的机械——风车。18 世纪中叶时，全国风车总数达 1 万余座，也因此被称为“风车之国”。尽管 19 世纪初有了发动机，继而又有了电力抽水机械并早已取代了传统风车，但现在全国仍有 1000 座风车被有意识地保存下来。每年 5 月的第二个星期日是荷兰的“风车日”，届时全国的风车都要开动，以供人们参观。

（3）**库肯霍夫郁金香花园** 位于荷兰西部莱茵河北岸的低地。鹿特丹至阿姆斯特丹之间是世界驰名的大园艺区，鲜花生产更是驰名世界。此地所产的郁金香、水仙花及球茎最著名，大量供往欧洲乃至世界各地，故有“鲜花之国”的美誉。阿姆斯特丹附近的阿尔斯梅尔是世界最大的花卉市场，特别是库肯霍夫郁金香花园，是世界上最大的球茎花园。整个花园由 700 万朵五彩缤纷的郁金香、风信子以及各类的球茎花所交织而成的华丽景致，每年春天引得数百万游客前来观赏。

（4）**美丽的乡村景观** 荷兰的乡村到处是水网密布，阡陌田园。特别是水乡弗里斯兰省，深入乡村的柏油马路沿线分布着数以百计的村庄、小镇和散户；马路上不时可见一簇簇新鲜的马粪，路两边到处是捆扎好了的青草包牧草，并散发出丝丝清新的香味。蔚蓝色的河、湖水面上波光粼粼、帆影点点，与岸边用芦苇编制成的一栋栋绿色小屋的倒影构成了迷人的荷兰水乡风光。

3. 具有西方文明特色的社会风情与生活习俗

荷兰人性格开朗、热情，有很强的自信心；爱清洁，遵守纪律，时间观念强。荷兰职员每周工作 38h，并有带薪假期，但星期日被规定为安静的“休闲日”，大多商店在这天停业，甚至家庭也不收拾庭院。荷兰人讲礼节，会客时常有礼物，但以鲜花和巧克力最为常见。荷兰人的早、午餐多吃很简单的冷餐，晚餐才是正餐。晚餐前都习惯先喝些饮料，然后很正规地在餐桌上铺上台布等，通常是两道菜、一道汤。他们把由胡萝卜、土豆和洋葱混合烹调而成的菜作为“国菜”，不太喜欢喝茶，常以喝牛奶解渴。荷兰人忌讳 13 和星期五，特别忌讳别人对她们拍照。在官方场合，荷兰人与客人会面时，通常行握手礼；在与日常朋友相见时，大多施拥抱礼；与亲密的好友相见时，也有施吻礼的；不喜欢交叉着握手。

三、现代旅游业与旅游市场的发展

1. 世界旅游大国之一

荷兰接待入境旅游者的数量常居世界前 15 位，国际旅游收入居世界前 10 位，可称世界旅游大国。荷兰经济发达，劳动生产率高，居民每年可享受至少 3 个星期的带薪假期。据预测，至 2020 年，荷兰将跃升为世界第七大旅游客源国，出境旅游将达到 3540 万人次。荷兰出境旅游流向主要是欧洲，近几年到中东和东欧旅游的人数逐年增多，到北美和亚洲远程目的地的旅游者也有明显的增长。

2．旅游建设充满生机

荷兰旅游建设发展很快。首先，加强了特色旅游景点的建设，如特色旅游省弗里斯兰，流行弗里斯语，并将其视为这里的官方语言，甚至有自己的省歌和省旗；利用古老的历史和水乡风情，开发了乡村旅游产品，特别是将很多低于运河码头的堤防旧仓库，改成了酒吧、餐馆或咖啡厅，一切都充满着中世纪的浪漫风情；将钻石厂向旅游者开放，并可参观钻石的加工和进行钻石交易。其次，大力进行旅游设施建设。全国各地普遍建有供游人娱乐和休闲游览的设施，有设备齐全、为国际会议提供会议服务的展览馆，还有各种档次的酒店、青年旅馆、休疗养所、野营地等；已建成了包括航空、铁路、高速公路和水运的便捷立体交通网络。再次，重视市场开拓。荷兰所有的城市都设有导游问询处，向游客提供咨询服务。

3．快速发展中的中荷旅游关系

1954 年 11 月 19 日，中荷两国建立了代办级外交关系，1972 年 5 月 18 日升格为大使级。后因荷兰向我国台湾出售潜艇，两国关系降为代办级，1984 年恢复大使级外交关系。近些年来，两国关系逐渐改善，高层互访增多，两国贸易发展顺利，荷兰在华直接投资项目不断增多，尤其是旅游业客源不断增长。荷兰来华旅游人数已由 1995 年的 3.49 万人次增至 2009 年的 16.69 万人次。由于中国游客的旅游消费水平可观，荷兰国家旅游局表示今后要着重发展中国旅游市场。同样，中国对荷兰旅游市场的开拓也很重视，互为客源市场的格局已经形成。

第五节 比 利 时

比利时全称比利时王国，位于西欧中部，西临北海。面积 3.05 万 km^2，人口约 1000 万。官方语言为法语和弗拉芒语，80%的居民信奉天主教。首都布鲁塞尔。国旗呈长方形，旗面从左到右由黑、黄、红三个平行相等的竖长方形相连构成。国徽为斗篷式。国歌为《布拉班人之歌》。国花为虞美人，国鸟是红隼。

一、旅游业与旅游市场发展的地理环境背景

1．深受海洋影响的丘陵平原环境和较为丰富的自然资源

地势东南高、西北低，东南部是阿登高原，境内 2/3 为丘陵和平原，临近德国边境的博特朗日山海拔 694m，为全国最高峰。河网较稠密，主要河流有马斯河和埃斯考河。比利时属温带海洋性气候，冬季潮湿多雾，夏季凉爽，年降雨量约 800～1200mm。比利时主要有煤、铁、锌、铅、铜等矿藏，森林覆盖率为 21%。

2．发达的工业国家

比利时以煤炭为基础的重工业十分突出，主要工业部门有采煤、钢铁、机械、有色金属、化工、原子能、纺织和食品加工等。农业生产高度集约化，农产品自给率高，以畜牧业为主，饲养猪和牛，肉类产品自给有余。种植业发达，以园艺业为主，盛产蔬菜和花卉。

服务业发展迅速，产值占国民生产总值的65%。在经济发展方式上属于以出口为主的加工贸易型，对外贸易被视为其经济的命脉，80%的原料靠进口，60%的工业品供出口，是世界十大商品进出口国之一。

3．曲折的历史与现代西方民主政治

公元前克尔特族的比利其人在此居住，14～15 世纪建立了勃艮第王朝。随后先后被西班牙、奥地利、法国统治，1851 年并入荷兰。1830 年 10 月 4 日独立，定为世袭君主立宪王国。两次世界大战中均被德国占领。第二次世界大战后放弃中立，于 1949 年加入北约，1958 年加入欧洲共同体。2005 年 5 月，比利时众议院批准《欧盟宪法条约》，成为欧盟 27 个成员国中第 10 个批准该条约的国家。比利时实行世袭君主立宪联邦制，国王为国家元首、三军最高统帅。国王和议会共同行使立法权，和政府共同行使行政权。联邦议会实行两院制，众议院行使立法权，参议院仅有立法建议和咨询权。

4．发达的文化与教育

作为欧洲文化艺术遗产的杰出护卫者，比利时保留着浓郁的日耳曼文化和罗马文化相互交融的印迹。绘画传统悠久，创制了当今世界流传最广泛的吹奏乐器——萨克斯管，并拥有许多闻名世界的爵士音乐家。比利时教育先进，教育体制完整而且质量很高，高等教育发达。目前共有 20 所正规大学，鲁汶大学、根特大学、安特卫普大学等都是其中著名的大学。

二、旅游资源与旅游地特点

1．特色鲜明的旅游城市

（1）**布鲁塞尔** 欧洲联盟、北大西洋公约组织等多个国际组织的总部所在地，200 多个国际行政中心和超过 1000 个官方团体在此设有办事处，人口约 108 万。布鲁塞尔东临德国，西近英国和法国，是欧洲日耳曼文化和法兰西文化的汇合处，各种思想与艺术在此和谐并存。主要风景名胜有皇宫、原子球、小于连铜塑像、天鹅咖啡馆和国家博物馆等。

（2）**布吕赫** 比利时古城。布吕赫在佛兰德语中有“桥”的意思，因流经市内的莱伊河上的一座古罗马桥梁而得名，素有“北方威尼斯”、“比利时艺术圣地”、“佛兰德珍珠”等美称。市内河渠如网，风光旖旎，古式房屋鳞次栉比，市容仍保留有浑厚的中世纪风貌。重要风景名胜有布鲁日大市场、马克广场和博格广场等。

（3）**安特卫普** 位于须耳德河岸，是比利时第二大城市、最重要的港口，世界上最大的钻石加工和贸易中心。安特卫普钻石业有着雄厚的基础和悠久的历史，是世界主要的未加工天然钻石集散地，也是重要的钻石加工中心，还是欧洲著名文化中心，被列为与巴黎、伦敦、威尼斯和那不勒斯齐名的城市。市内有安特卫普教堂、钻石城、安特卫普歌剧院和鲁本斯博物馆等风景名胜。

2．具有传奇色彩的风景名胜资源

（1）**小于连撒尿雕像** 又名“布鲁塞尔第一公民”像，建于 1619 年，铜铸雕像仅高 50cm。小于连撒尿的故事来源于比利时民间传说故事。西班牙占领者在撤离布鲁塞尔时，欲用炸药炸毁城市，幸亏小男孩夜出撒尿，浇灭了导火线拯救了全城。此像正是为纪念小英雄雕刻而成。从 1696 年荷兰总督为他制作了第一件衣服起，以后不断有各国来宾为他赠送衣服。

（2）**滑铁卢** 位于布鲁塞尔南 18km 处的滑铁卢镇，是当年英普联军与法国军队决战的地方。1815 年 6 月 20 日，曾经不可一世的法国军队在首领拿破仑的率领下惨败于此，使这个小镇成了举世闻名的历史圣地。在滑铁卢的狮子山上有收集当年战场的破损武器建成的长 4.5m、高 4.5m 的铁铸雄师，山下建有滑铁卢战役纪念馆。

（3）**钻石园地** 位于安特卫普，钻石历史可以追溯到 500 年前左右。大约在中世纪的时候，商都布鲁塞尔率先发明了钻石琢磨的技术，随着商都迁往安特卫普，安特卫普成为了世界数一数二的金融中心，随之亦成为世界的钻石中心。据说全世界约 7 成的钻石都是在安特卫普加工的。钻石园地就是当地的一间钻石名店，在那里亦可以购买未镶嵌的原颗钻石。

3. 具有西方文明色彩的社会风情与生活习俗

比利时人的性格介于英国的绅士风度与法国的浪漫热情之间，既传统又不保守。同比利时人打交道，一般都要事先约好，而且应当提前 5 分钟到达。比利时人注重外表，注重生意伙伴的头衔，初次见面时应当衣着整齐，握手应简洁有力，主动递上名片的同时重复一下自己的名字，不可直呼对方的名字，不要显得过于亲近，会见结束离开办公室时，应主动与在场的人握手道别。语言一直是社会政治中的一个敏感问题，在没弄清楚所要接触的合作伙伴的民族背景之前，用英语交谈最保险。比利时人喜欢足球、自行车赛等，爱把做生意和娱乐结合在一起，喜欢招待别人，也喜欢被别人招待，尤喜欢品尝啤酒时加一块干酪。比利时人元旦清晨要做的头一件事就是给牲畜拜年，走到牛羊以及宠物猫狗身边，郑重其事地向它们问候：“新年快乐！”

三、现代旅游业与旅游市场的发展

1. 国际出入境旅游均具有相当规模

为促进旅游业发展，比利时政府曾发表《旅游白皮书》，成立布鲁塞尔国际旅游和会议组织。比利时政府国家旅游局还专门负责旅游的管理和促销，评定各旅游宾馆、饭店等级，受理游客投诉，为私营旅游业提供服务等。比利时十分重视网络的开发，旅游和会议组织的网络有近 3000 名工作人员，可以提供六个语种的服务；十分重视整体形象宣传；重视商务游和休闲游等特色旅游项目开发；重视根据客人的需要提供特色服务，如德波泰斯塔就可以根据游人需要开展中世纪仿古表演、直升机遨游古堡群以及国际名牌小型展销等。比利时的旅游收入一直处于世界前 20 位之内；同时，出境旅游更具规模，国际旅游支出居世界第 10 位左右。

2. 旅游设施建设以方便游客为取向

比利时旅游设施建设注重最大程度地方便游客，全国旅馆以二星级和三星级中低档为多，且设施便利、齐全。旅游交通发达，国内交通以公路运输为主；铁路纵横交错，有十二条国际铁路线的始发站和连接法国的高速铁路；拥有世界第四和欧洲第二大港安特卫普港；空中运输网络联系着 49 个国家和地区。为方便游客，很多市还实施“一卡通”制度，如购买一张“布鲁塞尔卡”，游客可免费参观超过 30 家的博物馆和乘坐三天的公交车。入境签证比较方便，其领馆可以一起受理在比、卢、荷三国之间自由往来的签证。

3. 中比旅游关系发展前景广阔

1971 年 10 月 25 日，中比两国建交。几十年来，两国关系发展顺利。中国赴欧盟国家旅游业务自 2004 年 9 月以来，总体发展情况较好。比利时于 2005 年成立了比欧旅游商会，其宗旨是将比利时国内愿意接待中国游客的旅游企业联合起来，共同推出针对中国游客特点、符合中国游客需求的旅游产品和服务。比利时还在北京设立代表处，连续多年参加在北京举办的“国际商务及会奖旅游展览会”，加强与中国旅游企业的沟通与合作，组织中国旅游业者来比利时考察，开设中文网站，印刷介绍比利时情况的中文宣传册等。2009 年，比利时来华旅游者达 6.08 万人次。中国游客直接赴比利时旅游人数加上从欧盟其他国家间接赴比利时旅游的人数，总数超过 5 万人次，中比旅游关系发展前景广阔。

第六节 德 国

德国全称德意志联邦共和国，位于中欧西北部。北濒北海和波罗的海，南靠阿尔卑斯山脉。领土总面积为 35.65 万 km^2，总人口约 8205.7 万，99%为德意志人，其余为丹麦人和吉普赛人等。首都柏林。国旗为上黑、中红、下黄三色旗。国徽为雄鹰图案。国歌为《德意志之歌》。国花为矢车菊，国鸟为白鹳。

一、旅游业与旅游市场发展的地理环境背景

1．多种多样的自然环境和丰富的自然资源

德国地势南高北低。南部为阿尔卑斯山和巴伐利亚高原，平均海拔 500m，多冰川作用形成的湖泊；中部是中德山地，山脉、丘陵和盆地交织分布；北部是北德平原，大部分地区海拔 100m 以下，适于多汁牧草生长。沿海多深水优良港湾。德国属温带气候，西北部海洋性气候特征显著，向东、向南大陆性气候特征增强，年平均降水量 500～1000mm。主要河流有莱茵河、多瑙河、易北河、美因河、威悉河和施普雷河。较大的湖泊有博登湖、米里茨湖、埃德尔湖等 10 余个。德国富藏煤炭和钾盐。

2．高度发达的工业国家

德国为高度发达的工业国，欧盟最大的工业基地和市场，有机械制造、航空航天、造船、精密仪器制造和光学、电子、纺织和服装、钢铁、矿山开采等工业部门。其中机器制造业、汽车工业和精密仪器制造业都居世界领先地位。农业以畜牧业为主，机械化和专业化程度高。奉行“贸易立国”的政策，多年来其出口在国民生产总值中所占比例一直保持在 1/3 以上，进出口总额在世界贸易中居第二位，是世界上主要对外贸易大国。汽车、机械制造及电子产品，占其出口的 40%以上。交通运输业十分发达，高速公路总长度仅次于美国；汉堡、不来梅、罗斯托克是世界著名的港口城市；汉莎航空公司、法兰克福国际机场也都世界闻名。

3．从对外侵略扩张到现代典型西方民主政治

公元前日耳曼人就在此生息繁衍，公元 962 年建立了德意民族的神圣罗马帝国后走向封建邦国。1871 年建立统一的德意志帝国，奉行对外侵略扩张政策。1914 年挑起第一次世界大战并失败，1939 年发动第二次世界大战再败。战后被美、英、法、苏四国占领。1949 年在西部建立德意志联邦共和国，在东部建立德意志民主共和国，1990 年 10 月 3 日实现统一，为联

邦制国家。国家政体为议会共和制，联邦总统为国家元首，联邦总理为政府首脑。联邦总统由联邦大会产生，任期五年，可连任一届。联邦政府（内阁）为国家最高行政机构，由联邦总理和各部长组成。联邦总理由议会根据总统提名产生，各部部长经总理提议由总统任命。

4. 高度发达的文化与教育

德国历史上为人类贡献了康德、黑格尔等伟大的哲学家，马克思、恩格斯等伟大的思想家，歌德等伟大的文学家，贝多芬等伟大的音乐家，爱因斯坦等伟大的科学家，为世界文明作出了巨大贡献。德国的节庆活动丰富多彩，柏林、波恩、慕尼黑等城市经常有规模不同、内容丰富的文化节，如柏林文化月、柏林爵士音乐周、慕尼黑歌剧文化节和啤酒节、卡塞尔音乐周、维尔茨堡和奥格斯堡的莫扎特的音乐节、波恩的贝多芬音乐节等。德国实行 12 年义务教育，重视职业教育和继续教育。高等教育发达，拥有海德堡大学、科隆大学、法兰克福大学、莱比锡大学、慕尼黑工业大学和柏林洪堡大学等著名大学。

二、旅游资源与旅游地特点

1. 自然人文旅游资源以奇取胜

自然资源以奇秀为特色，如南部阿尔卑斯山，山峰终年积雪、群峰银装素裹、山巅错落起伏、深谷山涧蜿蜒曲折，并有瓦尔茨湖、台格尔湖、柯尼斯湖等大小高山湖泊；莱茵河是德国的“黄金水道”，科隆至美因茨河段河道蜿蜒曲折，河水清澈见底，两岸层峦叠翠，山顶上古堡、宫殿、纪念塔连绵不断。人文景观资源以文化生态古韵悠悠为特色，古建筑以王宫、教堂、古城堡等为主要代表，其中尤以风格各异的教堂最具特色。德国的教堂较有名的达 113 处，其中最为著名的有乌尔姆大教堂、科隆大教堂、汉堡的圣·雅各教堂和米迦勒教堂等。全国拥有 3000 家不同种类和规模的博物馆。其历史文化名城反映了公元 9 世纪前后至今的德意志文化，著名的主要有柏林、汉堡、慕尼黑、科隆、不来梅、汉诺威、波恩、杜塞尔多夫、莱比锡等，而且各展风姿，如汉诺威——“世界博览会之城”、斯图加特——“高科技产业城市”、科隆——“世界会展之都”、慕尼黑——“啤酒之都”等。

2. 旅游城市显示出高度发达的现代文明

（1）**柏林** 德国最大城市，坐落于北德平原上。市区繁华、整洁，公园、森林、河流与湖泊占全市总面积的 25%；到处是规模宏大的古建筑，如原帝国国会大厦、威廉皇帝纪念堂等。位于市中心的“勃兰登堡门”是柏林的象征，博物馆岛被列入《世界文化遗产名录》。全市大约有 18000 家商店、30 多家跳蚤市场和旧货市场，以及大约 135 处每周举行一次的集市；有 3 座歌剧院、8 个专业交响乐团、170 多座博物馆、150 多个戏院和舞台以及 300 多处画廊。由此，柏林成为了欧洲最受欢迎的三大城市旅游目的地之一。

博物馆岛 位于市郊的普雷河畔，上有新博物馆、佩加蒙博物馆、博得博物馆、国家画廊、柏林植物园和植物博物馆等。其中的佩加蒙博物馆以珍藏东方古代文物而别具特色，内藏有中国国画、景泰蓝、瓷器等。

菩提树大街 东起马克思—恩格斯广场，西至勃兰登堡门，全长 1390m，宽 60m，因街旁多菩提树、栗树而得名，是欧洲最富盛名的林荫大道之一。

柏林墙遗址 东西德国分立的冷战时期，柏林被一分为二。为防止大量东德居民自发涌向西德，东德政府于 1961 年修建了一条 3m 高、上拉带刺铁丝的混凝土墙，将东西柏林强制分开。两德重新统一后，柏林墙碎块已被制成商品，成为各地游客争相购买的纪念品。

（2）**科隆** 地处德国西部的莱茵河畔，以文化都市、展览名城而著称于世。全市拥有40家博物馆、100多家艺术画廊、170家古董商家、6家拍卖行，西德意志艺术展以及世界驰名的科隆艺术博物会都在这里举行。科隆还是世界上最大的博物会承办者之一，有25个行业居于领先地位。科隆展览会中心每年举办40多场各类博览会、展览会和国际交流会等，参展商达3.8万家。科隆城内历史文化遗迹丰富多样，其中最具代表性的是科隆大教堂。

科隆大教堂 位于市中心的莱茵河畔，公元873年开始修建，1880年建成，前后历时630多年。教堂正面高161m的两座尖塔宛如两把巨剑直插蓝天，已成为科隆城市象征。科隆大教堂也是欧洲乃至世界最著名的教堂之一，被列入《世界文化遗产名录》，目前是德国接待游客最多的建筑景观。

（3）**慕尼黑** 位于德国南部的阿尔卑斯山北麓，是德国也是欧洲著名旅游城市，以盛产啤酒和居民善饮啤酒而享有“啤酒之都”的盛誉，每年10月在这里都举行盛大的“啤酒节”。著名的风景名胜有新天鹅宫城堡、玛利亚广场及其圣母教堂和圣彼得教堂、德意志博物馆、慕尼黑奥林匹克公园等。

新天鹅宫城堡 位于阿尔卑斯山麓。古堡建于三面绝壁的山峰上，为石结构，上面设有瞭望塔，可及早发现敌情。新天鹅宫已具有别墅性质，内部装饰极为繁华，有彩色大理石地面的舞厅，金碧辉煌的大殿，名贵的古董、珠宝和艺术品。

3. 独特的西方式社会风情与生活习惯

德国风俗习惯比较特别。德国人一般早晨起得比较早，7点左右大街上就已熙熙攘攘。比较注重购置家具、布置家居以及衣着的享受，平时较节约，但在一年一度的旅行期间，则希望尽可能地享受一番。早餐简单，喜欢咖啡、小面包、黄油和果酱，午、晚餐稍丰盛。口味较重，偏油，主食以肉类为主。一天的主餐是午餐，而午餐的主食大抵为炖的或煮的肉类，其肉食品以羊肉、猪肉、鸡、鸭为主，大多数人不爱吃鱼。德国人喝酒，一般吃饭时应先喝啤酒，再喝葡萄酒。忌讳“13”，要是13日碰巧又是个星期五，人们会特别小心谨慎。按德国的习俗，生日不得提前祝贺，访友时切不可搞“突然袭击式”的登门拜访，都要事先约定。德国人非常注重规则和纪律，凡是有明文规定的都会自觉遵守，凡是明确禁止的绝不会去碰触。

三、现代旅游业与旅游市场的发展

1. 世界著名的国际出境旅游大国

德国是世界著名旅游大国。20世纪60年代中期开始，德国便出现了大规模的群众性旅游活动。此后政府采取了一系列措施大力扶植旅游业，鼓励公民外出旅游。1992年，共有4470万德国公民进行了至少为期五天的度假旅游，出国旅游花费371.66亿美元，居世界第二位；1996年，德国旅游总产出为2940亿美元，占全球旅游总产出的8.23%，当年德国旅游业安排就业410万人，占全国各行业从业人员总数的11.5%。2007年，德国出境旅游者7040万人次，居世界第一位，国际旅游支出935亿美元，仅次于美国而居世界第二位，近几年来仍在平稳发展。

2. 旅游接待设施发达而完善

旅游住宿设施种类和档次多样，从农舍、私人寓所直至豪华的五星级国际饭店一应俱全。全国有各种旅馆 5.4 万家，床位 240 万张，2000 个野营地分布在各旅游区，还有 550 多个青年旅社。旅游交通发达，全国高速公路网规模仅次于美国；航空业在交通运输中占重要地位，汉莎航空公司为国内最大的国际航空公司，拥有 220 余架先进客机；海上航线四通八达。德国目前约有 900 家旅游批发商、9000 余家旅行社，旅行社业务完备，服务质量优良。德国是世界著名的博览会与展览会举办国，平均每年举办约 110 场国际博览会和 130 场国内展览会。汉诺威、法兰克福、科隆、慕尼黑、莱比锡、柏林等城市都有条件优越的展览馆及设施设备。

3. 中德旅游关系发展前景十分广阔

德国是中国在欧洲的重要客源市场，来华旅游的德国人呈逐年上升趋势。1985 年德国来华旅游者为 4.3 万人，到 2007 年增加到 55.67 万，居欧洲各国来华旅游第三位，也是中国第 13 大客源国。德国同时也是中国公民出境旅游的重要目的国，2007 年中国大陆旅德的游客达 27.16 万人次。2004 年 2 月 12 日，中国国家旅游局与欧盟在北京签订了《关于中国旅游团队赴欧洲共同体旅游签证及相关事宜的谅解备忘录》，此协议适用于欧盟当时 15 个成员国中的 12 个“申根”协定国，德国即为其中之一。德国是中国公民最为熟悉的国家之一，已在中国设立了旅游代表处办理旅游业务。中国和德国都是出境旅游大国，有望发展成互为客源国家。

第七节 奥 地 利

奥地利全称奥地利共和国，是位于中欧南部的内陆国家，面积 8.39 万 km^2。人口约 810 万，奥地利人占 91%，居民中 78%信奉天主教。官方语言为德语。首都维也纳。国旗呈长方形，自上而下由红、白、红三个平行相等的横长方形相连而成。国徽为黑色雄鹰。国歌为《让我们拉起手来》，国花为火绒草，国鸟为家燕。

一、旅游业与旅游市场发展的地理环境背景

1. 山国自然环境与较为丰富的自然资源

山地占全国面积的 70%。东阿尔卑斯山脉的三条支脉自西向东横贯全境，大格罗克纳山海拔 3797m，为全国最高峰。东北部是维也纳盆地，北部为高原，东南部为丘陵、平原。多瑙河流经东北境，长约 350km。湖泊有与德国和瑞士共有的博登湖及奥匈边界的新锡德尔湖。奥地利属温带气候，冬温夏凉，年平均降水量约 700～1000mm。阿尔卑斯山地区寒冬季节较长，夏季凉爽。奥地利主要有石墨、菱镁、褐煤、铁、铅、铜、石油、天然气等矿产，其中石墨储量居世界首位。水力资源丰富，森林占国土面积的 44.2%。

2. 新兴经济强国

奥地利为经济最稳定、社会最安全的国家之一，人年均 GDP 居世界前十位。工业发达，主要部门有食品、机械制造、钢铁、电气及电子、通信、汽车、环保等。其中钢铁工业在

国民经济中地位重要，汽车工业地位突出，发动机和传动装置的产品出口占90%。对外贸易也处于非常重要的地位，最重要的贸易伙伴是德国、意大利、瑞士、日本、英国和法国。农业发达，机械化程度高，畜牧业产值占农业总产值的2/3以上，主要饲养奶牛、猪。奥地利为欧洲水陆交通要道，货物运输繁忙；维也纳国际机场是欧洲重要的航空港之一，与世界各国主要机场有航班连接；有3600km的火车运输线路连接欧洲各国；多瑙河游船每年在5月中旬和9月之间开通帕绍至林茨、格莱恩至维也纳的旅游航线。

3. 曲折的历史和现代西方民主政治

12世纪中叶形成公国，13～19世纪为罗马帝国哈布斯堡王朝统治。1815年维也纳会议后成立了以奥地利为首的德意志邦联。1866年在普奥战争中失败，被迫解散德意志邦联。翌年与匈牙利签订协议，成立二元制的奥匈帝国。第一次世界大战中，奥军战败，帝国随即瓦解。1918年11月12日奥地利宣布成立共和国，1938年3月被纳粹德国吞并。第二次世界大战后，奥地利被苏、美、英、法军占领， 1955年4月恢复独立，并宣布永久中立。现行政体为联邦制共和国，总统是国家元首，行使国家最高权力，由普选产生，任期六年。议会为两院制，由国民议会和联邦议会组成。国民议会制定法律，按比例代表制产生，任期四年。国民议会和联邦议会联合组成联邦会议，总理为政府首脑。

4. 音乐大国文化与高度发达的教育

奥地利音乐和歌剧闻名于世。名扬世界的音乐家有海顿、莫扎特、舒伯特、约翰•施特劳斯。著名的作品有莫扎特的《费加罗的婚礼》、《唐璜》；舒伯特的《哈加尔的悲哀》、《魔王》；小约翰•施特劳斯的《蓝色的多瑙河》、《罗马狂欢节》等。萨尔斯堡音乐节是世界上历史最悠久、水平最高、规模最大的古典音乐节之一。一年一度的维也纳新年音乐会可谓世界上听众最多的音乐会。其皇家歌剧院是世界最有名的歌剧院之一，而维也纳爱乐乐团则是举世公认的世界上首屈一指的交响乐团。在许多学科领域中，奥地利均处于世界领先水平，拥有诺贝尔奖获得者16人。青少年已实行9年义务教育，凡持有高中毕业文凭者可免试上大学，且免收学费。维也纳大学、雷奥本大学等大学都是享誉欧洲乃至世界的著名学府。

二、旅游资源与旅游地特点

1. 自然山水与文化交融的旅游城市

（1）**维也纳** “世界音乐之都”，坐落在阿尔卑斯山北麓、多瑙河南岸。著名的维也纳森林从西、北、南三面环绕着城市，到处郁郁葱葱，素有“多瑙河的女神”之称。贝多芬、莫扎特、舒伯特、约翰•施特劳斯父子的生活与创作与维也纳有着千丝万缕的联系。这里还是著名圆舞曲华尔兹的故乡。维也纳老城仍然保持着18世纪的规模，史蒂芬大教堂成为维也纳的华丽布景，古典马车点缀着巴洛克风格的街区。世界上一流的大型国家歌剧院也建在古城之中，每年新年这里的“金色大厅”内都要举办新年音乐会。

维也纳音乐厅 是每年举行“维也纳新年音乐会”的法定场所，意大利文艺复兴式建筑。外墙黄、红两色相间，古雅别致。厅内有收藏馆，馆分两室：一间是展览室，定期举行收藏品展览，供人参观；一间是档案室，一边的书架上放满大量历代手写的、木刻的、铅印的音乐书籍和乐谱，另一边铁柜藏有音乐大师的乐稿、书信和其他手迹。

（2）**萨尔茨堡** 位于奥地利西北部多瑙河支流萨尔察赫河畔。这里是大作曲家莫扎特的出生地，素有“音乐艺术中心”之称。这里的建筑艺术堪与意大利的威尼斯和佛罗伦萨相媲美，有“北方罗马”之称。城市被苍郁的陡山围绕，充满魅力。河右岸南山坡的霍尔亨萨尔茨堡，历经900年风雨，仍巍峨挺立。城市南部是17世纪建造的皇家花园，以“水的游戏”著称。

（3）**格拉茨** 是仅次于维也纳的第二大城市，位于奥地利东南部多瑙河支流穆尔河畔。由于它扼守匈牙利平原和多瑙河中游地区通往亚得里亚海陆路交通的要冲，历史上曾是抵御外敌进攻的前沿阵地，20世纪以来发展成为全国最大的工业重镇和东南部的经济、文化和交通中心。繁华的老城完好地保持着古老的风貌，城中到处充满着浪漫的氛围，被列入《世界文化遗产名录》。

（4）**茵斯布鲁克** 坐落于阿尔卑斯山区群山环抱之中，山高路险，风光优美，与维也纳、萨尔茨堡并称为奥地利三大旅游胜地。在欧洲各地进入炎热夏季之时，这里却成了最好的避暑胜地；冬季，这里又成了滑雪胜地，素享“冬奥之乡”的美誉。这里为哈布斯堡王朝家族几百年的根据地，其宫廷城堡、宫廷教堂、凯旋门和黄金屋顶是皇家权势的象征，至今也还保留着中世纪时代的城市形象。

2. 多彩的风景名胜资源

（1）**瓦豪风景区** 是多瑙河上游景色最美丽的一段，无论是自然景观还是文化设施，都能当之无愧地被称为世界遗产。水流湍急的多瑙河谷、两岸拔地而起的陡峭岩石、山间断壁残垣的城堡和一望无际的葡萄园地，令人神驰。绝胜景观有梅尔克修道院和杜伦施坦城堡等。

（2）**多瑙塔** 位于多瑙河公园内，塔高252m，塔内设有两部高速电梯，游人可乘电梯从塔底直升到165m高的电梯终点。在电梯终点上下各5m处，分别是露天咖啡馆和室内咖啡馆。登上170m高的露天咖啡馆，俯首下看有上九天之感；进入160m高的室内咖啡馆，顿觉温暖如春，凭窗极目远眺，可将巍峨的阿尔卑斯山和穿城而过的蓝色多瑙河尽收眼底。

（3）**舍恩布龙宫** 位于维也纳西南部，亦称“美泉宫”，是奥地利哈布斯堡王室的避暑离宫。宫内共有1400个房间，其中44间是以18世纪欧洲流行的洛可可式建筑风格装修的，纤巧华美、优雅别致。这里还有以东方古典样式装修的厅堂，如镶嵌紫檀、黑檀、象牙的中国式和饰以泥金、涂漆的日本式。房间内部的饰品和陈设也与建筑风格相一致，在琳琅满目的陶瓷摆设中，尤以明朝万历年间的彩瓷大盘和描花古瓶最为珍贵。

3. 地域特色浓郁的社会风情与生活习俗

奥地利人热情、和蔼可亲。绿色最令奥地利人喜爱，他们的许多服饰品也都使用绿色。奥地利人特别讲究着装，如到主人家做客或应邀赴宴，可着深色装或浅色装；较正式的重要场合着深色装；参加婚礼或生日庆祝活动着浅色装；听音乐会、看歌剧着深色装。奥地利商人相当正规、严肃，尤其是首都维也纳，令人感觉到一种莫扎特、贝多芬、施特劳斯等世界著名的音乐家在此活动过的王朝风格气氛。餐馆以“鸽子”作为星级标志。“鸽子”越多，餐馆越高级，最高为四星级。宴请可分为工作宴请和私人宴请两种，私人宴请应带礼品。奥地利人喜欢喝咖啡，除了咖啡外还爱喝酒，一般都是干白葡萄酒和轻度的果酒。奥地利的甜食点心举世闻名，其中最让人垂涎的是撒哈巧克力蛋糕和萨尔茨堡发糕。

三、现代旅游业和旅游市场的发展

1．国际出入境旅游都相当发达

无论是国际旅游者接待量还是旅游外汇收入都相当可观，一直是世界十大国际旅游目的地之一。旅游业占国内生产总值的比例近 10%。2006 年，奥地利旅游收入达到 303.8 亿欧元，在奥度假、商旅和探亲访友的旅游支出总计 292.3 亿欧元，其中外国人在奥支出近 53%。同时，奥地利也是世界 15 大旅游支出国之一，2002 年，其旅游支出 94 亿美元，居世界第 13 位。奥地利有近 8%的从业人口直接从事旅游产业；全国有饭店、餐饮以及其他旅游机构的直接和间接从业人员大约 50 万人，相当于总就业人口的 14%。

2．旅游基础设施完备

住宿设施非常充裕且类型多样。全国有住宿设施 72500 家，110 万个床位，从豪华的大饭店到家庭旅馆应有尽有，适合各个市场需求，但以小型特色的住宿设施为主。山外交通便利的地方修建具古典建筑风格的“家庭旅馆”，私密性强，更具个性化、人性化，且易于管理，成本相对也低，很适合一家休闲度假居住。奥地利是重要的滑雪目的地，全境共有 800 多个滑雪场，其中有八个全年开放的滑雪区，共有滑雪道 2200km，有为之服务的 1270 个雪地小屋和山上餐馆；同时还有 5000km 具有明显标记的徒步旅行小路、1000km 有标记的自行车赛道、95 个高尔夫球场、1250 个露天游泳池和湖畔游泳区、4840 个网球场和 69 个自然保护区等。

3．发展迅速的中奥旅游关系

1971 年 5 月 28 日同中国建交，目前两国文化交流十分活跃，文化团组互访频繁：我国杂技团、儿童艺术团和西藏艺术团等先后访奥；奥地利在我国举办了《马克斯·魏勒画展》、《奥地利新抽象派绘画展》、《奥地利建筑艺术展》等展览，施特劳斯乐团、维也纳男童合唱团、爱乐乐团和维也纳国家歌剧院等也曾访华。1998 年起，中央民族乐团等每年都在维也纳金色大厅举办“新春音乐会”。奥地利国家旅游局和中国国家旅游局还有着良好的合作关系，两国之间有一个专门的旅游工作委员会，定期开会讨论两国的旅游合作。随着中奥双边关系的发展，双方旅游也迅速发展：中国赴奥地利旅游人数逐年增加；2009 年，奥地利来华旅游人数为 6.15 万人次，两国旅游关系发展前景广阔。

第八节　瑞　　士

瑞士全称瑞士联邦，位于欧洲中部，面积 4.13 万 km^2。人口约 760 万，其中瑞士籍人口占 80.6%，其余为外籍人。居民主要信仰天主教和基督教，德、意、法语为官方语言。首都伯尔尼。国旗呈正方形，旗底为红色，正中一个白色十字。国歌为《瑞士诗篇》，国徽为盾徽，国花为火绒草。

一、旅游业与旅游市场发展的地理环境背景

1．内陆山国自然环境与较为丰富的自然资源

瑞士属山地内陆国家，平均海拔1350m，分属南部阿尔卑斯山区、西北部的侏罗山区、中部瑞士高原三个自然地形区。瑞意边境的杜富尔峰海拔4634m，为全国最高峰。瑞士是欧洲大陆三大河流发源地，有“欧洲水塔”之称。瑞士主要河流有莱茵河、罗纳河、阿勒河；主要湖泊有莱芒湖（又名日内瓦湖）、纳沙泰尔湖、博登湖、苏黎世湖等。瑞士属温带气候，但受海洋性和大陆性气候交替影响，气候变化大。年平均气温为8.6℃，年降水量为1000～2000mm。水力资源丰富，森林覆盖率为30.3%，矿产资源有煤、铁、石油和天然气。

2．经济发达且地域特色鲜明

工业、金融业和旅游业为瑞士经济的三大支柱。工业形成了机械、化工、纺织、钟表和食品五大支柱，且技术先进、产品精良。瑞士钟表业有500多年历史，一直保持世界领先地位，有“钟表王国”的美誉。农业集约化程度高，畜牧业兴旺，肉类和奶制品自给有余。公路、铁路密集，布局合理，水、陆、空运输互相补充，协调配合。瑞士有苏黎世、日内瓦和巴塞尔三大国际机场，可以同世界67个国家和地区的105个城市通航。莱茵河是瑞士唯一通往北海的航道，巴塞尔是瑞士最大的内河港口。瑞士金融业非常发达，共有600余家银行，分支机构5070家，人均在国外资产和投资占世界第一位，有“金融帝国”之称。

3．追求和平中立的历史和现代西方民主政治

公元11世纪受神圣罗马帝国的统治。1291年形成初期的瑞士联邦，1648年摆脱神圣罗马帝国的统治，成为联邦。1815年，维也纳会议确认瑞士为永久中立国。在两次世界大战中，瑞士均保持中立。自1948年起，一直是联合国的观察员国。2002年9月10日，第57届联合国大会一致通过决议，正式接纳瑞士联邦为联合国新的会员国。瑞士是联邦共和制国家，国家立法权和行政权分别掌握在联邦议会和联邦委员会手中，各州为主权州，有自己的宪法，但必须遵守联邦和全国性立法并接受联邦的监督。

4．多元文化与发达的教育

历史上德、法、意三个邻国文化对瑞士三大语区文化的直接影响，使之形成了多元文化的特点。博物馆众多，是世界上人均拥有博物馆最多的国家之一。全境有大小剧院150个左右，产生了一些有名的作品，如吉格曾凭借其《异形》获得奥斯卡奖。瑞士长期以来是世界许多艺术家、作家的“避难所”，他们在“第二故乡”创造出了流芳百世的文学与艺术作品，如保罗•克莱的《白色的冬天》等。瑞士名人众多，有宗教改革家加尔文、圣加伦，思想教育家卢梭、伏尔泰，大文豪雨果、拜伦、雪莱，著名电影演员卓别林，科学巨匠爱因斯坦，大画家阿尔贝托•贾柯梅蒂、保罗•克莱等。其中最有名的应该是科学家爱因斯坦，1921年他代表瑞士获得了诺贝尔物理奖。瑞士重视教育事业，全国已实行九年义务教育制。瑞士拥有密集的高教网，大学教学质量高，现有苏黎世高工、洛桑高工等12所国家承认的大学。

二、旅游资源与旅游地特点

1．优美的自然山水型旅游城市

（1）**伯尔尼**　位于瑞士中部高原的阿勒河畔，气候冬温夏凉，景色美丽迷人，始建于

12世纪，是一座保护完好的历史文化名城，被列入《世界文化遗产名录》。伯尔尼还是欧洲最大的具有中世纪特色的购物区，尤以“钟表之城”著称于世，全市拥有1000多家钟表店。

（2）**日内瓦** 世界著名的风景旅游城市，最重要的国际会议中心。日内瓦坐落于日内瓦湖边，面临侏罗山，冬无严寒，夏无酷暑，气候四季宜人，从未受到战争的威胁，被视为极为安全的“世外桃源”。在此设有243个国际机构，200多个世界非政府组织的总部，每年都要在此举办大量国际性会议，有“豪华的日内瓦”、“开放、宽容的绿洲”等声誉。

（3）**苏黎世** 瑞士最大的城市，工商业和文化、艺术中心，同时也是国际足联总部所在地和国际金融中心及黄金市场之一。这里集中了120多家银行，其中半数以上是外国银行，故享有“欧洲百万富翁都市”称号。苏黎世湖畔，自然风光优美，拥有欧洲最大的圣彼得教堂钟楼和被誉为欧洲最美丽、最干净的苏黎世湖。

（4）**洛桑** 位于瑞士西南部，面向日内瓦湖。四周遍布绿色的葡萄园，一派迷人田园风光。因曾是罗马帝国的军港而繁荣一时，现在是日内瓦湖区的首府。洛桑是瑞士第二大讲法语的城市。世界旅游业最著名学府洛桑酒店管理学校也在这里。

2．充满魅力的风景名胜资源

（1）**日内瓦湖** 位于瑞士、法国之间，阿尔卑斯山区的最大湖泊，面积达580km^2，湖水清澈湛蓝。其出口处为罗纳河，清澈的湖水流经日内瓦市中心，许多精美的建筑散布在湖边。日内瓦湖以优美的自然景色、宜人的气候、迷人的生活情调闻名于世。沿湖可见绵延的高地、雄伟的阿尔卑斯山和各式各样的美景，因此被誉为“欧洲的什锦菜”。湖中建有人工喷泉，水柱高达130m，在阳光照耀下呈现出一条若隐若现的彩虹，与高耸的勃朗峰雪山交相辉映，蔚为壮观。

（2）**西庸古堡** 瑞士最负盛名的古迹之一，集军事防御、仓储、牢狱、教堂和贵族宫廷等功能于一体，位于美丽的莱芒湖畔，城堡保持着中世纪坚固的美丽，并且和周围的景致协调。西庸城堡的特点在于四面的风光，一面是意大利古老的大路，一面是美丽的莱芒湖；在屋顶俯视莱芒湖的绝境，眺望法国国境是西庸城堡的另一个魅力所在。

（3）**英格堡** 山中小镇，是瑞士极负盛名的滑雪胜地。深居山中，平静而恬美，到处都是绿色的草地；远处是崇山峻岭，山上生长着浓密的树林，各色小住宅依山而建，窗下摆满了盛开的鲜花，好像一个个童话小屋散落在绿色的山坡之上。

（4）**卢梭岛** 位于日内瓦的勃朗峰桥附近，因法国启蒙思想家卢梭出生于日内瓦又长期在瑞士生活而命名。陈毅同志游此时称卢梭是“为世界鸣不平”、“弱者的代理人”。

3．显示出高度精神文明的社会风情与生活习俗

瑞士人酷爱清洁，不但个人居室住所干净整齐，也十分注意保持公共场所的卫生。不愿别人打听自己的私事，尤其是不愿谈论金钱与个人收入，爱谈论体育、旅游、政治及有关瑞士的话题。社交礼仪与禁忌与其他西方国家相似。在公共场合“你好”、“谢谢”、“请”一类的礼貌用语使用频繁。赠花很有讲究，珍视火绒草，用它象征至高无上的荣誉，常将它作为最珍贵的礼物奉献外宾，以表达友好、诚挚、崇敬。瑞士的天主教祭典流传至今，在祭典日人们穿着民族服，唱歌、跳舞和祈祷。儿童节祭典又称“疯狂的祭典”，参加人戴上假面具，把装有青豌豆的袋子绑在裤子上，互相追打；神父也戴上假面具，和人们一同参加祭典；山岳地带村民穿上华丽的服饰，乐团奏乐；祭典完毕，神父还到居民家为人和牲畜的兴旺而祈祷、祝福。

三、现代旅游业与旅游市场的发展

1. 国际出入境旅游都很发达

瑞士素有“旅游业摇篮”和“世界花园”美誉，是世界上旅游业发展最早的国家之一，也是世界20个最受青睐的旅游目的地之一。旅游业收入成为仅次于机械制造和化工行业的第三大重要出口外汇来源。2005年，旅游业总收入为230亿瑞士法郎，相当于150亿欧元，其中冬季雪上运动的旅游收入占旅游收入的一半以上，旅游业收入约占国民生产总值的6.2%。国际出境旅游也相当发达，每年出境旅游高达1000万人次，国际旅游支出长期居世界前15位。尽管近年被排在15名之外，但仍属旅游消费大国。

2. 庞大而先进的旅游接待设施

旅游设施十分发达，全国拥有宾馆、饭店、疗养所、招待所、乡间公寓等8000多家；餐饮业全国有近3万家300多万个座位。住宿设施从一星级的简易旅馆到五星级的豪华酒店一应俱全，还有传统小木屋、私家公寓、宿营地和青年旅馆等。滑雪是瑞士旅游业最先发展的旅游项目：拥有200多个滑雪场、7300km的高山滑雪道、5000km远距离滑雪道；拥有欧洲最长的冬季徒步登山道，总长达2500km；还拥有总长500km的150条雪橇滑道、13条登山齿轨铁路；50辆登山缆车和约600条空中索道将游客载至滑雪地点，冬季有约1200个上山吊车供使用；山中还建造了欧洲最高的缆车站——马特宏峰冰川天堂缆车站、欧洲最高的火车站——少女峰火车站和世界首创的360°全景观缆车——铁力士旋转缆车等先进的设施，将滑雪者带往滑雪胜地。

3. 中瑞旅游关系平稳发展

1950年9月14日，中国与瑞士建交，随后两国在旅游领域一直有着良好的合作。1998年，双方互设国家旅游办事处，瑞士成为第一个在中国设立驻华旅游办事处的欧洲国家；1999年11月，瑞士国家旅游局在北京设立“瑞士旅游中心”，成为瑞士旅游业进军中国市场的桥头堡；瑞士旅游局还计划将其东南亚区域总部设在北京，以便全力开拓中国客源市场。随着2003年中国与瑞士签署旅游双边协议，瑞士已成为中国游客的旅游目的地国。瑞士方面十分重视吸引中国公民赴瑞旅游，专门编写了《如何接待中国旅客》的小册子发给各家旅店，中国公民现在办理赴瑞士旅游签证48小时内即可以完成。近年来，瑞士旅华市场开始进入高速增长期，2007年瑞士来华旅游达6.46万人次，中瑞旅游关系发展前景广阔。

第九节 俄 罗 斯

俄罗斯全称俄罗斯联邦，位于欧亚大陆的北部，领土包括欧洲的东半部和亚洲的北部，面积1710万km^2。人口约1.5亿，分属130多个民族，其中俄罗斯人约占83%。居民主要信奉东正教，其次为伊斯兰教。官方语言为俄语。首都莫斯科。国旗为自上而下白、蓝、红三色相等的长方形三色旗，国徽为双头鹰，国花为向日葵。

一、旅游业与旅游市场发展的地理环境背景

1. 以大为特色的自然环境与世界头等资源大国

地势西高东低，国土面积的70%为平原和低地，多分布于叶尼塞河以西地区。东欧平原和乌拉尔山脉以东的西西伯利亚平原，是俄罗斯两大著名平原。叶尼塞河以东地区多为高原和山地，主要有中西伯利亚高原、东西伯利亚和远东山区。俄罗斯欧洲部分有高加索山脉，主峰厄尔布鲁士峰海拔5642m，是全国最高峰。境内河流众多，湖泊沼泽广布：伏尔加河全长3530m，为欧洲第一长河；贝加尔湖深1620m，是世界上最深的淡水湖。海岸线总长3.38万km。俄罗斯大部分属温带和亚热带大陆性气候，冬季漫长寒冷，夏季短促凉爽，年平均降水量530mm。矿产资源丰富，铁矿、石油、天然气、铜等均位于世界前列。水力资源相当丰富。森林覆盖率为43.9%，木材的总蓄积量居世界首位。

2. 实力雄厚的发达工农业国家

俄罗斯属发达的工农业国，综合国力居世界前列。工业基础雄厚，主要有电力、钢铁、石油、造船、有色冶金、化工、军工等工业部门。农业以麦类、玉米、马铃薯、豆类和甜菜为主。畜牧业和渔业发达。俄罗斯拥有完整的铁路、公路、航运、航空网络，与世界上100多个国家有直飞航线。在俄罗斯国内旅行以铁路为主导，公路在交通运输中也占有重要地位。俄罗斯是能源超级大国，其石油储藏量占世界总储藏量的13%，天然气占38%；在世界能源出口市场上，俄罗斯石油和天然气所占比重分别为15.2%和25.6%。在世界各国对能源需求量普遍上升和国际能源供给紧张的背景下，俄罗斯能源工业的发展和出口带来了巨大经济效益。

3. 不断扩张的历史与现代转型的政治体制

15世纪下半叶建立国家，1574年伊凡四世改大公为沙皇，1721年改称俄罗斯帝国，20世纪初成为军事封建帝国主义国家。1917年11月7日十月革命后建立社会主义苏维埃政权，1922年成为苏联的主体部分。1991年12月26日苏联解体，改名为俄罗斯联邦。现行《俄罗斯联邦宪法》规定，俄罗斯是共和制的民主联邦制国家，确立了总统制的国家领导体制。总统为国家元首、武装力量最高统帅，由选民直接选举产生，任期四年，连任期不得超过两届。议会称俄罗斯联邦会议，由联邦委员会（上院）和国家杜马（下院）组成，每届任期四年。俄罗斯联邦政府是执行权力机关，由总理、第一副总理、副总理和各部部长组成。联邦政府服从总统，对俄罗斯总统及俄罗斯议会负责，总理由总统任命并征得国家杜马同意。

4. 发达的文化与教育

俄罗斯文化艺术灿烂，是著名的芭蕾王国。伊戈尔·斯特拉文斯基的《濒死的天鹅》、亚历山大· 鲍罗丁的《波洛维茨舞》等，都是在俄国和世界芭蕾舞坛享有盛誉的剧目，并有加琳娜· 乌兰诺娃、马娅·普里谢茨卡娅等俄国著名舞蹈家。彼得·伊里伊奇·柴可夫斯基为俄国和全人类留下了丰富的音乐遗产，如《天鹅湖》、《叶甫盖尼·奥涅金》等。绘画珍品众多，最令人震撼的是卡尔· 勃留洛夫的《庞贝城的末日》。文学光辉灿烂，文学语言之父亚历山大·普希金的作品《叶甫盖尼·奥涅金》、《上尉的女儿》等，安东·契诃夫的《樱桃园》、《海鸥》及高尔基的《母亲》等都是著名的文学作品。罗蒙诺索夫不仅在科学领域创造了光辉的成就，而且其抒情诗开创了俄罗斯诗歌的新纪元。俄罗斯的教育发达，初级普通教育和基础普通教育为义务教育。

二、旅游资源与旅游地特点

1. 古老文明与现代文明交融的城市旅游

（1）**莫斯科** 全国最大的城市和政治、经济、文化、交通中心，坐落于东欧平原、莫斯科河两岸，人口867.6万。市内有克里姆林宫、红场、瓦西里大教堂、莫斯科大剧院、莫斯科小剧院、莫斯科大学，以及文学巨匠普希金、果戈理、托尔斯泰的故居博物馆等名胜。绿化面积占全市面积的40%，全市有11个自然森林区、98座公园和800多个街心花园。

克里姆林宫 一所庞大的建筑群，十月革命前为俄国沙皇的宫殿，现为俄罗斯联邦政府所在地。克里姆林宫建筑群的主体宫殿设有700个厅室；1959～1961年建起的克里姆林宫大会堂，有800套房间。紧依克里姆林宫墙的是长695m、宽130m的红场，为莫斯科的中央广场。红场西边是克里姆林宫东墙，南面是瓦西里大教堂。红场西北于1967年建起了一座无名战士纪念碑，用于纪念在卫国战争中英勇牺牲的战士。列宁墓是红场上重要的建筑之一。东宫墙上81m高的伊凡大钟楼是克里姆林宫最高的主塔，以其塔顶的“克里姆林宫红星”著称于世。

（2）**圣彼得堡** 俄罗斯第二大城市，坐落于波罗的海东岸的涅瓦河河口，整个城区分布在涅瓦河三角洲的近百个岛屿上，有北方威尼斯之称。1712年成为俄国的首都，第一次世界大战后改名彼得格勒，十月革命后改名为列宁格勒，苏联解体后恢复圣彼得堡旧名。圣彼得堡名胜古迹众多：斯莫尔尼宫十月革命期间成为武装起义的指挥部；冬宫坐落在皇宫广场上，是历代沙皇的宫廷所在地，十月革命后冬宫成为与之相邻的艾尔米塔什博物馆的一部分，是世界上最大的博物馆之一；“阿芙乐尔号”巡洋舰作为军舰博物馆永久性地固定在涅瓦河上；位于离圣彼得堡市区30km处的彼得宫，是圣彼得堡最早的建筑群之一；伊萨基辅大教堂高达102m，是圣彼得堡最高建筑物。

（3）**下诺夫哥罗德** 俄罗斯第三大城市，位于奥卡河注入伏尔加河处，始建于1221年，1932年改名为高尔基城，1990年10月恢复原名。俄罗斯古城之一，保存有建于13世纪的大天使大教堂，建于16世纪的城堡，建于17世纪的报喜修道院、圣母升天教堂、基督教升天大教堂，建于18世纪的圣诞教堂等。著名文学家高尔基诞生在该城。

（4）**伏尔加格勒** 位于莫斯科东南1000km处，原称察里津，是伏尔加河下游最古老的城市之一。国内战争时期曾在这里开展过举世闻名的察里津保卫战，1925年改称斯大林格勒。卫国战争年代，著名的斯大林格勒保卫战就在该城近郊和市区展开，成为第二次世界大战的转折点之一。1961年改称伏尔加格勒。1963年，马马耶夫山冈修建了“宁死不屈”大型群雕，再现了前苏联军民在斯大林格勒保卫战中的英勇形象。

（5）**符拉迪沃斯托克** 原名海参崴，现为俄罗斯联邦滨海边疆区的首府，人口近90万。坐落在姆拉维拉夫—阿穆尔斯基半岛，是俄罗斯远东的海陆空交通枢纽、世界著名的北方不冻港，也是俄罗斯太平洋舰队的基地，还是西伯利亚大铁路的终点和通往亚太各国海运的起点，战略地位十分重要。这里属于温带季风性海洋气候，四季各具魅力。夏季天气晴朗，阳光充足，日照时间较长。碧海蓝天与起伏的山峦及色彩斑斓的树叶交相辉映，美景如画。

2. 山、海、河、湖兼胜的风景名胜资源

（1）**滨海旅游名胜** 黑海沿岸属于地中海气候，日照充足，可进行海水浴，并拥有具医疗效果的矿泉水、医疗用泥等，这些使黑海沿岸成为闻名于世的疗养区。其中，索契是俄罗

斯最大的海滨温泉疗养地和气候疗养地。波罗的海及芬兰湾沿岸属温带海洋性气候，风景优美，沿海有沙滩浴场、疗养院和休养所，是俄罗斯重要的传统海滨疗养度假和旅游胜地。

（2）**山地旅游名胜** 高加索山脉位于黑海与里海之间，山峦重叠，冰川密布，其北麓矿泉众多，气候湿润温和，为俄罗斯最大的矿泉疗养区，其中著名的有皮亚季戈尔斯克、基斯洛沃茨克等。北高加索还是冬季山地滑雪的传统地。乌拉尔山北起额拉海沿岸，南至乌拉尔河中游，南北延伸 2000km，自北向南依次呈现出苔原、森林、森林草原和草原四个景观地带。山川秀丽、林木葱茏，是赏景、避暑的好地方，也是爬山、徒步旅行等体育活动的良好场所。

（3）**风景河流和湖泊** 俄罗斯的水体景观资源以伏尔加河、叶尼塞河、贝加尔湖最富魅力。伏尔加河是俄罗斯民族的摇篮，两岸风景秀丽，历史名城乌格利奇、喀山、萨拉托夫、列宁的故乡乌里扬诺夫斯克、英雄城伏尔加格勒等矗立在沿岸，是一条著名的旅游线。叶尼塞河是俄罗斯水量最大的亚洲河流，两岸地势起伏，林木茂密，金沙碧水，景色十分秀丽，是近年来新兴的旅游地带。贝加尔湖在俄罗斯东西伯利亚南部，蓄水量约占世界地表淡水总量的 1/5，湖中生存着 1200 多种生物，湖岸群山环抱，风景秀丽，阳光充足，有矿泉 300 多处，是著名的疗养旅游胜地。

3．独具特色的俄罗斯社会风情与生活习俗

俄罗斯人十分注重礼仪，见面礼一般为接吻和拥抱，特别是亲人和好友相逢，要吻上三下。俄罗斯像西方其他国家一样，也是遵循女士优先原则，如男女间握手一般要等女方先伸手，女士上小汽车，男士要为其开车门等。穿衣风格是整洁、端庄、高雅、和谐，喜欢穿牛仔、皮夹克、运动服、各式新潮服装和西装等。俄罗斯人把红色看成美丽和吉祥的象征，白色表示了纯洁、温柔，绿色代表和平、希望，蓝色象征忠顺和信任，黄色表示幸福和谐，黑色则为不祥的征兆。俄罗斯人喜欢甜食和鱼肉馅的面点，一日三餐中比较重视午餐。饮酒是俄罗斯人的一大嗜好，一般是一边吃饭一边喝酒，最喜欢喝的是烧酒伏特加。节日和工作之暇喜欢和家人或友人在一起饮酒或唱歌跳舞。俄罗斯人酷爱鲜花，鲜花被认为是最好的礼物，赠送数目只能是奇数。忌讳数字“13”，不喜欢星期五。民族节庆活动众多，如“俄罗斯之冬”艺术节是俄罗斯人以各种冬季娱乐活动来迎接新年的古老传统而形成的节日，“白夜”艺术节于每年的 6 月 21～29 日在圣彼得堡举办，还有独立日、胜利日、谢肉节（又名狂欢节、奔跑节）以及斯拉夫文字和艺术节等。

三、现代旅游业和旅游市场的发展

1．逐步发展中的俄罗斯国际出入境旅游

俄罗斯国际旅游业起步于 20 世纪 50 年代，但 80 年代后期以来无论是国际出境旅游或入境旅游都出现曲折的发展。1988 年，原苏联接待入境旅游者 780 万；1995 年的俄罗斯接待入境旅游人数则为 479.6 万人次，在全球排名第 24 位。2007 年，接待国外游客 2291 万人次，旅游收入 126 亿美元，出国旅游 3429 万人次，出境旅游支出 178 亿美元，已进入旅游大国行列。

2．旅游设施建设相对落后，但发展较快

20 世纪 90 年代苏联解体后，俄罗斯政府十分重视旅游业的发展，采取多项措施吸

引外国游客，使旅游业在较短时间里完成了从接待型向企业经营型的转变，成为俄罗斯重要的新兴经济部门。1992年俄罗斯成立了“国家旅游总局”，后与文化部合并，组成“文化和旅游部”，与此同时，一批重要的旅游组织，如俄罗斯国际旅游股份公司、国际旅游控股公司、国际旅游协会等先后成立，全国的旅游公司目前已达2000多家。但最大问题是，旅游接待床位严重不足，而且多数饭店设施达不到国际旅游服务标准，五星级饭店极少。近些年有所发展。

3．中俄旅游关系发展空间十分广阔

20世纪90年代以来，俄罗斯来华旅游的人数迅速增加，2007年达300.39万人次，成为中国的第三大客源国。俄罗斯旅华市场之所以得到迅速发展，一是中俄两国有边界线7300km，交通便利；二是中国和前苏联在民主革命和社会主义革命建设中有过一段极为珍贵的友好历史，给两国人民留下温馨的回忆；三是经过长期的对立后，中俄之间的政治障碍消失，边境相互开放，双方人民增进了解；四是两国政治关系不断发展和加强以及两国都在发展经济建设，为旅游发展创造了良好的大环境。其中，俄罗斯旅华市场边境旅游或边界一日游、公务旅游占的比例较大。近年来，来华的俄罗斯旅客休闲度假的需求明显增多，消遣性消费占总开支的比例增大，向中国内地延伸的旅客增多。随着中俄关系的改善，中国旅俄人员逐步增加，并于2006年达76.5万人次，为俄罗斯的第四大客源国。俄罗斯和中国的旅游关系具有广阔的发展前景。

第十节 意 大 利

意大利全称意大利共和国，面积30.13万km^2。意大利主体位于亚平宁半岛上，领土还包括西西里岛和撒丁岛等。人口5846万，89%为意大利人。居民多信奉天主教，官方语言为意大利语。首都罗马。国旗为三色旗，由同样宽度的绿、白、红三色长条纵带组成。国徽呈圆形，中心图案是一个带红边的五角星，五角星背后是一个大齿轮，齿轮周围由橄榄枝叶和橡树叶环绕。国歌为《马梅利之歌》(《意大利之歌》)，国花为雏菊。

一、旅游业与旅游市场发展的地理环境背景

1．山海型自然环境与较为丰富的自然资源

本土总体地势北高南低，山地和丘陵面积占全国总面积的80%。全境地形由阿尔卑斯山脉、亚平宁山脉、波河平原及西西里岛、撒丁岛构成。山地多、冰山多、河流多、岛屿多、湖泊多是其地形独具的特点。意法边境上的勃朗峰海拔4807m，为境内最高峰。西西里岛上的埃特纳火山海拔3340m，为欧洲最高活火山。著名河流有波河、台伯河、阿诺河、马乔列河等；著名湖泊有加尔大湖、科摩湖、波河塞纳湖等。除北部阿尔卑斯山地属温带大陆性气候并具有垂直变化外，其余大部分地区属于地中海式气候，冬温夏热，阳光充足，年平均降水量500～1000mm，四季皆宜开展旅游活动。矿藏资源以地热、天然气、大理石、汞、硫磺等较为丰富。水力资源较为丰富。

2．经济发达的工农业国家

意大利属发达的工业国家，其原油加工、钢铁、塑料与拖拉机的产量，均居世界第六位。农业也相当发达，盛产小麦、甜菜和烟草，蔬菜畅销欧洲市场，油橄榄、葡萄、柑橘、柠檬的常年产量和出口量都居世界前列地位。交通发达，现有铁路近2万km，其中1/3已经电气化；公路30万km，其中高速公路6193km；较大机场30多个，其中较大的罗马菲乌米奇诺国际机场，每隔3～4min就有一架飞机起降；海岸线总长7000km，有70多个良港和商港，每年有100多万游客乘船到意大利。

3．悠久的历史和当代西方民主政治

历经公元前509～前28年罗马共和国以及公元前27年～公元476罗马帝国后，进入长期封建割据和混战阶段。14～15世纪，意大利的一些城市出现了资本主义萌芽，具有现实主义倾向的文学艺术的发展，使意大利成为欧洲文艺复兴运动的摇篮。16世纪，法国、西班牙、奥地利分别占领意大利，1861年3月建立意大利王国。1946年6月12日，意大利共和国宣告成立，1949年加入北约。意大利是议会制共和国，议会实行两院制，众议院和参议院享有平等权力。总统是国家元首，内阁是国家权力的核心。1948年1月实施《意大利共和国宪法》，规定国家总统为国家元首，实行立法、行政和司法的三权分立制度。

4．发达的文化与教育

意大利自古就具有联结欧亚非三大洲的区位优势，乃至成为东方古文明的中心与西欧新兴文化的转接地；同时，由于北部雄伟阿尔卑斯山脉的阻隔，又使其文化风格成为相对独立的地理单元。意大利文化影响深远，尤以绘画为最。文艺复兴以来，意大利出现了很多著名的画家及作品，如被视为西方绘画开创性大师的乔托是第一个把写实风格和明暗远近法结合起来的艺术家，其代表作有《逃亡埃及》、《犹大之吻》等，还有马萨乔的《出乐园》和《纳税钱》、达·芬奇的《蒙娜丽莎》和《最后的晚餐》等都驰名国内外。费德里克·费里尼是五次获得奥斯卡金奖的电影艺术家，与英格玛·伯格曼、安德烈·塔科夫斯基并称为世界现代艺术电影的“圣三位一体”，是20世纪60年代以来欧洲艺术电影难以逾越的最高峰。意大利政府重视教育事业，全国已实行八年义务教育。高等教育历史悠久，罗马大学、米兰大学、佛罗伦萨大学等都是世界名校。

二、旅游资源与旅游地特点

1．古老的旅游城市

（1）**罗马**　古罗马帝国的首都，文艺复兴的中心，坐落于亚平宁半岛上，人口300余万。罗马以其古迹多、教堂多、广场多、地下墓穴多和喷泉多为特色，整个城市宛如一座巨型露天历史博物馆。许多著名的古代建筑闻名遐迩：科洛西姆大斗兽场、万神庙、地下墓穴并称为罗马三大最神奇的古迹；大杂技场、潘提翁神庙、卡拉卡拉浴场、凯旋门、恺撒庙、圣彼得大教堂等古建筑，都具盛名。著名的梵蒂冈也在罗马城内，并有世界十大著名博物馆之一的梵蒂冈博物馆。

（2）**威尼斯**　古代伟大旅行家马可波罗的故乡。整个城市建在118个小岛上，由117条水道和400多座桥梁把各岛连成一体。城市建筑多临河临海，交通靠舟楫，故有“水城”之称，又名“百岛之城”、“亚得里亚海之后”。威尼斯古迹遍地，城内有各种风格的教堂

210座、修道院64座、宫殿40多座，圣马可广场及广场边的圣马可教堂、里阿尔托桥等古建筑，都别具特色。

（3）**佛罗伦萨** 位于意大利中部，14～16世纪欧洲文艺复兴运动的发祥地。1865～1871年曾为意大利统一后的临时首都，世界著名的历史文化古城。现有博物馆40多个、宫殿60多座和各种风格的教堂上百座，乌翡翠画廊、佛罗伦萨大教堂、波蒂宫等都是艺术宝库，故被誉为“西方雅典”、“博物馆城”。

（4）**那不勒斯** 位于意大利西南那不勒斯湾岸边，城市依山傍水，风景迷人，是著名的旅游城市，也是一个繁忙的港口。城内有雄伟的古堡、众多的宫殿和教堂，那不勒斯湾东岸还有著名的维苏威火山和庞贝古城遗址。这里还是著名的“音乐之乡”，民歌更是举世闻名。

（5）**米兰** 是主导意大利经济、工业发展的现代都市，更是与巴黎、纽约齐名的流行之都，购物是游览这个城市最有乐趣的部分。这里同时还是意大利的美食之都，这里的菜随时都有创新的惊奇，跟着潮流发展、开发新素材及烹调方法，以满足各种饕客的口腹之欲。

2．以历史古迹为主要特色的风景名胜

联合国教科文组织认为西方文明古迹60%～70%分布在意大利，意大利目前有3200多座博物馆、10万座教堂和5万座历史建筑物，收藏510多万件文物和200多万件艺术品，其中40处古迹和景观被联合国教科文组织列入《世界遗产名录》。

（1）**古罗马斗兽场** 古罗马时期的著名建筑，建于公元1世纪，由石块和混凝土筑成。剧场呈椭圆形，长轴为189m，短轴为156m，外层墙高48m，共四大层。剧场四周有阶梯和斜坡走道，中间为竞技场。场内设有60排座位，可容纳5万观众。圆形大剧场是举行角斗士角斗、人兽搏斗和展示珍奇野兽的地方。整个建筑规模宏大，结构奇巧，被评为世界“新七大奇迹”。

（2）**比萨斜塔** 位于比萨城内，是意大利古代的文化遗产，属于比萨大教堂的一座钟楼，1350年建成。现在塔已南斜5.3°，中心偏离4.4m，伽利略曾在此做过自由落体实验，故闻名于世。

（3）**圣马可广场** 威尼斯最大广场，意大利主要旅游区。附近有执政官宫，现为艺术和兵器展览馆。广场上还坐落着富丽堂皇的王宫、总督府、拿破仑宫，还有被称为“世界上最美的教堂”的圣马可大教堂，广场附近有高达99m的圣马可大钟塔。中意人民的友好使者、大旅行家马可·波罗的故居也在广场附近的一座3层楼高的古建筑里。

（4）**庞贝** 位于那不勒斯海湾，是一座通过考古发掘而重新获得生命的古罗马城市。公元79年8月，维苏威火山爆发，炽热的岩浆一下子吞没了当时已有500多年历史的城市及数万居民。庞贝古城于1748年开始被科学发掘，直到1763年发掘了一块刻有“庞贝”字样的标牌，才使其重新回到了人间。

3．具有现代文明特色的社会风情与生活习俗

意大利人热情好客，但应邀到朋友家做客时应给主人带点礼品或纪念品，礼品的包装要讲究。意大利人在路上见面一般是握手或简单打个招呼，称呼要加上他们通用的头衔。在意大利女士受到尊重，特别是在各种社交场合，女士处处优先：宴会时要让女士先吃，只有女士先动刀叉进餐，先生们才可用餐；进出电梯时，要让女士先行。进餐顺序一般是先上冷盘，接着是第一道，有面食、汤、米饭或其他主食，第二道有鱼、肉等，然后是甜食或水果、冰淇淋等，最后是咖啡。在用餐过程中，不要把刀叉弄得叮当作响，在吃面条时，应用叉子将面条卷起来往嘴里送，不可用嘴吸。每道菜用完后，要把刀叉并排放在盘里，表示这道菜已用完。意大利人喜欢喝酒，一般在吃饭前喝开胃酒，席间吃鱼时喝白葡萄酒，吃肉时用红葡萄酒，饭后饮少量烈性酒，可加冰块。日常衣着以西服为主，但夹克衫、T 恤衫和牛仔裤盛行。全国性节日多达 19 个，但以狂欢节、圣诞节、赛船节等最为隆重。

三、现代旅游业和旅游市场的发展

1．旅游接待设施庞大

旅游业是意大利国民经济的重要部门，其旅游接待设施庞大，且接待服务和管理水平较高。全国拥有星级酒店 3.3 万家，客房 98.6 万多间，床位 193 万多张。其中五星级酒店 97 家，四星级酒店 3222 家，三星级酒店 15776 家，另有近 5 万家旅馆，6000 家海滨浴场，1335 家宿营地，加上寄宿公寓、旅游村等，床位总数 400 万张。酒店密度为平均 57 个居民拥有一个酒店客房，居世界第一位。意大利的大多数酒店和旅馆是具有家庭氛围的家庭式经营方式，人情味很浓，且清洁卫生、舒适安静，许多游客都将此视为第二个家园。

2．国际入境和国际出境旅游均很发达

在国际旅游市场上，意大利既是重要的旅游接待国，又是重要的客源输出国，国际入境旅游和国际出境旅游的规模都很大。早在 20 世纪 50 年代，就曾接待世界 1/4 的游客，居当时的世界首位。在世界旅游业竞争激烈的今天，其仍处于长盛不衰的地位。2007 年，意大利接待国际旅游者 4635 万人次，旅游外汇收入 461 亿美元，居世界前列地位。奥地利、瑞士、德国、法国、英国等欧洲国家是其主要的客源国，美国、日本、加拿大、澳大利亚是其主要洲外市场。意大利国际出境旅游的规模很大，而且逐年提高。2007 年出国旅游者 2773 万人次，旅游支出 328 亿美元。意大利人出境旅游的目的地主要在欧洲，其次是美洲和亚太地区。

3．中意旅游关系发展潜力大

意大利与中国的经济文化交往源远流长：中国汉唐时期的“丝绸之路”的最西端是古罗马（大秦）；元代时期，意大利传教士马可·波罗驻足中国 17 年，其足迹遍布大半个中国，并著有《东方见闻录》（《马可·波罗游记》）。当代，自 1970 年 11 月 6 日中意建交以来，两国间的经济文化交流日渐频繁，中意两国间的旅游交往发展更为快速。1981 年，意大利来华游客仅 9353 人，及至 2007 年便达 21.52 万人次，成为中国重要国际客源国之一。中国旅游者对意大利的向往正如《沪港经济》记者路程所说：“我做梦都想去意大利，那是我梦想的国度。”随着中国国际出境旅游的发展，2004 年 2 月 12 日，中国国家旅游局与欧盟在北京所签订的《关于中国旅游团队赴欧洲共同体旅游签证及相关事宜》及 2004 年 10 月 30 日中国和欧盟草签的《欧中旅游目的国地位谅解备忘录》，意大利均在其列。2009 年中国大陆旅意游客达 22.01 万人次，不难预见，未来中意两国将互为重要的国际旅游客源国。

第十一节　西　班　牙

西班牙全称西班牙共和国，位于伊比利亚半岛东部，领土还包括地中海的巴利阿里群岛，大西洋中的加那利群岛等，面积 50.6 万 km^2。人口约 4000 万，73%为西班牙人，余为加泰隆人、加利西亚人、巴斯克人等。96%的居民信仰天主教。官方语言为西班牙语。首都马德里。国旗由三个平行长方形构成，上、下方为红色，各占旗衣的 1/4；中间为黄色，靠旗杆一边的旗面上绘有西班牙国徽。国徽由中间的盾徽、顶部的皇冠和两侧的海格力斯柱子组成，柱子上还缠着写有“海外还有大陆”的饰带。国歌为《西班牙进行曲》，国花为石榴花。

一、旅游业与旅游市场发展的地理环境背景

1．得天独厚的山海自然环境与丰富的自然资源

西班牙东临地中海，西临大西洋，北部以比利牛斯山脉为界同法国相邻，南端隔直布罗陀海峡与非洲相望，是地中海通往大西洋的咽喉，又是欧洲通往非洲的陆上通道。地形以高原和山地为主。其北部有东西绵延的坎塔布连山脉和比利牛斯山脉；南部为安达卢西亚山脉；中部为梅塞塔高原。主要河流有塔霍河和埃布罗河。海岸线长达 3140km，有利于滨海旅游业的发展。西北部和比斯开湾沿岸属温带海洋性气候；梅塞塔高原属温带大陆性气候；南部和东部为地中海式气候，全年大部分时间阳光普照，沿海有“太阳海岸”之称；加拉利群岛基本上为南亚热带气候，均有利于发展休闲度假旅游。森林覆盖率约为 31%，多集中于北部沿海地带，形成了“绿色西班牙”特有景观。西班牙拥有丰富的铁、铜、铅、锌等金属矿藏。栓皮栎树皮产量和出口量均居世界第二位。

2．现代工业发展迅速的经济

自 20 世纪 60 年代以来，西班牙实行全面对外开放政策，大量引进资本和技术，大力发展旅游业，实行对外贸易自由化，并鼓励劳动力输出，促使西班牙一跃而成为 20 世纪 90 年代的世界十大工业国家之一，被称为“西班牙奇迹”。西班牙已建立了较为完整的工业体系，主要有汽车、造船、化工、钢铁、食品、纺织、服装等工业部门。农业、渔业和畜牧业也获得了很大发展，主要农产品有葡萄、橘子、西红柿、橄榄、橄榄油等。近年来服务业取得了显著发展，在国民经济中占的比重达 60%，其中发展最快的是金融、保险部门，运输、通信部门也取得了持续发展。观光旅游业是西班牙主要的获取外汇收入的来源之一，在弥补贸易收支赤字上起着重要作用。西班牙交通运输业发达，形成了以马德里为中心的交通网络。西班牙主要出口汽车、钢材、化工产品、皮革制品、纺织品、葡萄酒和橄榄油等，进口石油、工业原料和机械设备等。

3．海上强国兴衰的历史与现代西方民主政治

1492 年建立了统一的西班牙封建王朝，后逐渐成为海上强国。在欧、美、非、亚拥有海外殖民地而成为一个殖民大国。16 世纪，西班牙通过在美洲获得的巨大财富成为欧洲最强大的国家，1588 年“无敌舰队”被英国击败后开始败落。18 世纪成为法国的附庸。1873 年建立

第一共和国，1931年建立第二共和国，1947年成为君主国。1976年开始向西方议会民主政治过渡。现在的西班牙是社会与民主的法治国家，实行议会君主制。王位由胡安·卡洛斯一世及其直系后代世袭。国王为国家元首和武装部队最高统帅，代表国家。议会由参、众两院组成，行使国家立法权、审批财政预算、监督政府工作，政府负责治理国家并向议会报告工作。

4．多彩的文化与发达的教育

西班牙文学艺术灿烂，其最有代表性的流浪汉小说是《小癞子》，文艺复兴时期西班牙在小说方面的最高成就是塞万提斯的《堂吉诃德》。文艺复兴时期西班牙的戏剧也相当繁荣，费力克斯·洛卜·德·维加·卡尔皮奥是西班牙民族戏剧的主要代表，其代表作有《园丁之犬》、《带罐的姑娘》、《羊泉村》等；“黄金世纪”是西班牙文学艺术的巴洛克时代，巴尔卡的出现，使戏剧具备了巴洛克艺术的特色，他的戏剧以情节的突变显示主题的力量。过去西班牙人以能歌善舞著称，目前最流行的西班牙舞蹈形式就是弗拉门戈舞。在西班牙，尊重知识、尊重人才已蔚然成风，尊师重教成为一种良好的社会风尚。目前，西班牙除中、小学义务教育已普及外，大学教育也相当普及，全国现有高等院校300所，著名的大学有西班牙公立马德里康普顿斯大学、西班牙公立巴塞罗那自治大学、西班牙加泰罗尼亚理工大学、西班牙欧洲大学和西班牙瓦伦西亚大学等。

二、旅游资源与旅游地特点

1．古老的旅游城市

（1）**马德里** 位于伊比利亚半岛中部的山间盆地，以气候宜人、阳光灿烂而成为著名的旅游胜地，人口约301万。市内现代化的高楼大厦与风格迥异的古建筑摩肩并立、相映生辉。树林、草坪和各种造型别致的喷泉引人入胜。全市有广场300多个，著名的马约尔广场位于市区西南，西班牙国王菲利普三世骑马的塑像耸立在广场中央；不远处是太阳门广场，这里有历史上著名的太阳门遗址。市内还有建于18世纪中叶的王宫和西班牙国王接见外国贵宾和使节的东方宫等宫殿建筑。

（2）**巴塞罗那** 位于西班牙东北部加泰罗尼亚地区的地中海岸，是全国第二大城市、最大港口和最重要的文化中心，人口约404万，人称“伊比利亚半岛上的明珠”、“欧洲花园”，市内景点众多：神圣家族教堂是世界上造型最怪异的教堂；加泰罗尼亚广场是巴塞罗那的中心广场；哥特区是巴塞罗那老城区的核心，因保存有很多13～15世纪的哥特式建筑而得名；毕加索博物馆收藏着700多幅印象派大师毕加索不同时期的画作；西乌达德拉公园位于老城和奥林匹克村之间，有棕榈树林、小湖和有雕塑装饰的喷泉；奥林匹克村和奥林匹克码头，是为1992年第25届奥林匹克运动会而建。

（3）**塞维利亚** 西班牙安达路其亚省首府，著名的文化古城，拥有众多景点：圣克鲁斯旧城区，是塞维利亚保留最完好的老城区；皇金塔是瓜达尔基维尔河畔的一座十二等边形的砖塔，已有700多年的历史；西班牙广场的古罗马式的回廊、拱门、柱头以及阿拉伯和西班牙建筑风格浑然一体，被誉为西班牙最美丽的广场；基拉尔达大教堂是世界最大型的哥特式教堂；境内还有彼拉多宫、斗牛场、阿尔卡沙尔宫等。

2．五彩纷呈的风景名胜资源

（1）**海滨旅游胜地** “阳光普照西班牙”的口号显示了西班牙海滨旅游的魅力：①位

于南方安达鲁西亚的“太阳海岸”，海岸宽阔，细沙广布，海水平静湛蓝，水温常年 20℃左右，全年日照 300 天，成为世界上最具盛名的海滨旅游胜地；②位于东北部加泰罗尼亚的“金色海岸”，是以巴塞罗那和布达内斯为中心南北绵亘 500km 的海岸，海湾和岬角交错，风景如画；③位于东海岸外地中海中以马略卡岛上帕尔马为中心的巴利阿里群岛，为亚热带海岛风光，被称为“地中海浴盆”；④位于非洲西部大西洋中的加那利群岛，以热带、亚热带火山海岛风光为特色，以“幸福岛”而闻名，是令人向往的冬季旅游胜地。

（2）**文化胜迹** 西班牙历史悠久，古城、王宫、教堂、城堡和其他文化古迹遍布全国各地。其中最为著名的有：①东王宫，位于马德里，西班牙历代国王的王宫。宫殿全部用大理石砌成，规模宏大，风格华丽。1975 年以后，卡洛斯国王将王室住所搬出此宫，东王宫也就成为了西班牙举行重大国事活动的场所和可供游览的名胜。②神圣家族教堂，位于巴塞罗那市内。1884 年破土动工，至今仍在建设中，1891 年由建筑家高迪接手设计和主持施工。教堂有四个正面，每面都各有四座尖塔耸立于上。宏大的体量、挺拔的线条、巧妙的组合以及无处不在的强烈生命节奏，使神圣家族教堂具有不可替代的独特性。③哥伦布广场，位于马德里，广场下建有“地下艺术城”，全夜开放，是繁华的“都中之都”。

（3）**独特的民族文化传统** 在西班牙还有许多古老的、独特的民族文化传统：①西班牙斗牛，被视为 “国粹”，每年都举行近千场的斗牛活动，故有“斗牛王国”之称，这些活动由于过于残酷而于 2010 年已被政府取消；②弗拉门戈舞，是一种集歌、舞、吉他演奏为一体的特殊艺术形式，也被视为西班牙的“国粹”；③吉他音乐，西班牙是古典吉他音乐的发祥地，吉他演奏家及作曲家李尔（1778—1839）被誉为“吉他世界的贝多芬”。

3．独特的社会风情与生活习俗

西班牙人习惯晚睡晚起，往往上午 11 点到办公室，中午午餐时不见人，直到下午四五点才回办公室，然后工作到晚上八九点。这样，他们的午餐都在 13:30 以后，晚餐则在 22 点才开始。街上餐馆一般都在 21 点才开门营业，直到 23 点才有顾客光顾。西班牙有一天吃五顿饭的习惯，因而吃饭时间与众不同：早 6 时吃面包喝咖啡，中午 12 时吃面包夹香肠喝咖啡，下午 3 时吃午餐，晚 7 时喝咖啡吃甜点，晚 10 时吃晚餐，周末时晚餐时间延迟到晚上 11 时。到西班牙人家中做客，要带上鲜花、点心、蛋糕或巧克力，但注意鲜花不能送大丽花和菊花。在交谈时，虽然西班牙人喜欢谈论政治，但不要把西班牙政治与本国政治进行比较，要避免谈论宗教、家庭和工作，更不要说有关斗牛的坏话。

三、现代旅游业和旅游市场的发展

1．旅游业规模大、发展水平高

西班牙 2007 年接待外国游客 5887 万人次，仅次于法国；旅游外汇收入 651 亿美元，仅次于美国，享有“旅游王国”的美誉。与之相应，西班牙也是世界旅游预算最多的国家，如 2000～2006 年，政府对旅游和旅游相关行业投入 266.6 亿美元，平均每年达 38 亿美元。目前全国拥有旅行总社 2812 家，分社 3378 家；星级饭店 9792 家，客房近 60 万间，床位 100 多万张，还有各种低档饭店 12.46 万家，计床位 42 万张，并有大量家庭旅店和简易帐篷供旅客使用。全国拥有四通八达的高速公路、15000km 的铁路，还建有年容纳 7000 万人次进出的超大型机场。目前，西班牙年旅游外汇收入超过 500 亿美元，相当于同期 GDP 的 12%。

2. 已形成地域特色鲜明的六大旅游区

西班牙已形成地域特色鲜明的六大国际入境接待旅游区：①包括“太阳海岸”在内的东南旅游区；②以亚热带海岛风光为特色的地中海巴利群岛旅游区；③包括比利牛斯山东段、埃布罗河谷地的布拉瓦海岸和阿萨尔海岸在内的东北旅游区，这里既有山地秀丽风光，又有“金色海岸”，并有巴塞罗那、巴伦西亚旅游城市；④以西班牙内陆高原为主体的中西部旅游区，以文化古迹众多为特点，这里的首都马德里的皇宫和附近的耶科略修道院、阿维拉古城墙、托莱多特式的主教大教堂等，都是著名旅游观光胜地；⑤位于西北山区和比斯开湾沿岸地带的西北旅游区，其山地夏季凉爽，沿岸景色迷人，是西班牙著名的避暑胜地；⑥距非洲西海岸 130km 的大西洋中的加那利群岛旅游区，风光奇异，为新兴的旅游胜地。

3. 中西旅游关系发展空间广阔

自 1973 年建交以来，中西两国关系发展顺利，尤其是近年来，中西旅游关系健康、稳定地向前迈进。为了帮助中国旅游部门官员及旅游企业人员进一步提高专业素质，同时促进中西两国旅游合作关系的进一步发展，2004 年 2 月 26 日上午，西班牙驻华大使在京向中国国家旅游局转交了资助中国旅游培训项目（金额为 112500 欧元的支票），用于对海滨旅游业培训、乡村旅游培训及旅游贸易和旅游产品促销培训三个项目的支持。西班牙政府于 2005 年 5 月颁布了旨在加强与中国发展经济贸易关系的“中国计划”。根据这一计划，在 2005～2007 年的三年期间，政府将投资 6.9 亿欧元来鼓励和支持西班牙企业在中国发展投资、贸易和旅游事业，并打算在 3～5 年的时间内吸引 15～20 万中国游客。同时，西班牙 2007 年来华旅游人数为 13.67 万人次，已成为中国重要的远程客源国之一。

第十二节 希 腊

希腊全称希腊共和国，位于巴尔干半岛南端，东、西、南三面分别濒临爱琴海、地中海和伊奥尼亚海。面积 13.19 万 km^2，由希腊大陆和众多岛屿组成。人口约 1090 万，98%为希腊族人，其余为马其顿、土耳其等少数民族。居民 98%以上信仰东正教。官方语言为希腊语。首都雅典。国旗为蓝底，靠旗杆一侧上方为白色十字架，另有九条平行排列的蓝白相间的横带，代表着希腊人争取自由与民族独立的视死如归的决心。国徽以蓝色盾牌为背景，牌上有一个白色十字架，象征国教东正教，周围环绕着绿色的橄榄枝。国歌为《自由颂》，国树为油橄榄树，国花为油橄榄花，国石为蓝宝石。

一、旅游业与旅游市场发展的地理环境背景

1. 山海型自然环境与较为丰富的自然资源

山地面积约占国土总面积的 80%，品都斯山脉横亘中西部，东部奥林匹斯山海拔 2917m，为全国最高峰；东北部和沿海有盆地和平原分布。河流短小流急，富水力，以阿谢奥洛河、奈斯河较为重要。海岸线长而曲折，港湾深入内地；多半岛和岛屿，伯罗奔尼撒岛为最大半岛，克里特岛为最大岛屿。希腊中部及伯罗奔尼撒所有的地方离海都不到

50km，北部也不超过140km，山、海、岛浑然一体。属于亚热带地中海式气候区，植物常绿。主要矿产有铁、铝、镁、铬、铜、石油、大理石等。

2．经济较为发达的工农业国家

海运、旅游、侨汇是经济的三大支柱，但工业地位重要，主要有采矿、食品、纺织、化工、建材等部门。其铝土矿产量曾一度占到世界总产量的12%，在采矿业中一枝独秀。大理石品质优良，是古希腊建筑艺术和雕刻艺术取得惊人成就的物质基础。农业在经济中占有重要地位，出产小麦、玉米、大麦、水稻等粮食作物和烟草、葡萄、橄榄、柑橘、棉花等经济作物。其橄榄油产量居欧洲前列，杏仁、胡桃等果品以优质闻名。希腊交通以公路为主，对外运输靠海运。希腊拥有一支居世界前列地位的商船队，其商船总数接近4000艘，总吨位也接近4000万t，使之成为世界海运大国。希腊最大港口是比雷埃夫斯港，约60%的海运货物都在此集散。

3．悠久的历史与当代西方民主政治

希腊有着5000年的文明发展历史。公元前2800～前1400年，克里特岛和伯罗奔尼撒半岛先后出现过米诺斯文化和迈锡尼文化。公元前800年形成了数以百计的奴隶制城邦国家，公元前5世纪为鼎盛时期，雅典、斯巴达、底比斯等都是其中最发达的城邦。公元338年起被马其顿、罗马、拜占庭（大秦）等占领。1460年遭奥斯曼帝国统治。1821年独立。第二次世界大战期间被德、意军占领，战后恢复独立。1946年国王复位。1973年6月废黜国王。1974年11月举行议会选举，新民主党获胜并执政，国家政体为共和制。

4．古代灿烂的文化与发展中的现代教育

世界上著名的文明古国，曾创造过灿烂的古代文化，在音乐、数学、哲学、文学、建筑、雕刻等方面都曾取得过巨大成就。在古希腊，出现了不朽的荷马史诗，诞育了剧作家阿里斯托芬、幼里披底斯，哲学家苏格拉底、柏拉图，数学家毕达哥拉斯、欧几里得，雕塑家菲迪亚斯等文化名人。希腊还是奥林匹克运动会的发源地。在现在13万km^2的希腊境内，到处是历史悠久的古迹，随处都可见价值连城的文物。希腊教育体制与中国基本相似，学前教育与小学、初中、高中、大学等学制也一样，学校也分为公立与私立两大类型，公立学校享受国家资助的免费教育。学习环境比较轻松，大约一半学生经过考试可升入大学。全国有雅典大学、萨洛尼卡大学、克里特大学和佩特雷大学等著名大学。

二、旅游资源的特点

1．具有古老文明的旅游城市

（1）**雅典**　全国最大城市，驰名世界的文化古城，位于巴尔干半岛南端。著名建筑主要坐落在市内的三座小山上。举世闻名的巴特农神庙坐落在阿克罗波利斯山上。位于市中心的希腊历史文物博物馆是雅典的另一重要建筑，这里陈列着从公元前4000年以来的大量文物、各种器具、精巧的金饰及人物雕像，生动展现了希腊各个历史时期的灿烂文化。希腊是奥林匹克运动会的发源地，公元前776年，在距离雅典约300km的伯罗奔尼撒半岛西部的奥林匹亚村举行了人类历史上最早的运动会。为纪念奥林匹亚运动会，1896年在雅典举行了第一届奥林匹克运动会。

（2）**卡瓦拉**　位于马其顿地区的最东部，其东面的内斯托斯河是马其顿和色雷斯地区的自然分界线。卡瓦拉是希腊乃至巴尔干地区的重要港口之一，是卡瓦拉省的省会城市，也是希腊北部的工业重镇和经济贸易中心。卡瓦拉市内还有考古博物馆、民俗博物馆等多处博物馆可供参观。

（3）**塞萨洛尼基** 又名萨洛尼卡，希腊第二大城市，巴尔干半岛上的经济贸易中心，许多国际和地区组织就坐落在这座美丽的海滨城市。这里文化遗产十分丰富，主要名胜有萨洛尼卡古城堡遗址、萨洛尼卡自由塔、考古博物馆、拜占庭博物馆以及周围的公园和长而多变的海岸线衍生的许多海滩等。

2. 独具古风特色的风景名胜资源

（1）**雅典卫城** 雅典娜是希腊神话中的城市女神。在雅典市中心的阿克波利斯山上，公元前 580 年建起了雅典娜神庙。其周围是为防御敌人进攻而建的城堡——雅典卫城，位于首都雅典市区南部一个陡峭的山头上，高出周围的城市地面约 100m，公元前 480 年波斯侵略希腊时遭破坏。伯利克里当政时重建了一组以巴特农神庙为中心的建筑群。雅典娜神庙、巴特农神庙，都是古希腊文明辉煌时期的历史见证。

巴特农神庙 雅典卫城最重要的主体建筑，世界古代七大奇观之一。神庙建于公元前 447～432 年，坐落在卫城的最高处。采用典型的长方形的列柱回廊式形制，四周共有 46 根直径 1.5m、高 14m 的大理石柱，晶莹洁白，宏伟壮观。神庙都施以红蓝为主的浓重色彩，显得格外庄严肃穆。

（2）**奥林匹亚** 位于伯罗奔尼撒半岛西部，阿尔菲斯河北岸。这里曾是公元前 5 世纪希腊宙斯神举行盛大祭祀活动的地方，并附带进行赛跑、赛车、角斗等体育竞技活动，乃至成为近代奥林匹克运动会的源头。经考古发掘，现在呈现在人们面前的奥林匹亚遗址，东西长约 520m，南北宽约 400m，中心是阿尔提斯神域，是为宙斯设祭的地方。神域东北侧为体育场，四周有大片坡形看台，西侧设运动员和裁判员入场口，场内跑道的长为 210m，宽 32m。附近有演武场、司祭人宿舍、宾馆、会议大厅、圣火坛和其他用房等，共同构成了竞技会的庞大建筑群，现遗址上建有奥林匹克考古学博物馆。

（3）**克里特岛** 位于希腊半岛南面的地中海中，介于非洲与欧洲之间，是希腊众多的岛屿中最大的一个岛，也是古代爱琴文明的发源地。约在公元前 3000 年，克里特岛上的居民已经进入青铜器时代。约在公元前 2600～前 1125 年的米诺斯王朝时代，岛上文化空前繁荣，建造了规模宏大的宫殿，制造出许多精美的工艺品；20 世纪初，在岛北滨海平原上的伊拉克利翁发掘出一座当时建筑的王宫，王宫中央是一个长方形的庭院，国王宫殿、王后寝宫分布在庭院四周。

（4）**阿托斯山** 位于阿克蒂半岛上，海拔 2033m，险峻难达，山上建有历史悠久、规模宏大而神秘的修道院建筑群。因传说圣母玛利亚在阿托斯山庭院休息，自古就禁止女性进入而成为只有男修道士的“男人国”，被称为希腊圣山。在拜占庭时期，修道院依靠帝国皇帝的保护和特恩得到很多发展，于公元 10 世纪出现了修道士村，15 世纪后进入鼎盛时期，最多时有修道士 2 万余人。阿托斯山风景秀丽，现已成为希腊的旅游胜地。

3. 丰富多彩的社会风情与生活习俗

希腊人热情好客，非常注重个人之间的友谊。希腊大男子主义传统较深，大多数人信奉东正教。在希腊教堂里妇女应穿长裙，胳膊不可外露，而且妇女不得站到圣坛后面去。

希腊人喜欢吸烟，商务谈判和社交活动中都喜欢吸烟，甚至吃饭的时候也吸上几口香烟；在公共场所，人们也对张贴的禁止吸烟标志视而不见。由于希腊外汇较为短缺，当地一些商店很欢迎顾客用美元或英镑等硬通货结账付款，在餐馆或酒吧通常应付给服务员相当于餐费15%的小费。希腊人的婚礼仍保持着浓郁的传统色彩，婚礼一般在星期日举行，新郎新娘身着结婚礼服，新娘头上还蒙着一块淡红色的面纱，然后由亲友们陪着前往教堂，由神父主持婚礼。希腊人的节庆活动丰富多彩，有圣诞节、新年等。新年时家家户户都要做一个大蛋糕，里面放入一枚银币，家人分吃时谁吃到银币，谁将吉祥如意。

三、现代旅游业和旅游市场的发展

1．国际入境市场规模相当可观

希腊为世界十大旅游胜地之一。早在2000年，就接待过夜国际旅游者1250万人次，居世界第15位；旅游外汇收入92亿美元，居世界第10位。2004年希腊雅典奥运会使其创造了接待1600万国际游客的奇迹。目前，全国旅游从业人员为40万，旅游旺季时可达65万，占就业总人数的10%以上，其中6.1%为直接就业，3.9%为间接就业；旅游收入约占整个国民经济总收入的19%，旅游业已成为其国民经济的重要支柱。希腊游客近90%来自欧洲，大多数为休闲度假游客，尤其是“三S”（Sun、Sea、Sand）旅游游客，停留时间一般为10～15天。

2．旅游建设卓有成效

希腊的旅游产品丰富多彩，文化旅游产品、海滨度假旅游产品、美食旅游产品，以及北部山区冬季的滑雪旅游产品、登山旅游产品，都是国际旅游市场中的知名旅游产品。在此基础上，希腊人面对竞争日益激烈的国际客源旅游市场，一方面继续抓好旅游产品的体系建设，不断拓展和完善产品系列，另一方面不断扩大旅游产品的深度开发，注重打好历史牌、文化牌，并加强了对“三S”旅游产品的开发。例如，在著名的度假岛圣托里尼，除极力展现其阳光、蓝天、碧海和白房子景观外，还特别开发了独特的黑砾滩、黑沙滩项目；在塞萨洛尼基的“诗人海滩”，还开发了能享受裸晒的“天体海滩”。目前全国共有大小旅馆8209家，床位60多万个，另有28000个公寓和家庭还可提供45万个床位；各地还有1000座别墅可供租用，有5座高尔夫球场、20座矿泉疗养院、4座海洋疗养中心和5个会议中心。目前希腊全国有5800家旅行社和适合于国际入境旅游的各种语言专业导游2000名。

3．中希旅游关系合作潜力大

1972年6月5日，希腊与中国建立大使级外交关系，随后，中希两国间双边关系平稳发展。2006年1月，希腊总理卡拉曼利斯对中国进行正式访问，签署了《建立全面战略伙伴关系联合声明》，并宣布了两国包括旅游在内的优先合作领域。2006年6月，希腊和中国旅游界人士表示双方将充分利用两国各自独特的历史和文化特点，利用奥运会的契机，进一步加强双边旅游合作。希腊旅游部部长阿弗拉莫普洛斯还表示，希腊对中国的旅游者有强烈期盼，将在中国设立旅游办事处，开始双边直航谈判，简化签证手续，着力改善接待中国游客的软硬基础条件。随着2007年10月希中旅游联合委员会举办日期的最后确定，希腊与中国同意采取一系列措施来促进双方旅游合作关系，希腊旅游部部长范尼·帕里一佩特拉里亚女士和中国国家旅游局局长邵琪伟在会议期间就该问题进行了探讨。

第十三节 葡萄牙

葡萄牙全称葡萄牙共和国，面积 9.2 万 km^2。人口 1054.42 万，其中 99%以上为葡萄牙人，97%以上居民信奉天主教，官方语言为葡萄牙语。首都里斯本。国旗呈长方形，长与宽之比为 3:2，旗面由左绿右红两部分组成，绿色部分是一个竖长方形，红色部分接近正方形，红、绿连线的中间绘有葡萄牙国徽。国徽主体部分是一个金色的浑天仪，浑天仪中央为一面白盾，周围饰橄榄枝，盾面上五个蓝色小盾组成十字形。国歌为《葡萄牙人》，国花为薰衣草。

一、旅游业与旅游市场发展的地理环境背景

1．山海型自然环境与较为丰富的自然资源

地势由东北向西南倾斜，大部分地区为丘陵、山地，沿海多平原。中部埃斯特雷拉山海拔 1991m，为本土最高山峰。主要河流有杜罗河、特茹河。南北分属地中海气候和海洋性气候，年降雨量 500～1000mm。矿产资源较为丰富，其中钨储量为西欧第一位，大理石出口占世界第二位。森林覆盖率为 32%，软木产量和出口量占世界第一位，有“软木王国”之称。

2．经济发达的工农业国家

主要工业部门有机械制造、造船、电力、钢铁、纺织、服装、食品、软木和酿酒等。盛产葡萄、油橄榄和无花果，是世界主要葡萄酒生产国之一。畜牧业和海洋捕捞业较发达。银行、金融、保险、旅游等服务行业发展迅速，其产值在国民经济中的比重以及该行业在全部就业人员中的比例已接近欧洲发达国家水平。对外贸易较发达，主要进口石油、机械、车辆和粮食等，出口大理石、机械、纺织品、软木产品和葡萄酒等。

3．海上强国的兴衰历史与现代西方民主政治

葡萄牙历史上长期受罗马人、日耳曼人和摩尔人统治。1143 年成为独立王国，15～16 世纪曾发展成为海上强国，在非洲、亚洲、美洲有殖民地。1580～1640 年受西班牙统治，1703 年沦为英国附属国，1820 年结束英国占领。1891 年成立第一共和国，1910 年 10 月成立第二共和国。第二次世界大战时名义上中立，1949 年加入北约。葡萄牙现行宪法规定总统、议会、政府和法院是国家权力机构，总统为武装部队最高司令，议会为一院制，议员任期四年。

4．比较发达的文化与教育

文化比较发达，全国有各类博物馆近 300 座，图书馆 1600 多所，各类电影院、剧院 300 多所，画廊或展览馆 300 多所。文学艺术繁荣，如萨·德·米兰达革新了原有的诗歌格律，创造了更富于表达力的新形式；安东尼奥·费雷拉创作了著名的古典悲剧《卡斯特罗》；优秀剧作家、葡萄牙戏剧创始人吉尔·维森特一生创作了 44 部剧本；弗朗西斯科·德·莫赖斯的《英国的帕尔梅林》和若昂·德·巴罗斯的《克拉里蒙多皇帝纪事》等

骑士小说也流传至今。葡萄牙的绘画和建筑艺术很出名，著名的艺术家有菲盖雷多、V. 费尔南德斯、G. 瓦兹和 G. 洛佩斯等。葡萄牙实行九年义务教育，高等教育也比较发达，比较著名的大学有里斯本大学、科英布拉大学和波尔图大学等。

二、旅游资源与旅游地特点

1．独具特色的旅游城市和风景名胜

（1）**里斯本** 葡萄牙最大港口，坐落在特茹河的入海口，城内圣乔治城堡位于中心的制高点上，可以俯瞰全城。跨越特茹河的“四月十五日大桥”是欧洲最长的斜拉桥。主要旅游景点有商业广场、圣乔治城堡、自由大道、爱德华七世公园、航海纪念碑、贝伦塔和海洋馆等。其中海洋馆是欧洲最大的海洋生物水族馆之一。

热罗尼姆斯教堂 全盛时期的建筑艺术珍品。从空中鸟瞰，教堂的结构是一个横短竖长的拉丁十字形，外表全部用打磨得光滑平整的白色花岗岩砌成，显得高大、圣洁。30 对数十米高的塔尖直指苍穹，给人一种摆脱尘世一切重负的感觉。教堂里长眠着葡萄牙的诗魂卡蒙斯、著名航海家达·伽马和最富盛名的作家埃尔库拉诺，教堂已被列入《世界文化遗产名录》。

（2）**波尔图** 葡萄牙第二大城市，著名的历史文化名城和旅游城市，其历史中心区被列入《世界文化遗产名录》，以出产葡萄酒而著称于世。主要风景名胜有大教堂、牧师塔、水晶宫、苏亚雷斯国家博物馆、路易斯一世桥等。其中路易斯一世桥由巴黎埃菲尔铁塔的设计师埃菲尔设计。

（3）**塞图巴尔** 葡萄牙第三大渔港和工业城市。气候宜人，主要风景名胜有萨多海湾自然保护区。自然保护区内许多小横路适于散步。那里动物繁多，稀有鸟类有鹭、火烈鸟、鹳，甚至还有海豚。松林、盐场和稻田构成一幅美丽的田园风景画卷。

2．优美的海滨风光

（1）**马德拉群岛** 著名的海滨休闲度假胜地，位于非洲西北海岸的北大西洋内。属亚热带海洋性气候，适合于旅游休闲度假。群岛包括两座有人居住的岛屿——马德拉岛和波尔图·桑塔岛，两座无人居住的岛屿——德瑟塔斯岛和萨尔瓦格斯岛。马德拉岛为其中最大的岛屿，是酿制当地名产——马德拉葡萄酒的地方。

（2）**埃斯托里尔** 濒大西洋，葡萄牙中西部著名海滨游乐地，附近的埃斯托里尔山，旅游业极盛。长期以来，这里是各国国王们的寓居地、富豪们的游乐场。这里有欧洲最大的娱乐场，场内设电影厅、艺术画廊、酒吧、餐厅、夜总会和赌场等，是一座名副其实的“不夜城”。在众多的海滩中，有的水清沙白，有的风急浪高，游人各择其宜。

（3）**卡斯卡伊斯** 位于里斯本市以西 30km，著名的海滨旅游胜地。卡斯卡伊斯海滩引人入胜，人们可以在这里冲浪或者进行帆板运动。市区以西十多公里处，有一个罗卡角，角上竖立着一座天主教碑，上面刻写着葡萄牙历史上最著名的诗人卡蒙斯的著名语句——“陆止于此，海始于斯”。

3．多彩的社会风情与生活习俗

葡萄牙人重视礼节，通常在礼貌性寒暄之后都会互相交换名片，习惯在人名前加上某种称呼，以表示礼貌与尊重。对男子普遍称先生，对妇女称夫人或女士，对未婚女子称小姐或女士。商务谈判中不宜施加压力，宜保守地提出生意条件。葡萄牙人家族意识强烈，

凡事慢三拍，所以事先应安排好。盛行文明斗牛，不将牛在场内杀死，只将牛按倒在地即告胜利。葡萄牙人热爱大自然的花草树木，爱喝葡萄酒，特别是波尔图酒，不论是成年人还是儿童，用餐时都要喝上几杯酒。每年圣诞节，葡萄牙人还要烤制曾得到王后伊沙白尔赞赏的 18in 面包。爱看只供观赏的斗牛，爱唱最能表现葡萄牙人落寞感受的宿命之歌。

三、现代旅游业与旅游市场的发展

1．出入境旅游都比较发达

旅游业是葡萄牙外汇收入的重要来源和弥补外贸赤字的重要手段。近些年来，其在世界主要旅游目的地中名列第 20 位左右；主要游客来自英国、德国、西班牙、荷兰、法国、爱尔兰、意大利、瑞典和美国等。同时，全年约有 400 万葡萄牙人出境旅游，占有条件出门旅游人数的 51%。目前，每年赴葡旅游的旅游人数比葡萄牙全国人口还要多，年旅游业收入占国内生产总值的 10%，旅游业从业人员占全国就业人员的 8%。

2．政府对旅游业发展的重视与支持

近年来围绕“提高产业质量、增加旅游品种、改善服务水平、加强地区特色、增强环保意识”的方针，政府采取了一系列政策和措施来促进其发展。例如，对旅游业实施财政倾斜政策、鼓励地方政府出台具有地区特色的旅游项目、增加与旅游相关的集市和节日、努力改变葡萄牙单一的海滨旅游地的形象。2003 年 7 月，葡萄牙政府通过了一项发展旅游业的计划，旨在通过振兴旅游业，并使该行业成为国家经济发展的关键行业，到 2012 年将葡萄牙建设为世界前十大旅游胜地之一。为提高服务水平，政府加强了对旅馆、旅游景点和餐饮业人员的培训，同时建立旅游学院，培养行业高级管理人员。政府还努力发展高尔夫旅游事业，目前已发展到了 75 个球场。

3．中葡旅游关系发展迅速

1979 年 2 月 8 日，中葡两国建交，随后两国关系平稳发展。2004 年 10 月 2 日，为庆祝中华人民共和国建国 55 周年和葡萄牙共和国日（10 月 5 日），“中国旅游文化图片展”在葡萄牙名城辛特拉市拉开帷幕，以中国旅游胜地和文化古迹为主要内容的 80 幅图片，悬挂在 BELOURA 文化娱乐中心入口处，构成了东西方文化和谐统一的独特风格。2005 年 12 月 9 日，国务院总理温家宝访问葡萄牙，双方决定建立中葡全面战略伙伴关系，以此推动双边关系全面发展。随着欧盟国家对中国旅游的开放，葡萄牙旅游业也日益看好中国市场，针对中国和亚洲其他国家的“西班牙、葡萄牙数日游”项目竞相出现。同时，中国也是葡萄牙人向往的旅游目的地，2007 年，葡萄牙旅华人数达 4.827 万人次。

第十四节 瑞 典

瑞典全称瑞典王国，位于北欧斯堪的那维亚半岛东南部，东濒波罗的海，西南临北海，并与丹麦隔海相望，国土面积约 45 万 km^2。人口约 890 万，90%为瑞典人。官方语言为瑞典语。90%的国民信奉基督教路德宗。首都斯德哥尔摩。国旗为蓝色，黄色十字略向左侧。国徽有大国徽和小国徽之分：大国徽为斗篷式；小国徽为一戴王冠的蓝盾。国歌为《你古老光荣的北国山乡》，国花为铃兰，国鸟为乌鸫（百舌）。

一、旅游业与旅游市场发展的地理环境背景

1. 优越的自然环境与丰富的自然资源

地势自西北向东南倾斜，西部为斯堪的那维亚山脉；北部为诺尔兰高原，克布讷凯塞峰海拔 2123m，为全国最高峰；南部及沿海为丘陵和平原。约 15%的领土在北极圈内，属亚寒带针叶林气候，但受北大西洋暖流影响，冬季不太寒冷。最南部属温带阔叶林气候，其余大部分地区属温带针叶林气候。河流短小流急，水力资源丰富。湖泊众多，其总数达 9 万多个。海岸线长 7624km。森林覆盖面积占全国土地的 64%，享有“森林王国”的美称。瑞典为欧洲最大的铁矿砂出口国。瑞典环境优美清洁，社会安定祥和，在《2003 年联合国人类发展报告》中排列的“世界最佳居住国家”中，瑞典名列第二。

2. 经济发达的工业国家

建立在森林、铁矿和水力基础上的采矿、冶金、林业、造纸、电力和机械制造等传统工业发达。82%的工业品出口到国外。高科技产业迅速发展，交通、通信、医药保健、信息、环保领域在世界上具有较强竞争力，一度作为瑞典主要出口部门的钢铁、木材加工业已逐渐被机械制造、电子精密仪器和汽车等工业部门所代替。金属加工和机器制造业是瑞典最重要的工业部门，机械产品具有精密、耐用和工艺水平高的特点。化学工业是瑞典主要工业部门之一，尤以石油化工、石油精炼最为突出。对外贸易具有重要地位，出口产品主要有汽车及运输设备、机械和仪器、电子产品、木浆纸张、医药化工和钢铁及金属制品；进口货物的 60%以上为制造业的部件和原材料。

3. 曲折的历史与西方民主政治

11 世纪形成统一封建国家。1397 年与丹麦、挪威组成卡尔马联盟，受丹麦统治，1523 年脱离联盟独立。1654～1719 年为瑞典的强盛时期，领土包括现芬兰、爱沙尼亚、拉脱维亚、立陶宛，以及俄国、波兰和德国的波罗的海沿岸地区。1718 年对俄国、丹麦和波兰作战失败后逐步走向衰落。1805 年参加拿破仑战争，败于俄国后被迫割让芬兰，1814 年与挪威结成瑞挪联盟，1905 年挪威独立。在两次世界大战中均保持中立，但 1995 年开始放弃中立，加入欧盟。现行宪法规定瑞典实行君主立宪制，国王是国家元首和武装部队统帅，作为国家象征仅履行代表性或礼仪性职责；议会是国家唯一的立法机构，由普选产生；政府是国家最高行政机构，对议会负责。国王的长子女是法定王位继承人。

4. 发达的文化与教育

瑞典已经成为当前世界创意强国，相当重视传统文化的保存，而且创意产业已发展出强大的产业聚集效应。瑞典还是全球第三大音乐输出国，电影产业更是成功，数十年来产生了许多经典名片和电影奇才。瑞典时装与配件亦在国际时装界占有一席之地，服装在瑞典不仅仅是一种功能性产品，经过设计师的创意巧思，还可成为彰显个人品位与风格的文化商品。瑞典的汽车与建筑业的工艺设计在国际市场已经成为一种

足以代表瑞典文化特色的国宝级产业。瑞典教育系统的一项基本方针是每一个人不分性别、种族、社会背景以及居住地都要受到同等教育。义务教育学校的教学资料和学校伙食免费，所有年龄在 16～20 岁之间参加高中教育的学生享受国家经济支持，保证每一个人都受到高等教育。著名的大学有斯德哥尔摩大学、乌普萨拉大学、隆德大学和皇家工学院等。

二、旅游资源与旅游地特点

1．重要旅游城市

（1）**斯德哥尔摩**　全国政治、经济、文化、交通中心，地处波罗的海和梅拉伦湖交汇处，由 14 个岛屿和乌普兰与瑟南曼兰两个陆地地区组成，有 700 余年的历史，现代工商业发达。全国各大企业以及银行公司的总部有 60%设在这里。这里风景秀丽，城市临湖和滨海一带尤为秀美。梅拉伦湖有大大小小岛屿 400 余座，座座风采各异，其桦树岛出土的文物中发现有中国唐朝时的丝绸片。

（2）**哥德堡**　瑞典第一大港口和第二大工业城市，位于西海岸卡特加特海峡，港口终年不冻。机械、化学、纺织工业十分发达，闻名于世的瑞典滚珠轴承公司的总部和沃尔沃汽车公司的总部均设在该城。市内有 17 世纪建造的皇家住宅和旧市政府，18 世纪中叶建造的瑞典东印度公司以及大教堂。哥德堡大学、哥德堡工程学院也建于此。

（3）**马尔默**　瑞典第三大城市、海军基地和交通枢纽城，坐落在瑞典最南端，隔厄勒海峡同丹麦首都哥本哈根相望。市区一部分濒临海洋，为运河环绕的老区；另一部分是向腹地延伸的现代化新区。城内建筑颇具特色，市政府是一幢荷兰文艺复兴式样的建筑，圣彼得大教堂是哥特式的建筑，城中还有许多 16 世纪时的精美建筑物。

（4）**乌普萨拉**　文化古城，曾为瑞典旧王朝的故都，位于瑞典东部，濒临费利斯河和梅拉伦湖。瑞典历史最悠久的大学——乌普萨拉大学即设于此，城市建有博物馆 10 多个，其中包括专门展出中国展品的中国瓷器馆和中国化石馆。乌普萨拉是瑞典国王举行加冕典礼的圣地，城市还保有 1287 年始建的哥特式砖造大教堂、16 世纪建筑的城堡以及古斯塔夫一世等历史名人的陵墓。

2．著名风景名胜

（1）**斯康森博物馆**　斯德哥尔摩市的一座露天民俗博物馆，创建于 1891 年，是世界上同类博物馆中历史最悠久的一个，占地 $30hm^2$，从多种角度向人们展示昔日瑞典的民俗生活。该博物馆建有 150 幢房舍，房舍中既有瑞典南方斯格耐地区的草顶木房或砖房，也有北部地区拉普族的圆锥形木屋，还有教堂的尖塔和钟楼等。

（2）**中国宫**　位于斯德哥尔摩郊区的名胜地皇后岛上，是一座仿中国式宫殿与法国洛可式建筑的混合体，整个建筑呈弓形。宫门、宫窗两侧的边框以中国式图案组成，以便于书写中国对联，室内陈设几乎均为中国式样，墙上挂满中国山水花鸟之类的画卷和书法条幅。

（3）**诺贝尔纪念馆**　建于 1975 年，位于卡尔斯库加市。馆址在白桦山庄，是诺贝尔结束海外漂泊生涯回到祖国的定居之地。馆里珍藏着诺贝尔生前活动的照片以及他获得的各种技术发明专利证书和金质奖章。他的遗嘱也保存在这里。

3．社会风情与民族习俗

瑞典人热情好客、淳朴诚实、谈吐文明、行为规矩、重诺守时，十分重视环境保护，爱花、爱鸟和其他野生物，热爱大自然，忌伤害鸟类及猫、狗等动物。雇员每年享受五周的法定有薪假期，每周工作五天，通常在圣诞节还有两周休息。人们喜欢利用闲暇时间到野外活动，到森林和田野远足，采摘野果和蘑菇，到海湖去游泳、泛舟、垂钓。在昼长夜短的夏季，大家纷纷到国内外去旅游。瑞典是禁酒国家，不能以酒作为礼物。忌众目睽睽之下的过分亲昵言行，忌在公共场合吸烟等。关系亲密的朋友相见，同性之间总要热情拥抱，互贴对方面颊；上了年纪的人见面，多行举手礼或脱帽礼。到瑞典人家中做客，宜送一束鲜花或一盒巧克力作为见面礼。民族意识很强，客人若能够用瑞典语说几句“您好”、“见到您很高兴”、“谢谢”之类的客套话，会受到主人格外的尊敬。瑞典人“不喝咖啡睡不着觉”，一天到晚总在喝咖啡，人均咖啡消费量居世界第二位。

三、现代旅游业与旅游市场的发展

1．具有旅游大国地位

瑞典已成为世界上出境旅游人数最多的国家之一，目前瑞典每年每个家庭平均用于旅游的开支约 2500 美元，这一水平超过了许多欧洲国家；其出国旅游的目的地主要是北欧邻国。国际入境旅游也较发达，其一级客源市场主要是北欧国家，其中挪威是它的第一大客源国；二级客源市场是欧洲其他国家，其中最大的客源国是德国，几乎占据一半；非欧洲客源市场较小，美国和日本占据了其中的一半以上。在瑞典，旅游地的分布广泛而又相对集中，首都斯德哥尔摩及其腹地是国内和国际旅游的最大中心；其次为“黄金海岸”，它包括一条长 400km 的沙质海岸、优良的海滩及其他各种海岸景观。

2．旅游服务设施发达

据统计，在瑞典全国商业性住宿设施中，国内旅游者逗留的夜次占其总夜次的 80%，如果再加上非商业性住宿设施的逗留夜次，其比重还要大得多。其旅游的一个重要特点是 45%的家庭有自己的度假别墅。早在 19 世纪末，瑞典富庶家庭购买或建造自己的夏季住宅就已蔚然成风。到今天，这种“第二住宅”不仅仅在夏季使用，冬天也可以使用；而且这些住宅的地点不仅仅限于乡村、山地或沿海地区，也有不少建造在主要人口集聚地附近。这种住宅，不仅可以借用、租用、与亲朋共享，而且还可以交换使用。

3．中瑞旅游关系发展迅速

瑞典到中国旅游的人数近几年增长迅速，2007 年已达 13.82 万人次。中国旅游的升温同瑞典和中国之间商务往来的增多有直接联系。近年来，中瑞关系保持了良好的发展势头。2006 年，瑞典国王卡尔十六世·古斯塔夫第二次访华，进一步增进了两国的相互了解与政治互信。瑞典是中国在欧盟的第九大贸易伙伴，中国连续四年保持瑞典在亚洲最大贸易伙伴地位。在瑞典政府和工商界的大力支持下，“哥德堡”号仿古船跨越 260 多年的历史岁月，成功地实现了重返中国的历史性航行，表达了中瑞商贸进一步发展的决心。

第十五节 丹 麦

丹麦全称丹麦王国，位于欧洲北部波罗的海至北海的出口处，被人们称为“西北欧桥梁”，面积4.3万km^2。人口约540万，居民中丹麦人约占95%，外国移民约占5%。官方语言为丹麦语，通用英语。86.6%的居民信奉基督教路德宗。首都哥本哈根。国旗呈长方形，旗底为红色，旗面上有偏左的白色十字形图案。国徽为盾徽，金色的盾面上横置着三只头戴王冠的蓝色狮子，周围点缀着九颗红心。狮子和红心象征勇敢、忠诚、善良。无明文规定的正式国歌，通常起国歌作用的有《基里斯当挺立在桅杆旁》和《有一处好地方》两首歌曲，国花为冬青，国鸟为云雀。

一、旅游业与旅游市场发展的地理环境背景

1. 温带海洋性半岛、岛屿环境与较为贫乏的自然资源

国土由日德兰半岛的大部及西兰、菲英、洛兰、法尔斯特和波恩荷尔姆480多个岛屿组成，全境地势低平，平均海拔约30m。海岸线很长而曲折多峡湾。丹麦属温带海洋性气候，冬不寒冷，夏秋十分凉爽，年平均降水量610mm。境内湖泊河流众多。除石油、天然气以外，其他矿藏资源贫乏。海洋渔业资源和森林资源较为丰富。

2. 经济发达的工农业国家

丹麦工农业发达，有机械、造船、电子、石油开采、农产品加工、轻纺等主要工业部门。其桥梁建设、船用主机、水泥设备、环保设备、光通信、胰岛素等技术和产品在世界上享有盛誉；有高度发达的集约化农业，农业科技水平和生产效率居世界先进国家之列，肉类和奶类的人均产量仅次于新西兰，农牧业产品2/3供出口，属世界十大捕鱼国之一。哥本哈根卡斯楚普机场是北欧最大的航空枢纽。服务业发达，其就业人数占劳动力总就业人数的70%左右，其产值占国民经济总产值的70%以上。同世界上100多个国家和地区有贸易往来。进口商品主要有石油、煤、化工产品、钢铁、机械、运输设备、服装、棉纺织品、纸和饲料等；出口产品主要有肉、鱼、乳制品、化工机械、仪表、电子产品和家具等。

3. 追求和平统一的历史与现代西方民主政治

丹麦于公元985年形成统一王国。1397年以丹麦为盟主，与瑞典、挪威成立卡尔马联盟，16世纪解体。1849年建立君主立宪政体，是世界上最古老的君主立宪制国家之一。在两次世界大战中，均宣布中立，但1940年4月遭法西斯德国占领。丹麦是1954年签署《联合国宪章》的50个创始国之一。现代的丹麦，国家的重大问题由全民公决或议会讨论决定。议会为一院制，共179个席位。通常情况下每四年选举一次。现议会由社会民主党、自由党、保守党等10个政党的议员组成，执政党为社会民主党。

4. 发达的文化与教育

丹麦培育了以童话闻名于世的著名作家安徒生、原子物理学家尼尔斯·玻尔等世界文化名人和科学家，20世纪以来共有12位丹麦人获诺贝尔奖，在生物学、环境学、气象学、免

疫学等方面处于世界领先地位。安徒生的童话故事体现了丹麦文学中的民主传统和现实主义倾向。有些童话如《卖火柴的小女孩》、《丑小鸭》、《看门人的儿子》等，既真实地描绘了穷苦人的悲惨生活，又渗透着浪漫主义的情调和幻想。政府重视国家教育事业，是世界上实施义务教育较早的国家。丹麦的大学和其他高等教育机构主要由国家管理。全国现有各类高等院校18所，哥本哈根大学是丹麦规模最大、最有名望的综合性大学。

二、旅游资源与旅游地特点

1．古老而具有现代文明的旅游城市

（1）**哥本哈根** 全国政治、经济、文化中心，同时也是北欧最大城市、世界交通枢纽、自由港和航空港、国际文化旅游中心。由于统治欧洲时间最久的皇族玛格丽特女皇二世皇族居住于此，因此，它还有一个别称——“女皇之城”。这个城市因丰富的艺术与文化气质而在1996年被评为“欧洲文化之都”。

（2）**奥胡斯** 丹麦第二大城市，也是北欧最古老的城市之一，整洁、美丽，具有典型的欧洲田园风光。奥胡斯市的海滨是夏季的度假胜地，海面上白帆点点，游艇穿梭不停，吸引着世界各地的游人来此休闲。1984年5月2日，奥胡斯与中国黑龙江省哈尔滨市结为友好城市。

（3）**奥登赛** 丹麦第三大城市，世界著名童话作家安徒生的故乡。清幽的小河从城市当中穿过，两岸有红叶的丹枫、疏疏落落的白桦、长条拂水的垂柳，自然风景优美。市内仍保留着中世纪哥特式建筑和古老的城市风格。市区的一切几乎都与安徒生有关，市中央公园称“安徒生公园”，还有安徒生铜像和安徒生博物馆以及其他与安徒生有关的景点十多个。

2．神奇的风景名胜资源

（1）**“美人鱼”铜像** 位于哥本哈根市，是丹麦雕塑家埃德华•埃里克森于1912年根据安徒生童话《海的女儿》中的女主角，用青铜雕铸而成的。“小美人鱼”铜像同真人一般大小，整个人鱼直到小腿都是人形，只是脚变成了鱼鳍。铜像于1913年8月23日被安置在哥本哈根港厄里尼港入口处的一块巨大鹅卵石上，已成为丹麦的象征。

（2）**安徒生博物馆** 为纪念安徒生诞生100周年（1905年）而建，位于菲茵岛中部的奥登塞市区。博物馆是一座红瓦白墙的古老式样的平房，坐落在一条鹅卵石铺的街巷里，共有陈列室18间。前12间按时间顺序介绍安徒生生平及其各时期作品，展出大量安徒生作品的手稿、来往信件、画稿，以及丹麦一些名画家、艺术家创作的有关安徒生生活的油画和雕塑。安徒生生前的用具仍按原样摆放着，有古朴的家具、两只有补丁的旧皮箱、一顶礼帽、一个提包、一把雨伞、一根手杖，这些曾经长期伴随他的简陋的旅行行装，体现了他朴实的生活和情趣。

（3）**圆塔** 坐落在哥本哈根市中心附近，建于1642年克里斯钦四世统治时期。克里斯钦四世（1577—1648）为丹麦和挪威之王，喜好建筑，有“国王建筑师”之称。圆塔高36m，直径15m。塔内有螺旋梯通道直抵塔顶。1716年，俄国沙皇彼得大帝访问哥本哈根时曾与其皇后卡特林娜登上塔顶。

（4）**大贝尔特海峡大桥** 建在丹麦西兰岛与菲茵岛之间18km宽的大贝尔特海峡上，是世界上最长的悬索桥之一。从菲茵岛至海峡中斯坡洛格岛为6.6km长的西桥；东桥从西兰岛至斯坡洛格岛铁路需走的隧道1995年夏季已开通。东桥的公路桥在水面上，这部分大

桥中有一段为悬索桥，桥塔高 254m；两桥塔之间的跨度达 1624m，仅次于日本明石海峡大桥；桥孔高度为 65m，可通行任何巨轮。

3．显示出高度文明的社会风情与风俗习惯

丹麦是个古老文明的王国。20 世纪 50 年代，我国著名诗人郭沫若访问丹麦王国时，称赞其“民情家美居北欧之冠”。同时，其也曾被美国《读者文摘》誉为“最适宜人类居住的国家”。丹麦人喜欢读书，也喜欢运动。足球为国球，其羽毛球、手球也位于世界强国之列，其他如游泳、划船、骑车、长跑等运动也很流行。喂鸟在丹麦形成风尚，在鸟儿集中的广场、公园，每天都能见到喂鸟的人。养狗要纳税，税的多少取决于狗的高矮，所以在丹麦，狗都是长长的、矮矮的。丹麦人最常吃的除了最流行的开放式三明治面包外，近年已变得更多元，如法式的烤饼、面包，英式的炸鱼等。世界上许多国家的人们习惯于给他们的恋人戒指或一束花作为订婚礼物，但在丹麦的一些地方，人们认为送给未婚妻刻满情诗的木制棒槌最吉利。

三、现代旅游业与旅游市场的发展

1．特色旅游地位突出

旅游业是丹麦服务行业中的第一大产业，从业人数达 7.1 万人，年均接待外国游客约 200 万人次。丹麦的特色旅游项目丰富多彩：①婚姻旅游。勒古姆克洛斯特是丹麦南部一座仅有 3500 居民的小村庄，却在为全世界的情侣“成人之美”，每周的星期四，世界各地的有情人络绎不绝地来到勒古姆克洛斯特村庄举行婚礼。因在丹麦结婚必须缴纳 70 欧元的户籍费，并在举行婚礼的市镇住上三夜，使得该地区的旅游收入猛增。②海洋旅游。全国有 730km 长的海岸，尤其是东侧的波罗的海海岸及岛屿提供了大小不等的海湾与优良的海滩，为帆船运动和其他水上运动提供了理想条件。③文化旅游。全国有许多村庄和古城堡，特别是哥本哈根市有宫殿和与皇家有关的各种盛大表演仪式，市内还有珍藏皇家珍宝的玫瑰宫和丹麦政府、议会所在地的克里斯钦宫，使其每年吸引大量国内外旅游者前来观光游览。

2．旅游服务与设施发达

在丹麦，无论是城市还是乡村的道路都得到很好的维护。丹麦的乡村自然风光优美，波浪起伏的乡村道路是骑自行车兜风的理想之地，游客可尽情享受骑自行车兜风的乐趣。自行车可以在当地旅游局或自行车商店租赁到，也可方便地与人一起搭乘摆渡、火车、巴士和国内航班。丹麦的马术运动开展很普遍，在国内有很多条沿途风景秀丽的跑马道，还有各种各样的增加骑行和驾驭难度的跑马道；在丹麦各地都设有提供与骑马有关服务的组织和公司，他们所开出的价格也非常合理。丹麦拥有 102 家青年旅馆，除了统舱式房间外，大多也提供私人房间。青年旅馆多在冬季时休业数周至数月不等，而许多青年旅馆在春秋两季会要求旅客务必事先订房。

3．丹麦与中国互为旅游客源市场的格局已形成

丹麦 1950 年与中国建立外交关系，是世界最早与新中国建交的国家之一，此后双边关系不断加深。2003 年，两国签署了《中丹文化交流与合作意向书》，中国艺术团体参加了哥本哈根“亚洲形象”文化节和奥胡斯艺术节。2004 年 1 月，中国旅丹华人华侨在哥本哈根成功举办大型春节文艺庆祝活动，拉斯穆森首相通过中国中央电视台向中国人民和旅丹华人表示节日问候。中国与欧盟草签了《中欧旅游目的地国地位谅解备忘录》后，丹麦旅游局决定在中国开设一家办事处以更好地吸引中国旅游者。2004 年中国和丹麦还签署了《关于中国旅游团队赴丹麦旅游签证及相关事宜的谅解备忘录》，这标志着丹麦正式成为中国公民自费旅游的目的地国。2009 年，丹麦旅华人数为 8 万人次。

第十六节 挪 威

挪威全称挪威王国，位于北欧斯堪的那维亚半岛西部，面积为 38.54 万 km^2，人口 460.5 万，96%为挪威人，外国移民约占 4%。90%居民信奉国教基督教路德宗。官方语言为挪威语，通用英语。首都奥斯陆。国旗呈长方形，旗底为红色，旗面上有蓝、白色的十字形图案，略偏左侧。国徽为斗篷式盾徽，红色的盾面上直立着一只金色狮子，头戴王冠，持金柄银斧。国歌为《对！我们热爱祖国》，国花为欧石楠。

一、旅游业与旅游市场发展的地理环境背景

1．山、海、岛兼备的自然环境与丰富的自然资源

领土南北狭长，1/3 位于北极圈之内。国境南北直线距离长 1700km，东西最宽处为 400km。许多由古代冰川作用而造成的槽谷被海水侵入形成深入内陆崖壁的陡峭的峡湾，海岸线总长达 2.1 万 km，沿海地区大小岛屿多达 15 万个。斯堪的那维亚山脉纵贯全境，高原、山地、冰川约占国土面积的 75%。纬度位置比较高，但因沿海受北大西洋暖流影响，较同纬度其他地区为暖，大部分海面冬季不结冰。沿海和南部气候温和，内陆冬季寒冷。首都年平均气温 7℃，年平均降水量 740mm。河流湍急，落差大，形成不少瀑布。境内有很多冰川，总面积约有 5000km^2。自然资源丰富，北海大陆架蕴藏有丰富的石油和天然气，水利资源丰富，其他资源还有森林、煤、铁、铜等。

2．发达的工农业国家

挪威人均年收入 4 万美元，属发达的工农业国家。工业在国民经济中占有重要地位，主要传统工业部门有机械、水电、冶金、化工、造纸、木材加工、鱼产品加工和造船。人均发电量居世界第一位，是世界上最大的铝、镁、氮肥的生产国和出口国之一，还是世界第七大产油国、第三大石油出口国。农业技术发达，机械化作业水平很高，虽耕地仅占国土总面积的 2.3%，但畜产品和饲料可自给，粮食可满足 60%的需要。裘皮业很发达，奥斯陆被誉为“裘皮之都”。挪威有许多优良渔场，近海广泛运用声呐、无线电等现代技术探鱼与捕鱼，为世界最大捕鱼国之一，素有“渔业王国”美誉。挪威还是世界主要的沿海水产养殖国家，其人工养殖的大马哈鱼产量占世界 85%。挪威不但造船业先进发达，而且还拥有一支航行于世界各大洋的现代化船队，为当今世界十大商船队之一。

3．曲折的历史和现代西方民主政治

公元 9 世纪形成统一的王国，9～11 世纪曾不断向外扩张，进入鼎盛时期。1397 年

与丹麦和瑞典组成卡尔马联盟，受丹麦统治。1814 年，丹麦把挪威割让给瑞典，1905 年独立成立君主国。第一次世界大战中保持中立，第二次世界大战中被法西斯德国占领。现行宪法规定，挪威实行君主立宪制，国王为国家元首兼武装部队统帅，并提名首相人选，但无权解散议会。议会分上下两院，除制定法律先由下院后由上院讨论外，其他问题均由两院合并讨论。

4. 发达的文化与教育

挪威文化发达。文学方面有亨利克·易卜生（1828—1906）的戏剧《群鬼》和《玩偶之家》，比昂斯提尔纳·比昂森（1832—1910）的民间传说、小说、诗歌，克努特·汉姆生（1859—1952）的小说《土地的成长》、《饥饿》、《潘神》和西格里德·温赛特（1882－1949）的有关克里斯汀·拉夫朗的三部曲等。女作家温塞特的历史小说《克里斯汀·拉夫朗的女儿》于 1928 年获诺贝尔文学奖。在绘画上，爱德华·蒙克是现代绘画表现主义的开创人，其代表作有《呐喊》。挪威也是孕育众多国际音乐界名人的国度，电影导演哈洛德·兹瓦特享誉好莱坞；作曲家爱德华·格里格因音乐作品《晨曲》闻名遐迩。挪威教育发达，已实行十年制义务教育，高等学校也较多，最为著名的有奥斯陆大学、卑尔根大学等。

二、旅游资源与旅游地特点

1. 壮阔精彩的峡湾风光

峡湾，在挪威语中意为深入内陆的海湾。几千万年前的冰川时期，斯堪的那维亚山脉被冰川覆盖，冰川的万年“流动”把山地切割出深邃的山谷和陡峭的悬崖峭壁，海水涌入后便成深邃而曲折的峡湾奇观。挪威西海岸峡湾众多，而且可称绝胜者不少。

（1）**松娜峡湾** 世界上最长、最深的峡湾，长 240km，深 1300m。两岸山高谷深，谷底山坡陡峭。两岸峡光水色、雪山溪流、瀑布烟霞，举世无双。峡湾内，峭壁接着峭壁，可以登陆的地方很少，偶尔会看到一些小岬角，人们在那里建起别具特色的海湾小城市。第二次世界大战期间，德军曾将半数的军舰隐藏在峡湾深处。

（2）**吉兰格峡湾** 挪威有名的峡湾，长约 220km，宽为 4km，出口处的深度为 45m，湾中最深的地方达到 1224m。两岸山高谷深，谷底山坡陡峭，峡湾内可以登陆的地方很少，但在一些小岬角上可见别具特色的海湾小村镇。

（3）**松恩峡湾** 长 205km，从奥斯陆或卑尔根乘坐火车再转乘弗洛姆铁路，可直达居德旺恩观光渡船，而且有时还能从观光船上看到野生海豹。

2. 独特而优美的城市景观和风景名胜资源

（1）**奥斯陆** 挪威主要海港。城市面临迂回曲折的奥斯陆峡湾，背倚巍峨矗立的霍尔门考伦山，既有海滨城市的美丽风光，又有因依托高山密林而具有的雄浑气势，苍山与绿水相映。市内无林立的摩天大楼，街道两旁的楼宇大多只有六七层，带有浓重的中世纪色彩和独具一格的北欧风光。市内维格兰雕塑公园内有 192 座雕像和 650 个浮雕，各具形态、变化多姿。公园背后是举世闻名的滑雪运动胜地霍尔门考伦山。

霍尔门考伦山 挪威滑雪圣地，位于奥斯陆东北约 13km 处，海拔 371m。从 1892 年起，每年 3 月的世界滑雪大赛都在此举行。霍尔门考伦山下有滑雪博物馆，里面收藏着几副挪威石器和陶器时代的滑雪板以及挪威著名探险家阿蒙森和南森当年顺贝瑟卢德湖而下时用过的滑雪用具。

（2）**卑尔根** 挪威第二大城市，海运和商业中心，重要的旅游城市，位处西南岸的瓦根和普迪峡湾之间。12～13 世纪为挪威首都，是挪威王国最早举行加冕典礼之地。在整个中世纪期间，是斯堪的那维亚半岛的最大港口和贸易中心，市内最具特色的风景名胜为布吕根镇。

布吕根镇 著名古建筑集中地，约建于 11 世纪之前。这里的建筑大多是朴实无华的三层木房，狭长的窗户，陡峭的人字形屋顶，甚至连山墙也是用木条拼成。1979 年被联合国教科文组织列入《世界文化遗产名录》。

（3）**奥尔内斯木板教堂** 是挪威现存 30 座古木板教堂中最引人注目的一座，位于松内湾郡的奥尔内斯，建于 12 世纪下半叶，至今仍保存完好。它是一个四方形的三层建筑，全部用木材构成，每层都有陡峭的披檐，上有尖顶，外形很像东方式古庙，造型十分奇特，已被列为《世界文化遗产名录》。

3．独特的社会风情与生活习俗

挪威人的饮食大都很简单，圣诞节的圣诞晚餐吃烤饼，平常日子多喜吃海鲜品、肉肠、熏鱼、酸菜及各种乳制品。第一次拜访或应邀出席家宴，送给女主人一束花或糖果作为礼物较好。吃饭期间，客人要向主人祝酒，但如果超过六人，就不应向女主人祝酒，主要是保证女主人不醉，散席时务必向女主人正式道谢。在挪威最流行的是红色，女孩的大衣、儿童的滑雪衫或是男人毡帽的镶边全是红色。挪威人与人谈话时要保持固定的距离，一般认为谈话双方相距 1.2m 左右是最佳的合乎习惯的距离，否则要被看作是不礼貌的举动，会使谈话气氛冲淡或出现不愉快的拘谨。守时是挪威人的特殊习俗，不守时不但失礼，还会被视为不守信用，万一因某种原因不能守时，应先打电话，说明原因，取得谅解。忌讳“13”和“星期五”。室内不要戴帽子。挪威人民非常爱河鸟，政府规定不准捕捉或损害这种鸟。

三、现代旅游业与旅游市场的发展

1．政府重视旅游的发展，旅游建设成就大

为了促进挪威旅游业健康发展，提高盈利能力和就业机会，增强其全球竞争力，政府和旅游业界于 1984 年联合成立了挪威旅游协会作为挪威的商业化旅游促进机构。2002 年，根据国家预算，该协会得到了政府拨款 1900 万美元。旅游协会联合挪威各旅游公司与社会旅游服务部门，有选择地在全球重点市场进行市场宣传，推介挪旅游品牌，帮助挪旅游业扩大与国际市场和目标客户的接触。同时政府非常重视基础设施建设，目前全国公路网密集，铁路网总长超过 4000km，国内有 55 个民用机场，还能提供现代而便捷的通信系统。住宿条件优越，一流饭店及私人家居住房应有尽有，旅游公司可以预订各类住宿，也有很多露营地的建设，根据标准及设施被分为 1～5 星级，有很多可供预订的小木屋。

2．国际旅游业发达

从 20 世纪 90 年代初开始，挪威旅游业迅速发展，外国游客数量每年增长 3%～5%；

90年代后半期，外国游客数量基本保持稳定。近年来，到挪威旅游的外国游客年均超过500万人次，过夜游客超过60%，而且多为休闲游客。旅游业创造的国民收入超过90亿美元，约占国民生产总值的4%，同时为挪威提供了约14万个就业机会，占挪威就业人口的6.8%，其中70%为女性就业者。其旅游市场主要分布在北欧各国、德国、英国、美国和荷兰等国家。

3. 挪威与中国的旅游关系

1954年10月5日，挪威与中国建交，建交后两国关系发展迅速。2004年继瑞典、丹麦之后，挪威与中国签订了《旅游目的地国资格协议》，到挪威旅游考察的中国游客急剧增加，特别是挪威北极风光对中国人吸引非常大，在挪威维格朗公园每天都可以看到不少中国公民。瑞典、丹麦和挪威三个北欧国家旅游部门联合驻北京代表处负责人瑟伦·莱尔斯可夫预测，10年后，每年到瑞典、丹麦、挪威旅游的中国游客可超过100万人次。挪威接待中国游客的旅行社不少，为吸引中国游客，挪威还与中国各大国际旅行社展开合作，推出一系列有特色的旅游服务，如夏天推出挪威峡湾观光，冬天推出北极之旅。中国亦为挪威游客所向往，2009年挪威旅华游客近5万人次，发展前景看好。

实战演练

一、课堂讨论

1. 欧洲成为世界最大、最稳定客源市场的原因。

2. 中国怎样才能更好地开拓欧洲旅游客源市场？

3. 欧洲的英、法、德、荷、意、俄等国际出境旅游的发展趋向及中国对这些国家进行国际客源市场开拓的对策。

二、复习思考

1. 试比较英、法、德三国国际出入境旅游市场的特点及其旅华市场的发展趋向。

2. 法国、西班牙和意大利都能够成为世界主要旅游目的地国家的主要原因及值得中国借鉴的主要经验。

3. 俄罗斯国际出境旅游发展的趋势及旅华市场的主要特点。

4. 荷兰、瑞典发达的国际出入境旅游市场有何值得借鉴的经验？

5. 欧洲的阿尔卑斯山和地中海成为世界著名旅游目的地的主要原因。

三、实践指点

1. 查阅《世界地图集》与教材“欧洲地区主要旅游国家示意图”，了解欧洲地区各主要旅游国家的地理位置特点、地理轮廓特征及其首都、主要旅游城市的相对位置，并重点弄清地中海地区和阿尔卑斯地区的主要旅游国家。

2. 按照旅游线路设计的原理，规划中国与俄罗斯、英国、法国、德国、意大利、荷兰互为旅游客源市场的最便捷路线。

3. 网上搜索奥林匹克运动会和世博会有关发生、发展及其旅游特点的资料。

四、知识拓展与案例

【知识拓展与案例 3-1】 城市旅游

城市旅游是指旅游者以城市为中心从事观光游览、休闲度假、购物娱乐等活动的旅游产品。现代许多城市不仅成为世界性的政治、经济、金融、商业中心，而且也是科技教育、文化艺术、会议展览和国际旅游的重要城市，尤其是许多大城市不仅拥有大量的名胜古迹、博物馆、纪念馆、大剧院、歌剧院和优美的城市环境，而且还定期举办各种博览会、展销会、大型体育活动、庆祝活动等，乃至成为大量国际旅游者前往观光游览、休闲度假、购物娱乐的旅游产品。城市旅游的吸引力和竞争力主要体现在这种独特的卖点和综合功能上。大约有 60%的国际旅游者在从事各种旅游活动时会经历城市旅游。国际许多城市旅游往往与其他旅游相关联，如城市旅游与度假旅游相结合，城市旅游与购物旅游相结合等。

客源地与目的地之间的距离和交通便捷程度是城市旅游的重要条件，在欧美地区，低价航班的发展促进了城市旅游的发展。因此，不少城市将城市旅游作为一个重要的细分市场来开拓，巴黎、纽约、旧金山、威尼斯和悉尼即为公认的全球在城市旅游人数和产品质量方面的五个顶级品牌。城市旅游的国际旅游者群体是所有旅游产品中最宽泛的、但各有所求的大市场，尤其是金钱富裕却时间匮乏的丁克家族是值得开发的消费层，他们舍得花费，寻找交通方便的城市，即从居住地到目的地有直达航班或直达火车，一般可在一个城市停留 1～3 天。

◆ **联想：**①度假旅游的目的地要求、市场特点和主要的目标群体，对中国海南岛的旅游发展启示；②世界城市旅游的开发对中国都市旅游业发展的启示。

【知识拓展与案例 3-2】 乡村旅游

所谓乡村旅游就是以乡村为旅游目的地，以城市居民为主要客源市场，以乡村社区与农民全面参与旅游开发并获得利益为核心，依托乡村生态环境、田园风光、农事活动和多彩乡村文化，以实现乡村经济可持续发展为目标，集观光度假、休闲娱乐、增长知识、体验乡村生活为一体的多形式、多层次、多地域的一种可持续发展的旅游形式。乡村旅游产品的最突出特点是让旅游者亲身体验乡村的自然环境和人文环境，深入体验当地的生活方式，其本质的特征是乡村性。乡村旅游始于 20 世纪 80 年代的欧洲，并在北美各国和亚洲的日本、韩国以及我国台湾获得迅速发展。在英、法、意三国的农场住宿设施就有 60 万家，瑞士、奥地利、瑞典等国有 10%的农场为乡村旅游提供住宿设施。经过改革的旧式农场、尚未开发的沿海乡间别墅、农舍、古堡、农民市场、手工作坊、葡萄园及葡萄酒酝酿……都可以开展乡村旅游。

据估计，乡村旅游人数约占全球国际旅游人数的 3%，未来的发展速度是年增 6%，比总体发展速度高 2 个百分点。乡村旅游的主要目标群体是家庭旅游者和空巢家族（子女均已离家而剩下老年夫妇的家庭）及富裕的老年游客。乡村旅游者的旅游时间一般是大周末和节假日，一般不超过 1 周，他们对当地居民的生活方式、民间艺术及制作过程或制作工艺有着浓厚兴趣。

◆ **联想：**①试比较世界乡村旅游与中国乡村旅游发展的条件特点；②欧美各国的乡村旅游对中国社会主义新农村建设的启示。

五、旅游景观美学欣赏

俄罗斯莫斯科

奥地利维也纳

瑞士日内瓦

英国乡村

法国乡村

意大利乡村

第四章

美洲地区

学习提示

美洲是仅次于欧洲、东亚太的世界第三大旅游市场，也是中国最为重要的国际客源市场和中国公民出境旅游目的地市场，但各国发展不平衡。在本章概括和总结的九个国家中，美国和加拿大都是中国传统的重要远程旅游客源市场；墨西哥、巴西和阿根廷等国，则是极具发展潜力的新兴旅游客源市场。因此，美国和加拿大是学习的重点，必须全面掌握；作为中国潜在客源市场和中国公民出境旅游的新型目的地市场的墨西哥、巴西、阿根廷、委内瑞拉，也应该深入了解，如图 4-1 所示。

图 4-1 美洲地区主要旅游国家分布示意图

第一节 概 述

美洲全称亚美利加洲，面积约 4220 万 km^2，占全球陆地总面积的 28%；人口约 8 亿，占世界总人口的 13.6%，位于西半球，北临北冰洋，南近南极洲，介于太平洋和大西洋之间。自然地理上，美洲以巴拿马运河为界，分为南、北美洲。人文地理上，把美国、加拿大及其周围的岛屿称为盎格鲁美洲；美国以南的美洲地区称为拉丁美洲；拉丁美洲除墨西哥外，又将位于哥伦比亚和墨西哥之间的美洲中部地区称为中美洲；介于南北美之间的群岛称为西印度群岛或加勒比海地区；巴拿马国以南的美洲地区称为南美洲。世界旅游组织将整个美洲地区划为一个旅游市场，并再分为北美、南美、中美和加勒比海四个次区域旅游市场。

一、区域旅游资源与旅游环境特征

1. 种族成分复杂，文化多元

美洲地区的原住居民主要为印第安人和爱斯基摩人。自哥伦布发现新大陆以后，欧洲移民不断涌入，15 世纪以后非洲黑人作为奴隶又来到美洲，也有些黄种人从亚洲移入，使美洲既有黄、白、黑三大人种，也有因各种族融合而形成的各色混血人种，如印欧混血人种、黑白混血人种等。移民文化是美洲地区的一大人文特征，居民的宗教信仰、语言和生活习俗等都与其祖先原迁出地关系密切。例如，北美洲居民多信仰基督教，通用英语；拉丁美洲居民 90%以上信奉天主教，通用拉丁语。各种族还创造了印加文明、玛雅文明、殖民文明和现代城市文明等文明形式。

2. 多种多样的自然生态环境

美洲地区地形可明显地分为三大南北纵列，即西部为高大的科迪勒拉山系；中部是包括亚马逊平原、密西西比河平原等在内的广阔大平原；东部为低矮的山地和高原。美洲地区多大河大湖，其中亚马逊河为世界上流域面积最大和水量最丰富的河流，密西西比河为世界第四长河，科罗拉多河和哥伦比亚河以峡谷急流著称；美国和加拿大之间的五大湖为世界上最大的淡水湖群，南美洲的的喀喀湖、马拉开波湖也很有特色。美洲南北所跨纬度幅度之大为世界各洲之最，东西之间又受南北纵向高大山系的阻隔，使其气候类型及自然景观同时具有纬向、经向和垂直三大地带差异，几乎涵盖了地球上所有的气候类型及自然景观。

3. 各国间经济发展极不平衡

根据经济发展水平和经济实力，美洲地区大致可以分为层次分明的三大类型国家。一是美国和加拿大，其工农业都高度发达，经济实力很强，其中美国是世界头等经济强国，加拿大也是西方七大经济强国之一。二是拉美新兴工农业国家，由于过去长期受殖民主义经济的影响，以致形成了拉美各国片面的“单一化”经济。但自 20 世纪中期以来，巴西、墨西哥、阿根廷、委内瑞拉等国已发展成为具有相当发展水平的新兴工农业国家。三是一般发展中国家。热带拉美地区和安第列斯山区各国历史时期所形成的单一经济结构还没有得到根本改变，仍以生产和输出一两种农矿产品为主，例如中美各国，咖啡、香蕉、棉花、甘蔗、可可、烟草等热带经济作物的生产和出口地位突出，而粮食则需要进口。

4. 旅游资源丰富且相对集中

美洲地区是世界上幅员最辽阔的大陆之一，世界各种气候类型、地貌类型以及各种自然景观尽在其中。从印加文明、玛雅文明到现代城市文明的各种文化遗存、遗迹亦都可找到其典型代表，且旅游资源具有遍在性特点，然而又相对集中。例如，美国是世界上现代城市景观和工业景观资源最密集的国家；玛雅文明主要分布于今墨西哥的尤卡坦半岛、危地马拉、伯利兹、洪都拉斯和萨尔瓦多西部，而危地马拉蒂卡尔城及其郊区仅 $65km^2$ 范围内，就集中分布着最具玛雅文化特色的金字塔、祭坛、石碑等3000座以上；印加文明则主要集中于秘鲁等国。旅游绝胜景观多而奇，如“世界新七大奇迹”，美洲地区就有其三，还有尼亚加拉瀑布和科罗拉多大峡谷之壮观、加拿大红枫林景观之壮丽及特立尼达的沥青湖、萨尔瓦多的伊萨科尔活火山和树干直径达9.5m的纺锤树等，无不令人神往。

二、现代旅游业与旅游市场的发展

1. 规模大、地位重要

美洲地区现代旅游业起步早、规模大，在世界旅游市场份额中无论是国际出境旅游市场还是国际入境旅游市场，均占有很大比重。自第二次世界大战以后一直到21世纪初期，美洲一直是仅次于欧洲的第二大国际旅游市场。尽管因东亚太旅游业的迅速崛起，使美洲国际旅游的接待人数退居第三位，但其接待数量仍然很大，而且其国际旅游总支出仍居全球各大旅游市场的第二位。尤其是美国，长期以来，无论是国际出境旅游人数和旅游支出，还是国际入境接待人数和旅游收入，都居世界各国前列。

2. 拉美国际旅游业和旅游市场的迅速崛起

拉美地区依赖自身丰富多样的旅游资源，与欧洲、非洲文化的渊源关系，以及与经济高度发达的美国、加拿大邻近等优势，加上各国政府对旅游业发展的高度重视，使其旅游业自20世纪70年代开始迅速发展。近些年来，拉美国际旅游接待人数保持在5000万人次左右，旅游收入超过800亿美元，并提供了直接和间接社会就业岗位1100万个；国际出境旅游近十年来也有较大发展，国际旅游支出近年仅墨西哥、阿根廷、巴西、委内瑞拉四国就达142亿美元。巴哈马、波多黎各、牙买加、巴拿马、哥伦比亚、巴巴多斯等国的旅游业在其国民经济中也占有重要地位，甚至已成为其支柱产业。

3. 国际旅游客源以区内为主，而且市场规模大

选择区内旅游目标市场，特别周边邻国间的旅游，本是各国及地区国际旅游市场的普遍规律，在美洲旅游市场中表现尤为突出。例如，美国接待的外国游客中，来自加拿大和墨西哥的旅客总数每年占其国际入境旅游总人数的2/3以上；加拿大接待的外国游客中，来自美国的游客每年占80%，同时到美国的游客也占其出境旅游人数的近80%；墨西哥人的最大旅游目的地为美国，竟占出境总人数的95%。美洲地区南北间经济差异很大，北美地区的美国和加拿大经济高度发达，是世界上著名的旅游客源大国；其南部的拉丁美洲地区，经济相对落后，但旅游资源丰富多奇，故成为美国和加拿大人向往的旅游目的地，使自北向南的客流成为其主体客流。

三、中国在美洲旅游市场中的地位

1．美洲是中国重要的远程客源市场

美洲旅游市场一直是中国仅次于欧洲的第二大远程国际旅游客源市场，而且一直平稳发展，如表 4-1 所示。

表 4-1 全球各大区域旅华市场发展一览表（万人次）

年 份	1998 年	2000 年	2002 年	2004 年	2006 年	2008 年	2010 年
欧洲	181.33	248.90	282.25	377.57	527.18	611.27	568.78
美洲	94.79	121.57	150.96	178.92	240.58	258.19	299.54
大洋洲	22.48	28.18	35.37	45.21	63.85	68.87	78.93
非洲	5.43	6.56	9.85	17.34	29.37	37.84	46.36

资料来源：根据中国历年旅游统计年鉴整理

表 4-1 显示，中国的四大远程客源市场均呈现规模大、发展速度快的特点。尤其是美洲游客中多为高文化素质和高消费水平的游客，在中国国际客源市场中占有很重要的地位。

2．美加两国与中国互为客源市场的格局已经形成

自中国对外开放、发展国际入境旅游市场以来，美国曾经是中国仅次于日本的第二大客源国，加拿大也曾经是中国的第七大客源国，只是由于韩国、俄罗斯等客源市场的迅速发展，在排序上有所退后，但自 20 世纪 90 年代中期以来发展平稳，仍是中国最为重要的客源国之一，如表 4-2 所示。

表 4-2 美加两国旅华人数一览表（万人次）

年 份	1998 年	2000 年	2002 年	2004 年	2006 年	2008 年
美国	67.73	81.62	112.12	130.86	171.03	190.12
加拿大	19.60	23.66	29.13	34.80	49.97	57.72

资料来源：根据中国历年旅游统计年鉴整理

3．拉美旅游市场有待扩展

拉丁美洲城市人口的比重普遍较大，巴西、墨西哥、阿根廷、委内瑞拉、秘鲁、智利等国家经济发展水平也比较高，是很有潜力的国际游客产出地区，但拉美各国的出境旅游市场相对狭小，来华游客相当稀少，与北美旅华市场形成鲜明对照，如表 4-3 所示。

表 4-3 拉美与北美旅华市场发展对照一览表（万人次）

年 份	1998 年	2000 年	2002 年	2004 年	2006 年	2008 年
北美洲	87.33	113.28	141.25	165.67	221.06	247.84
拉丁美洲	7.46	8.29	9.71	13.25	19.58	23.19

资料来源：根据中国历年旅游统计年鉴整理

表 4-3 显示，拉美地区在中国国际旅游客源中还仅仅是一个潜在的客源市场，但随着中国和拉丁美洲各国间的经济贸易和文化交流的发展，拉美旅华客源市场开拓的前景十分广阔。

第二节 美 国

美国全称美利坚合众国，本土位于北美洲的南部，东濒大西洋，西濒太平洋，北界加拿大，南与墨西哥为邻，领土面积 937.26 万 km^2，另有阿拉斯加州和夏威夷州两个海外州。现有人口 2.83 亿，82.9%为白种人，12.9%为黑种人，华人 164.5 万，其余为印第安人。居民多信奉基督教。通用英语。首都是华盛顿。国旗为星条旗，旗帜左上角为蓝色星区，共有 50 颗白色五角星分 9 排交错排列，星区以外是红白相间排列的 13 道条纹。国徽主体为一只胸前带有盾形图案的白头海雕。国歌为《星条旗永不落》，国花是玫瑰，国鸟为白头海雕。

一、旅游业与旅游市场发展的地理环境背景

1．优越的自然环境与丰富的自然资源

美国本土地势东西两边高，中部低。西部是由科迪勒拉山系组成的山地和高原，地势高峻。山脉之间为哥伦比亚高原、大盆地和科罗拉多高原。位于阿拉斯加州的麦金莱山海拔 6193m，为全国最高峰。东部为阿巴拉契亚山地和大西洋沿岸平原。在东部山区和西部山区之间是一望无际的大平原。密西西比河及其支流纵贯中部平原，又有运河与五大湖相连，构成巨大的内河航运系统。大部分地区属温带大陆性气候，但各地差异大：东北沿海和五大湖区冬寒夏热，多雨雪；中部平原温差大，冬季常受寒潮侵袭；西南部加利福尼亚州为地中海气候，全年温暖，但冬干夏湿。美国自然资源极为丰富，矿产、土地、森林和水力资源均居世界前列。

2．高度发达的现代经济

美国是工农业高度发达的世界头等经济强国，国内生产总值居世界首位。工业门类齐全，科技先进，燃料、动力、钢铁、机械、航空、化学、电子等工业居世界前列。能源、军工产量占世界第一位。航天工业居世界领先水平。农业高度发达，农业总产值和粮食出口量均居世界第一位，是世界上最大的农产品输出国。美国拥有完整而便捷的交通运输网络和多种多样的交通运输工具及手段。目前美国是世界上高速公路最发达的国家，全国 5 万人以上的城市几乎都通高速公路；全国几乎所有的大中小城市都有民航班机相通，尤其纽约、芝加哥和洛杉矶等航空港，从清晨 6 时到晚上 10 时，几乎每隔 2 分钟就有一架飞机起降。

3．从殖民地到对外扩张的历史与当代西方民主政治

1492 年，西班牙航海家哥伦布到达美洲之后，西、荷、法、英等西方殖民者相继入侵；到 1773 年，英国在北美洲中部已建立了 13 个殖民地。通过北美殖民地的反英独立战争，1783 年英国被迫承认美国独立。1807 年，美国即开始产业革命；到 1860 年，美国的工业已跃居世界第四位。从 19 世纪初开始，美国政府乘欧洲殖民者混战之机，不断向西部进行领土扩

张。通过1861年南北战争和美利坚合众国再度统一，美国的资本主义得以更加迅猛发展。1894年，美国的工业产值已跃居世界第一位。到19世纪末，其又将阿拉斯加、阿留申群岛、中途岛和夏威夷等地置于自己的疆域之内，形成美国现在的版图。美国是世界上第一个资产阶级共和国的独特政体。1787年的美国宪法规定，美国为联邦共和制国家，实行"三权分立"的政体，即国会、总统、法院分别行使立法权、行政权、司法权，三权分立，互为制衡。美国实行政党政治，从19世纪中期开始，美国共和、民主两党轮流执政。

4．发达的文化与教育

美国为移民国家，民族众多，但是已融合为一个整体的美利坚民族，有着鲜明的美国地域文化色彩。例如，美国本是一个以个人为中心，崇尚个性和自由的国家，但美国社会仍然十分强调爱国主义和历史传统教育，也十分重视国际主义精神的培养。美国科学文化技术发达，先后获得过诺贝尔奖金的学者就有100多个。文学艺术也很有地位，19世纪末～20世纪初，涌现出一大批在国际上享有盛名的文学巨匠和文学巨著，如霍桑的小说《红字》、哈里特·比彻·斯托的小说《汤姆叔叔的小屋》、马克·吐温的小说《竞选州长》等。到20世纪，美国现实主义文学进入全盛时期：海明威是期间最具代表性和影响力的作家，代表作有《战地钟声》、《老人与海》等；1976年，黑人作家阿历克斯·哈利发表的小说《根》轰动文坛；1993年，托尼·莫里森成为获得诺贝尔文学奖的第一位美国黑人作家，她的主要作品有《所罗门之歌》、《爵士乐》等。美国是世界上最著名的电影王国，好莱坞是美国电影业的中心。美国教育事业高度发达：目前，绝大多数州都已实行了10年义务教育制，少数州实行了11年或12年义务教育制；全国总共有3500多所大学，著名的有哈佛大学、麻省理工学院、斯坦福大学、芝加哥大学、乔治·华盛顿大学和耶鲁大学等。

二、旅游资源与旅游地特点

1．独具吸引魅力的现代旅游城市

（1）**华盛顿**　全国政治中心，位于波多马克河的航运起点，临近大西洋岸。市内既无高楼大厦，也没有林立的工厂，是一座典型的政治型城市。到处绿草如茵，风景秀丽，尤其是市中心区分布着众多国家政府首脑机关、博物馆、美术馆与纪念馆。其中最具盛名的有美国国会大厦和联邦政府机关、总统府（白宫）、国务院、国防部（五角大楼）等主要国家机关，以及华盛顿故居、林肯纪念堂、杰弗逊纪念堂和矗立在白宫草坪上的华盛顿纪念碑等与历届总统有关的600多处建筑和雕像。

国会大厦　美国的国会办公楼，是一座巨柱环立的宏伟建筑，坐落于华盛顿的被称为"国会山"的土山上。美国政府规定，首都所有建筑都不得超过国会的高度，故而国会山成为华盛顿全城的最高处，也是华盛顿的象征。

白宫　美国总统府，位于华盛顿市中心，因外墙为白色砂岩而得名。白宫由东西两翼构成，总统办公室和总统全家的居住处都在此建筑物内。白宫正楼南面是被誉为"总统花园"的白宫南草坪，总统主持的欢迎外国贵宾的仪式就在这里举行。

（2）**纽约**　濒临大西洋，美国最大、最繁华的城市，联合国总部所在地。1686年建市，为美国最重要的工商业和金融中心，也是全国最大的外贸港口和旅游城市。主要市区在曼哈顿岛上，市区内鳞次栉比的摩天大楼构成纽约的特有街景。纽约市内有帝国大厦、自由女神像和华尔街、百老汇、大都会艺术博物馆等名胜。

联合国总部 在纽约曼哈顿区，是一座39层的建筑。这里环境宁静，空气新鲜，总部大楼的正面飘扬着联合国各成员国的旗帜。游人可在此旁听联合国召开的各种会议。

自由女神像 坐落在纽约港口的自由岛上，1886年落成，身着罗马古代长袍，头戴冠冕，面向大洋，神态端庄安详，右手高擎12m长的火炬，左手紧抱美国的著名历史文献——《独立宣言》。自由女神像高46m，底座45m，这是在美国纪念独立100年时法国人民赠送给美国人民的珍贵礼物，已被列入《世界文化遗产名录》。

华尔街 坐落在纽约曼哈顿区的南部，是美国最大的金融中心，也是世界金融的神经中枢。长约0.5km，两旁矗立着许多摩天大楼，纽约证券交易所、主要银行都位于此。

大都会艺术博物馆 在纽约曼哈顿区，是美国最大的博物馆，收藏世界各国不同时期的艺术珍品36万余件，是世界四大博物馆之一。

西点军校 位于纽约市北50km处。军校正式名称是陆军军官学校，是美国最古老的军事院校，美国许多著名将领都毕业于这所以纪律严明而闻名的军事院校。

（3）**洛杉矶** 美国第二大城市，西部最大工业中心和港口城市。飞机、造船、导弹等工业都很发达。洛杉矶位于美国西南加利福尼亚州，濒临浩瀚的太平洋，依山傍水，自然环境十分优美。世界著名的好莱坞和迪斯尼乐园就位于这里的郊区。

好莱坞 位于洛杉矶西北部，自1907年在此首次拍摄电影《基督山伯爵》后，陆续在此建立了许多电影拍摄机构，现已成为世界最大的电影工业中心。

迪斯尼乐园 位于洛杉矶市郊，由美国动画大师沃尔特·迪斯尼创立，是世界上最大的综合游乐场，1955年建成开放。目前，每年来迪斯尼乐园游玩的客人达2000万人次，其被称为现代游乐场的奇迹。

（4）**旧金山** 位于加州的西北部，三面环海，是太平洋沿岸的一颗风景明珠。工业部门类别多、发展快，出产的各种水果驰名全国。这里是最大的华侨华人聚居中心，城内的唐人街具有浓郁的东方色彩。

金门桥 世界上著名的大桥之一，建于1937年，桥长2780m，桥高67m，共有六条车道和两条宽敞的人行道。金门桥的建立连接起了宽1966m的金门海峡，每天有10万辆汽车从桥上驶过。它没有桥墩，只靠桥两端高227m的钢塔、桥梁两侧的钢柱和无数根钢索之间产生的巨大拉力，把沉重的桥身高高吊起，在桥梁建筑学上是一大创举。

（5）**拉斯维加斯** 地处内华达州南端，是世界闻名的大赌城。在美国，虽然许多州都禁止赌博，但内华达州于1931年制定法律，保护赌博业。从此以后，赌博业开始成为拉斯维加斯的一大经济支柱，每年吸引2800万人来此观光游览。

2. 以自然风光取胜的国家旅游胜地

（1）**黄石国家公园** 始创于1872年，是美国设立最早、面积最大的国家公园，也是世界上最大的国家公园。地处怀俄明州西北角，延伸至爱达荷和蒙大拿州。公园的湖光山色、悬崖峡谷、喷泉瀑布等景色以及各种野生动物，吸引了来自世界各国的游客。尤以3000多处间歇喷泉著称于世，已列入《世界遗产名录》。

（2）**科罗拉多大峡谷** 位于亚利桑那州西北部，属于典型的丹霞地貌景观，是科罗拉多河旧时河谷的一部分，长约350km，深达1800m，宽约8～25km。站在大峡谷的两岸，可以望见红色的岩石岩层嶙峋，两岸层林叠翠，大峡谷的褐色土壤还因太阳光线的强弱不同而显现出紫、蓝、棕、红的色彩，已被列入《世界遗产名录》。

（3）**尼亚加拉大瀑布** 位于纽约州西北部的伊利湖和安大略湖之间，被河中一宽350m的长条状岛屿分割，在断崖上形成两幅高大的水帘：一个是美国境内300m宽的美利坚瀑布，另一个是横介于美国、加拿大边界的宽700m的马蹄瀑布。这两个瀑布交织在一起，从高达55～58m的峭壁倾泻而下，流入安大略湖，水流量为每秒6000m^3，为世界罕见的自然奇观。

（4）**麦金莱山** 国家公园，位于阿拉斯加州。在一片平坦的绿色苔原中，银装素裹的麦金莱山拔地而起，直插云霄。山分南北两峰，南峰高6193.5m，北峰高5934.5m。公园的西南角有一大片冰原，在阳光的照射下闪烁，格外秀美。每年6～7月，麦金莱公园内野生动物大迁移的场面蔚为壮观。

（5）**夏威夷火山国家公园** 位于太平洋中，为独具魅力的热带海岛风光。公园内有两座活火山。海底炽热岩浆从地壳裂缝中喷涌而出形成壮观的火山爆发，岩浆冷却形成高耸的火山岛，冒纳罗亚火山高出海平面4170m，秀丽壮观。瓦胡岛上建有波利尼亚文化中心，克胡岛海滨沙滩是世界上著名的旅游度假区，檀香山和珍珠岛也是游人必到之处。

3．具有现代西方文明的社会风情与生活习俗

美国是一个多民族移民国家，在习俗和礼节方面形成了以欧洲移民传统习俗为主的特色。美国人谈吐幽默诙谐，比较浪漫随和，性格开朗，自由开放。在待人礼仪上，注重平等待人。见面与分手时行握手礼，不论男士、女士都主动向对方伸手。美国人平时穿着随便，但不可露出衬裤、衬裙，正式社交场合必须注意着装。盛行女士优先原则。与美国人交谈，忌打听个人私事，忌称呼长者时加“老”字，忌说别人“白”、“胖”。美国人以好客著称，若登门拜访，必须事先电话约好，敲门要得到主人允许后方可进入。美国人口味喜清淡、不腻、咸中带微甜。用餐不求精细，但追求快速方便，汉堡包、炸鸡、热狗等快餐风靡全国。忌食动物内脏，喜爱中国的淮扬菜、粤菜、川菜。忌讳数字13，不喜欢星期五；忌讳黑色，不喜欢红色，偏爱白色、黄色、蓝色等鲜亮色彩；忌讳蝙蝠图案、黑猫图案，偏爱白头海雕图案和白猫图案。节庆活动很多，一类如美国的独立日、国旗日、阵亡将士的纪念日等政治性节日，另一类如复活节、万圣节、情人节、感恩节、圣诞节等宗教性节日。

三、现代旅游业与旅游市场的发展

1．高度发达的旅游服务与旅游设施

美国现有饭店和汽车旅馆5万家，客房总数350万间，餐馆56万家。美国饭店业最明显的特点是以连锁经营的方式，形成规模庞大的饭店集团，以达到统一、科学、高效率的管理目的。不论饭店大小、档次高低，客房、餐厅、卫生间都很清洁，服务都很规范。目前乘汽车旅游占美国人全部旅行次数的75%。高速公路运载着82%的旅游者。个人小汽车和面包车依然是人们前往国家公园的主要工具。现有4.2万家旅游代理商，其中2.3万家是美国旅行商协会成员，最大的25家占领了全国72%的市场。旅行团经营商2350家，95%的旅行社有关于床位、游船票和机票的预订系统。美国最大的旅游公司是运通和福斯特旅游公司。

2．世界上头等客源大国和发达的入境接待旅游市场

美国的入境旅游一直居于世界前列。早在2000年，美国便接待5090万国际游客，居世界第二位；国际旅游收入852亿美元，居世界第一位。近十年来，这种格局基本未变。

其入境游客主要来自加拿大和墨西哥，其次为日本、英国、德国、法国和意大利等国。美国是国际旅游市场中最大的客源输出国，每年出国旅游人次和国际旅游支出均居世界第一。其每年的出国旅游花费约1500亿美元，这表明美国出境旅游者的花费水平也很高。到加拿大、墨西哥和世界其他国家和地区的游客大约各占旅游总人数的1/3左右。美国的国内旅游十分普遍，每年美国国内游客都超过10亿人次。美国人国内旅游的趋势是自驾汽车到离家不远的地方短期旅行，去乡村休闲度假的超过1亿人次。

3. 中美旅游关系发展长盛不衰

美国进入20世纪90年代以来，一直是世界上最大的客源输出国，而且出境旅游人数和出境旅游支出目前均居世界第一位。尽管出境旅游市场的主体在欧洲和美洲，但自20世纪80年代以来赴亚太地区的游客每年都在500万人次以上。中国是美国出境游的亚洲最新旅游目的地。尤其是中国的历史文化、社会环境和丰富的旅游资源对美国游客具有很大的吸引力。自20世纪80年代以来，美国旅华游客一直呈逐渐上升趋势，从20世纪80年代初的每年不足10万人次发展到2009年的171万人次。尽管由于韩国、俄罗斯旅华市场发展迅速而使美国旅华市场在中国各国入境旅游排位中由第二位、第三位退至第四位，但美国游客商务旅游者比重大，高消费者居多，故在中国客源市场中仍占有重要地位。由于美国是经济、科技和文化都高度发达的国家，美国人民又很热情好客，美国也是中国人最为向往的国度，并是中国公民出境旅游的主要目的地国家。2009年，中国大陆旅美游客达82.42万人次。随着中美ADS（旅游目的地国家）协议的签订，中美两国更有望互为客源国家。

第三节　加　拿　大

加拿大位于北美洲的最北部，介于大西洋和太平洋之间，地域辽阔，国土面积997.06万km^2，居世界第二位。人口约3115万，97%为移民及移民的后裔。原住居民为印第安人和因纽特人。居民多信仰天主教和基督教，官方语言是英语和法语。首都为渥太华。国旗为长方形，左右两侧为宽红边，中间为白色正方形，中央有一片红枫叶。国徽为盾形，底部白底上一枝三片红色枫叶，盾徽中央右侧是三朵百合花，左侧是蓝地金竖琴，上部左右蹲伏着红地上的三头雄狮和金色背景中的红色苏格兰王狮；盾徽之上有一头举着一片红枫叶的狮子，狮子之上有一金色王冠，左侧和右侧各有一头狮子和独角兽。国歌为《啊！加拿大》。国花和国树为枫叶和枫树。

一、旅游业与旅游市场发展的地理环境背景

1. 优越的自然环境与丰富的自然资源

加拿大的地形大致可以分为南北纵列的三大地形区：东部和东南部为拉布拉多高原及山地丘陵区，平均海拔500～600m；中部和中西部为劳伦琴低地，是河湖密布的广阔草原，海拔一般为500～1000m；西部为科迪勒拉山系组成的高峻山地，许多山峰在4000m以上，

洛根山海拔 5951m，为全国最高峰。水系发达，河湖众多。主要河湖有圣劳伦斯河、马更些河、纳尔逊河、育空河以及与美国共有的五大淡水湖群。地处高纬度，气候寒冷。在气候类型上，以寒带苔原气候和大陆性温带针叶林气候为主，大部分地区气温偏低或十分寒冷，但其南部水热条件较好，适合于发展农业的地区面积很大。全境 44%是森林，林地面积仅次于俄罗斯和巴西；东西两岸海域有辽阔的渔场；矿产资源种类多，蕴藏量大，煤、石油、天然气、铁、镍、锌、铜、银、铂、钼、钾盐、石棉以及铀都很丰富。

2．经济高度发达，工农业发展水平都很高

加拿大属工农业生产水平发达国家。按人均计算的国民收入及动能、机械和钢铁的消费量都居世界前列，是世界上最大的原料进出口国之一。主要工业部门有森林工业、采矿业和能源工业、制造业等。新闻纸的产量和出口量占世界第一位，纸浆、锯材、胶合板等大量生产和出口。加拿大能源丰富，是世界重要油、气生产国之一。制造业地位重要，最重要的部门是汽车、飞机、铁路车辆等交通工具的制造。农业高度发达，是世界上最重要的农产品生产国和出口国之一。谷物年产量 6000 万 t，年出口达 2000 万 t。小麦是最重要的农作物，还盛产大麦、燕麦。五大湖下游和圣劳伦斯河谷地出产玉米、蔬菜和水果等。畜产品产值已超过种植业，乳肉品大量出口。交通运输较发达，铁路网长度仅次于美国、俄罗斯；水运地位重要。商品出口通常占国民生产总值的 1/3 左右，进口主要是机器设备和轻工业品。

3．曲折的发展历史与独特的政治体制

加拿大原为印第安人和因纽特人居住地，他们以捕鱼和狩猎为生，部分人半定居从事农业生产。从 16 世纪起，遭法、英殖民者入侵，17 世纪后沦为英、法殖民地，其间大量英国人和法国人向加拿大移民。通过英、法对加拿大的争夺及 1763 年《巴黎和约》的签订，新法兰西殖民地割让英国。1867 年部分地区成为英国自治领。1931 年成立独立国家，属英联邦成员国。1982 年，经加拿大议会通过并经英国女王批准的《加拿大宪法法案》，规定加拿大实行联邦议会制，尊英国女王为加拿大国家元首，其代表是总督。实行“三权分立”，立法、行政、司法大权分别由议会、总理和法院行使。最高立法机构为议会，议会由参议院和众议院组成，参众两院通过的法案由总督签署后成为法律。众议员由民选产生，参议员由任命产生。加拿大还实行联邦制，中央政府和省政府分享权力；实行内阁制，总理为政府首脑。

4．移民文化与发达的教育

加拿大是一个以英、法移民为主的国家，至今还保留着英国、法国等国的传统，但也有自己的特色。加拿大人的国际主义精神在世界上具有很大的影响，如伟大的共产主义战士白求恩就无私无畏地献身中国人民的抗日战争。加拿大文学由法语文学和英语文学两部分组成：法语文学中，著名的作家与作品有弗朗索瓦·格扎维埃·加尔诺的《加拿大史》、布里埃尔·鲁尔的《转手的幸福》、加斯东·米龙的《验明正身》、安东尼·马耶的《拉小车的贝拉洁》；英语文学中，著名的作家与作品有弗朗西斯·布鲁克夫人的《蒙塔格小传》、查尔斯·罗伯茨的《平日之歌》等。加拿大主要艺术有戏剧、绘画和音乐等。教育事业发达，全国 12 年制教育普及率达 90%以上；全国的高等教育机构著名的有 60 所，如多伦多大学、渥太华大学、不列颠哥伦比亚大学、拉瓦尔大学和阿尔伯塔大学等。

二、区域旅游资源的特点

1. 城市风光优美

（1）**渥太华**　全国政治、文化中心和交通枢纽，被誉为世界上最美丽的首都之一，人口约30万。众多的现代化建筑物中，议会大厦、联邦政府、最高法院三座大厦鼎足而立，国会山庄引人注目，90m高的和平塔巍然屹立，钟楼顶上的信号灯照亮全城，钟楼内的大钟从早到晚发出悦耳的音响。主要风景名胜有国家美术馆、全国科学技术博物馆、国家图书馆等。

（2）**多伦多**　加拿大最大城市，全国工商金融中心和重要港口，位于安大略湖西北岸，人口343万。街道宽阔整洁，树木成荫，花草遍地，空气清新，是一座花园城市。市内最著名的建筑景观是高553m的世界第一高塔——多伦多电视塔。

多伦多市电视塔　塔高553m，是其国内最高的建筑物，也是多伦多市和加拿大国家的象征。电视塔对游客开放，有四部快速透明电梯可把乘客送到塔的三级瞭望台。随高速观光电梯登上被称为“太空甲板”的446m的观景台，向远方眺望百里之外的美国城镇依稀可辨。游客还可以在350m高处的旋转餐厅就餐，可饱览安大略的湖光山色和现代都市风貌。

（3）**蒙特利尔**　位于圣劳伦斯河下游左岸，人口近300万，居民中80%以上是法国后裔，为法国境外最大的法语城市，素有“小巴黎”之称。蒙特利尔城依山而建，各种精美的雕塑林立街头。市郊的劳伦欣山区是加拿大有名的风景区，渥太华河与圣劳伦斯河交汇于蒙特利尔，为该城增添了秀美的景色和便利的航运。市内的梅宗纳夫奥林体育中心，有设备最现代化的体育场。

（4）**魁北克**　位于圣劳伦斯河与圣查尔斯河的汇合处，是加拿大东部重要城市和港口，人口60万。位于钻石角高地的老城区，至今仍被城墙环绕，城内的商店招牌全部用古体法文书写，店员身着古装，梳古老的发型，街道、石头房子都保留着18世纪的风貌。在魁北克钻石角低地则有着与之迥然不同的建筑，这里高楼大厦鳞次栉比，街道宽阔整齐，完全是一派现代化城市的风貌。

（5）**温哥华**　加拿大太平洋沿岸的最大城市，人口138万。城市依山傍水，四季花草繁茂，公园布满全市。剧院、海洋博物馆、艺术画廊、天文馆随处可见。市区内高楼大厦林立，街道纵横交错。登上市内最高建筑——海亚特旅馆扶栏远眺，迷人美景尽收眼底。

2. 自然人文景观多奇

（1）**芬迪国家公园**　濒临芬迪湾，面积207km^2，1948年被定为国家公园，其最引人入胜的是明纳斯湾的大潮汐。涨潮时，高达15m的潮水排山倒海；退潮后海滩上贝壳遍地。公园内地势起伏，峡谷交错，瀑布飞落，沟壑深邃，密林中野生动物自由出没，溪水中各种鱼类嬉戏游水。公园内有高尔夫球场、网球场、草地滚木球场、露天剧场、娱乐厅和加温海水浴场等各种休闲娱乐设施。

（2）**卡博特之路**　加拿大著名的旅游线路，位于新斯科舍省，全长294km。从布雷顿角岛北部出发，沿途可观赏茂密的山林、静谧的峡谷、秀美的山峦，还可参观法裔居民村、苏格兰人村，欣赏苏格兰风笛音乐会和布雷顿角高地民间舞蹈。卡博特之路的中心是布雷顿角高地国家公园。公园东临大西洋、西濒圣劳伦斯湾，海岸岩壁陡峭，森林树木茂密，溪流峡谷纵横，野生动物自由出没。

（3）**马蹄瀑布**　位于加拿大境内的尼亚加拉河瀑布。顶端宽675m，落差55～58m，气势磅礴，声如雷鸣，狂泻如注，喷雪射雾。这里设有三个瞭望塔，人们可以到塔顶观赏瀑布，也可乘升降机下至底层观赏瀑布，还可深入地下隧道，在瀑布脚下倾听其吼鸣声。

3．具有西方文明的社会风情与生活习俗

加拿大人的穿衣习惯与其他西方人相同。在正式的场合，如上班、去教堂、赴宴、观看表演等，都要穿着整齐。加拿大人的饮食习惯也是一日三餐。早餐的食品通常是烤面包、鸡蛋、咸肉和饮料；午餐通常是三明治面包、饮料和水果；晚餐是一天中最丰盛的正餐，全家人团聚，共进晚餐。大多数加拿大家庭都有自己舒适、宽敞的住房。加拿大人朴实、友善、随和，很易于接近，熟人见面直呼其名，握手拥抱；在正式的社交场合十分注重礼节，一般把男士介绍给女士，把年轻者介绍给年长者，把职位低的人介绍给职位高的人。加拿大人十分好客，经常在家中宴请亲朋好友。全国性的主要节日有元旦、复活节、加拿大日、劳动日、感恩节、圣诞节、冬季狂欢节、枫糖节、母亲节、父亲节和情人节等。冬季狂欢节是加拿大民族独特的节日，每年2月上旬或中旬举行，为期十天，此时生产枫糖的农场披上节日的盛装，向国内外游人开放。一些农场还在周末免费供人品尝枫糖糕和太妃糖，为游客们表演民间歌舞，请来宾欣赏繁茂美丽的枫树林。

三、现代旅游业与旅游市场的发展

1．国际出入境旅游市场并盛

旅游业在加拿大国民经济中占有重要地位。旅游总产出常年占国内生产总值的12.6%；旅游从业人员约200万，约占全国各行业就业总数的14%左右；旅游税收占全国各行业税收的11%以上。国际旅游创汇已成为加拿大第五大创汇行业。国际入境旅游十分发达，每年到加拿大的游客都在2000万人次以上，居世界第7位；国际旅游收入常居世界第11位。到加拿大的外国旅游者中，83%以上是美国旅游者，其次为英国、德国、日本、法国和中国香港游客。加拿大居民出国旅游的人逐年增多，每年出境旅游人次、旅游外汇支出，在世界排名中居第9位。出国旅游的人中有80%以上去美国旅游，其次是欧洲、南美和亚洲国家。

2．旅游接待服务先进

在加拿大旅游，既可以感受到英国的风韵，又可领略到浓厚的法国气息，还可以游览印第安人和因纽特人的部落，还可体验骑马、露营、登山、游泳、滑水、帆板运动、滑雪、滑冰以及驾独木舟、草地滚木球等独具特色的旅游娱乐和体育项目。旅游入境手续十分简便。欧洲、美洲和大洋洲大多数国家居民去加拿大旅游不需要事先申请入境签证，外国旅游者还被允许驾车入境旅游。旅游服务设施发达，有6万家旅游企业、5000多家旅行社、3.5万个旅游零售点。加拿大饭店协会注册的饭店成员有6658家，客房30万间。全国有餐馆7.2万家。

3．中加国旅游关系发展平稳

加拿大与中国有着十分友好的关系，自1970年10月13日两国建立外交关系后，友好关系得到进一步发展。自中国对外开放发展国际入境旅游以来，加拿大曾经是中国的第七大客源国。1997年11，前国家主席江泽民在出席亚太经合组织第五次领导人非正式会议后正式访问加拿大，并签署了《中国国家旅游局与加拿大旅游委员会旅游合作谅解备忘录》等三个协定。此后，加拿大来中国的游客迅速增加，2007年旅华游客达57.72万人次，比上年增长15.5%，为中国第12大国际旅游客源国。而且，加拿大游客中商务旅游者比重大，消费水平高，对中国创汇意义大。

第四节 墨 西 哥

墨西哥全称墨西哥合众国，位于北美洲南部，东濒墨西哥湾和加勒比海，西南临太平洋。面积 196.72 万 km^2，人口已超过 1 亿。印欧混血种人梅斯蒂索人占居民总数的 90%以上，印第安人约占 7%，并有少数白人、黑人和亚洲移民。天主教为全国主要宗教，西班牙语为官方语言。国旗呈长方形，从左至右由绿、白、红三个平行相等的竖长方形组成，白色部分中间绘有墨西哥国徽。国徽为一只展翅的雄鹰嘴里叼着一条蛇，一只爪抓着蛇身，另一只爪踩在从湖中的岩石上生长出的仙人掌上，图案描绘了墨西哥人的祖先阿兹特克人建国的历史。首都墨西哥城。国花为仙人掌，国鸟为雄鹰。

一、旅游业和旅游市场发展的地理环境背景

1．优越的自然环境与丰富的自然资源

墨西哥全境约 80%的面积为山地和高原，总称墨西哥高原。主要山脉有东马德雷山、西马德雷山和南马德雷山，分列于东境、西境和南境。北纬 22 度以北的梅萨高原，四周陡峭，内部平坦，平均海拔约 1000m；梅萨高原以南的中央高原平均海拔 2000m 以上，山间有肥沃平原；南部有 300 多座火山，称为横断火山。全国最大河流为流经墨美边境的北布拉沃河，查帕拉湖为全国最大的湖泊。气候复杂多样。其北部地处亚热带，南部地处热带。按海拔高度大致可分为三个垂直气候带：海拔 900m 以下，属于热带气候；海拔 900～1800m，属亚热带气候；海拔 1800m 以上为温带。全境大部分地区有旱、雨季之分，墨西哥湾沿岸中部和太平洋沿岸南部年平均降水量 1500mm 以上，内地 700～1000mm，西北部不足 250mm。墨西哥有石油、天然气、金、银、铅、锌、石墨等矿产。其中，石墨、油气和银矿资源地位突出。

2．发达的新兴工农业国家

墨西哥是著名的石油大国、贸易大国，并成为世界第 11 大经济体。墨西哥实行了工业、农业并重发展的方针，原油年产量曾居世界第四位，天然气产量居世界第五位，而且在此基础上发展了石油化工业。白银产量和出口量一直居世界前列地位。工业主要有钢铁、造纸、木材、化工、纺织、化肥、汽车制造、食品、饮料等行业。农牧业一直占有重要地位。墨西哥出产玉米、小麦、大豆、棉花等，剑麻产量居世界前列地位；主要饲养牛、猪、羊、马，并有部分出口。近十年来，墨西哥大力发展了面向美国市场的外向型农业生产，使咖啡、水果和蔬菜的生产增长迅速，海洋渔业也有发展。

3．悠久的历史与现代西方民主政治

墨西哥是古代玛雅文化中心之一，7000 年前便有游牧部落存在；12～16 世纪印第安族阿兹特克人的文化已有相当发展。1521 年沦为西班牙殖民地。1821 年 8 月 24 日宣布独立，1822 年 5 月建立墨西哥帝国，1824 年 10 月正式成立联邦共和国，1917 年宣布国名为墨西哥合众国。《墨西哥合众国宪法》规定，墨西哥是总统制的联邦共和政体，立法、行政、司法三权分立，联邦各州在内部事务上享有自主权，拥有自己的宪法和立法、行政、司法机关。

4. 多元文化与发达的教育

墨西哥是印第安人古文化中心，是玛雅和阿兹特克等灿烂文明的发源地。早在1500多年前，古代的玛雅人就在墨西哥的土地上建立了人口众多的城市，创造了象形文字、历法和农业技术，特别是建筑和雕刻艺术达到了相当高度的水平。墨西哥玛雅人培育的玉米、辣椒等农作物是对人类文明的卓越贡献。墨西哥人在“两个世界”、“两个文明”的碰撞中，善于接纳、包容和吸收其他民族的文明，促进了多种文化的交融和混合，乃至造就了一个全新民族的诞生，并产生了不同于原有任何一种文化的新文化——当代的墨西哥文化。墨西哥的教育普及率居世界第六位，高等学校治学严谨，在拉丁美洲和世界上享有很高的声誉。小学为六年制义务教育，中等教育分初中、高中两个阶段。墨西哥的高等教育有大学、工业学院和师范学院三种。

二、旅游资源与旅游地特点

1. 以多样、丰富和奇绝为特色的旅游资源

墨西哥是世界上著名的旅游资源大国之一，其特色有三。

一是多样：自然生态景观有火山奇观，海滨的阳光、海水和沙滩，仙人掌丛林；人文景观有玛雅文化、阿兹特克文化和墨西哥现代文化并存，绘画、美食等文化也丰富多彩。

二是丰富：全世界的仙人掌有2000多种，墨西哥占有1000多种，堪称“仙人掌王国”；全球有2000多种辣品种，其中50%以上生长在墨西哥，可称“世界第一辣国”；墨西哥人有食用昆虫的习俗，食用的昆虫有60多种。

三是奇绝：墨西哥的仙人掌好玩好看，株高最高可达21m，株重最大可达10t，根深可达20m，可储存几吨水，在极为干旱的沙漠环境下可活50～100年；墨西哥壁画享有世界声誉，尤其是20世纪90年代发展起来的骷髅艺术更是世界一绝。

2. 城市与名胜资源交相辉映

（1）**墨西哥城** 全国政治、经济、文化、交通中心，城区人口2200万，为世界最大都市。全市有工厂企业3万多家，商店16万家，服务网点8000多家，是世界上最大的工商业城市之一。创建于1551年的墨西哥国立自治大学拥有学生30万，是世界规模最大、最古老的大学之一。墨西哥城还是一座融合了不同时期、多种多样历史文化的混合文化城市。其城东北是老城区，建筑物古色古香；往西南为新兴现代化城市，高楼林立；延伸至边缘的部分就是新兴的工业区。墨西哥城及其附近地区名胜古迹众多，城东南有300多座火山耸立，其中的波波卡特佩特尔火山，现仍不时喷出黑烟；位于城东北40km处的特奥蒂瓦坎古城遗址，有世界上著名的太阳金字塔和月亮金字塔；在距城市中心不远的地方还有“三文化广场”。

（2）**奇琴伊察城** 玛雅文化的杰出代表，世界“新七大奇迹之一”，始建于5世纪，位于墨西哥东南部尤卡坦半岛梅里达城东部120km处。在奇琴伊察城中，占地3000m^2的“库库尔坎神庙”（金字塔），塔高约30m，四周环绕91级台阶，加起来一共364级台阶，再加上塔顶的羽蛇神，共有365阶，刚好象征一个太阳年中的365天。每年春分和秋分两天的日落时分，北面一组台阶的边墙会在阳光照射下形成弯弯曲曲的七段等腰三角形，连同底部雕刻的蛇头，宛若一条巨蛇从塔顶向大地游动，象征着雨蛇神在春分时苏醒，爬出庙宇，这个幻象持续整整3小时22分，分秒不差。这个神秘景观被称为“光

影蛇形”，令人叹为观止。

（3）**坎昆** 新兴的海滨旅游休闲度假城市，是一个长 21km、宽 400m 的美丽蛇形岛屿，位于加勒比海北部、尤卡坦半岛的东北端，西北端与西南端有大桥与尤卡坦半岛相连。年平均气温 20℃左右，没有真正的冬天，年降水量约 1000mm，一年四季都是郁郁葱葱，繁花似锦。长达 20km 的白沙滩，沙质柔软，滩宽而平缓，与碧蓝的海水相映生辉，是世界上进行海水浴、沙滩浴、日光浴的绝好去处之一。

（4）**圣地戈古堡** 位于墨西哥南部太平洋之滨的阿卡普尔科市，也是墨西哥新建的旅游城市，99%的居民靠旅游业为生。这里有海浴奇趣、环礁猎奇、热带花木、跳伞活动等吸引游人。

3．充满神奇色彩的社会风情与生活习俗

墨西哥人性格开朗，喜欢和异性人搭讪。在墨西哥，熟人见面所采用的见面礼主要是拥抱礼和亲吻礼。在上流社会中，男士们往往会温文尔雅地向女士们施吻手礼。通常，他们惯于使用的称呼是在交往对象之前，加上“先生”、“小姐”或“夫人”之类的尊称。墨西哥人的穿着打扮，既具有强烈的现代气息，又具有浓厚的民族特色。在墨西哥人的传统服装中，名气最大的是“恰鲁”和“支那波婆兰那”。前者是一种类似于骑士服的男装，看起来又帅又酷；后者则为一种裙式女装，穿起来让人显得高贵大方。墨西哥人非常讲究在公共场合着装的严谨与庄重。出入公共场合，男子一定要穿长裤，妇女则务必要穿长裙。玉米、菜豆和辣椒被称为墨西哥人餐桌上必备的“三大件”。玉米是墨西哥和墨西哥人的象征。菜以辣为主，有人甚至在吃水果时也要加入一些辣椒粉。墨西哥人还有吃仙人掌的嗜好。许多人都有以昆虫做菜的爱好。墨西哥人最喜欢白色，最不喜欢紫色，忌讳黄色和红色的花，最讨厌数字 13。

三、现代旅游业和旅游市场的发展

1．世界旅游大国之一

自 20 世纪 80 年代以来，墨西哥大力发展了以阳光、沙滩和海洋为主题的海滨休闲度假旅游，极力开发新的、更具地方特色的文化旅游、生态旅游、探险旅游等旅游项目。墨西哥政府投巨资加强旅游基础设施建设，尤其是在文物的修缮和保护、环境治理、交通住宿等旅游基础设施建设方面取得了突出成绩，现已发展成为拉美第一、世界第九大知名国际博览会国、十大国际旅游接待国之一。随着国际入境旅游市场的发展，墨西哥国际出境旅游的规模也在不断扩大之中，是世界上最具发展潜力的国际客源市场之一。2007 年，国际入境旅游人次，居世界排名第 11 位，出境旅游人次居世界第 12 位，旅游支出居世界第 16 位。

2．“3S”旅游和生态旅游地位突出

墨西哥沿海地区气候温和湿润，鲜花四季盛开，椰林、棕榈常绿，伴之以阳光、沙滩、海洋，使其成为最理想的海滨休闲度假胜地，坎昆、阿卡普尔科、韦拉克普斯等滨海城市都已成为世界著名的旅游城市。尤其是坎昆，1972 年墨西哥政府开始在该岛投资开发，建设旅游区和自由贸易区，至今已发展成为一个拥有 100 多万人口、100 多家宾馆，并拥有现代化的国际机场，每年能接待 300 万游客，年创汇约占墨西哥全国旅游创汇 40%的高水平旅游城市。墨西哥东岸的砍佩切湾和西岸的特万特佩克湾均拥有热带滨海风光，不到 220km 长的特万特佩湾地峡把两者紧紧连接在一起，形成了一个“山、海、平原、热带丛林、玛雅文化古城组合”

的最富发展潜力的综合性生态旅游区。墨西哥人还利用其火山风光、原始热带丛林、沙漠景观以及各种原生生态文化景观，建设了各种国家公园、自然保护区，大力发展生态旅游产品。

3．中墨旅游关系发展前景广阔

1972 年 2 月 14 日，墨西哥与中国建立外交关系，其后两国友好合作关系发展顺利，先后签订了贸易、科技、文化等多项条约、协议。1978 年 10 月，墨西哥与我国签署旅游协定，这是我国同拉美国家的第一个旅游协定。2003 年 12 月 12 日，墨西哥总统比森特·福克与到访的中国总理温家宝宣布两国间建立战略伙伴关系；2004 年 8 月，两国又在北京宣布设立“中墨政府间常设委员会”，这标志着中墨双边关系迈入机制化新阶段。“中墨政府间常设委员会”的设立为两国建立战略伙伴关系提供了广泛的框架，并已经设立了政治、贸易、文教、科技等分会，还成立了特别工作小组，以处理电信、交通、农业合作项目、旅游社会发展、关税等议题，两国还签署了有关通航的航空协定。2009 年，墨西哥旅华人数为 4.89 万人次。可以设想，两国互为旅游客源市场将会有很大发展空间。

第五节 巴 西

巴西全称巴西联邦共和国，位于南美洲大陆东部，东濒大西洋。面积 854.74 万 km^2，为南美洲最大的国家。人口 1.82 亿，54%为白种人，40%为黑白混血人种，其余为黑种人、黄种人和印第安人。居民中约 71%信奉天主教。官方语言为葡萄牙语。首都巴西利亚。国旗呈长方形，旗底为绿色，中间是一个黄色菱形，其四个顶点与旗边的距离均相等。菱形中间是一个蓝色天球仪，其上有一条拱形白带。绿色和黄色是巴西的国色。国徽图案中间为一颗大五角星，象征国家的独立和团结。国树是巴西木，国花是毛蟹爪兰，国鸟是大嘴鸟。

一、旅游业和旅游市场发展的地理环境背景

1．得天独厚的自然环境与丰富的自然资源

巴西的地形由高原和平原构成。主要高原有北部边境的圭亚那高原和南部的巴西高原。圭亚那高原地势高峻陡峭，位于巴西和委内瑞拉之间的内布利纳峰海拔 3014m，为全国最高峰；巴西高原为世界最大高原，地势波状起伏而低矮，平均海拔 600～900m；高原之间为辽阔的亚马逊平原，地势低平，大部分海拔 150m 以下。巴西拥有亚马逊河、圣弗朗西斯河和巴拉那河三大水系。其中亚马逊河是世界上流程最长、流量最大的河流。全境大部分属热带草原和热带雨林气候，南端为亚热带森林气候：亚马逊平原属热带雨林气候，全年高温多雨，年降水量可达 2000～3000mm；巴西高原大部分属热带草原气候，有干湿季之分；东南沿海地带受大西洋南部吹来的湿润空气的影响，温和湿润，年降水量 2000mm 左右。自然资源丰富，矿藏资源众多，森林、水利资源居世界前列。

2．具有某些发达国家特征的新兴工农业国家

巴西在历史上以“单一经济”闻名于世，故有“咖啡王国”、“柑橘王国”、“天然橡胶

的故乡”等称号。第二次世界大战以后，巴西从一个以出口初级产品为主的农业国变成一个新兴的工农业大国，且具有许多发达国家所具有的特征，被称为“巴西经济奇迹”。巴西已经建立起了较为完整的工业体系，钢铁、汽车、造船、石油、化工、电力、制鞋等工业在世界享有盛誉；核电、通信、电子、飞机制造、信息、军工等领域的技术水平已跨入世界先进国家的行列。巴西也是世界上著名的农业大国，农产品生产和出口在世界上占有重要地位。咖啡、甘蔗、柑橘的产量长期居世界第一位，大豆、香蕉、可可的产量和牛的饲养头数居世界第二位，玉米、烟草、菠萝的产量和猪、马、家禽饲养头数居世界第三位，棕榈油、棉花、水稻的产量也居世界前列地位，还是世界第三大肉类生产国和第七大出口国。

3. 被殖民统治的历史与现代西方民主政治

古代巴西为印第安人居住地，16世纪沦为葡萄牙殖民地，1807年因拿破仑入侵葡萄牙，葡王室逃到巴西，当时的巴西实际上成了葡帝国中心。1821年葡王室迁回里斯本，王子佩德罗留巴西任摄政王。巴西于1822年9月7日获得独立，建立巴西帝国；1889年成立联邦共和国；1891年制定宪法，建立巴西合众国；1969年10月30日改名为巴西联邦共和国。1998年10月5日颁布的新宪法规定，国民议会由参议院和众议院组成，行使立法权，为国家最高权力机构。总统为国家元首和政府首脑兼武装部队司令，由直接选举产生。内阁为政府行政机构，内阁成员由总统任命。

4. 发达的文化与教育

巴西是一个移民国家，种族、民族成分极为复杂，但长期的民族融合形成了巴西特有的地域文化。巴西文化与生活联系在一起，其中最具世界影响的如狂欢节文化、桑巴舞文化、足球文化和烤肉文化等。巴西的文学艺术具有自己的特色，如著名作家、诺贝尔文学奖得主若热·亚马多的作品《狂欢节之国》、《可可》就充满着现实社会的气息。音乐大多与教会联系在一起，各地有名的音乐家几乎都是该地方教堂的乐师。16～17世纪的绘画、雕刻主要是为宗教服务，有名的作品都是宗教作品。18世纪出现了大量的绘画、雕刻活动，通常与建筑活动相联系。18世纪后期的绘画、雕刻主要用来装饰巴洛克建筑。到20世纪，巴西出现一些现代艺术团体，成立了现代美术馆，在全国各地出现很多博物馆。巴西教育比较发达，大学一般实行免费教育，圣保罗大学、里约大学在世界著名大学排行榜中名列前茅。

二、旅游资源与旅游地特点

1. 独具魅力的旅游城市和风景名胜资源

（1）**巴西利亚** 全国的政治、经济、文化中心，坐落于巴西高原中部草原上，以其独特的建筑风格闻名于世。根据著名城市规划师科斯塔·卢里奥的建议和设计，巴西利亚被建设成一个从空中鸟瞰为飞机造型的城市。南北延伸的为公路轴，东西延伸的为纪念碑轴，两轴交点处是一个大广场，国家机关都设在这里；参众两院分设在轴线两侧，各为28层的高楼，中间有人行道相通，大楼一侧各有一碗状的建筑。众议院碗口向上，意思是广泛收集国民意见；参议院碗口向下，意思是集中民意。广场左边为总统府，右边为联邦法院。在飞机造型布局上，总统府建在飞机驾驶舱的位置上，头等舱是国会、议会，腹中舱是政府各部门，尾舱是商贸区，两翼是住宅区，围绕中心城区还建设十个卫星城市。城里所有建筑的地面首层架空，使整个城市空气流畅。这种规划设计起点高，民族文化和幽雅环境相得益彰，构成了美妙的人文景观，被联合国授予“全球最佳人居环境”和“人类共同文化财富”的称号。

（2）**圣保罗** 圣保罗州首府，与四周各具特色的卫星城组成的大圣保罗市，人口约2000万，为巴西第一大城市，世界第三大城市，位于巴西高原东南边缘的大西洋岸，海拔731m，自然风光优美。1554年建镇，1711年设市，第二次世界大战后发展为巴西最大的综合性工业城市。市内高楼林立，商业繁华。由于拥有来自欧亚各国的大量移民，其多元文化特色鲜明，到处都可见到不同肤色、使用不同语言的市民。

（3）**里约热内卢** 建于1565年，曾为巴西首都，现为全国最大的商业、文化、金融中心，也是全国最大的港口和第二大工业中心。市区人口800万，加上郊区人口便达1200万，是仅次于圣保罗市的全国第二大城市。城区濒巴纳巴拉湾，风景秀丽，气候宜人。全市有海滩200km，其中90km为优良的天然港场。城市依山临海，城区错落分布于山海之间。城区内有瓜纳巴拉宫、科帕卡巴纳堡、国际历史博物馆、科斯塔·席尔瓦总统桥等风景名胜。城区附近的基督耶稣雕塑为世界“新七大遗迹之一”。2016年的第31届奥运会将在这里举行，届时里约热内卢将会建设得更富魅力。

基督耶稣雕像 坐落于高710m的科尔科瓦多山顶，是巴西人民1921年为庆祝独立100周年而修建，历时10年落成。基督耶稣巨型石雕像臂展达28m，身高30m，形同一个巨大十字架，为世界上最大的耶稣雕像。雕像中的耶稣基督身着长袍，双臂平举，深情地俯瞰山下里约热内卢的美丽全境，预示着博爱的精神和对独立的赞许，现已成为里约热内卢最著名的标志。

（4）**萨尔瓦多** 巴西最早的首都。葡萄牙人第一次踏足巴西就在巴伊亚，即现今的萨尔瓦多附近，后来葡萄牙人建城于萨尔瓦多，开启了巴西殖民时代的历史。萨尔瓦多保留着浓厚的巴伊亚文化，拥有葡萄牙天主教的教堂及建筑艺术，还有西非黑奴所留下来的非洲文化和土著色彩，再加上当地拥有比里约热内卢更加宁静优美的沙滩，一直是巴西人向往的度假胜地。

（5）**伊瓜苏大瀑布** 位于巴西与阿根廷交界处的伊瓜苏河上，大瀑布由275个瀑布组成，最大的瀑布跌水90m，流量1500m^3/s，被称为“魔鬼之喉”。大瀑布的3/4在阿根廷境内，但从巴西一侧看去更为壮观。

（6）**伊泰普水电站** 位于巴西与巴拉圭之间的界河——巴拉那河上，由巴西与巴拉圭共建。1974年10月17日动工修建，1991年5月6日竣工，历时17载。水电站主坝高196m，长1500m。右侧接弧形混凝土大头坝，长770m。整个坝长7853m，水位落差118.4m；水库面积1350km^2，其规模当时为世界最大，目前仅次于中国三峡水电站而居世界第二位。

2．生态旅游资源丰富多奇

巴西蕴藏着极为丰富而奇特的生态旅游资源。例如，亚马逊平原热带雨林区，保存着占世界60%的热带树木面积，保留有100多万种植物和动物，其中约900种为巴西特有物种。尤其以巴西红木、亚马逊河中的大鳄鱼、长有10个气囊能呼吸到水和空气中氧气的“神秘鱼”、雨林中会唱出旋律美妙歌曲的长尾鸟和世界上最小的鸟——蜂鸟以及树懒等最为著名。热带稀树草原中有会结出猴子喜食的面包式果实的“猴面包树”（波巴布树）和食蚁兽、大兀鹰、美洲豹等飞禽走兽。又如，巴西各大水系的中上游地区形成水量丰富、落差很大、气势壮观的众多急流和瀑布。巴西的“3S”旅游资源也很丰富，圣保罗、里约热内卢、萨尔瓦多等都市都是著名的滨海休闲度假胜地。

3．具有深厚文化底蕴的社会风情与生活习俗

巴西人民勤劳、严肃、认真、自信。他们自知生活不容易，但对前途充满自信和乐观，风俗习惯与欧洲差不多。在待人接物上表现出两方面特点：一方面喜欢直来直去，有什么就说什么；另一方面在人际交往中大都活泼好动，幽默风趣，爱开玩笑。目前，巴西人在社交场合通常以拥抱或者亲吻作为见面礼节，还有一些独特的见面礼如握拳、贴面、沐浴等。在正式场合，巴西人讲究穿戴整齐，主张在不同的场合里着装有所区别。但在重要的政务、商务活动中，一定要穿西装或套裙；在一般公共场合，男人至少要穿短袖衬衫、长西裤，女士则最好穿高领带袖的长裙。巴西人平常主要吃欧式西餐，喜欢饮咖啡、红茶和葡萄酒。社会生活当中最具特色的活动有狂欢节、桑巴舞和足球等。

（1）**狂欢节** 巴西的狂欢节被称为世界最大也是最奔放的狂欢节。在巴西各地的狂欢节中，尤以里约热内卢的狂欢节最著名、最令人神往。期间，全城上下倾巢而出，人们不分肤色种族、贫富贵贱，都潮水般涌上街头，男女老少个个浓妆艳抹，狂歌劲舞，尽情宣泄。

（2）**桑巴舞** 巴西桑巴舞的最大特点是狂热怪异。每当狂欢节达到极点，男演员披着非洲酋长一样的刺绣马甲或长袍，女演员戴着王冠或非常夸张的羽毛帽子，艳丽的衣裤上珠佩叮当。每当舞曲响起，成千上万的巴西人在几公里长的“桑巴大道”上飞快地摆动腰臂，头上和肩上的彩色翎毛被抖得悉窣作响，大鼓、铜鼓、手鼓节奏震撼人心，在无数旌旗簇拥下，桑巴皇后和桑巴公主们乘彩车缓缓出场更引起一片欢跃。

（3）**足球** 巴西足球世界驰名。足球不仅是巴西民众的共同爱好，也是整个民族的骄傲。巴西职业足球队数量之多居世界之冠，仅正式登记注册的足球俱乐部便有 2 万个以上，从事足球运动人数更超过百万。除球王贝利外，还拥有济科、苏格拉底、卡雷卡、罗纳尔多、里瓦尔多、罗马里奥等一大批世界级的足球巨星。

三、现代旅游业和旅游市场的发展

1．政府重视旅游业的发展

广袤的土地，迷人的海岸，神奇的亚马逊的热带雨林，名闻全球的狂欢庆典，千奇百怪的民俗，融合八方特色的美味佳肴，独特的文化神韵，为巴西旅游业的发展提供了得天独厚的条件。巴西政府为发挥其区域旅游资源优势，早在 1995 年，便在具有发展旅游潜力的地区实施了市级旅游计划，有组织、有计划地发展旅游业。巴西联邦政府和各州政府在该计划实施的几年中，投资 80 亿美元用于新建机场、公路和市政卫生项目，修复文物古迹，以及改善旅游基础设施。目前巴西已拥有旅馆 5254 家，并开发了阳光海岸旅游、会议和商务旅游等旅游项目产品。2007 年，接待国外游客 503 万人次，国际旅游收入 53 亿美元；出国游客 514 万人次，国际旅游支出 104 亿美元。国际旅游市场在拉美仅次于墨西哥而居第二位。

2．生态旅游和会展旅游地位突出

早在 1995 年，巴西政府便推出了全国生态旅游计划，并以之作为实施“旅游业可持续发展”的一项重大举措。为此，巴西政府利用世界银行贷款在全国建立了包括亚马逊在内的 18 个生态旅游区，并成立了国家技术委员会，以监管生态旅游计划的实施；规定景区内只准建与周围风景和谐的低矮家庭旅馆，不造酒店大厦，任何地方不得有排放氟利昂的冰箱和空调，限制游人入住天数等。目前，全国已有 250 家专门组织生态旅游的旅行社。会议

展览业因具有强大的产业带动效应而被誉为“现代城市的面包”、“城市名片”，并与旅游经济、房地产经济同被誉为21世纪的“三大无烟产业”。作为新兴工农业经济大国的巴西将其作为具有战略意义的产业，也迅速发展起来，并借此成为世界上具有一定影响的重要会议会展旅游大国。据统计，全国每年办展约500个，办会约60个，经济收入约8亿美元。

3．中巴旅游关系发展前景十分广阔

1993年，巴西同中国建立了战略伙伴关系。据中国海关统计，1994～2004年，中巴两国贸易额从14.21亿美元增至123.59亿美元。两国在航天科技合作方面成功发射了两颗地球资源遥感卫星。两国在国际事务和多边机构中密切配合，加强协商，共同维护两国和发展中国家的利益。2004年，在庆祝中巴建交30周年之际，巴西总统卢拉和中国国家主席胡锦涛进行了互访，双方签署了许多重要的双边合作协议，从而为中巴两国旅游关系的发展创造了良好的社会经济环境。两国旅游部门于2004年签署协议，将巴西批准为中国公民出境旅游目的地国家；巴西旅游部长温德勒预言，“巴西有潜力让中国游客的数量翻一番”。

第六节　阿　根　廷

阿根廷全称阿根廷共和国，位于南美大陆东南部，东南濒大西洋，南与南极洲隔海相望，面积277.69km^2。人口3780万，白种人占97%，多属意大利和西班牙血统的后裔。城市人口占总人口的85%以上，居民中87%信奉天主教，其余信仰基督新教。官方语言为西班牙语。首都布宜诺斯艾利斯。国旗呈长方形，自上而下由浅蓝、白、浅蓝三个平行相等的横长方形组成，白色长方形中间为一轮“五月的太阳”；国徽为椭圆形，上蓝下白，为国旗色，上端有一轮“五月的太阳”；椭圆形中有两只紧握着的手，手中握有“自由之竿”，竿顶为红色的“自由之帽”；椭圆形图案由绿色的月桂树叶环绕。国歌为《祖国进行曲》，国花为灿若红霞的赛波花，国鸟为棕灶鸟。

一、旅游业和旅游市场发展的地理环境背景

1．优越的自然环境与丰富的自然资源

阿根廷全境分为四个地形区：西部安第斯山脉纵贯南北，地势西高东低，位于中部的阿空加瓜山，海拔6964m，为南美第一高峰；北部和东北部为查科冲积平原，地势低平，多沼泽；中部和东部为潘帕斯平原；南部为巴塔哥尼亚高原，地势西高东低，由海拔1000m逐渐降低到100m。地处亚热带和温带，但各地气候差异很大：北部查科平原属亚热带森林气候，中部和东部潘帕斯草原为温带草原气候，西部安第斯山地和南部巴塔哥尼亚高原多属高山荒漠气候。主要河流有巴拉那河、乌拉圭河及其汇合而成的拉普拉塔河。主要矿藏有石油、天然气、煤、铁、银、钠、铅、锡、石膏和硫磺等，水力、渔业资源丰富。

2．具有某些发达国家特征的新兴工农业国家

钢铁、电力、汽车、石油、化工、纺织、机械、食品等工业部类均有较大规模。核电工业和钢铁工业均在拉美国家中居于前列地位；飞机制造业在国际市场占有一席之地；食

品加工业技术较为先进，主要有肉类加工、乳制品、粮食加工、水果加工和酿酒等行业，是世界葡萄酒主要生产国和出口国之一。其肉类加工业规模很大，产品出口到世界许多国家。全国国土面积的 60%为牧场，17%为农耕地，是世界上重要的农牧产品生产国和出口国，被称为“世界的粮仓和肉库”。大豆、向日葵、亚麻子和花生的生产及出口占世界重要地位。目前养有 6000 多万头牛、3500 万匹马，均居于世界前列地位，是世界重要的牛肉和羊毛出口国。

3．辉煌的民族斗争历史与现代西方民主政治

16 世纪前居住着印第安人，1535 年西班牙在拉普拉塔建立殖民据点，1776 年西班牙设立以布宜诺斯艾利斯为首府的拉普拉塔总督区。1810 年，布宜诺斯艾利斯人民掀起反对西班牙统治的“五月革命”，成立了第一个政府委员会；1816 年 7 月 9 日宣告独立，建立了联邦共和国。1994 年 8 月 22 日通过的宪法规定，阿根廷为联邦制国家，实行代议制民主。内阁是政治执行机构，总统、副总统由普选产生。总统是国家元首、政府首脑和武装部队司令，任期四年，可连选连任。总理、部长和总统府国务秘书由总统任命。国会是国家最高权力机构，国会分参、众两院，拥有联邦立法权，参、众两院的议员均由直选产生，可连选连任。

4．异彩纷呈的文化与较为发达的教育

阿根廷的文学艺术在不同历史时期和不同地区差别较大。20 世纪初，阿根廷的艺术主要模仿欧洲，30 年代陆续出现现代艺术。在绘画上有一批著名的传统风格画家，其中 E. 佩托鲁蒂于 1956 年获南美洲的古根海姆奖；杰出的雕塑家是 R. 伊鲁蒂亚，创作了多雷戈雕像和里瓦达维亚陵墓。文学上涌现了博尔赫斯和皮格利亚等作家：前者以小说、诗歌著名，代表作有《永恒史》、《探讨别集》、《七夕》等；后者是新时代叙事作品的优秀代表人物之一，代表作有《入侵》、《假名》、《人工呼吸》、《夜晚的目标》等。阿根廷是拉美国民受教育程度最高的国家之一，先后产生了五位诺贝尔奖得主。目前全国共有大学 91 所，在校人数为 170 余万人；拥有布宜诺斯艾利斯大学、科尔多瓦大学等众多著名学府。

二、旅游资源与旅游地特点

1．各具风采的旅游城市

（1）**布宜诺斯艾利斯**　著名港口城市，市区人口 278 万，位于拉普拉塔河西南岸，面对海洋，背靠潘帕拉斯草原，自然生态环境优美。居民几乎都是欧洲移民的后裔，城市布局、建筑风格，以及人们的衣着、举止、谈吐，都与邻近各国大相径庭，故而享有“南美洲的巴黎”美誉。这里拥有古代航海家的博物馆、革命者的丰碑和纪念馆，以及象征着民主与独立的政府楼、“五月广场”等历史建筑，还有各式各样的剧院和艺术中心。其中，号称世界“三大歌剧院”之一的科隆剧院，舞台可以旋转，是世界上最大的舞台。

（2）**乌斯怀亚**　位于火地岛最南端，是世界上最靠近南极的城市。常住居民约 1.8 万，旅游旺季可达 5 万～6 万。乌斯怀亚西南临北格尔海峡，是太平洋和大西洋的分界线，扼海峡咽喉；南隔德雷克海峡与南极洲相望。作为阿根廷的海军基地和南极洲探险考察后勤基地，世界各国南极考察船大多在此作短暂停留。现已成为阿根廷的自由港（免税区）、新兴的电子工业中心和夏季南半球最宜人的避暑地。

（3）**葡萄酒文化城** 是对阿根廷南纬 22°～42°之间安第斯山脉东麓、沿西部智利与阿根廷边境从北部萨尔塔，经门多萨到里奥内格罗省内所有葡萄和葡萄酒生产中心城市的总称。安第斯山脉东面属于大陆性半沙漠气候，年降水量不足 200mm，在昼夜温差大、沙质土壤及丰富地下水源等生态环境条件下，成为世界上最适宜优质葡萄种植的产区，同时也使阿根廷成为世界第五大葡萄酒生产国和第六大葡萄酒消费国。萨尔塔、拉里奥哈、卡拉马干、圣湖口、门多萨等都是阿根廷知名的葡萄酒生产中心。这里拥有全国 75%的葡萄种植面积，60%的葡萄酒生产量。

2．以奇为特色的风景名胜资源

（1）**奇特的冰川国家公园** 被列入《世界遗产名录》，包括阿根廷南部安第斯山脉东侧的基塔湖、阿根廷湖、别德马湖等高山湖泊。发源于安第斯山脉深处的巨大冰川一直延伸到湖中，甚至越过湖泊而直冲对岸。冰川一般以令人生畏而极具美感的幽蓝色调处于平静的状态，同时又积蓄着巨大力量——冰层像巨型水坝一样，使湖泊上游的来水被阻拦而抬升。当上部湖水升高到 30～40m 时，巨大的水压会将水坝冲开一个缺口，形成壮观的冰崩。巨大的冰块如山崖崩塌一样随着急流汹涌而下，发出惊天动地般的巨响，成为世界独特的自然奇观。

（2）**原始天然的巴塔哥尼亚高原** 面积 $80km^2$，地广人稀，气候干旱多大风，大部分地区至今保持着荒野的原始天然风貌。位于巴塔哥尼亚境内的安第斯山脉沿着海岸线连绵起伏，连接着周围的岛屿和沙洲。积雪从峰顶铺展下去，形成壮观的冰河。冰河在山脚处伸入宽阔的湖泊，勾勒出无比壮美的景色。高原东境邻近大西洋海岸，从丘比特省到火地岛，生活着数以百万计的企鹅、海豹、海象和各种海鸟。

（3）**神秘的火地岛国家公园** 位于南美最南端，以 1520 年麦哲伦经过其北面海峡时看到岛上有“火光”而得名，其行政中心乌斯怀亚是世界上位置最接近南极的城镇。岛上西部和南部多山，北部为冰河地形，气候夏凉冬寒。20 世纪 70 年代以来，阿根廷政府在火地岛实行特殊政策，吸引外资，建起了上百家工厂。当地政府特别重视旅游资源与旅游环境保护，到处都干净有序，企鹅岛和鸟岛上的动物遍地皆是，它们悠然自得，成群企鹅、鸟类与游客和谐相处。

3．异趣横生的社会风情与生活习俗

（1）**探戈** 阿根廷的国粹，表现形式富于变化，舞者始终处于一种紧张和警觉状态，时而忘情缠绵，时而近乎狂野。探戈的最大特点是注重感情的表达、情绪的宣泄，具有鲜明的历史印记和平民色彩，现已成为阿根廷人的大众文化，广场、社区、学校和企业的活动室都可以看到人们快乐地翩翩起舞。20 世纪初，探戈流传到世界其他地区，风靡全球，并成为欧洲上流社会中最为流行的交际舞。

（2）**足球** 阿根廷足球以其自由洒脱的风格而风靡世界。身临其境看比赛、侃球经、领略疯狂的球迷氛围，堪称阿根廷旅游中最精彩的部分。阿根廷国内的足球比赛与欧洲联赛最大的不同在于它并不像欧洲比赛那样商业化踢球，而是使踢球者因足球而快乐、看球者为足球而疯狂，体现出完全纯粹的阿根廷足球文化。每当有足球比赛的时候，各大城市的街巷就开始热闹起来，有的人整装待发去现场加油助威，有的人则三两结队去酒吧看比赛转播。尤其是每逢“博卡青年队”主场作战，能容纳 6 万观众的布宜诺斯艾利斯博卡区“糖果盒”球场总是座无虚席：球迷们个个精神抖擞，使出浑身解数为主队欢呼和跳跃；

足球解说员用发射连珠炮般的语速进行讲解，并且用自己的高昂情绪感染所有的球迷。

（3）**马黛茶** 是与大叶冬青近似的一种多年生木本植物，人们将其叶和嫩芽采摘下来，经烘烤、发酵和研磨等工序，即可制成芳香可口的马黛茶。阿根廷人喝马黛茶简单方便，寻常百姓饮茶的器皿通常用竹筒或葫芦挖空制成。一般做法是将冲泡好的茶倒入器皿，再用金属管插入茶中吸饮。阿根廷人喝不同的茶代表不同的意思：如果对方冲泡的马黛茶里加一些糖，再放上几片橘叶，就意味着向您求爱了；如果在茶里加上肉桂，则表示“我时时怀念您”；如果添加陈皮，则表示“我原来是您的”。

三、现代旅游业和旅游市场的发展

1．南美洲的旅游大国

国际入境旅游和出境旅游人数以及国际旅游收入和支出，使阿根廷成为南美第二旅游大国。尽管自2001年以来，因严重的金融危机进而引起经济危机，使阿根廷陷入严重的经济衰退之中，旅游业却一枝独秀。2007年，接待外国游客456万人次，旅游收入59亿美元。目前，全国共有784家旅馆、17462套客房、41799张床位，并有800多家乡村庄园可用作旅游接待。目前阿根廷的国际旅游显示出四大特点：①政府重视。支持旅游业已成为阿根廷政府的一项政治决策。②出入境旅游失衡。近几年来国际入境接待保持较大规模，出国旅游的人数却大幅度减少。③国际入境游客多为拉美游客。④特色旅游产品很多。例如，葡萄酒之旅、足球之旅、登山探险之旅、海滨休闲度假之旅、乡村庄园之旅、火地岛南极体验之旅等极具魅力。

2．丰富多彩的乡村旅游活动

在美丽富饶的阿根廷乡村大地上分布着约40万个家庭农场，蕴含着丰富的人文传统。许多房屋都是曾经的殖民者和市里的富人盖的，有的庄园之宏丽可与欧洲王宫媲美，即使普通农牧业生产者的小庄园，也仍基本上保留着原有的历史特色。有的农庄不仅保留着原有的古色古香的陈设，就连生产设施、仓房、牛栏、酒吧，也依旧保持着当年的风貌。随着旅游业的发展，这些农庄、牧场在从事农牧业生产的同时，也接待旅游者观光和度假，而且创造了多种多样的庄园旅游模式。例如，潘帕斯大草原上的庄园大多面向外国游客，观光游览的服务项目有现场展示养羊、挤奶、制作奶酪、耕种或收割，并可品尝烤牛肉、马黛茶等；在临近安第斯山脉的山前地带的一些庄园则开展“葡萄酒之旅”，组织游客观光葡萄园、参观考察葡萄酒窖、品尝葡萄酒，参与“葡萄酒文化节”的各种活动；濒临大海及河湖的庄园则把水上活动作为主要旅游项目。目前已开发了730个乡村景区，有800家农牧庄园开办旅游事业。

3．中阿旅游关系前景可观

1972年2月，中国与阿根廷两国建交，此后两国关系稳步发展。近几年来双方高层互访不断，尤其是2004年6月，基什内尔总统对中国进行了国事访问；2004年11月，胡锦涛主席对阿根廷回访，两国政府致力于加强和深化中阿21世纪全面合作伙伴关系。中国已成为阿根廷第四大贸易伙伴，从而促进了中阿旅游关系的发展。2004年，中阿两国签署了《关于中国旅游团赴阿根廷旅游实施方案备忘录》；2007年1月起，阿根廷正式成为中国公民出境目的地国家。行程13天的巴西、阿根廷“桑巴风情之旅”首发团，拉开了中阿旅游关系的序幕。阿根廷是南美洲经济最发达的国家之一，出境旅游规模一直相对较大，中阿旅游关系发展前景可观。

第七节 智 利

智利全称智利共和国，地处南美洲西南部，西、南濒临太平洋，北与秘鲁和玻利维亚为邻，东与阿根廷接壤，面积 75.66 万 km^2，人口 1449.5 万，印欧混血种人占 75%，白种人占 20%，其余为印第安人。居民中 85%信奉天主教。官方语言为西班牙语。首都圣地亚哥。国旗由蓝、白、红三色构成。靠旗杆一边上方的旗角为蓝正方形，其中央绘有一颗白色五角星，其他旗底由白、红两个平行长方形组成。红色象征智利的独立和自由，白色象征安第斯山上的白雪，蓝色象征海洋。国徽盾面来自国旗图案，盾徽四周为安第斯山鹿、美洲大兀鹰、美洲鸵鸟羽毛和野百合花等图案。国树为阿劳乌卡利亚松，国花为野百合花。

一、旅游业和旅游市场发展的地理环境背景

1．区域差异鲜明的自然环境与丰富的矿产资源

智利领土呈带状，南北长 4333.3km，东西平均宽 180km，是世界上最狭长的国家。东为安第斯山脉的西坡，约占全境东西宽度的 1/3；西为海拔 300～2000m 的海岸山脉，大部分地带沿海岸伸展，向南入海形成众多的沿海岛屿；中部是由冲积物所填充的陷落谷地，海拔 1200m 左右。境内多火山，地震频繁。位于智利、阿根廷边境上的奥霍斯—德尔萨拉多峰海拔 6885m，为全国最高点。主要岛屿有火地岛、奇洛埃岛、惠灵顿岛等。气候由北向南分别属热带沙漠气候、亚热带地中海型气候和温带阔叶林气候。年降水量从北向南由 25mm 至 2000m 不等。矿藏丰富，铜和硝石地位突出。

2．较为发达的工农业国家

智利经济较为发达，矿业是其支柱产业和重要出口创汇产业。铜产量和出口量均居世界第一位，智利也是世界唯一生产天然硝石的国家，被誉为“铜的王国”和“硝石之邦”。智利还是碘、锂和白银生产大国，其产量分别占世界总产量的 51%、33%和 10.4%。海洋渔业资源丰富，是世界第五大渔业生产国。智利重视外向型农业的发展，是世界第十大葡萄酒出口国。全国有牧场 12.93 万 hm^2，牛、羊肉基本自给，并有猪肉、鸡肉出口。全国森林面积 1570 万 hm^2，以人工种植造纸浆用的辐射松和速生桉树驰名世界。

3．辉煌的民族斗争历史与现代西方民主政治

智利原为印第安人居住地，属印加帝国，1541 年沦为西班牙殖民地。经长期英勇斗争，1810 年 9 月 18 日获得自治，1818 年 2 月 12 日正式独立，成立智利共和国。智利人民十分珍惜斗争的胜利，在圣地亚哥市区宪法广场上有民族解放运动沃伊金斯将军横刀跃马、气壮山河的铜像。现代的智利政府和人民致力于发展经济，在拉美国家中是

利用外资最多的国家。现行宪法规定，智利为民主代议制共和国。总统为国家元首、政府首脑、武装部队最高司令，由普选产生，任期六年，不得连任。国会分参、众两院，参议院中有38席为直接民选，另8席则由总统指派，任期八年；众议院共120席，全采取直接民选，任期四年。

4．比较发达的文化与教育

智利是拉美文化艺术水准较高的国家之一，全国有图书馆1999家、电影院260家。圣地亚哥是全国文化活动中心，有25个美术馆。诗人加夫列拉·米斯特拉尔获1945年诺贝尔文学奖，成为第一个获此奖的南美洲作家；诗人巴勃罗·聂鲁达获1971年诺贝尔文学奖。智利所保留的印第安文化遗产非常丰富，如位于太平洋东南部的复活节岛以神秘巨石雕像闻名遐迩，已列入《世界文化遗产名录》。智利文化教育事业比较发达，政府规定6～13岁儿童须接受强制性小学教育，完成一般中学教育而成绩合格的学生，可授予中级技术资格。高等教育比较发达，全国有226所高等教育机构，学生52.16万人。

二、旅游资源与旅游地特点

1．独具特色的旅游城市

（1）**圣地亚哥** 全国政治、经济、文化、交通中心，人口约580万，东近安第斯山，西接海岸山脉，气候宜人，建于1541年2月12日，现已成为一座现代化的美丽大都市。解放者奥希金思大街横贯东西，泛美公路纵贯南北，具有西班牙风格的古老建筑与现代化的高大楼房交错相映。市中心的八个街区集中了政府主要机关和金融商业机构，呈现一片生气勃勃的繁荣景象。城郊海拔860m的圣克里斯托瓦尔山是大都会公园，山顶耸立的圣母塑像，为圣地亚哥的主要标志。

（2）**瓦尔帕莱索** 智利议会所在地，重要的港口，位于太平洋瓦尔帕莱索海湾南端。城市宛如一轮明月镶嵌在大海与高山间$8km^2$的狭长地带上。瓦尔帕莱索在西班牙文中的意思是“天堂谷地”，至今已有350多年的建城历史，城内的建筑、街道依然遗留着殖民时期的痕迹。

（3）**维尼亚德尔马** 始建于1875年，南与智利第一大港瓦尔帕莱索市连接。景色秀丽，享有“花园之城”美誉。市内色彩鲜艳的“花草时钟”堪称独特一景，海滩平坦沙细，游览设施齐全。从耸立海边的望海楼举目远眺，可饱览汹涌澎湃的太平洋景色；被誉为“蒙的卡罗”的国际娱乐场全年开放；依山而建的露天剧场可容纳万名观众，每年举行高水平的国际歌咏比赛，更为该市增添生气。

2．充满神秘色彩的旅游胜地

（1）**梦幻的岛屿** 太平洋上有众多特色岛屿，尤以奇洛埃岛、复活节岛及鲁滨孙·克鲁索岛最著名。①奇洛埃岛位于智利南部，岛上有150座木制的小教堂，经常举行全国最盛大的宗教活动。居民的房屋都建在水上，由木头柱制造及支撑，成为矗立在水面上的桩屋和独特的木工艺品。②复活节岛是智利太平洋东南部的一个小岛，因荷兰探险家于1772年复活节那天登上岛屿而得名。岛屿四周全是巨石雕像，最高的有22m，重400t，总计1000多尊。岛上还发现了至今没有被破译的象形文字，这些都是失落文明留下的永恒秘密。③鲁滨孙·克鲁索岛位于智利南太平洋上，是英国名著《鲁滨孙漂流记》所述荒岛的脱胎地。

（2）**迷人的沙漠** 智利有沙漠及不毛之地 52.7 万 km^2，以位于智利北部的阿塔卡马沙漠风景最为神奇。虽濒临太平洋，却是世界上最干旱的地区，曾有连续 91 年滴雨未下的记录。沙漠南北长约 1100km，东西宽度不足 100km，这里地面没有植物，空中没有飞鸟，但有宽广壮丽的盐碱地、永恒的雪火山和蕴藏丰富物种的湖泊。在绿洲的环绕和流水的滋养下，这里依然保存着土著文化。这里的沙漠城市阿塔卡马城有世界上最高的塔地奥间歇泉，其喷气孔高达数米。

（3）**壮观的火山** 智利火山众多，有活火山 55 座。拉斯卡尔火山是安第斯中部也是智利境内最活跃的活火山，高 5592m，火山口的直径 750m，深 300m。自 1848 年以来，每隔 58 年喷发一次。1993 年 4 月 19 日和 20 日，该火山曾喷发浓浓的烟柱，其烟尘物可吹到大西洋沿岸。近年又连续喷发，喷发的烟柱高达 3000～4000m，蔚为壮观。

3．多彩的社会风情与生活习俗

智利风俗礼仪在许多方面同西班牙相似，但也带有当地土著居民的鲜明特征。智利人十分重视见面时的问候礼节，同外来客人第一次见面时，多要握手致意，有时男性之间要热情地拥抱，女性之间要相互亲吻面颊，最常用的问候语是“您好”、“见到您非常高兴”、“感谢上帝让我们相识”等。智利的社会生活有四大特色：①一日四餐。智利人每天吃饭多达四次，一般早餐喝咖啡，下午 1 时左右是午餐，下午 4 时再喝咖啡，晚上吃正式夜餐。②人狗和谐。智利人认为狗是人类的朋友，许多市民都把家里吃剩的面包、香肠带出来喂狗，野狗也同任何人都很亲热。③围牛。智利人喜欢牛，每逢盛大节日都要举行围牛活动，也就是利用高超的技术骑马把分散奔跑的牛围起来。④奎卡舞。智利国舞，兼容了西班牙和阿拉伯舞的动作，热情欢快。

三、现代旅游业和旅游市场的发展

1．旅游业和旅游市场发展迅速

政府十分重视发展旅游业。旅游交通发达，全国有大小机场 32 个，铁路 8800km，公路约 9.6 万 km，其中高等级公路 12000km、高速公路 4000km。目前拥有各级旅游饭店、旅馆 1741 家，床位 72796 张。全国直接或间接从业人员 20 万左右，每年接待约 300 万外国游客，旅游创汇 25 亿美元。智利接待的外国旅游者主要来自阿根廷、巴西等拉美国家及西欧、北美各国和日本等。智利入境旅游有三大特点：一是夏季从周边国家来智利度假的人数多，二是到复活节岛观光的外国游客发展迅速，三是外国游客开始从智利赴南极考察的人数日增。智利公民出境旅游人数已超过年 200 万人次，主要面向阿根廷等周边国家及加勒比海地区。

2．特色旅游项目众多

为最大程度满足各种不同类型和不同层次旅游者的需求，智利致力于新型旅游项目的开发。①航海旅游。相对安全的航海旅游已成为国际旅游业的新秀，智利旅游部门利用港口条件好的优势，近年接待的外国游轮游客每年都突破 10 万人次。②探险和体育旅游。安第斯山地区有许多高山湖泊、雪山冰峰、峡谷急流，由此开发了不少漂流、滑雪、游泳等旅游项目，如帕伊乃塔国家公园有全世界最知名的漂流路线。③乡村旅游。在智利，拥有土地规模 2000hm^2 以上的庄园有 1568 个，还有散布于各地的村落，由此开发了让城市居民享受乡村划船和观赏鲜花等乡村旅游活动。

3．智利与中国的旅游关系

1970 年 12 月 15 日，智利成为南美洲第一个同中国建交的国家。2004 年，中智两国旅游部门签署了《中国出境旅游目的地国协议》，除目前占据多数的中国商务旅游考察团组外，智利政府旅游部门及私营旅行社制定了接待中国游客计划，重点发展与中国的旅游关系。智利风光秀美，人民友好热情，对中国旅游者具有吸引力。与此同时，随着拉美与亚太地区间贸易往来的日益频繁，拉美各国旅游企业正在积极组织人员前往亚洲各国观光和进行商务旅游，已有越来越多的智利公民到中国进行商务考察或开展贸易活动。目前到中国旅游的智利公民多已去过欧洲、北美等一些地方，更想尝试一些新的体验。中国是智利在亚洲第一个开展旅游合作的国家，两国旅游合作已有良好开端，尤其是中国已成为智利人民最青睐的旅游目的地之一，智利也将是中国公民出境旅游的重要目的国之一。

第八节　委 内 瑞 拉

委内瑞拉全称委内瑞拉玻利瓦尔共和国，位于南美洲大陆北部，北濒加勒比海，东北临大西洋，国土面积 91.6 万 km^2，人口 1840 万，印欧混血种人占 58%，白种人占 29%，其余为黑种人、印第安人。98%的居民信奉天主教。官方语言为西班牙语。首都为加拉加斯。国旗呈长方形，自上而下由黄、蓝、红三个平行相等的横长方形相连而成；旗面中央有八颗白色五角星，呈弧形排列，左上角绘有国徽图案。国徽中心图案为盾徽。国花为五月兰，国鸟为拟掠鸟。

一、旅游业与旅游市场发展的地理环境背景

1．优越的自然环境与南美石油资源大国

山地、高原约占国土面积的 2/3。西北和北部为安第斯山脉和马拉开波低地，中部是奥里诺科冲积平原，南部为圭亚那高原。除山地外大部分地区属热带草原气候，年平均气温 26～28℃；年降水量从北向南为 500～3000mm。奥里诺科河自西向东横贯全境，支流众多；马拉开波湖面积 1.43 万 km^2，为南美洲最大的湖泊，也是世界上产量最高、开采最悠久的石油湖。委内瑞拉矿产资源丰富，石油和天然气储量占南美洲首位。森林占国土面积的 56%，水力资源丰富，内河和沿海丰富水产资源。

2．石油工业地位突出的工农业国家

委内瑞拉经济较发达，同墨西哥、巴西、阿根廷一起被称为“拉美四强”。石油业是国民经济的命脉，为世界五大石油出口国之一，冶金、矿业、电力、制造、建筑、石化和纺织等工业部门也发展较快。1998 年和 1999 年受国际石油价格影响，经济形势严峻，政府主张实行国家控制与市场调节相结合的经济模式，加大社会投入，实施农业、工业和旅游业发展综合计划，鼓励生产和刺激内需，取得较好成效。2002 年，曾一度出现经济严重下

滑，政府采取了一系列措施并已初见成效，随后石油生产回升，特别是随着国际油价飙升，经济恢复迅速。

3. 被殖民统治的历史与现代西方民主政治

委内瑞拉古为印第安人阿拉瓦克族和加勒比族的居住地，1567 年沦为西班牙殖民地，1811 年 7 月 5 日宣布独立，1819～1829 年同现哥伦比亚、巴拉马和厄瓜多尔组成大哥伦比亚共和国，1830 年建立委内瑞拉联邦共和国，1864 年改名为委内瑞拉合众国。1953 年实行宪政，建立文人政权。此后，民主行动党和基督教社会党交替执政。1988 年 12 月，查韦斯作为“爱国中心”总统候选人参加大选并获胜，打破了两大传统政党长期交替执政的政治格局。现政府为总统制，总统由人民选举产生，任期五年；国会分参众两院，议员民选，任期五年。

4. 发展中的文化与教育

委内瑞拉居民组成多元化，因而至今保留着 170 多种语言和方言。委内瑞拉既有传统的外来文化，也有印第安土著文化。例如，在音乐方面，克里奥尔音乐相当流行，内地以印第安音乐为主，沿海地区非洲音乐则很有影响。各地都还保留着各民族所独有的手工艺品，建筑也是各种风格并存，如所有旧城镇几乎都带有西班牙古老城市建筑风格的痕迹，而印第安部落村庄还有木屋和茅草棚。政府对教育重视，6～15 岁儿童已实行义务教育。全国有 36 所大学，著名大学有委内瑞拉中央大学、西蒙·玻利瓦尔大学和安德烈斯·贝略天主教私立大学等。

二、旅游资源与旅游地特点

1. 各具特色的旅游城市与风景名胜资源

（1）**加拉加斯** 全国政治、经济、文化、金融中心，人口 460 万，位于加勒比海之滨的阿维拉山南麓一个三面环山的谷底，海拔 1000m。虽地处热带却气候温和，被誉为“春城”。加拉加斯始建于 1567 年，市内至今留有古代建筑和城堡，但也有许多现代化的高楼大厦、博物馆和高等学府。主要风景名胜有市内的民族英雄玻利瓦尔的铜像、玻利瓦尔中心、玻利瓦尔大学、国会山（议会大厦）和金子楼，城郊的马库杜、阿苏尔和小加拉加斯海滩等旅游胜地。

（2）**马拉开波** 位于马拉开波湖西北岸，全国第二大城市，世界著名石油工业城，也是仅次于科威特港的世界第二大石油出口港，人口约 150 万。马拉开波建于 1529 年，原为梅里达山区咖啡输出港，现已发展成为石油工业中心和石油输出港。城北部港口为旧城区，保留有殖民地时期建筑；新城区为现代化商业中心。因天气炎热，空调随处可见，无论喝白水或饮料都在杯中加入大量冰块，故有人戏称马拉开波为全球“最冷”的城市。

（3）**卡奈玛国家公园** 全国最大的自然保护区，位于圭亚那高原卡劳河与卡罗尼河汇合处的上游。那里河流交错，飞瀑争喧，高山壁立，并有一望无际的热带雨林和开阔的草地、美丽的卡奈玛湖和世界上落差最大的安赫尔瀑布，还有美洲虎、虎猫、树懒、刺豚鼠、水豚、负鼠、鳄鱼、大鹰、鹦鹉等各种各样的珍禽异兽。在卡奈玛小镇上建有旅游营地，几十间椭圆形的用棕叶盖顶的白墙小屋和凉亭，错落有致地坐落在卡奈玛湖畔，掩映在湖边的绿树丛中，构成一幅美丽的风景画。

2. 三大特色旅游景观资源

（1）**美女崇拜** 委内瑞拉是一个狂热崇拜美女活动的国家，素享“美女王国”雅称。每年的九月初，一年一度的“委内瑞拉小姐”选拔活动是国家最重要的事情。届时街上空荡荡，汽车不行驶，大家都坐在电视机前观看电视台转播美女的自选动作。委内瑞拉已荣获五个“世界小姐”称号、五个“环球小姐”称号，为全球获得美女称号最多的国家。委内瑞拉是一个对外表特别关注的社会，无论是穷人还是富人、女人还是男人，也无论是年轻人还是老年人的，都总是千方百计地把自己打扮得格外吸引人。委内瑞拉人对美女的狂热崇拜就是基于这种社会背景。

（2）**摔牛活动** 传统的民间娱乐活动。它与西班牙斗牛不同，“摔牛士”并没有特殊穿戴和防护。通常摔牛场地为一条长 200～300m 的跑道，场内同时放有 3～5 头强壮的公牛。摔牛士骑马冲进场内，伺机接近公牛，并俯身拽住牛尾巴，凭借马的冲力将牛摔倒在地。摔牛活动时常邀请美丽的女孩子到场，当摔牛士把牛摔倒后，少女便将一小串玫瑰花挂在摔牛士的脖子上，以示尊敬。

（3）**空中观瀑** 委内瑞拉的安赫尔瀑布，又称“天使一跳”，为世界落差最大的瀑布，位于委内瑞拉东南部丘伦河上，是典型的多极瀑布群。大瀑布从圭亚那高原奥扬特普伊山的陡壁凌空飞下，总落差 976m，宽约 150m，遥望如一条垂挂的银链，十分壮观。瀑布四周无路可走，只有乘直升机在空中才能一览雄姿。所以空中观瀑为委内瑞拉的一大特色旅游项目。

3．具有拉美特色的社会风情与生活习俗

居民的礼节与其他欧美国家相似。朋友见面时，互相握手并互致问候。关系密切的朋友之间，见面时还要拥抱和亲吻面颊，分别时也同样。委内瑞拉人非常重视见面时的称谓，认为讲究得体的称谓是表示对他人的尊敬，是基本的礼仪要求。一般的称谓是先生和夫人、小姐。在外交场合，对委内瑞拉的任何女性都可以称之为“女士”。委内瑞拉人对自己的头衔比较看重，一般要在称呼前加行政职务或学术职称。应邀到委内瑞拉人家做客，最好事先给女主人送些礼物，事后应再寄一封感谢信。在朋友见面互送礼品方面，男士喜欢朋友送上一支好笔或其他办公用品；对于女士来讲，送她们一束兰花是最好不过的见面礼，因为兰花是委内瑞拉的国花，它象征着质朴热烈的友情。

三、现代旅游业和旅游市场的发展

1．政府开始重视旅游业的发展

委内瑞拉的旅游资源丰富而具有特色，可过去一直疏于开发。现政府为改变长期以来过度依赖石油收入的状况，致力于追求经济发展的多元化和多样化，特别重视旅游业的发展，并已开始实施旅游业发展综合计划，还成立了国家旅游部，致力于拓展国际旅游市场，发展国际入境旅游。目前，全国共有旅游接待设施 2461 个，客房 77372 间，星级饭店 483 家，其中五星级饭店 23 家、四星级饭店 28 家、三星级饭店 127 家，并已建成向旅游者开放的安赫尔瀑布和玛格丽塔岛、梅里达等著名旅游胜地。

2．现代旅游业和旅游市场发展初见成效

2000 年委内瑞拉共接待外国游客 60.4 万人，旅游外汇收入 7 亿美元，随后有些滑坡：2002 年仅为 43 万人次，旅游收入仅 5 亿美元；2003 年为 34 万人次，旅游收入 4 亿美元。近年，其旅游业有所回升。游客主要来自欧美和拉丁美洲各国。委内瑞拉的出境旅游只是初创阶段，每年的出境旅游人数保持在 100 万人次左右，国际旅游支出 15 亿美元左右，而且主要

是美洲区内市场。但随着经济的发展，前景看好。

3．委内瑞拉与中国的旅游关系

委内瑞拉于 1974 年 6 月 28 日与中国建交。目前，委内瑞拉已成为中国在拉美最重要的贸易伙伴之一和最大的投资国，两国关系正处于历史上发展最好的时期，在能源、农业、旅游、运输等领域正在全面合作。2006 年 8 月 25 日，北京举办了“委内瑞拉—中国工商、农业、旅游业商务洽谈会”，接着中国政府与委内瑞拉政府签署了《有关旅游实施方案备忘录》。2007 年 1 月 1 日，中国与委内瑞拉之间的旅游业务全面展开，只是目前尚处于商务旅游阶段，但合作前景可观。

第九节 秘 鲁

秘鲁全称秘鲁共和国，位于南美大陆西部太平洋西岸，国土面积 128.5 万 km^2，人口 2722 万，印第安人占 41%，印欧混血人种占 36%，白色人种占 19%，其他人种占 4%。西班牙语为官方语言，一些地区通用克丘亚语和阿伊马拉语。居民中 96%的人信奉天主教。国旗呈长方形，由三个平行相等的竖长方形组成，中间为白色，象征自由、民主、和平和幸福；两侧为红色，以示人民对烈士的怀念。国徽为盾徽。首都利马。国花为葵花，国树为金鸡纳树。

一、旅游业和旅游市场发展的地理环境背景

1．异彩纷呈的自然环境与丰富的自然资源

安第斯山纵贯秘鲁南北，山地面积占全国面积的一半。滨海沙漠区的地面一般覆盖着流动沙丘，属热带沙漠草原气候，安第斯山麓地带形成众多绿洲。安第斯山区平均海拔 4300m，多高原盆地，年降水量一般不足 250mm。位于秘鲁与玻利维亚交界处的的喀喀湖，湖面海拔 3812m，为世界上最高的淡水湖泊之一。亚马逊低地，地面平缓，河流蔓延，属热带雨林气候。矿产资源丰富，铋、钒等稀有金属储量居世界首位，铜、银、铝、锌储量居世界首列，森林面积约占全国的 58%。秘鲁渔场为世界著名渔场，盛产沙丁鱼。

2．农矿业地位重要的发展中国家

秘鲁是世界农业文明的发源地之一，玉米、马铃薯等农作物都是印第安人在几千年之前培育出来的。秘鲁的原意即为“玉米之仓”，农业地位重要，盛产玉米、棉花、稻谷、甘蔗、咖啡等农业产品；海洋捕鱼量及鱼粉产量居世界前列。秘鲁为世界铜、银、铝、锌生产国之一，石油自给有余。秘鲁交通相对落后，全国铁路仅 2500km，公路总长 58000km，连接大多城市。对外贸易中，渔产品和铜占有重要地位，鱼肉和鱼粉出口额占出口总额的 38%。工农业生产多集中于西部太平洋沿岸，利马外港卡亚俄为最大外贸港口。

3．曲折的历史与当代西方民主政治

公元 11 世纪，居住在这里的印第安人以库斯科为首府，在高原地区建立了 80 万 km^2 的印加帝国，15～16 世纪初形成古代文明之一的印加文明。1533 年沦为西班牙的殖民地，

1535年建立利马城，1544年成立秘鲁总督区，成为西班牙殖民统治的中心。1821年7月28日宣布独立，建立秘鲁共和国。1835年秘鲁和玻利维亚在南美合并，成立“秘鲁—玻利维亚”联邦，1839年联邦瓦解。此后，英、美势力相继侵入，国家遭受内乱外患，处于不稳定之中。1980年恢复文官政府。2001年1月，秘鲁国会通过宪法修正案，规定总统不得连任。现政府致力于巩固民主，对外奉行民主、积极和独立的外交政策。

4．发展中的文化与教育

秘鲁是世界文明古国之一，也是一个拥有多个种族、多种语言和文化的国度，乃至形成了多元文化并存的局面。这一特点在饮食、手工业、音乐和舞蹈等方面都被表现出来，尤其是建筑方面更为显著：这里既有典型印加文化的古城、古建筑遗址，如库斯科马丘比丘古城遗址、太阳神殿等，也有欧洲殖民文化的鲜明印记，如皇家费利佩城堡、圣马丁教堂、卢德琳娜修道院等。现政府重视发展教育事业。为了给绝大多数儿童提供完全基础教育，特以九年一贯制的基础教育来取代六年小学和三年初中的分段教育制。高等院校不多，且大多集中在首都利马，最著名的国立大学是圣马科斯大学。

二、旅游资源与旅游地特点

1．以古老印加文明为特色的旅游城市

（1）**利马**　全国政治、经济、文化中心，人口774.85万。卡亚俄为利马外港，曾是世界上最繁忙的航海中心和通商口岸之一，为秘鲁最大港口，集中了全国约2/3的工业。秘鲁中央储备银行等十几家重要的国家银行和东京银行等世界大银行分行也高度集中于此。泛美高速公路从这里通过，豪尔赫·查韦斯国家机场为南美重要航空港。利马是世界闻名的“无雨城”，但年均气温19℃左右，冬暖夏凉，四季如春。名胜古迹高度集中。旧城区中心的武器广场最为著名，还有风光优美的阿拉梅达公园、最繁华的商业中心乌尼昂大街、宽阔的繁华大街尼科拉斯德皮埃罗拉大街、圣马丁广场、博洛洛内西广场等。

武器广场　又称马约尔广场，广场中央的铜喷泉建于1650年，其周围有总统府、市政大厦、大教堂、大商店和一些殖民地时期的历史性建筑。整个老城建筑均保持着西班牙建筑艺术风格。

黄金博物馆　秘鲁黄金制品和世界兵器博物馆的合称，位于利马市的蒙特利尔区，创建于1966年。馆内展品以农艺学家、金融家、外交家木格尔·穆希卡·加略家族收集的文物为主。博物馆共分两部分，第一部分展示的是16世纪以来的世界各国兵器，第二部分收藏的是从公元前5世纪～公元5世纪时期秘鲁出土的各种金银制品和木乃伊、服饰、雕刻、陶制品。

皇家费利佩城堡　西班牙在美洲殖民地建筑的最大、最坚固的城堡，为典型的16世纪中叶欧洲城堡建筑风格。位于利马外港区卡亚俄海岸，城墙长1580m，高5.85m，厚12～14m，全部用坚固的石块砌成，足可抵御大炮轰击，被誉为欧式宏伟军事建筑的典范。城堡内一度设置了188门青铜炮、124门铁炮，曾几度抵御并击退了海盗的袭击。

（2）**阿雷基帕**　南部古城之一，位于米斯蒂火山山麓海拔2300m的山谷中。这里有白雪皑皑的米斯蒂火山，四周峰峦环峙。1510年，西班牙殖民者在这座印加古城旧址上建造了西班牙风格的城市。市内大多数房屋和教堂用白色火山凝灰岩建造，因此被称为“白城”。

城附近有温泉和印加文化遗迹。

（3）**库斯科** 南部著名古城，古印加帝国首都，著名旅游胜地，以印加古迹闻名。“库斯科”在克丘亚语中意为“世界的中心”，位于比尔加诺塔河上游、安第斯山高原盆地。库斯科居高临下，四周皆崇山峻岭，林木葱郁，气候凉爽，秘鲁人称它为“安第斯山王冠上的明珠”。库斯科城是灿烂的古印加文化的摇篮。古代印第安人曾以这里为中心建立了庞大的印加帝国（印加意为“太阳的子孙”），创造了印加文化，成为南美大陆印第安文明的最高峰。

2．具有吸引魅力的风景名胜资源

（1）**帕拉卡斯自然保护区** 太平洋沿岸著名旅游胜地。保护区中最引人入胜的是鸟岛，它由南岛、北岛和中岛及六个礁石岛组成。其中北岛最大，面积为64hm^2，距海岸11km。岛上栖息着许多濒临灭绝的海洋动物和鸟类，主要有海豹、企鹅、火烈鸟、海龟、海豚等。

（2）**纳斯卡巨画** 位于距秘鲁首都利马300km处的纳斯卡谷地，由散布在250km^{2}干燥沙质地表上纵深几十厘米、长几百米到几千米不等的巨大土沟构成。其以笔直的直线和箭头形为主，也有其他几何图形和动物图案，如一条蜥蜴图案就有200m长，人们行走在巨画之间仿佛蚂蚁爬行在油画上一样——不识巨画真面目，只有乘坐飞机或登上旁边的山崖才可以观清其真实的面貌。其已被列入《世界文化遗产名录》。

（3）**马丘比丘** 秘鲁南部古印加帝国的古城遗地，世界“新七大奇迹之一”。位于古印加帝国首都库斯科城西北112km的高原上，四周丛山环抱。古城两侧为600m深的悬崖峭壁，峭壁之下为湍急的乌鲁班巴河。面积13km^2，海拔2280m，被誉为“空中城市”。马丘比丘在印加语中意为“古老山巅”，约建于15世纪，后被放弃，1911年才被耶鲁大学教授海勒·宾加曼发现。断垣绝壁的顶上筑有神殿、宫殿、祭坛、澡堂，以及1000级的阶梯和梯田、梯园等石造建筑，被列入全球十大怀古圣地名单之中。

（4）**的的喀喀湖** 位于秘鲁和玻利维亚两国交界的科亚奥高原上，面积约8300km^2，湖面海拔3812m，平均水深100m，最深处304m，是南美地势最高、面积最大的淡水湖。湖内有大小岛屿41个，岛上有巨石，也有绿树成行、芳草如茵的沃野。在太阳岛和月亮岛上都发现了公元前的古迹，有精美壮观的金墙、宫殿、庙宇、金字塔以及古老建筑物；湖中还有几十个印第安乌罗族居住的“漂浮岛”。湖周群山环抱，湖岸蜿蜒曲折，形成许多半岛和港湾，景色秀丽无比，被称为“高原明珠”。

3．印加文化与西班牙文化相融的社会风情和生活习俗

秘鲁居民保持了许多西班牙的习俗，如热衷斗鸡、斗牛，也喜欢电影和戏剧。跳舞是秘鲁人很喜欢的一项活动，每年都要举行全国性的以舞蹈为主的狂欢节。中国的武术在秘鲁的一些城市里也比较流行。秘鲁居民平时衣着比较随便，在正式场合都穿西装。吃饭以西餐为主，许多秘鲁人喜欢吃法国菜和西班牙菜。菜肴大体可分为两大菜系：一是以利马为代表的沿海区，以辣味为主；二是以库斯科为代表的山区，以甜味为主。秘鲁人仅以马铃薯为主料便可制作出上百种风味各异的糕点和菜肴。秘鲁的传统饮料有两种：山区印第安人喜欢奇恰酒，沿海城市居民则多饮皮斯科酒。前者以玉米酿成，后者用葡萄酿制而成。秘鲁人有喝古柯茶习俗。赛马在秘鲁历史悠久，赛马场的考究、骑士马术的高超以及骏马之优良，享誉世界。

三、现代旅游业和旅游市场的发展

1. 政府重视旅游业的发展

秘鲁以其多种多样的自然生态环境、举世闻名的古老印加文化，以及如诗如画的自然景观、多姿多彩的文化胜迹和民俗风情，为现代旅游业的发展奠定了坚实基础。发展旅游业是秘鲁政府的既定政策，采取了一系列积极措施。首先，上至共和国总统，下至政府官员，都不遗余力地宣传其传统文化和自然风光，以提高其国际知名度。例如，秘鲁总统托莱多经常身穿民族服饰热情洋溢地向公众宣传秘鲁的自然文化景点和特产，其总统就职仪式就是按照古印加传统习俗在马丘比丘城进行的。其次，制定了秘鲁 2005～2015 年国家旅游战略规划，其目的是实现秘鲁旅游多样化，提高国际竞争力。同时政府加大旅游投资，将在今后 15 年内投资 76 亿美元发展旅游业。再次，制定优惠政策，鼓励私人企业对旅游企业进行投资，并对外国投资者给予与本国投资者同等的待遇。

2. 现代旅游业和旅游市场发展迅速

近些年来，秘鲁在旅游开发方面取得很大成绩，仅可供旅游开放的各式特色博物馆就建成 76 个。通过积极挖掘和整理，已有十处名胜古迹被联合国教科文组织认定为《世界遗产名录》地。目前，已有四海天马旅行社、秘鲁沙龙国际旅行社、海洋国际旅行社等十多家具有相当规模的旅行社经营国际旅游业务，形成了 118 家优惠酒店预订系统。秘鲁接待游客人数的规模 2005 年已达 100 万人次，旅游收入突破 10 亿美元。但由于国家经济与社会发展相对滞后，旅游接待设施、服务水平相对较差。尤其是旅游交通落后，公路及铁路网尚不普及，仅两家航空公司班机连接数十个国内主要城市。

3. 中秘旅游关系发展有潜力

1971 年 11 月 2 日，中华人民共和国和秘鲁共和国正式建立外交关系。建交 40 年来，中秘关系发展顺利，高层互访频繁，经贸合作不断扩大，科技、文化、教育等领域的交流日益增多。古老文明的中国为秘鲁人所向往，秘鲁的印加文明对中国游客吸引力也很大。2005 年 1 月，中国政府与秘鲁政府签署了有关旅游实施方案的谅解备忘录，由此，秘鲁成为继古巴、巴西、阿根廷和智利之后又一个对中国旅客开放的美洲国家。2005 年 6 月，40 家秘鲁旅行社随秘鲁总统造访中国，表达了秘鲁拓展中国旅游市场的决心。目前，秘鲁国内规模最大的旅行社雄鹰旅行社已在中国设立了办事处，秘鲁国内有关航空公司与秘鲁利马万豪等五星级酒店，都曾来中国考察市场，纷纷增加中文服务项目以吸引中国游客。

第十节 古　巴

古巴全称古巴共和国，位于加勒比海西北部，扼墨西哥湾通往大西洋的航道。领土由 1600 多个岛屿组成，国土面积 11.086 万 km^2，是西印度群岛中最大的岛国。人口 1104 万，白种人占 66%，黑种人占 12%，混血种人占 22%，部分居民信仰天主教。西班牙语为官方语言，通用英语。首都哈瓦那。国旗呈横长方形，靠旗杆的一侧为红色等边三角形，内有一颗白色五角星，旗面右侧由三道蓝色宽条和两道白色宽条平行相间构成；三角形和五角星表示自由、平等、博爱和爱国者的鲜血。国徽为盾徽，其面上的蓝色部分代表加勒比海。国歌为《巴雅莫颂》，国花为姜黄色百合花。

一、旅游业和旅游市场发展的地理环境背景

1．热带岛国自然环境与较为丰富的自然资源

古巴的主岛为古巴岛，是西印度群岛中最大的岛屿，东西长1250km，最宽处145km，最窄处仅 32km，国土轮廓狭长，形如鳄鱼，且植被茂盛，故有“加勒比海的绿色鳄鱼”之称。岛上 3/4 的面积为平原和丘陵盆地，西部有奥尔加诺斯山和罗萨里奥山；东部有马埃斯特腊山，其主峰图尔基诺峰海拔 1974m，为全国最高峰。最大河流为考托河，水量丰富，可以通航。全境大部分地区属热带雨林气候，仅西南部沿岸背风坡为热带草原气候，年降雨量 1380mm，有干湿季之分。每年 11 月到第二年 4 月为旱季，平均气温为 22℃，是旅游的最佳季节。古巴的铁、镍、大理石等矿产资源较为丰富。森林覆盖率为21%，盛产木材。全国有 13000 多种动物，有“博物学家的乐园”称号。

2．亟待发展的经济

古巴的经济以农业为主，并长期维持以蔗糖生产为主的单一经济发展模式。甘蔗种植面积占全国可耕地的 55%，蔗糖的年产值占国民收入的 40%，为世界主要产糖国和出口国之一，有“世界糖罐”之称。烟草种植占有重要地位，是全球闻名的“哈瓦那雪茄”的故乡。古巴经济的对外联系在 20 世纪 80 年代中期之前主要是原苏联和东欧各国。20 世纪 80 年代末和 90 年代初，随着东欧剧变和前苏联解体、冷战的结束和国际形势的变化，古巴经济曾一度变得十分严峻。1993 年政府着手改革，结束了连续几年的经济大滑坡。但从总体形势看，其经济依然属于恢复期，经济发展举步维艰，一切都有待于拓展对外经贸合作和深化内部改革，以加快经济发展步伐。

3．光荣的革命斗争历史与独特的政治体制

1492 年哥伦布航海抵达古巴，1511 年古巴沦为西班牙殖民地。历经 1868 年和 1895 年的两次独立战争，于 1902 年 5 月 20 日成立古巴共和国。1959 年人民起义军革命成功，成立现政府。1961 年卡斯特罗宣布开始社会主义革命。根据 1976 年颁布的宪法，古巴为独立的社会主义国家，古巴共产党是古巴唯一的合法政党。全国人民政权代表大会为最高国家权力机构，享有修宪和立法权。国务委员会是大会休会期间的常设机构。国务委员会主席是国家元首、革命武装部队司令。1990 年 8 月，古巴政府宣布进入“和平时期的特殊阶段”，提出把经济工作放在优先地位。

4．发展中的文化与教育

古巴具有自己独特的民族性格、宗教、文化和风俗习惯。从人种血源而言，这是一个全新的、年轻的种族，拥有欧洲、非洲、印第安人种等最优秀的民族特征：身体素质极佳，身材高大、匀称、健壮；性格乐观、活泼、富于激情、豪爽、热情、友好、能歌善舞、好交往；没有种族偏见，没有种族歧视，却有强烈的爱国心和民族自豪感。古巴的教育发展

很快，国民素质高，已实行全民公费教育制度的九年制义务教育；全国有 63 所高等教育机构，著名大学有哈瓦那大学等。在目前古巴 1100 万人口中，每 14 个人中就有一个是大学毕业。

二、旅游资源与旅游地特点

1．具有民族解放活动特色的旅游城市与著名旅游胜地

（1）**哈瓦那** 全国政治、经济、文化中心，人口 220 万，是西印度群岛中最大的城市和良港。哈瓦那城区分为老哈瓦那和新哈瓦那。老哈瓦那始建于 1515 年，至今完好地保存着 500 年来各个时期的建筑。重要的历史建筑和名胜有国会大厦、中央公园、哈瓦那大剧院、革命博物馆、国家美术馆、华人街等。新哈瓦那高楼林立，精美绝伦的艺术雕塑和纪念碑引人注目，显示出一派大都市的景象。其他主要建筑和名胜还有古巴展览馆、哈瓦那大学、民族英雄何塞·马蒂革命广场及其铜像等。

（2）**圣地亚哥** 位于古巴东部，全国第二大城市和第二大港口，人口约 100 万。城市始建于 1514 年，为古巴第一个首都，至今保存有殖民者贝拉斯克斯的都督府古建筑，现已改为古巴历史环境博物馆。圣地亚哥是古巴的英雄城，在城西北角的圣伊菲赫尼公墓里埋葬着古巴民族英雄何塞·马蒂的遗骸；在市内还有民族英雄马塞奥纪念碑、马塞奥骑着战马叱咤风云的青铜塑像以及旁边十几根斜插着砍刀的巨型钢柱。

（3）**马埃斯特腊山** 位于古巴岛东部，山脉从关塔那摩湾延伸到克鲁斯角，东西长达 250km，南北宽 30km，平均海拔 1300m，主峰图尔基诺海拔 1974m，为古巴第一高峰。山区大部分河流向北流，多属于考托河水系，水量丰富，山地冬无严寒、夏无酷暑，动植物资源丰富，风景优美。这里是古巴革命的发源地，因 1956～1958 年菲·卡斯特罗及其战友在此建立革命根据地、组织起义军而被视为古巴革命圣地，并在山区设立了国家公园。

2．充满热带风情的“三 S”资源

古巴所处的加勒比海地区为世界四大著名的旅游地之一，而古巴以其旖旎的风光、温和的气候、充足的阳光、迷人的海滩和独特的人文景观，素有“加勒比明珠”的称誉，尤其以“三 S”旅游独具风采。全国拥有 6073km 的海岸线和 290 多个白沙海滩。其中巴拉德罗洁白的细沙海滩是世界上著名的八大海滩之一，这里有四季盛开的鲜花、婀娜多姿的椰子树、巍然挺拔的棕榈树，是集碧海、蓝天、沙滩、阳光、绿树、鲜花为一体的最美“三 S”风情胜地。尤其是每年的 11 月至次年的 4 月为古巴的旱季，平均气温为 22℃，吸引大量来自中高纬度地区的欧美游客前来休闲度假。

3．具有拉美特色的社会风情与生活习俗

古巴人很倔强，性格质朴豪放、热情好客、喜欢结交朋友。他们在社交场合说话干脆、言语痛快，喜欢直来直去。古巴人有除旧迎新的习俗，在除夕之夜每人都要准备一碗清水，等到午夜教堂的钟声一响，都端起碗将水泼出屋，以示辞旧迎新。古巴人认为红色表示干净，绿色表示希望和庄重，黄色代表思念和期待，最爱姜黄色的百合花。由于地域环境的差异，西部地区以哈瓦那为代表的人更具有现代民族的文明，他们懂礼貌、温文尔雅，平静友好地向世界人民敞开心扉；炎热的东部地区以圣地亚哥为代表的人则更显出加勒比人的粗犷、勇

敢、尚武和不屈的性格。古巴既是“伦巴”、“曼波”、“恰恰”等拉丁舞的发祥地，又以高水平的现代芭蕾闻名于世，其热带舞风格更是浓郁、狂放，还带有些许浪漫，这就是迷人的拉丁风情。古巴人也忌讳“13”和“星期五”。在饮食上特别重视菜肴的色彩，若缺乏红丽浓艳，即使味道再美的菜肴也感到不称心。古巴的主要节日有1月1日的解放节、7月25～27日的革命纪念日、10月10日的独立战争节和11月9日的哈瓦那狂欢节等。

三、现代旅游业和旅游市场的发展

1. 现代旅游业地位重要

古巴政府利用大自然赋予古巴的明媚的阳光、清澈的海水、白沙海滩等优美的风光，以及美丽独特的城市风貌、优美的建筑，大力发展旅游业，并正以惊人的速度崛起。据其官方资料，古巴接待国外游客数量2003年达到190万人次，旅游收入达20亿美元。近年来，古巴的旅游业以年10%的速度增长，使旅游观光一跃而取代传统的制糖业成为古巴最大的支柱产业。现代旅游为古巴人民提供了20万个直接或间接的就业机会，旅游创汇占全国外汇收入的比例已达41%，旅游业已成为古巴国民经济发展的“火车头”。但古巴的旅游构成以国际入境旅游占绝对优势，而且游客主要来自加拿大、英国、西班牙及墨西哥。

2. 旅游开发卓有成效

自20世纪90年代初期以来，古巴进行了全方位、多层次的旅游开发。首先，开发了290多处天然海滩，大力发展“三S”旅游。为满足不同游客的需求，利用热带丛林、荒野海岛、古城堡开发了生态旅游、冒险旅游等项目。其次，大力进行旅游设施建设，尤其是住宿设施建设。目前古巴已有酒店266家，其中40%为四星级以上酒店。第三，加强旅游人才培养。目前古巴全国已有19所旅游专业学校，四所大学还设有旅游专业，从事旅游工作的人员75%都受过中等或高等教育。第四，大力开发旅游地产品。其中最为著名的有古巴名菜“加勒比海女王”（用加勒比大虾为原料）、古巴风情雪茄、古巴风情朗姆酒（以甘蔗为原料，酒性猛烈）、“自由古巴”饮料（用朗姆酒兑上适量可乐）以及“浪漫情怀哈瓦那”（拉丁艳舞）、古巴情侣的“爱之墙”、古巴长堤音乐“马雷贡”等。

3. 中古旅游关系发展潜力大

中古两国1960年9月28日建交，古巴是第一个同我国建交的拉美国家。前国家主席江泽民于1993年和2001年两次访问古巴，古巴国务委员会主席卡斯特罗也于1995年和2003年两次对中国进行国事访问。2004年11月，胡锦涛主席对古巴进行国事访问，2005年4月，古巴共产党中央第二书记、国务委员会第一副主席兼部长会议第一副主席劳尔·卡斯特罗访华。2005年5月，全国政协主席贾庆林对古巴进行友好访问。2006年，古巴奥尔金省与中国甘肃省建立省际友好城市关系。古巴为了扩大中国客源市场，特意在上海修建了一个古巴宾馆，在哈瓦那还有一个中国区。古巴经营的大部分宾馆都设有中国餐厅或者亚洲口味餐厅，海明威故居城市还设有中国餐馆“珍宝阁”。古巴政府提倡古巴学生学习中文以培养中文导游员，还准备在机场设立专门讲中文的咨询台，以专门接待旅古的中国游客。2008年，中国大陆旅古游客0.43万人次，比上年增长12%。

实 战 演 练

一、课堂讨论

1. 美国、加拿大作为中国远程客源市场长盛不衰的原因。

2. 墨西哥、巴西、阿根廷国际出入境旅游发展的前景及开拓其与中国互为客源市场的可能性。

二、复习思考

1. 美国、加拿大、墨西哥、巴西、阿根廷、委内瑞拉、智利、秘鲁、古巴九国的地理环境特征、旅游资源与旅游地特点及国际出入境旅游业发展的现状。

2. 美国、加拿大、墨西哥、巴西、阿根廷、委内瑞拉、智利、秘鲁、古巴九国各自的主要旅游城市、旅游景区、特色旅游产品。

3. 美国和加拿大作为中国的一级旅游客源市场应该怎样进一步巩固和发展。

4. 巴西、墨西哥、阿根廷国际旅游市场发展的潜力及中国与其发展成互为客源市场的可行性和对策。

三、实践指点

1. 阅读《世界地图集》，记住美洲各旅游国家的基本位置、轮廓特征，并对照地图集绘制美洲各国简图、标注美洲的三个“世界新七大奇迹”的位置。

2. 一旅行团从美国旧金山乘机出发，需要对美国纽约及加拿大、墨西哥、巴西、阿根廷、秘鲁五国首都进行考查，然后回到旧金山，试设计一条环闭圈式的科学旅游路线。

四、知识拓展与案例

【知识拓展与案例 4-1】 国际会展旅游

国际会展旅游是指依托各种类型的国际会议，如学术会议、专业会议、国际论坛、展销会等开展的旅游活动。目前，世界上每年举行的各种国际会议、展览有上万个，花费高达2800亿美元。会展旅游具有高质量、高消费、大流量等特点，利润高达25%～40%，对相关行业的拉动力极强。国际会展旅游拉动效应为1:9，即会展的场地收费1美元，相关的社会收入（包括住宿、餐饮、交通、游览、购物等）为9美元。会展旅游者在一个城市的花费为一般观光客的三倍。会展旅游一次性到访人数多，计划性强，会议期没有季节性，是有效填充淡季航线机位、客宿床位的有效途径。据调查，40%的会议旅游者会带着亲朋好友重返目的地休闲度假。欧洲普遍流行一句话：“会展是城市面包。”开办会展是对城市综合实力的全面检验，是衡量城市国际化、现代化程度的一个重要标志，也是城市经济的一大财路。在英国，会议客人的支出是一般度假客人的2.5倍，会议收入占旅游收入的10%。据预测未来十年，会议旅游的年均发展速度将在10%以上。大型体育赛事、大规模贸易展销会都是营销会展旅游的好契机。例如，奥运会和世博会都起始于欧洲，并获得了迅速发展，东亚太地区已成为大型国际会议的新热点。中国2008年奥运会和2010年世博会的成功举办，表明北京、上海等大型国际城市已迈向全球国际会展旅游之列。

◆ **联想：**①会展旅游在欧洲发生、发展的基本情况；②联系2008年北京奥运会和2010年上海世博会，说明会展旅游特点及对主办城市的影响；③预测未来会展旅游的发展趋势及中国发展会展旅游的对策。

【知识拓展与案例 4-2】 新婚蜜月旅行

新婚蜜月旅行是指因为结婚进行的旅行，通常是婚礼与蜜月结合，也有在国内举行婚礼，去海外度蜜月的游客。新婚蜜月旅行多选择海滨度假地，参加者主要是新婚夫妇，也有随同参加婚礼的亲朋好友。在欧美和日本，99%新婚夫妇要度蜜月，去海外度蜜月的新人的人数占所有新婚人数的比例分别是欧洲 85%，美国 68%，日本 98%。新人用于婚礼与蜜月旅行的花费是通常海外度假花费的三倍。新婚夫妇选择海外度蜜月的主要原因是费用支出相对比国内举办婚礼要少得多。例如，旅游经营商出售的婚礼蜜月旅行的平均价格为 3600 美元，而在欧洲国家举办婚礼及招待会大约需要支出 14500 美元。欧美的蜜月旅行平均在外住宿 9 天，日本为 8 天。加勒比海一直是欧美人最喜欢的新婚旅游地，主要目的地是多米尼加、圣卢西亚、巴巴多斯、牙买加等；欧洲人还喜欢去肯尼亚、毛里求斯、塞舌尔等；美国人喜欢去夏威夷、巴哈马群岛、墨西哥；日本人喜欢去夏威夷、关岛或塞班岛等。新婚蜜月旅行市场的主题产品是热带海滨度假式蜜月，在加勒比海的安提瓜、巴哈马、巴巴多斯、牙买加和圣卢西亚就有国际俱乐部、伉俪俱乐部、休闲俱乐部和超级俱乐部四大旅游专营商经营的 23 个度假地，目标群体主要是 20～35 岁的新婚夫妇和 35～55 岁的再婚夫妇。新婚度假地的环境讲究轻松幽静，其蜜月的关键是享受二人世界。90%的新郎和 80%的新娘是在职人员，其旅游可支配收入高于旅游者的平均水平，消费支出也高于一般旅游者。目的地要赢得这个独特的市场，必须拥有独特的形象和产品。加勒比海和印度洋的度假地为新婚蜜月旅行市场提供典型的热带海滨，另外一些目的地则以完全不同的特色来吸引新婚夫妇，如佛罗里达的基拉戈河以举行海底婚礼（穿戴潜水服）为特色，其他举办婚礼的地方则有高山村庄、古堡、游船、热气球、直升机，甚至未来可能还有太空度蜜月等。

◆ **联想**：①新婚蜜月旅行市场与产品的特点及其发展趋势；②新婚蜜月旅行的目标群体与最佳目的地及其国家；③新婚蜜月旅行对中国的启示。

五、旅游景观美学欣赏

美国夏威夷檀香山

加拿大尼亚加拉马蹄瀑布

墨西哥仙人掌丛林

古巴的巴拉德罗海滩

墨西哥坎昆海滩

阿根廷国家冰川公园

第五章

非洲地区

学习提示

非洲的旅游资源丰富多奇。北非以其灿烂的历史文化与地中海沿岸、红海之滨的阳光海滩、独特的撒哈拉沙漠奇观，使埃及、突尼斯、摩洛哥等国成为知名度很高的旅游目的地国家。南部非洲以为数众多的天然野生动物与古朴的民俗文化相映生辉，使肯尼亚、坦桑尼亚、南非等国成为最具发展潜力的国际旅游目的地国家。目前非洲的国际出入境旅游市场规模相对较小，但发展的速度较快，国际区域旅游市场的潜力较大。为开拓发展非洲国际旅游市场，本章将重点概括和总结六个具有典型代表意义的旅游国家，如图 5-1 所示。其中埃及和南非必须重点学习和掌握，尤其是旅游客源形成的地理环境背景、游客的主要社会风尚和习俗。

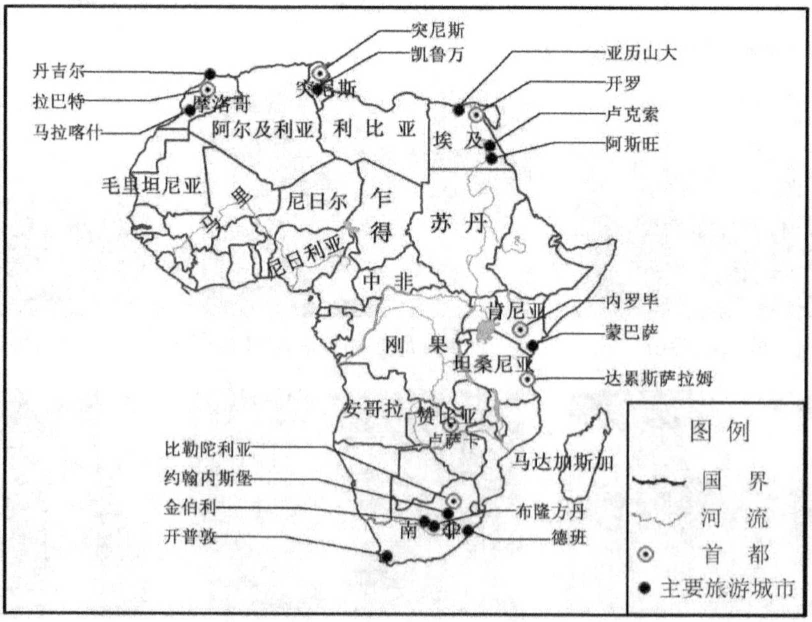

图 5-1　非洲地区主要旅游国家分布示意图

第一节　概　　述

非洲全称阿非利加洲，位于东半球的西南部，地跨赤道南北，西北部的部分地区伸入西半球，东濒印度洋，西临大西洋，北隔地中海和直布罗陀海峡与欧洲相望，东北隅以狭长的红海与苏伊士运河紧邻亚洲。面积约 3020 万 km^2，约占世界陆地总面积的 20.2%，为世界第二大洲。人口约 7.48 亿，占世界人口总数的 12.9%，目前有 56 个国家和地区。大多数民族属于黑种人，其余属白种人和黄种人。居民多信奉原始宗教和伊斯兰教，少数人信奉天主教和基督教。世界旅游组织将其统属于非洲旅游市场，并将其划分为北非和撒哈拉以南两个次区域旅游市场。

一、旅游资源与旅游环境特征

1．丰富多奇的自然风光资源

非洲自然环境复杂多样，自然风景旅游资源丰富多奇。北非地中海沿岸的阳光海滩，撒哈拉沙漠的茫茫沙海，南部非洲雄伟峻峭的肯尼亚山、鲁文佐里山等，尤其是神奇的乞力马扎罗山，壮美的东非大断裂带，无不令人神往。非洲气候高温、少雨、干燥，有“热带大陆”的称号；其境内由珍禽异兽构成的天然动物园，更是非洲旅游资源中的奇葩。非洲大河源远流长，湖泊星罗棋布，风景旖旎多姿。

2．古老而神秘的人文景观

非洲是黑人的故乡，黑种人占全洲人口的 2/3，主要分布于撒哈拉沙漠以南。北部非洲则是以白色人种为主体的阿拉伯文化和伊斯兰教区域。15 世纪以后，随着西方殖民者的入侵和东方移民的到来，非洲也有了欧洲白种人和东方黄种人的后代。非洲的宗教既有当地土著人的原始宗教，也有外来的伊斯兰教、天主教和基督教。非洲还是孕育世界古文明的摇篮之一，埃及、摩洛哥、突尼斯都是非洲著名的文明古国。埃及的吉萨金字塔、突尼斯的迦太基城遗址等，都是非洲古代文明的象征。

3．丰富多彩的民族风情和民间文化艺术

非洲各地、各民族受自然、历史、文化、宗教和传统习俗等的影响，形成了绚丽多彩的民俗风情和民间文化。例如，贝宁维冈的水上村庄等富有特色的民居建筑，马赛人、图阿雷格人等的奇特服饰装束，形形色色的婚姻习俗，不同宗教信仰的宗教节日庆典，古代的酋长制遗风，以及高昂激越的音乐、粗犷刚健的舞蹈、扣人心弦的体育竞技和制作精巧的手工艺品等，对异国他乡的游人有着巨大的吸引力。

二、现代旅游业与旅游市场的发展

1．发展速度较快，但总体水平不高

非洲的现代旅游业直到 20 世纪 60 年代才开始发展，且只是局限于距欧洲较近的埃及、摩洛哥、突尼斯等北非国家；70 年代才迅速扩大到撒哈拉沙漠以南的肯尼亚、塞内加尔、科特迪瓦及印度洋的岛国毛里求斯、塞舌尔等撒哈拉沙漠以南的非洲国家；80 年代以后，

旅游业才在许多非洲国家中日益受到重视，并收到明显效果。根据联合国世界旅游组织公布的最新数据显示，2005 年非洲国家共接待外国游客 4600 万人次，旅游收入达到 736 亿美元，在世界旅游市场上所占的份额还比较小。

2．国际客源市场以欧美地区为主

非洲出国旅游人数不多，跨洲旅游人数更少，区内游客也主要来自经济发展水平较高的南非和北非石油生产国。其接待的国际旅游者主要来自欧美地区，原因有五点：一是非洲国家以前为欧洲列强的殖民地，独立以后和宗主国仍然有着经济、文化方面的联系，商贸、文化、会议等旅游频繁；二是因为美洲等地黑人和非洲黑人有着血缘上的关系，在寻根旅游热中，许多黑人纷纷踏上非洲大陆寻根问祖、探亲访友；三是因为非洲和欧洲紧邻，特别是北非地区和欧洲一海之隔；四是因为非洲大部分地区终年适于观光、度假和疗养旅游，对偏爱阳光、喜欢温暖的西欧、北欧和北美国家的出国旅游者有着很大的吸引力；五是因为珍禽异兽所构成的天然动物园，是非洲旅游资源的独特优势，为喜爱冒险、猎奇、刺激的欧美旅游者所向往。

3．旅游业和旅游市场发展的区域差异明显

由于种种原因，非洲各个地区和国家旅游业发展水平存在着较大差异。例如，北非地区旅游业相对发达，埃及、突尼斯、摩洛哥等都是知名度很高的国际旅游目的地，接待的国际旅游者占非洲的 50%以上；撒哈拉以南的南非、肯尼亚、科特迪瓦、塞内加尔等国家旅游业也较发达，尤以南非旅游景区、景点多，接待设施完善，国际、国内旅游都很发达；印度洋和大西洋中的岛国塞舌尔、毛里求斯、科摩罗、圣多美和普林西比等海洋岛国，发展了以度假旅游为中心的海洋旅游，也成为世界著名旅游胜地。

三、中国在非洲旅游市场中的地位

中国同非洲人民之间的友好往来有着悠久的历史。汉武帝时，举世闻名的“丝绸之路”使得大量的中国丝绸及丝织品经西域远销欧洲及地中海沿岸一带，并传入非洲。盛唐时期，中非友好交往即很盛行。明代著名航海家郑和曾四次访问过非洲。古代摩洛哥旅行家伊本·巴图特，早在 1342 年即奉苏丹王之命出使中国。中华人民共和国成立后，中国人民积极发展同非洲国家的友好合作关系，近年来中非旅游交往也日益频繁。到目前为止，埃及、南非等 17 个非洲国家被列为中国公民出境旅游目的地国。与此同时，非洲公民来华旅游人数也日益增长。2006 年，非洲各国旅华总人数为 29.38 万人次；2009 年，更达 40.12 万人次。

第二节 埃 及

埃及全称阿拉伯埃及共和国，位于非洲东北部，地跨非、亚两洲，面积 100.2 万 km^2，人口 7367 万，84%以上国民信奉伊斯兰教，约 16%信奉科普特教。阿拉伯语为国语，通用英语。首都开罗。国旗呈长方形，由三个相等的横条组成，上部为红色，下部是黑色，中间呈白色，中央是金黄色的鹰徽。国徽核心是一只昂然挺立、注视西方的金黄色雄鹰，其胸部镶嵌着一枚红、白、黑三色竖纹盾形徽章，鹰爪下的黄色饰匾里用阿拉伯文书写着“阿拉伯埃及共和国”。国歌为《阿拉伯埃及共和国国歌》，国花为莲花。

一、旅游业与旅游市场发展的地理环境背景

1. 复杂多样的自然环境与丰富的自然资源

地形以高原为主，沙漠占国土面积的96%。全境地形可分为五区：①尼罗河谷地及三角洲地区；②西部的利比亚沙漠区；③东部沙漠区；④苏伊士地峡区；⑤西奈半岛高原沙漠区。其南部山地的凯瑟琳山海拔2637m，为全国最高峰。尼罗河三角洲和北部沿海地区属地中海型气候，其余大部分地区属热带沙漠气候。境内河流与湖泊少，源于布隆迪高地的尼罗河纵贯南北，于开罗附近注入地中海。自古以来埃及人建立起多座大型水闸和水坝，其中最为著名的是阿斯旺水坝，另有世界著名的人工航道——苏伊士运河。湖泊以阿斯旺水坝形成的非洲最大的人工湖——纳赛尔水库为最大。矿产资源较丰富，其中铀矿储量超过美国和俄罗斯储量的总和。

2. 发展较迅速的工农业经济

农业在国民经济中占有重要地位。灌溉农业发达，主产棉花、水稻、花生、甘蔗、椰枣、水果和蔬菜等农产品。其中，有着“白金”美誉的长绒棉不仅质量好，而且产量高。早在英国殖民统治时期，其长绒棉已占世界长绒棉总产量的1/3以上、出口总额的80%以上，被称为“长绒棉王国”。独立后的埃及，工业、农业和交通业等得到全面发展。苏伊士运河、石油、侨汇和旅游业为埃及经济四大支柱产业。石油工业发展迅速，为非洲第四大产油国。交通发展快速，尤其是苏伊士运河已成为世界交通网上的枢纽，国际航空线也通往世界各大洲的各主要国家。

3. 曲折的文明发展历程和现代西方民主政治

埃及在公元前3200年前就形成了统一的奴隶制国家，公元4世纪形成封建制度。公元640年左右，阿拉伯人迁入埃及，建立阿拉伯国家，至公元9世纪中叶，埃及人阿拉伯化的过程大体完成。1517年土耳其人入侵，1798年被法国人占领，1914年成为英国的“保护国”。1922年独立，1952年成立埃及共和国。1971年埃及改名为阿拉伯埃及共和国。埃及虽为历史悠久的文明古国，但其传统文明因外族的入侵而多次中断。埃及政体受西方文明影响。宪法规定埃及是“以劳动人民力量联盟为基础的民主和社会主义制度的国家”，总统是国家元首兼武装部队最高统帅，由人民议会提名、公民投票选出，任命副总统、总理及内阁部长。人民议会是最高立法机关。议员由普选产生。

4. 发达的文化与教育

埃及是世界四大文明古国之一，也是阿拉伯世界的文化中心。在奥斯曼土耳其人统治的黑暗时代，只有埃及的爱资哈尔清真寺保护了伊斯兰和阿拉伯文化遗产。埃及学者创造出一种介于土语和古文之间的新体语，取得与欧洲语言相适应的阿拉伯语汇，把西方文学和阿拉伯文学水乳交融地结合起来。近现代埃及出现了许多世界闻名的文学家、思想家和艺术家。其中最为著名的现实主义小说家为纳吉布•马哈福兹，他以自己的著名三部曲《宫间街》、《思宫街》、《甘露街》和48部中、长篇小说，于1988年10月荣获当年的诺贝尔文学奖。埃及实行“普及义务六年制小学教育”制度。教育体制分初等教育、预备教育、中

等教育和高等教育，盛行职业教育。全国有大学19所，著名的有开罗大学、亚历山大大学以及开罗美利坚大学等。

二、旅游资源与旅游地特点

1. 名胜古迹众多的旅游城市

（1）**开罗** 市区跨尼罗河两岸，人口约900万。公元641年阿拉伯人始建，公元973年正式命名为开罗。伴随着现代工业的兴起和商业、金融、交通、文化教育的发展，现代化建筑大批涌现，使开罗成为一座传统文化与现代文明并存，东、西方文化色彩兼备的城市。在东部的旧城区，至今仍保留着250多座清真寺和包括王宫、城堡等中世纪建筑在内的大量古迹；西部新城区，高楼林立，大型商店鳞次栉比，充满了现代气息。主要风景名胜有开罗塔、埃及国家博物馆、伊斯兰艺术博物馆、阿布丁宫博物馆和农业博物馆等。

开罗塔 耸立在尼罗河心岛上，塔高187m，为现代开罗的标志。登塔顶俯瞰，开罗市容尽收眼底。

埃及国家博物馆 一座双层石质建筑，有展品6万余件，是收藏埃及5000年文明历史文物的宝库。一楼陈列有出土于十八王朝法老图坦卡蒙墓中的黄金面具、黄金棺材、黄金宝座等；二楼为世界独有的木乃伊陈列室。

（2）**亚历山大** 位于尼罗河三角洲西部，面对浩瀚的地中海，背倚波光潋滟的迈尔尤特湖，海滨松软的沙滩绵延，海滨浴场广布，有"地中海明珠"之称，是著名的海滨度假胜地。主要名胜古迹有亚历山大灯塔、庞贝柱等。

亚历山大灯塔 位于法罗斯岛上，建于公元280年，整个高度为135m，用白色大理石作材料，具有巴比伦建筑风格，被誉为"古代七大奇迹"之一。

庞贝柱 耸立在亚历山大城西南角塞拉皮姆寺废墟上，是托密勒王朝时代的遗物。为一巨大整石柱，高约25m，底部直径2.8m，顶面直径2m，虽经悠悠岁月，仍孤峙傲立。

（3）**阿斯旺** 依尼罗河而建，历史上曾是庞大的商旅集散中心，现为省行政和商业中心。老城区街巷纵横交错、店铺林立、人声嘈杂，阿拉伯市场独具特色。阿斯旺有许多古迹和博物馆、植物园等名胜，以及阿斯旺水坝等现代工程。

阿斯旺水坝 位于阿斯旺城南，号称世界七大水坝之一。坝高53m，长2152m；高坝坝高111m，长3830m，顶宽40m，呈弧形横跨尼罗河上、雄伟壮观。其形成的纳赛尔湖，为群山环抱，碧波万顷，是水上游览胜地。

（4）**卢克索** 位于埃及中部的历史古城和著名的旅游中心，曾是埃及法老时期的首府。以古庙和古墓高度集中而闻名于世。据考古学家估计，在卢克索地区大约散布有500多座古墓，迄今在帝王谷已发现64座，构成了世界罕见的帝王陵墓群。

2. 著名的风景名胜

（1）**吉萨金字塔** 位于距开罗城约10km的吉萨地区，有胡夫、哈夫拉、孟考拉三座庞大金字塔。坐落在最北面的胡夫金字塔是埃及已发现的最大金字塔，为古埃及第四王朝法老胡夫的陵寝，经几千年风化剥蚀，现塔高仍有137m，巍然屹立在沙漠边缘。

（2）**狮身人面像** 匍卧在哈夫拉金字塔旁，高21m，全长57m，狮子身躯、哈夫拉头像，狮身人面，造型奇特。除向前伸展15m的两个前爪是用粗石堆砌外，整个身躯是在一块裸露的巨石上雕凿而成。把法老的身体雕塑成狮，用人和兽的混合体代表最高统治者权威，为埃及人民所独创。

（3）**阿布·辛拜勒神庙** 凿在尼罗河西岸悬崖峭壁上，高33m，宽约38m，纵深约61m，石梁柱厅，精雕细刻，神像壁画，栩栩如生。尤为奇特的是拉美西斯二世像、阿蒙·拉神像、阿尔马甘斯神像和波塔神像构成的一组雕像，每年3月21日和9月21日清晨5时58分，一束阳光准时穿过神庙洞门，从阿蒙·拉神像、拉美西斯二世像、阿尔马甘斯神像上依次扫过，20分钟后即消失，反映了古埃及人的高超技艺。

（4）**苏伊士运河** 位于埃及东北部，沟通了地中海和红海，联结着欧、亚、非三大洲，战略地位极为重要，经济价值更是可观。船舶通过此大运河比绕道好望角要缩短5500～8000km。现在的苏伊士运河有著名运河隧道工程，连接埃及本土与西奈半岛，成为了著名的旅游胜地。

3．伊斯兰文化特色的社会风情与生活习俗

埃及大多数人信仰伊斯兰教，故其宗教习俗、节日庆典等，具有浓郁的伊斯兰文化特色。多数埃及市民喜欢穿传统的民族服装，不分男女，都穿传统的阿拉伯大袍。大袍的颜色一般为白色。在人生的几个关键时刻，如出生、割礼、结婚、朝觐、死亡，均穿白色的衣服。埃及人普遍喜爱甜食，喜欢白色、绿色、红色，视绿色为和平的颜色，认为白色象征着美好和吉祥。埃及人在表示美好的一天时，称之为“白色的一天”。忌讳黑色、蓝色、黄色。3、5、7、9是埃及人最喜欢的数字，忌讳13。非常尊崇7这个数字，人们办一些事情，总习惯采用7这个数字，如祷告要说7遍，婴儿出生后第7天宴请，结婚第7天有庆祝的习惯，死后7天有祭奠的习俗。埃及的节日庆典如惠风节、尼罗河泛滥节等，都具有浓郁的伊斯兰文化特色。

三、现代旅游业与旅游市场的发展

1．政府十分重视旅游业的发展，旅游接待条件较为完善

埃及为了促进旅游业的更快发展，旅游、民航部拨专款用于机场基础设施建设和新旅游区开发，并积极引进外资，实行各种优惠政策，鼓励外国投资者对旅游部门投资。例如，以低价出租土地供兴建旅游设施和度假村，在5～10年内对这些项目免税等，从而吸引了阿拉伯和欧洲的投资者。为了适应国际旅游市场的发展变化、改变文化古迹观光旅游为主的局面，埃及旅游业致力于发展海滨度假和娱乐消遣型旅游。埃及已把乌尔代盖到塞法杰的红海沿岸和亚喀巴湾的西奈半岛西部地带作为重点开发地区，建设度假村和海底公园。旅游交通便捷。目前出入埃及的国际旅游者中，有75%乘坐航空旅游交通。埃及旅游接待设施较好，星级宾馆饭店遍布旅游景点和尼罗河水域，是非洲旅游住宿设施较好的国家之一。

2．积极开展形式多样的旅游项目，国际入境旅游持续增长

埃及凭借旅游资源赋存优势，开展了观光、度假、宗教、会议、沙漠探险等多种旅游活动。埃及是阿拉伯世界西部地区政治、经济、文化和宗教中心，自古以来，宗教朝觐旅游兴盛，每年不仅接待大量入境和过境的宗教朝觐旅游者，而且有100多万穆斯林信徒出国赴西亚等地朝圣。近些年来，埃及十分重视会议旅游，开罗、亚历山大等地兴建

了大型国际会议中心，许多国际性和区域性会议常在埃及举行，每年可接待10多万国际会议旅游者。旅游业已成为埃及国民经济的龙头产业，年旅游收入可占年外汇收入的20%以上。2007年，埃及接待国际入境游客达到1061万人次，创汇103亿美元，大大超过侨汇、苏伊士运河收入和石油天然气出口收入。但埃及的旅游业以接待国际入境旅游者为主，国际出境旅游相对落后。国际客源中，人数最多的是欧洲，其次是阿拉伯地区，其余为北美及其他地区游客。

3. 重视开拓中国旅游市场，中埃旅游关系发展迅速

中埃两国人民之间有着传统的友谊，2000多年前就有了友好的交往。1956年5月30日，埃及与中国建立外交关系，成为第一个承认我国并同我国建交的阿拉伯、非洲国家。中埃两国友好合作关系不断发展，两国领导人互访频繁，双方在政治、经济、科技和文化等领域的合作日益密切。旅游关系也不断发展。早在1981年，中埃两国政府就签订了《旅游合作协议》。从2005年开始，埃及旅游部部长每年都带领埃及旅游业内人士来中国进行推广活动。埃及驻华使馆旅游处更是积极筹备参加了如北京、上海、广州等城市的大型旅游展会。2005年，埃及航空开通了北京—曼谷—开罗的每周四班航线，以及卡塔尔航空等中东航空公司的新增航班，实现了上海—北京—开罗以及广州—曼谷—开罗的航线。2008年，中国大陆赴埃及的游客为3.61万人次，比上年增长9.4%，中埃两国有望互为客源市场国家。

第三节 摩洛哥

摩洛哥全称摩洛哥王国，地处非洲西北角顶端，扼守地中海门户，与西班牙相望。面积71万km^2，人口约2891万，其中阿拉伯人约占80%，柏柏尔人约占20%。阿拉伯语为国语，通用法语。信奉伊斯兰教。首都拉巴特。国旗呈长方形，旗底为红色，中央有一颗由五根绿色线条交叉组成的五角星。国徽图案中间为由花冠组成的盾徽，盾面上有一颗绿色五角星，五角星之上是一轮光芒四射的太阳，盾徽上端是一顶王冠，两侧各有一只狮子，底部的绶带上用阿拉伯文写着“你助真主，真主助你”。国歌为《摩洛哥颂》，国花为香石竹，国石为珊瑚，国树为栓皮栎。

一、旅游业与旅游市场发展的地理环境背景

1. 多样的自然环境与较为丰富的自然资源

地形以山地高原为主并兼有平原和沙漠。中部和北部为峻峭的阿特拉斯山脉，东部和南部是高原，西北沿海一带为狭长低缓的平原。最高峰图卜加勒山脉海拔4165m。北部为地中海型气候，中部属亚热带山地气候，东部、南部为沙漠气候。由于斜贯全境的阿特拉斯山阻挡了南部撒哈拉沙漠热浪的侵袭，摩洛哥常年气候宜人、花木繁茂，赢得“烈日下的清凉国土”的美誉。主要河流有乌姆赖比阿河、德拉河等。矿产资源较为丰富，磷酸

盐储量占世界储量的 60%以上，被称为“磷酸盐王国”。林业资源较为丰富，有栓皮栎、西洋杉、橡树等。

2. 经济以农牧业为主

农业是摩洛哥国民经济的主要部门，占国内生产总值的 20%、出口收入的 30%。主要农作物有大麦、小麦、玉米、水果、蔬菜等。其中柑橘、橄榄和蔬菜大量向欧洲和阿拉伯国家出口。主要牲畜以绵羊和牛为多，为非洲第一大产鱼国。矿业是摩洛哥经济的支柱产业。手工业在国民经济中占重要地位，主要产品有毛毯、皮革制品、金属加工品、陶瓷和木制家具。陆路交通较发达，全国有机场 27 个，其中国际机场 11 个。

3. 独特的社会历史与政治环境

摩洛哥最早的居民是柏柏尔人，公元 7 世纪阿拉伯人迁入，8 世纪中叶建立第一个阿拉伯人的帝国。从 15 世纪起，先后遭到西欧强国的入侵，1912 年沦为法国的“保护国”，1956 年独立。在政治制度上，实行君主立宪，国王世袭。议会为一院制，政府由国王任命。摩洛哥奉行不结盟的灵活、务实、多元的外交政策，注重对外关系的均衡发展；维护民族独立和国家主权，不断保持和加强与欧、美等西方国家的传统关系；注重加强阿拉伯世界的团结，尤其重视与海湾国家发展关系；努力在国际事务，特别是中东和平进程和伊斯兰世界中发挥作用；主张非洲国家团结。

4. 独特的文化与发展中的教育

摩洛哥是著名文化古国。柏柏尔音乐是源自北非土著人柏柏尔人的音乐和表演形式，通常在一些传统节日、音乐会或结婚庆典上演奏。载歌载舞是柏柏尔音乐的重要特点之一。在手鼓和木琴等常用乐器的伴奏下，人们一边哼唱着节奏明快的歌曲，一边跳起轻快的舞蹈。歌词内容往往表达的是多数柏柏尔人在某一时期普遍拥有的感觉、需求和渴望。柏柏尔音乐形式多样、博采众长。在文化教育方面，政府强调教育普及化、教材统一化、教师摩洛哥化和教学阿拉伯化。现有高等学校 24 所，其中穆罕默德五世大学、哈桑二世大学等最为有名。

二、旅游资源与旅游地特点

1. 独具优势的“三 S”旅游资源

摩洛哥，意思就是“休养胜地”，素有“北非公园”、“旅游王国”之称，濒临大西洋和地中海，“三 S”旅游资源多集中在一些海滨城市。

（1）**拉巴特**　全国政治、经济、文化和交通中心，到处是蓝色的海水，蓝色的艾比拉格河和一尘不染的蓝天令人心旷神怡。拉巴特有 2000 年的建城历史。公元 7 世纪，在这座城市的西南部，出现了英国人的贸易中心，腓尼基和罗马人也曾先后占据过这里。公元 10 世纪，伊斯兰教传播到此，使之变成一座伊斯兰城市。主要风景名胜有乌达亚城堡、哈桑清真寺遗址以及拉巴特王宫等。

（2）**丹吉尔**　海港城市，位于非洲大陆西北角进入直布罗陀海峡的入口处。城区沿海滨山坡而建，风和日丽，绿色山野和蔚蓝海水交相辉映。从海角向南，大西洋海滩绵延 10km，靠近市中心的海湾以及沿海峡南岸往东，游泳场比比皆是。斯帕特尔海角的灯塔面对辽阔浩茫的大西洋，夜间塔顶灯光透亮，来往船只都要据此调整航向。丹吉尔终年气候宜人，素有“摩洛哥夏都”之称，享有“非洲旅游胜地”美誉。

（3）**卡萨布兰卡** 摩洛哥最大城市，非洲第二大城市，位于大西洋沿岸。卡萨布兰卡是西班牙语“白色的房子”之意。高高耸立在大西洋边的哈桑二世清真寺像一只正待驶向大海的白色航船，迎着海风，迎着晶莹的海浪，成为了摩洛哥的标志——古典与现代的交汇，信仰与科技、艺术的结合。

2．地域特色浓郁的旅游城市与风景名胜

（1）**菲斯** 摩洛哥最古老的王都，也是摩洛哥文化与宗教中心，曾被美国著名旅游杂志（*Traveler*）评为全球最浪漫的十大城市之一。菲斯分旧城和新城两部分，所谓新城也有700多年的历史。旧城拥有数不清的房屋以及近万条狭窄街道。今日呈现在游客眼前的风情，跟千年前没有太大改变，因而被列入《世界文化遗产名录》。

（2）**马拉喀什** 摩洛哥的第二大城市，曾是历史上的南方之都，两个王朝建都于此，位于撒哈拉沙漠的边缘，有长达7km长红砖砌成的古城，城堡上还建有200个高塔。全城的房子都是红色的。库图比亚清真寺的尖塔高66m，墙壁香气四溢。

（3）**“阿里巴巴”外景地** 越过苏斯河那片地势平缓的耕地，提乌特有一片绿洲，那里曾经是电影“阿里巴巴和四十大盗”的外景地，有橄榄林和杏树园，还有不断变幻着色彩的山峰，加上点缀在山坡上的一些房舍，景色十分秀丽。

3．社会习俗和民族风情别具风味

摩洛哥人热情好客，常邀请朋友到饭店或家里做客就餐，且极为丰盛。进入伊斯兰教寺院和家庭房间一定得脱鞋。摩洛哥人不可一日无茶，清早起床后第一件事就是喝一杯绿茶；中餐和晚餐也要佐以新鲜清茶。文身习惯在摩洛哥比较普遍，并被认为是美丽的标志之一。大多数人是在前额和下颌刺有对称的蓝黑色花纹，也有的将花纹刺在胸部、肚脐和腿等隐蔽部位。摩洛哥的孩子出生后，按照惯例要举行庆生会，并把孩子的头发剪掉，让它重新长出。摩洛哥人喜欢绿、红、黑色，忌白色；喜爱鸽子、骆驼、孔雀图案，禁忌六角星、猫头鹰图案。在摩洛哥，13是消极的数字，而3、5、7和40却带有积极的含义。

三、现代旅游业与旅游市场的发展

1．现代旅游业与旅游市场发展迅速

旅游是摩洛哥国民经济发展的支柱产业。作为非洲仅次于埃及的第二旅游大国，目前每年平均接待境外游客约250万人次，旅游收入达20多亿美元。2006年，接待入境游客更达655万，创造外汇60.256亿美元。根据政府旅游发展战略，在十年内，其国际旅游接待规模要扩大到1000万人次，创汇128亿美元。旅游业已成为国家外汇收入的主要来源，国民经济发展的支柱产业。

2．旅游接待环境有待改善

摩洛哥的国际旅游市场发展迅速，但旅游接待设施相当滞后，尽管住宿设施在城市里有喜来登、假日、凯悦等五星级酒店及当地用宫殿、高级别墅改建的豪华酒店，也还有具有田园风味与原始天然情调的庭院，但总体床位不足。目前摩洛哥的交通以陆路为主，全国公路总长6万km，沿海港口24个，机场15个，但设备和管理技术较为落后，一切都有待改善提高。

3．中摩旅游关系进一步发展

1958年11月11日中摩建交，摩洛哥成为第二个与新中国建交的非洲国家。建交以来，两国关系发展顺利，各层次友好往来不断，各领域合作成果显著。进入 21 世纪以来，双方高层互访增多，两国经济、卫生、文化、旅游、科技等领域的友好合作不断拓展。2002 年，中摩两国签署了《中华人民共和国政府与摩洛哥王国政府旅游合作协定》；2006 年 4 月，胡锦涛主席访摩期间，两国又签署了《关于中华人民共和国公民赴摩洛哥王国旅游实施方案》。两国的旅游合作已进入实施阶段。

第四节　突　尼　斯

突尼斯全称突尼斯共和国，位于非洲北端，北、东临地中海，隔突尼斯海峡与意大利相望。面积 16.22 万 km^2。人口约 991 万。居民主要是阿拉伯人，另有少数柏柏尔人。伊斯兰教为国教，少数人信奉天主教、犹太教。阿拉伯语为国语，通用法语。首都为突尼斯市。国旗图案中的新月和五角星来自奥斯曼帝国的标志。国徽为盾徽，盾徽上部绘有一艘航行在岁月的海洋上的白帆船，下部左侧为黑色天平，右侧是红地上挥舞银刀的黑狮；盾徽上方高悬着与国旗图案相同的新月与红星；一条白色饰带飘过盾徽，上面用阿拉伯文书写着突尼斯格言“秩序、自由、正义”。国歌为《突尼斯共和国国歌》，国花为金合欢，国树为油橄榄树。

一、旅游业与旅游市场发展的地理环境背景

1. 多样的自然环境与较为丰富的自然资源

地形由三部分组成。北部多山，以阿特拉斯山脉东延的突尼斯山脉为主体；中西部为低地和台地，多盐沼；东北部为沿海平原，南部为沙漠。最高峰舍阿奈比山海拔 1544m。中部属热带草原气候，北部属亚热带地中海型气候，南部属热带大陆性沙漠气候。各城市 1 月日均温 6～14℃，8 月为 23～35℃。境内水系不发达，最大河流为迈杰尔达河，最大湖泊为杰里德湖。主要矿产有磷酸盐，盛产栓皮栎和杉木。

2. 以农牧业和采矿业为主的经济

突尼斯农牧业地位突出。主要农作物有小麦、大麦、橄榄、柑橘、椰枣、葡萄等。橄榄油产量占世界橄榄油总产量的 4%～9%，是其主要的出口创汇农产品；牲畜以牛、羊、骆驼最多。工矿业主要有以磷酸盐为原料的化工业和石油开采业，纺织业在轻工业中居首位。交通运输相对发达，有铁路 2190km、公路 2 万 km、30 个港口和两家国营航空公司，其国际机场有 7 个，可与国内外 44 个城市通航。

3. 悠久的历史与现代西方民主政治

突尼斯在非洲是仅次于埃及的第二大文明古国。公元前 9 世纪腓尼基人在北部海边建立迦太基城，后来发展成强盛的迦太基奴隶制帝国，公元 146 年为罗马帝国阿非利加省。公元 5～6 世纪为汪达尔人和拜占庭人统治，公元 703 年阿拉伯穆斯林人进入突尼斯，传播阿拉伯文化和伊斯兰教，突尼斯逐步成为阿拉伯国家。1574 年沦为土耳其奥斯曼帝国的一

个省，1837年后成为法国的殖民地，1956年独立。在政治上，实行总统制。总统拥有对国家总政策的决定权力，并兼任共和国武装部队的最高统帅，国民议会为一院制，每五年选举一次，对外奉行不结盟政策。

4．古老的文化与发展中的教育

突尼斯的镶嵌画艺术已有2500多年历史，突尼斯城被誉为镶嵌画之都。其中《海神尼普顿的胜利》是世界上最早的镶嵌画。苏萨古城的苏萨博物馆内珍藏着一幅珍贵的彩色《太极图》，在一米见方的画面上，有白色小石块镶嵌的一个圆形，中央有一“S”形的黑色曲线将圆形均匀地分成两半，表现了一分为二、对立统一的哲学原理，尤其是说明词写道，“这幅图案是通过‘丝绸之路’传入非洲的”，展现了中国与突尼斯两国之间悠久的传统友谊。独立后，政府提出教育民族化，实行九年一贯制基础教育。现有大学六所，宰敦大学为伊斯兰最高学府。

二、旅游资源的特点

1．自然人文旅游资源并盛

突尼斯被认为是悠久文明和多元文化的融合之地。这里汇集了地中海地区所有的古文化遗迹，其中包括迦太基、古罗马、拜占庭、阿拉伯、土耳其、欧洲，以及伊斯兰的文化遗址、建筑寺庙、民间艺术、精致美食、宗教音乐，突尼斯的文化遗产可与希腊相媲美。突尼斯濒临地中海，突尼斯海峡紧锁地中海的窄腰，有“欧洲的钥匙”之称。地中海沿岸有突尼斯与特加贝斯等众多海湾和美丽的海滨城市，“三S”旅游资源更具诱人魅力。突尼斯山地的清凉、山林的郁郁葱葱、撒哈拉的壮丽与宁静同样为人称道。

2．独具魅力的旅游城市和风景名胜

（1）**突尼斯市** 全国政治、金融、文化中心和交通枢纽，位于地中海南岸，海滩绵延20km，每年吸引数以百万计的外国游客。老城保留了7世纪阿拉伯人征服北非以来各个历史时期的城市传统布局和建筑风格，已被列入《世界文化遗产名录》；新城紧邻老城，有繁华的商业街布尔吉巴大街。城郊有著名的迦太基古城遗址。

迦太基遗址 位于突尼斯市城北17km处，公元前814年由腓尼基人兴建。主要建筑有城墙、宫殿、神庙、别墅、住房、公共浴室、剧场、竞技场、跑马场、港口、墓地等。这里曾是当时北非、地中海地区政治、经济、商业和农业中心，如今已成为地中海古代文明的象征、突尼斯国家的标志。

（2）**苏塞市** 著名的海滨旅游城市，景色宜人。具有特色的苏塞博物馆设在苏塞古城堡中，主要收藏有公元2～3世纪罗马基督教时期的镶嵌画。

苏塞古城 位于突尼斯东海岸，约在公元前9世纪由腓尼基人建立。苏塞古城由城墙环绕，石块垒成，南北长700m，东西宽450m，基本上保存完好。城墙的东南角耸立着巨大的卡莱富方塔，是最古老的伊斯兰式塔建筑。

（3）**凯鲁万市** 位于突尼斯中部，是突尼斯第四大城市，因其悠久的历史而被称为当今伊斯兰教位列麦加、麦地那、耶路撒冷之后的第四大圣地。阿拉伯人经过三次远征击溃拜占庭军队之后，于公元670年建立凯鲁万城，并于671年建成著名的奥格巴清真寺。该寺是当时马格里布地区最大的清真寺。

（4）**杰姆古罗马斗兽场** 系古罗马时期遗迹，位于苏塞市和斯法克斯市之间，是世界上保存最好的三大古罗马斗兽场之一。斗兽场呈椭圆型，宏伟壮观，长轴148m，短轴122m，有三层拱廊，每层有60个拱孔，总高度为36m，四周看台可容观众3.5万人。斗兽场除供参观外，每年夏季还用于艺术节演出。

（5）**伊其克乌尔国家公园** 北非地区唯一的一个湿地湖泊公园，是野鸭、白鹳、天鹅、火烈鸟等野生候鸟良好的栖息觅食地。这里水源丰富，野草丛生，而且未受到人类活动破坏。每年有10多万只波绒鸟以及成千上万只赤脖鸭、骨顶鸡、豆雁和数量可观的粉色火烈鸟在那里越冬。

3. 社会习俗与民族风情

突尼斯人的社会风情和生活习俗可以概括为："突尼斯人好交往，重视宗教和信仰；迎宾方式很奇特，问候用语连串讲；以蛇敬客为盛情，河水泼客情谊长；形式多样献诚意，实心实意表衷肠；'橄榄'象征爱和平，它为人们添吉祥。"突尼斯人与客人相见的基本礼节是握手礼，握手后还要把右手放在胸口，以示出自于内心与客人真诚的相见。上层人士在社交场合与客人相见时，一般都讲究施拥抱礼，同时再说一些吉利的祝愿语，以表达热情友好之意。在城市中的男子多穿西服，头上则常常戴顶红色的土耳其高筒帽；女子有时会在西服外面套上传统的长袍，姑娘外出还要戴面纱；在农村仍有不少中老年人穿传统的阿拉伯服装。主食为面食，常吃大饼和面包，爱吃牛肉、羊肉等；不饮酒，喜爱喝咖啡和绿茶。伊斯兰教民族节日很多，主要有杜兹联欢节、开斋节、撒哈拉联欢节等。节日中常要举行赛驼、斗驼活动，并举行壮观的骆驼兵列队游行。突尼斯人喜爱绿色、白色、绯红色，忌讳猪、狗、猫。

三、现代旅游业与旅游市场的发展

1. 旅游接待设施较发达

突尼斯主要城市公共交通比较发达，市内出租车较多，出行方便。此外，首都突尼斯市还有轻轨连接市中心和郊区。全国有七个国际机场，分别是突尼斯、斯法克斯、苏斯、莫纳斯蒂尔、杰尔巴、杜泽尔、达巴卡。大多数欧洲国家与突尼斯有直航。酒店等旅游设施条件较好，目前大中城市都有豪华的五星级、四星级酒店，共有旅游饭店700多家，旅馆床位20万张。

2. 现代旅游业与旅游服务发展迅速

突尼斯是知名度很高的国际旅游目的地，旅游业发展迅速，现已成为非洲旅游大国，每年接待外国游客量约为500～600万人次，创汇20亿美元以上，旅游业是国家重要的经济支柱。2005年，国际入境旅游人数达640万人次，仅次于埃及和南非居非洲第三位。其成功的原因：①十分注重开展特色旅游；②注意加强对旅游业的管理；③鼓励国内私人资本和外资对旅游进行投资；④十分重视旅游区和旅游点的建设。

3. 中突旅游关系逐步发展

1964年1月10日中突两国建交。40多年来，两国在各领域的友好合作关系稳步发展，各个层次间的交往不断。2004年6月，前中国国家副主席曾庆红在突尼斯总理府与突尼斯总理格努希举行会谈之后，双方正式签署了《关于中国公民组团赴突旅游实施方案的谅解备忘录》，中国公民赴突尼斯旅游进入实施阶段。自2004年12月15日开始，突尼斯正式成为中国公民旅游目的地国家。突尼斯对于发展潜力很大的中国旅游市场一直非常重视。

在成为中国公民的旅游目的地国家后，突尼斯在北京开设了三个旅游办事处，以进一步推动和扩大两国的旅游合作，两国合作前景广阔。

第五节 肯 尼 亚

肯尼亚全称肯尼亚共和国，位于非洲大陆东部，东南濒印度洋，面积58.2万km^2，人口约3360万，主要有基库尤族、卢希亚族、卢奥族、卡伦金族等42个民族。大部分居民信奉原始宗教，少数欧洲人信奉基督教，阿拉伯人信奉伊斯兰教。斯瓦希里语为国语，和英语同为官方语言。首都内罗毕。国旗呈长方形，自上而下由黑、红、绿三个平行相等的横长方形构成，红色长方形上下各有一白边，旗面中间的图案为一面盾和两支交叉着的长矛。国徽图案下方为山峰，山峰之上为盾徽，盾面上是国旗图案，中间有一只握斧的雄鸡，盾徽背后有两支交叉着的长矛，两侧各有一头象征力量的雄狮，底部的红色绶带上用斯瓦希里文写着“共处”。国花为肯山兰，国鸟为公鸡。

一、旅游业与旅游市场发展的地理环境背景

1．多样的自然环境与自然资源

地势西高东低：东南部沿海为平原，其余多是海拔1000～1200m的熔岩高原；东北部是沙漠和半沙漠；西部为纵贯南北的东非大裂谷的东支。大裂谷谷底在高原以下450～1000m，宽50～100km，分布着深浅不等的盆地和湖泊，并屹立着许多火山。谷地两侧为熔岩台地和火山锥，东侧赤道边上的肯尼亚山海拔达5199m，是全国最高峰，峰顶终年积雪。瓦加加伊死火山海拔4321m，以直径达15km的巨大火山口而驰名。赤道横贯中部，境内大部属热带草原气候。境内河湖众多，主要有塔纳河、萨巴基河和图尔干纳河等；湖泊有维多利亚湖、图尔卡纳湖和纳瓦沙湖。矿藏较为丰富，野生动植物资源多奇。

2．以农牧业为主的经济

肯尼亚为农牧业国家，农业人口占90%以上。主要粮食作物有小麦、玉米、水稻，经济作物有咖啡、茶叶、剑麻、除虫菊等；茶叶、咖啡和花卉是农业三大创汇项目。工业门类比较齐全，以农产品加工为主，有食品、饮料、香烟等轻工业部门，炼油、采矿、水泥、电力等工业部门发展快。对外贸易在国民经济中占有重要地位。肯尼亚以公路交通为主，也有铁路和水运。全国共有大小机场150多个。人均国民生产总值位列全球177个国家和地区的140名之后，属于全球最后40个“低发展”国家的范畴。

3．古老的历史与现代西方民主政治

肯尼亚是人类发源地之一，境内曾出土了约250万年前的人类头盖骨化石。大约2000年前，班图语系的人就进入肯尼亚定居，7世纪阿拉伯人也来到肯尼亚定居。15～19世纪，葡萄牙和英国相继侵入，1920年成为英国的殖民地。1963年独立，仍为英联邦成员国。在

政治上，实行总统内阁制。总统为国家元首兼武装部队总司令，有权任免副总统、内阁部长、总检察长、首席法官、三军司令、警察总监和政府各部常任秘书等。内阁由总统、副总统、内阁部长、总检察长组成。

4. 独特的地域文化与发展中的教育

文学分为口头文学和文字文学两类。口头文学包括传说、神话、歌谣、谚语等。许多口头传说被史学家们作为研究历史的重要史料，并据此写出了肯尼亚的历史著作。书面文学在肯尼亚独立以前基本是空白，仅有少数学者在英文校刊上发表过一些作品。独立后，政府接管了肯尼亚（文献）出版局，并设立了“乔莫·肯雅塔文学奖”。詹姆斯·恩古吉是国际知名作家，他的获奖作品《孩子，别哭》被认为是“东非人写的第一部小说”。政府实行免费初等教育，高等教育发展较快，主要有内罗毕大学、莫伊大学、肯雅塔大学、埃格顿大学以及东非联合大学等。

二、旅游资源与旅游地特点

1. 重要的旅游城市

（1）**内罗毕** 肯尼亚最大城市，全国政治、经济、文化中心，坐落在海拔1662m的高原上，虽然靠近赤道，气候却凉爽宜人。城市依山而建，市容整洁，布局有致，高楼大厦鳞次栉比，有“小伦敦”之称誉。许多国际性机构设在这里，是继纽约、日内瓦、维也纳之后的第四个联合国机构驻地，联合国有20多个机构在此设办事处，其中联合国环境规划署总部即设于此。主要风景名胜有内罗毕国家公园、肯尼亚博物馆等。

（2）**蒙巴萨** 位于肯尼亚东南端，东濒印度洋，为东非古城之一，是肯尼亚第二大城和东非最大的港口，也是肯尼亚、乌干达、卢旺达等国货物进出口的门户。市区的一条大街上，有两座并排交叉的大象雕刻，是富有纪念性的标志。市内有49座清真寺，各地伊斯兰教徒络绎不绝地到那里朝拜。海滨另有许多美丽的海滩度假胜地。

（3）**纳库鲁** 裂谷省的省会，位于东非大裂谷的中心地带。这里汇集了高原、盆地、湖泊和山脉多种地貌。世界著名的纳库鲁湖就坐落在这里，纳库鲁湖是为保护鸟禽类建立的公园，被誉为“观鸟天堂”。因为纳库鲁湖地处火山地带，这里有丰富的蓝绿色螺旋藻和硅藻，是火烈鸟最喜欢的食物。目前这里的火烈鸟约有200多万只，为世界上最大的火烈鸟栖息地。

2. 著名的风景名胜

（1）**肯雅塔国际会议中心** 建于1973年，由大会堂、宴会厅和行政大楼三部分组成，建筑面积3万m^2，是目前内罗毕最现代化的建筑。大会堂按马赛人住宅式样设计，极富民族特色；宴会厅可举行2500人的宴会和5000人的鸡尾酒会；行政大楼呈圆柱形，共31层，其中地上28层，最高层为旋转式餐厅。在这里经常举行世界性和区域性国际会议。

（2）**内罗毕国家公园** 位于内罗毕近郊，占地120km，是肯尼亚建立最早、野生动物丰富的天然动物园。公园三面设围墙，仅南边开放，园内山水相连，狒狒、鸵鸟、长颈鹿、犀牛、河马、斑马和狮子出没其间。

（3）**察沃国家公园** 位于内罗毕东南160km处，是非洲最大的天然动物园之一，园内有大象、狮子、犀牛、羚羊、长颈鹿、斑马等大量野生动物出没。在公园的一棵大树上，建有树顶酒店，可供游客留宿并观赏野生动物的夜生活。

（4）**耶稣堡** 蒙巴萨是新航路上的重要补给点和货物集散地。589 年，奥斯曼土耳其帝国派远征军占领蒙巴萨并在其蒙巴萨岛的东南角修筑城堡。1593 年，葡萄牙人攻占了蒙巴萨，并在港湾岬角处修建更大的城堡以俯视和控制港口。由于葡萄牙传教士也随着商船四处布道，这座新城堡就被命名为耶稣堡。

（5）**树顶旅馆** 坐落在阿布黛尔国家公园内，因房屋建在大树顶上而得名。1952 年，英国伊丽莎白公主和丈夫访问肯尼亚时，曾在此下榻。当天夜里英王乔治六世突然逝世，英国王室当即宣布伊丽莎白公主继位。翌日清晨，伊丽莎白返回伦敦登基。因而人们说，伊丽莎白上树时还是公主，下树时便成了女王，树顶旅馆因此一夜成名。

（6）**马赛马拉野生动物保护区** 位于肯尼亚西南边境地区，面积 $1800km^2$，是地球上大型野生哺乳动物最集中的栖息地。每年从 7 月底到 10 月底，这里会发生世界上最壮观的野生动物大迁徙，其中有 140 万头角马、50 万头蹬羚、20 万只斑马等许多东非草食及叶食性动物，以至成为非洲野生动物观光的第一目的地。

（7）**东非大裂谷** 纵贯东部非洲的地理奇观，世界上最大的断层陷落带。其中，以肯尼亚境内的一段地貌特征最为显著。这段峡谷长约 800km，宽 50～100km，深 450～1000m。两侧断壁悬崖，无数热带野生动物生活在群山怀抱中，一座座高大的死火山屹立在群山之中。裂谷底部是一片开阔的原野，20 多个湖泊狭长晶莹，如串串宝石散落其间。

3．奇特的社会风情与生活习俗

（1）**偏爱动物** 人们对野生动物格外偏爱，到处可见印有老虎、大象等动物图案的服装、披肩和兽皮制成的坎肩、帽子、钱包等。妇女们用各种兽状雕刻物来装扮自己。家庭居室中陈列的装饰品多为动物木雕石刻，墙上挂着羚羊、野牛的头颅或用兽皮制作的挂毯，地上铺兽皮制作的地毯；各种日用品也主要以动物为商标，如熊牌肥皂、虎牌香烟等，甚至连群众文化团体也以动物命名，如著名的“狮子足球队”、“豹子俱乐部”等。

（2）**居室与婚姻** 在实行一夫多妻制的泰塔族中，住宅建筑以主妇（男主人的第一位妻子）居室为中心。男子征得主妇同意方能另娶。主妇掌管家务，并安排丈夫每晚在其他妻子房间过夜。丈夫在妻子房间过夜都是深夜入室黎明离开。主妇的茅屋位于院子中间，其四周分别是第二位、第三位……每个妻子的茅屋都附设一个库房，收藏个人劳动所得，丈夫轮流到每个妻子房间吃饭。

（3）**“寻宅”与“悲歌”** 基库尤族男女青年，把逢年过节欢聚一堂的唱歌跳舞作为择偶良机。当小伙子相中某个姑娘时，就对姑娘说：“我们再寻找一个住宅？”姑娘如果同意就说“欢迎”，这叫“寻宅觅情”。于是小伙子就同父母携带蜂蜜酒或甘蔗登门拜访，女方设宴待若上宾。娶亲仪式别开生面，新郎与同辈一起前往女家，把新娘“抢”来，新娘则要大哭大叫，直到入洞房为止。新娘入洞房后，还要连唱八天“悲歌”，以示与娘家离别的依依心情。

三、现代旅游业与旅游市场的发展

1．国际旅游业与旅游市场发展较快

肯尼亚是非洲旅游活动开展较早的国家之一。独立以后，在大力发展观光旅游的同时，

又积极发展会议旅游、狩猎旅游和商贸度假旅游。近年来，国际入境旅游市场发展较快。2004 年，肯尼亚入境旅游人数达 140 万人次，旅游外汇收入达到 5.38 亿美元，比上年增长 66%；2006 年到肯尼亚旅游的国际游客人数同比增加 13.2%，旅游收入达到 7.3 亿美元，继续保持国家第一创汇行业的地位。

2．生态旅游独展风姿

南北纵贯的东非大裂谷与东西横贯的赤道线相交于肯尼亚，故肯尼亚有“东非十字架”的雅称。全国有 36 处国家级野生动物保护区和国家公园，处处皆可成为生态旅游胜地。到西南部的维多利亚湖，可欣赏其湖光山色和湖中的河马、鳄鱼世界；到图尔卡湖可观赏“鳄鱼的极乐世界”；到纳库鲁湖又可领略“鸟类的天堂”的意境；到东部的非洲第二高峰肯尼亚山和阿布黛尔国家动物园，可入住“树顶旅馆”，安全地观赏野生动物的夜间活动；到马塞马拉，可以看到狮子、大象、长颈鹿、野牛、斑马、羚羊等数百种，总数达 130 多万只的动物群集壮观的场景。生态旅游已成为了肯尼亚旅游业中吸引国外旅游者的一张王牌。

3．中肯旅游关系迅速发展

中国和肯尼亚于 1963 年 12 月 14 日建交。近十年来两国关系快速发展。前总理朱镕基、吴邦国委员长、胡锦涛主席分别于 2002 年、2004 年和 2006 年访肯；肯尼亚总统齐贝吉曾于 2005 年访华。2004 年，肯尼亚成为中国公民自费旅游目的地国。长期以欧美、日本游客为主的肯尼亚旅游市场，现正在刮起一股“中国风”。肯尼亚旅游部门已把中国视为最重要的新兴市场之一，正在加大宣传推介力度，欢迎中国游客的到来。2005 年 8 月，肯尼亚总统齐贝吉访华期间，特意在中国开通了介绍肯尼亚旅游的中文网站“神奇肯尼亚”，齐贝吉总统在开通仪式上说，这个网站是肯尼亚在全球开通的第一家外国语言网站，它将进一步促进和推动肯中友好关系的发展，肯尼亚到中国的商务旅游者也随之增多。

第六节　坦 桑 尼 亚

坦桑尼亚全称为坦桑尼亚联合共和国，位于非洲东部，由大陆部分的坦噶尼喀和岛屿部分的桑给巴尔组成，面积约 94.5 万 km^2，人口约 3700 万，居民中班图语系的非洲人占 98%，主要信奉伊斯兰教和基督教。斯瓦希里语为国语，与英语同为官方语言。首都多多玛。国旗呈长方形，旗面由绿、蓝、黑、黄四色构成。国徽图案下方为山峰，山坡上是棉桃和咖啡等，中间为盾徽，盾徽两侧分别为一男一女。国歌为《上帝保佑非洲》，国花为丁香花。

一、旅游业与旅游市场发展的地理环境背景

1．较为优越的自然环境与丰富的自然资源

地势西北高东南低，内陆为平均海拔 1200m 的高原。东部沿海为宽 15～60km 的低

地，海岸多红树林。东非大裂谷从马拉维湖分东西两支纵贯南北。东北部的乞力马扎罗山的基博峰海拔 5895m，是非洲最高峰。东部沿海地区和内陆的部分低地属热带草原气候，西部内陆高原属热带山地气候，桑给巴尔的 20 多个岛屿属热带海洋性气候，终年湿热。主要河流有鲁菲季、潘加尼、鲁伏、瓦米等；主要湖泊有维多利亚湖、坦噶尼喀湖和马拉维湖等；已探明的主要矿藏有金刚石、钻石、金、煤、铁、磷酸盐和天然气等。野生动物资源丰富多奇，目前全国有 11 个国家公园、近十个野生动物保护区和 50 个野生动物控制区。

2．以农牧业为主的经济

农牧业比较发达，主要农作物有玉米，木薯等，主要经济作物有剑麻、腰果、丁香等，其中剑麻、丁香、腰果产量和出口量居世界前列地位，坦桑尼亚享有“丁香王国”、“剑麻之乡”的美誉。畜牧业以养牛业为主。矿业是坦桑尼亚增长最快的产业，以钻石、黄金、宝石和煤炭开采为主；制造业以农产品加工和进口替代型轻工业为主，包括纺织、食品加工、皮革、制鞋、轧钢、铝材加工、水泥、炼油和农具制造等。交通运输业比较发达，除本国业务外，还承担赞比亚、扎伊尔、布隆迪、卢旺达等国的转运任务。交通方式以铁路和公路为主。达累斯萨拉姆为全国最大交通枢纽。坦赞铁路为中国所援建。

3．长期被殖民统治的历史与当地独特的政治体制

公元 7～8 世纪，阿拉伯人和波斯人迁入。1886 年，坦噶尼喀被划为德国势力范围；1890 年，桑给巴尔沦为英国“保护国”。第一次世界大战后，完全成为英国的殖民地。1961 年和 1963 年，坦噶尼喀和桑给巴尔先后独立，1964 年成立坦桑尼亚联合共和国，仍为英联邦成员国。联合政府实行总统制，内阁由总统、副总统、总理、桑给巴尔总统和各部部长组成。总统和副总统分别来自坦噶尼喀和桑给巴尔岛。议会为一院制，称国民议会，是联合共和国最高立法机构。总统和议会每五年选举一次，内阁由总统任命，实行多党制。主要政党有坦桑尼亚革命党、公民联合阵线、多党民主联盟等。

4．独特的文化艺术与发展中的教育

坦桑尼亚具有悠久的文明和丰富的民族文化艺术。传统和现代艺术有乌木雕刻艺术和绘画艺术和舞蹈艺术。乌木雕塑以内涵丰富、造型独特、做工精美而在全世界享有很高的声誉。坦桑尼亚画家廷噶廷噶创立的廷噶廷噶画，是用一种装饰藤蔓充满画面的满构图式民间图案，绘画风格热烈，用色大胆夸张。坦桑尼亚有 120 多个部族，各部族都有自己的传统舞蹈，有的表现人从诞生直到死亡的生活过程，有的表现社会中重大的活动，如战争、丰收等。流传在桑给巴尔的传统舞蹈“姆威赛”，是奔巴岛上最有代表性的舞蹈，现已成为国内许多专业团体经常演出的节目之一。政府重视国民教育，实行免费小学义务教育。著名大学主要有达累斯萨拉姆大学和坦桑尼亚桑给巴尔大学。

二、旅游资源与旅游地特点

1．重要的旅游城市和著名的风景名胜

（1）**达累斯萨拉姆** 全国的政治、经济、文化和交通中心，国际著名天然良港，坐落在非洲东海岸畔，濒临碧波万顷的印度洋。整座城市清新淡雅。城市呈同心圆结构，中心是商业区，其东面是政府机关和使馆区，北面和西面是住宅区和文化区，南面是港区和铁路站场，市区东部和东北部为海滨旅游区。这里椰树挺立，精致花园别墅和现代化旅馆掩映在花丛林间，沿海是大片的海滨浴场。自然村博物馆位于市区北面，是坦桑尼亚陈列有民族特色和风格的房屋的博物馆。

（2）**阿鲁沙**　阿鲁沙区首府，是咖啡、除虫菊、剑麻、畜产品贸易中心和交通枢纽，位于梅鲁山南麓，海拔 1409m，气候凉爽宜人，是著名的旅游城市。这里主要有咖啡和肉类加工工厂，特产为海泡石烟斗。市郊有坦桑尼亚最大的乞力马扎罗国际机场，有塞伦盖蒂、恩古多托、马尼亚拉湖、恩戈罗火山口等多处野生动物园。

（3）**桑给巴尔**　15～16 世纪时东非最大的奴隶贸易中心。马鲁呼比奴隶洞和曼加普瓦尼镇的奴隶窟被保留下来，在这里可看到当年拴奴隶用的铁环、锁奴隶手脚的铁链，现已辟为旅游纪念地。

（4）**乞力马扎罗山**　海拔 5895m，非洲第一高峰，北距赤道仅 300km，却终年冰雪覆盖。从山麓到山顶自然带的变化好似从赤道走到极地一般，可以领略各个自然带的风光。乞力马扎罗山还是一座休眠火山，山脚下有著名的东非野生动物园。

2．特色鲜明的野生动物保护公园

（1）**塞卢斯天然动物园**　位于坦国境西南部，面积 5 万 km^2，地形复杂，有起伏的平原和云雾缭绕的崇山峻岭。平原上河流和湖泊星罗棋布，山间峡谷幽深。保护区有 3/5 是原始森林。这里为世界最大、动物种类最多的野外动物观赏区和天然游猎区之一。其中有雄壮如马的黑羚羊、白脸长须的尼亚萨兰牛头羚、黑白相间的疣猴，还有犀牛、鳄鱼、河马、水牛等，大象更是多达 3.65 万头。

（2）**恩戈罗火山口野生动物园**　位于北部马尼亚拉湖、纳特龙湖和埃亚西湖之间，阿鲁沙市西 128km。恩戈罗火山口最高海拔 2135m，直径约 18km，深 610m，是世界第二大火山口，面积 315km^2，四壁陡峭。火山口内有犀牛、大象、狮子、豹子等野生动物，总数达 4 万多头，已被列入《世界自然遗产名录》。

（3）**马尼亚拉湖国家公园**　位于北部东非大裂谷内，在阿鲁沙市西南 117km 处，面积 320km^2，湖泊占总面积的 2/3，其中马尼亚拉湖最大。湖滨林木苍翠葱郁，栖息的鸟类达 350 多种，有著名的火烈鸟、锤头鹳、黄嘴鹳、埃及鹅、白鹈鹕和粉背鹈鹕等。每年到一定季节，成千上万只火烈鸟云集湖区，当掠过湖面时，红光闪烁、胜似彩霞。金合欢树林中的狮子常爬到 5～6m 高的金合欢树上休息，开阔的草地有 400 多头野牛在其间生活。

（4）**塞伦盖蒂国家公园**　位于北部高原，西距维多利亚湖 8km，是坦桑尼亚野牛等动物最集中的天然动物园，占地 1.48 万 km^2，属熔岩灰土质稀树热带草原。园内有野牛兽类 170 余种，总头数达 300 万头。其中东、南非特有的角马达 150 万头，鸟类 1500 种，狮子、大象、长颈鹿、羚羊、野牛、斑马等不计其数。这里还有世界上最善于奔跑的猎豹，时速为 80～90km。园内最壮观的景象是一年一度的角马大迁徙。

（5）**米库米国家公园**　十大国家野生动物园之一，位于乌卢古鲁山一带，面积约 1300 万 km^2。园内群山叠翠、灌木丛生、牧草丰盛、溪水池塘遍布，有悠闲的长颈鹿、凶猛的花豹、其貌不扬的角马、善跑的斑马、小巧的羚羊和 30 多种飞禽等珍稀野生动物生活在这里，大象、狮子、河马、犀牛等也常出没在草丛林间，非洲基马猴更是成群结队、奔跃嬉戏。

3．社会风情与生活习俗

坦桑尼亚人非常好客，十分注意尊重老人，并注重礼节。晚辈早上起床后，要跪下或坐在地上讲话，以表示尊重。不愿意生人随便进入自己家门，更不喜欢生人进入卧室。一般人都爱吃牛、羊肉，爱喝咖啡，忌食猪肉、动物内脏、海鲜以及奇形怪状的食物。通常以玉米、大米、甜薯为主食，喜食辣味的食品。各民族的居住和服饰有异，如居住在北部维多利亚湖西面的哈亚族，习惯在香蕉林中修建住宅，一般呈圆形，屋顶是圆锥形，通常是一户一座房子。青年妇女最喜爱穿一种长到膝盖的无褶长裙，称之为“加鸟花”；在身上从胸或腰一直到腿踝部围着一块花布，上面印有椰树或田园风光等图案，称之为“康加”。北部的马萨伊民族，女子剃发、男子留发，男女都有耳孔，戴着大耳环，男女的衣服都是一块大布，白天当衣穿，夜里当被盖。

三、现代旅游业与旅游市场的发展

1．政府十分重视旅游业的发展

坦桑尼亚政府十分重视旅游业的发展，采取了各种措施大力发展旅游业。一是努力改善基础设施：目前已重点修复了通往阿鲁沙及各国家公园的公路干线，投资3500多万美元修缮和扩大了国有旅馆和电信网。二是推动旅游业非国有化：允许私人和外国资本向旅游业投资，吸引外国公司参与国有饭店、机场管理。三是积极扩大对外宣传。坦桑尼亚旅游部门已在欧美和亚洲设立了办事处，同时还与设在丹麦的非洲旅游协会签署合作协定，重点开拓欧美市场。近年来，坦桑尼亚政府积极参加在欧美、中东及亚洲等地区举行的大型国际旅游博览会，极力推销坦桑尼亚旅游资源。四是实施各种优惠政策吸引外资开发旅游业，包括喜来登在内的一些国际知名旅游公司已进入坦桑尼亚。

2．现代旅游业和旅游市场发展迅速

坦桑尼亚旅游资源丰富，不仅有塞伦盖蒂大草原、乞力马扎罗山、东非大裂谷等世界著名的自然景观，还有桑给巴尔岛奴隶城、古人类遗址、阿拉伯商人遗址等历史人文景观，每年吸引了大批的国内外游客。近年来，其旅游业得到了迅速的发展。据有关资料表明，2005年以来，全球旅游业收入年均增长5.1%，非洲的增长率为8.5%，而坦桑尼亚达到了15%。目前，旅游业对坦桑尼亚GDP的贡献率为17.2%，仅次于农业。据坦桑尼亚旅游部门公布的数据，2006年坦桑尼亚旅游人数为70万，2012年可能实现100万。

3．中坦旅游关系稳步发展

中国和坦桑尼亚1964年11月26日建交以来，双边关系一直健康稳定发展，人员往来频繁。2001年6月，应我国前外交部长唐家璇的邀请，坦桑尼亚前外交与国际合作部长贾卡亚·基奎特对中国进行了正式访问，并签署了《中华人民共和国外交部和坦桑尼亚联合共和国外交部关于建立政治磋商机制的协议》和中国政府向坦桑政府提供无偿援助的换文。2002年8月，应时任国家副主席胡锦涛的邀请，坦桑尼亚桑给巴尔总统阿马尼·阿贝德·卡鲁姆对中国进行了正式访问，双方签署了《中华人民共和国政府和坦桑尼亚联合共和国桑给巴尔革命政府经济技术合作协定》。2004年，坦桑尼亚时任总统姆卡帕访华。2006年，温家宝总理访坦。坦桑尼亚现为中国公民组团出境旅游目的地国家。

第七节 南 非

南非全称南非共和国，位于非洲大陆最南端，是地处两大洋间的航运要冲，国土面积约 122 万 km^2，人口 4690 万，主要由黑人、白人、有色人和亚裔四大种族构成。英语和阿非利卡语（南非荷兰语）为通用语言。居民主要信奉基督教新教、天主教、伊斯兰教和原始宗教。南非是世界上唯一同时存在三个首都的国家：行政首都是比勒陀利亚，立法首都为开普敦，司法首都为布隆方丹。国旗呈长方形，由黑、黄、绿、红、白、蓝六色的几何图案构成，象征种族和解、民族团结。国徽图案上的太阳象征光明的前程；展翅的鹭鹰是上帝的代表，象征防卫的力量；万花筒般的图案象征美丽的国土、非洲的复兴以及力量的集合；取代鹭鹰双脚平放的长矛与圆头棒象征和平以及国防和主权；鼓状的盾徽象征富足和防卫精神；麦穗象征富饶、成长、发展的潜力、人民的温饱以及农业特征；象牙象征智慧、力量、温和与永恒；两侧象牙之间的文字是“多元民族团结”。国歌为《上帝保佑非洲》，国花为帝王花，国石为钻石。

一、旅游业与旅游市场发展的地理环境背景

1．较为优越的自然环境与极其丰富的自然资源

全境大部分为海拔 600m 以上高原。地势由东南向西、向北降低。德拉肯斯山脉绵亘东南，卡斯金峰高达 3660m，为全国最高点；西北部为沙漠，是卡拉哈里盆地的一部分；北部、中部和西南部为高原；沿海是狭窄平原。大部分地区属热带草原气候，东部沿海为热带季风气候，南部沿海为地中海式气候。河网稠密，水量丰富，水流湍急。主要河流有奥兰治河、林波波河和图盖拉河等。图盖拉河上的图盖拉瀑布总落差 948m，是非洲落差最大的瀑布。南非是世界五大矿产国之一，其中黄金、铂族金属、锰、钒、铬、钛、硅铝酸盐等的储量居世界第一位。

2．非洲经济最发达的国家

南非是非洲经济发展水平最高的国家。工业发达，制造业、采矿业、建筑业、能源工业是南非工业的四大支柱，钻石年产值居世界第一位，黄金产量占世界 60%，享有“钻石与黄金之国”的美誉。农牧业和渔业也比较发达，谷物出口量居非洲首位、世界第六位，渔业居世界前列。主要农作物有玉米、小麦、大麦、高粱、燕麦、花生、甘蔗、棉花、烟叶等。牧业以饲养绵羊为主，南非的美利奴细羊毛和卡拉库尔羊羔闻名于世，是世界第四羊毛出口国。铁路、公路、航运、海运均较发达。其西南端的好望角航线，有“西方海上生命线”之称。南非航空公司是非洲最大的商业航空公司。

3．民族压迫与斗争的历史及新生的民主政治

南非世代居住着非洲黑人。1488 年以后，葡萄牙人、荷兰人和英国人相继侵入。1902 年英荷战争，英国人取胜。1910 年成立南非联邦，作为英国的自治领地，1961 年

建立南非共和国。长期以来，白人掌握着南非的统治权，并强行推行种族歧视和种族隔离政策。1994 年 4 月实行了首次全民普选，纳尔逊·曼德拉就任南非第一任黑人总统，从此结束了种族隔离制度。根据新宪法，南非总统是国家元首和政府首脑，由国民议会选举产生，任期不得超过两届。在议会中拥有至少 80 席的政党有权提名一名副总统。议会可以通过不信任案罢免或弹劾总统。议会为两院制，由国民议会和全国省级事务委员会组成。新宪法规定实行总统内阁制。内阁由总统、副总统及总统任命的 27 名部长组成。法院由宪法法院、最高法院、高级法院、地方法院组成。南非实行多党制。主要政党有国民党、南非非洲人民国民大会、黑人大会和进步联邦党。

4. 独特的地域文化与发展中的教育

南非是世界上一些最美丽也是最古老艺术的发源地，拥有布什曼人和闪族人的千年岩画以及众多富有活力的现代艺术家，其中最著名的布什曼人的洞穴壁画雕刻是人类原始艺术的瑰宝。南非白人绘画最早始于对南非风土人情的描写，绘画流派由西方各国不同流派所组成。非洲艺术家们最富成就的艺术表现手段是雕塑，他们一般选用青铜、木材、陶瓷等材料，在这一领域产生了许多杰出的艺术作品。南非人还擅长音乐和舞蹈。从宗教圣歌到爵士乐、村镇摇摆乐等，都是世界上其他地方所没有的。传统音乐以其强烈多变和自由奔放的节奏为黑人传统舞蹈伴奏出丰富多彩的音乐旋律。手工艺品从串珠缘饰、木雕、野生动物纪念品到本土艺术、各种珍奇饰品，不仅构思独特，而且形式多样。小说家纳丹·戈地麦以其小说《说谎岁月》获得 1991 年诺贝尔文学奖；大主教图图因其在消除种族隔离方面的杰出贡献获得 1984 年的诺贝尔和平奖；埃伯特·卢梭里毕生致力于用非暴力方式解决种族冲突，获 1960 年诺贝尔和平奖；曼德拉和德克勒克因成功结束了种族隔离的历史而共享了 1993 年的诺贝尔和平奖。1994 年 7 月以前，南非白种人教育和非白种人教育完全不同。1994 年 7 月 1 日，白人、有色人、亚裔和黑人的教育部门实行合并后，使各种族的学生得以同堂教学。主要大学有南非大学、开普敦大学、祖鲁兰大学、比勒陀利亚大学和金山大学。

二、旅游资源与旅游地特点

1. 丰富多奇的自然人文旅游景观资源

南非的自然风光丰富多彩，历史文化景观绚丽迷人。既有亚热带丛林原野、白雪皑皑的高山、森林、热带沼泽，也有无垠的沙滩、寂静的河流和喧嚣的城市，野生动物资源和鸟类资源丰富多奇。南非三面环海，海岸线长近 3000km，拥有世界上一流的沙滩。拥有东非大裂谷、卡拉哈里沙漠、莫西奥图尼亚瀑布、热带森林、草原、波巴布树、天然动物园等自然景观。南非沧桑的历史体现在全国各地的很多历史性建筑中。这些建筑风格多种多样，既有独具殖民地风格的农庄，也有亚洲风格的建筑和著名的开普荷兰式农舍以及赫伯特·贝克所设计的建筑，约翰内斯堡和开普敦等城市的现代建筑可与世界一些最知名的当代设计相媲美。南非还是人类的摇篮之一，考古发现了 250 万年前的远古化石和 10 万年前的人类遗骸。其文化艺术从现代艺术画廊到古代岩画艺术，从第一座世界博物馆到奇特的文化村，从爵士乐俱乐部到露天音乐节，从户外烧烤到名厨大餐……到处洋溢着一种由艺术、美食、历史和文化所组成的独特韵味。

2. 独具魅力的旅游城市和风景名胜

（1）**比勒陀利亚** 行政首都，始建于 1855 年，以布尔人领袖比勒陀利乌斯的名字命名。市内有联邦大厦、国家纪念馆、国立历史博物馆、教堂等重要建筑，南非大学、比勒陀利亚大学等多所高等院校也在市内。环境优雅，气候宜人，有“花园城”的美名。

（2）**开普敦** 立法首都，全国第二大城市和重要港口，位于好望角北端的狭长地带，濒大西洋特布尔湾，人口 235 万。市内有许多殖民时代的古老建筑，如开普敦古城堡、大教堂。桌山为著名景点，可乘缆车而上，远眺全城景色。

（3）**布隆方丹** 司法首都，位于中部高原，为全国的地理中心和交通枢纽。布隆方丹之意为“花之泉”。这里群山环绕，夏热冬寒。1848 年建成的女王古堡是市内最古老的建筑，现为军事博物馆。

（4）**约翰内斯堡** 南非最大城市、世界最大产金中心，本地人都叫它约堡（意思为“金城”）。在 70km 范围之内，有许多金矿及世界上最大的炼金厂。约堡地区的工业产值占全国的 65%。主要风景名胜有威特沃特斯兰德大学、室外金矿博物馆、非洲文化村等。

（5）**金伯利** 北开普省的首府，世界闻名的装饰用金刚石产地。在史末资大街的中心花园里矗立着手举钻石、筛子的工人塑像，象征该城的早期历史。市内有金伯利矿井博物馆、美术馆、教堂等建筑；市郊有世界上最大的人造矿穴——“大穴”，约 800m 深，已废弃，现已成为重要旅游景点。

（6）**克鲁格国家公园** 世界上最大、最有名的野生动物园之一。这里生息着大象、狮子、黑或白犀牛、野水牛、河马、斑马、羚羊、长颈鹿等 137 种哺乳动物，500 多种鸟类和 100 多种爬行动物。园内草原辽阔、树木丛生、岩石遍布，且各种设备齐全，管理有序，是南非旅游参观的重点项目。

（7）**好望角** 地处非洲大陆西南端，大西洋和印度洋汇合处的著名岬角，原名“风暴角”，因探险家达·伽马曾顺利绕过此角后而改名“好望角”。苏伊士运河开通前，好望角航道是沟通欧亚的唯一海上通道，现仍为世界上繁忙的海上通道之一。在好望角尽头的岬角山崖上，高耸着一座 200 多米高的古老的灯塔，登塔基平台，一望无际的蓝色大洋及好望角四周的美景尽收眼底，现已辟为好望角自然保护区。

3. 黑白分明的社会习俗与民族风情

南非社会风情和民族习俗各异。社交礼仪“黑白分明”，但以英式为主。以目前而论，在社交场合，南非人所采用的普遍见面礼节是握手礼，对交往对象的称呼主要是“先生”、“小姐”或“夫人”。在黑人部族中，往往会表现出与社会主流不同的风格。例如，他们习惯以鸵鸟毛或孔雀毛赠予贵宾，客人此刻得体的做法是将这些珍贵的羽毛插在自己的帽子上或头发上。祖班族是南非最大的部落民族，多从事农业和畜牧业，牛成为其财富的象征。每逢节庆都要宰牛祭祖，然后将牛头放在屋顶上，以示永不忘本。波波族做妻子的要把头发留起来，直到丈夫回家才能剪短，以表示对丈夫的忠贞和思念。黑人生活简朴，主食大米和玉米；白人的生活习俗与西欧各国相近。南非的民间节庆活动很多，以每年 9～10 月在约翰内斯堡举行的“喧闹艺术节”和在首都比勒陀利亚兰花节公园举行的节庆活动最为盛大。

三、现代旅游业与旅游市场的发展

1. 旅游设施完备、接待能力强

南非有完善的交通运输系统：公路和铁路交通为世界一流；海运发达，主要港口有开普敦、德班、东伦敦、伊丽莎白港等；航空网络非常完备，共有各类航运飞机5900多架，与非洲、欧洲、亚洲、美洲及中东一些国家有航班来往。南非的宾馆饭店设施较好，各大城市均有中餐馆，其中约翰内斯堡和比勒陀利亚中餐馆居多，以粤菜为主。目前，南非有大小饭店1400家，床位约9.2万张。其中五星级酒店13家，四星级酒店48家，三星级酒店149家。全国共有700余家旅行代理商，其中400余家为南非旅行代理商协会成员。

2. 国际旅游业与旅游市场快速发展

20世纪90年代以来，南非的国际入境旅游呈快速增长趋势。2007年，接待外国游客909万人次，国际旅游收入99亿美元，目前已被世界旅游组织列为世界第25大旅游度假胜地。近年旅游业已成为南非经济发展的新动力以及国家的第三大外汇来源和第三大就业部门。目前南非的国际客源主要为非洲邻近国家，其多以购物为其主要目的；其次是英国、德国、美国和法国，其主要目的是观光度假和商务。2010年，第19届足球世界杯在此举行，推动了当地旅游活动的发展。

3. 中南旅游关系发展前景看好

1983年4月30日，南非与中国建交后，不断加强的政治、经济、文化活动促进了中国与南非旅游关系的发展。1991～1996年，南非旅华人数累计为21144人次。1997年，南非环境和旅游部长来华访问，1998年南非来华旅游达8167人次，2005年便达到了5.18万人次，一跃成为我国重要远程客源市场之一。2002年11月，中国和南非签署了《关于中国公民组团赴南非旅游实施方案的谅解备忘录》，南非成为中国公民出境旅游目的地国家。2007年，中国公民赴南非旅游达3.88万人次，比上年增长22.6%，中国被南非视为最有开发潜力的市场之一。南非旅游部门预测，南非将成为非洲大陆吸引中国游客最多的国家。中南互为客源市场的格局已经形成。

实战演练

一、课堂讨论

1. 非洲旅游的最大特点优势及国际旅游市场发展落后的原因。
2. 欧洲成为非洲最大客源旅游市场的原因。

二、复习思考

1. 北非与撒哈拉以南非洲旅游资源环境的比较。
2. 埃及与南非都是旅游业比较发达的国家，但其旅游业与旅游市场发展的地理环境背景、旅游资源与旅游地特点有何相似和相异之处？
3. 摩洛哥、突尼斯、肯尼亚和坦桑尼亚各国的旅游资源与旅游地有何特点？
4. 非洲地区作为中国旅游客源市场的前景。

三、实践指点

1. 在世界政区地图上确认非洲的地理位置、轮廓特征，并对照“非洲地区主要旅游国家示意图”，确认埃及、突尼斯、摩洛哥、坦桑尼亚、肯尼亚、南非及其各国首都的地理位置。

2. 乘游轮欲游览亚历山大、苏伊士、拉巴特、苏塞、蒙巴萨、达累斯萨拉姆、开普敦，请在查阅地图的基础上，以苏伊士为起终点，按顺时针方向将这些地区串联成线。

四、知识拓展与案例

【知识拓展与案例 5-1】 生态旅游

生态旅游是以生态环境为基础，以不破坏和影响生态环境为前提，合理满足旅游者需求的旅游产品，是一项认识大自然、欣赏大自然和回归大自然的旅游活动，也是充分体现人与自然相和谐的旅游活动，故而有人又把生态旅游称为“绿色旅游”和“健康旅游”。生态旅游具有内容丰富、包容性大、与其他旅游产品组合新、且有教育启迪性等特点，因此生态旅游是发展最快的一个旅游细分市场。全球生态旅游者大约占国际游客总量的 5%，仅美国就有 2000 万人参加生态旅游，估计发展中国家旅游收入的 20%来自生态旅游。生态旅游的土地使用回报率是农业的 10 倍，据预测，生态旅游需求的年均增幅在 20%以上。

生态旅游的目标市场群体主要是丁克家庭、空巢家庭及富裕的老年游客。他们都是很有经验的国际游客，富有、文化层次高、成熟、关注环境、爱好户外活动，一般目的性很强观看、欣赏、感受大自然；其选择的目的地多为真正够水准的自然保护区。他们在外停留的时间也相对较长，消费水平至少高出一般游客的 10%。生态旅游要求较高：生态旅游目的地首先要有很强的环保意识，旅游产品开发要采用环保的 3R 理念，即限制（reduce）、再使用（reuse）、再循环（recycle）；其次要树立环保形象；第三要教育旅游从业者和旅游者共同认识环境保护意义，达到旅游与环保双赢。

◆ **联想：**①生态旅游的科学定义及其特点；②生态旅游与环境保护的关系；③生态旅游对中国旅游产品开发的启示。

【知识拓展与案例 5-2】 潜水旅游

潜水，指戴着水肺潜入水下的运动。潜水旅游指以潜水为主要目的的旅游。它可以让旅游者游览海底背景，观赏千奇百怪的鱼类及景物，探索海底秘密，以满足旅游者猎奇、追求刺激的心理需求，因此又称海底旅游。目前全球有 1000 万持证旅游者，其中 1/3 是欧洲人，另有美国人和澳大利亚人等。全世界潜水旅游的年收入大约在 400～600 亿美元之间。全球能够提供高质量潜水旅游经历的目的地主要有美国的奥兰多、澳大利亚的大堡礁、肯尼亚的马林迪瓦塔姆、塞舌尔的马峻岛、埃及的红海、印度的果阿、泰国的帕塔亚和马来西亚的槟榔屿等。

潜水旅游的目标群体主要是单身与丁克家庭。潜水旅游者具有收入高、年轻（25～45 之间）、喜欢去海滨进行复合式度假等特点。潜水旅游的发展趋势，一是越来越具有探险旅游的因素，二是女性尤其是单身女性爱好者增长快。潜水旅游者选择目的地的要求：一要有高质量的潜水环境，如水质清澈、水下可视度高、水下景观资源丰富等；二是潜水条件好，如潜水地与住宿地相距较近等；三要潜水中心的工作人员训练有素，没有语言障碍；四要目标市场与目的地有直达航班，或者有包机等。

◆ **联想**：①国际潜水旅游的现状和发展趋势；②潜水旅游目的地应具备的基本条件；③潜水旅游发展对我国的启示。

五、旅游景观美学欣赏

突尼斯海滨风光

埃及尼罗河

肯尼亚树顶旅馆

坦桑尼亚乞力马扎罗山

南非野生动物园

撒哈拉沙漠沙海

第六章 西亚与中亚地区

学习提示

西亚和中亚各国，均致力于现代旅游业的发展，但地域差异较大。土耳其、沙特阿拉伯、哈萨克斯坦等国的国际入境旅游市场发展迅速，并已成为世界旅游接待大国或初具规模的重要目的地国家，土耳其、沙特阿拉伯、约旦等国还被确定为中国公民出境旅游的目的地国家；以色列、科威特、哈萨克斯坦的国际出境旅游市场也具有一定规模。整体而论，本区目前在世界各大旅游市场中相对较弱，但土耳其、沙特阿拉伯、以色列、伊朗、哈萨克斯坦等国均具发展潜力，如图 6-1 所示。对这一地区各国的旅游环境特征、重要旅游资源与旅游地特点及其分布，应该重点学习和掌握。其中，又以土耳其、沙特阿拉伯与哈萨克斯坦为重点。

图 6-1 西亚与中亚地区主要旅游国家分布示意图

第一节 概 述

包括土耳其、沙特阿拉伯、以色列、伊朗、阿富汗、伊拉克、阿联酋、科威特、巴林、卡塔尔、也门、阿曼、叙利亚、约旦、巴勒斯坦、黎巴嫩、塞浦路斯、亚美尼亚、格鲁吉亚、阿塞拜疆等国家在内的西亚地区，位于亚、非、欧三洲交界地带，处在阿拉伯海、红海、地中海、黑海和里海（内陆湖泊）之间，故有“五海三洲之地”之称，战略地位极为重要。与之毗连的哈萨克斯坦、吉尔吉斯斯坦、乌兹别克斯坦、塔吉克斯坦、土库曼斯坦五国，地处亚洲中部，为亚洲和欧洲的陆上交通枢纽，战略地位同等重要。二者均以其丰富的石油财富和多彩的自然人文景观、古老的历史文化而成为极富发展活力的国际旅游市场；同时也是我国亟待开发的重要客源市场和中国公民出境旅游的重要目的地市场。

一、区域旅游资源与旅游环境特征

1．人口、民族与宗教构成复杂

西亚是全世界阿拉伯人主要聚集区之一，他们集中分布在阿拉伯半岛、美索不达米亚平原和地中海沿海各国；小亚细亚半岛多为土耳其人；伊朗高原以波斯人为主；以色列主要是犹太人的聚居区；塞浦路斯主要由希腊人和土耳其人组成；外高加索地区居住着阿塞拜疆人、格鲁吉亚人和亚美尼亚人等。西亚是人类古代文明发祥地之一，是伊斯兰教、基督教、犹太教等世界性和地区性宗教的发源地。但伊斯兰教是其主流，穆斯林在其总人口中一般要占到98%以上。西亚的阿拉伯人多为逊尼派，占世界穆斯林总数的80%还要多。中亚是原苏联解体后获得独立的五个国家，也是以伊斯兰教为主的多宗教地区。西亚与中亚的民族、宗教矛盾比较突出，由此而引发的如两伊战争、海湾战争、巴以冲突等战争不断，各种恐怖事件、国家政局动荡也时有发生，对国际旅游的发展带了较大负面影响。

2．自然地理环境复杂多样

以山地高原为主的地形、干旱少雨为特征的气候、沙漠广布、内流区域面积很大，为本区自然环境的基本特征。自中亚东境高耸的天山、阿尔泰山和帕米尔山，向西南的兴都库什山、苏莱曼山、厄尔布士山、扎格罗斯山、托罗斯山、阿拉伯半岛上的希贾兹山、亚欧分界线上的乌拉尔山和大高加索山脉，以及被包围在内的伊朗高原、亚美尼亚高原和小亚细亚半岛的安纳托利亚高原构成本区地形的主体。在山脉和高原之间还内含有美索不达米亚平原、图兰平原等。大部分地域处于热带、亚热带和温带。在深处内陆和大山环绕的闭塞环境下，沙漠广布，形成大面积内流区域及无流区。在地中海沿岸地区还有夏干冬湿的地中海式气候和山区的山地垂直气候。中亚东境还有4000多条高山冰川，在崇山环抱的山谷盆地和广袤荒漠中更有绿洲存在其间。境内除幼发拉底河与底格里斯河外，多为内流河。以伊犁河、锡尔河、阿姆河为最大，内陆湖泊以里海、咸海、死海、巴尔喀什湖等最著名。

3．工业发展迅速，农牧业地位重要

本区大多数国家蕴藏有十分丰富的石油和天然气资源，以波斯湾沿岸的沙特阿拉伯、阿拉伯联合酋长国、卡塔尔、巴林、科威特、伊拉克、伊朗、阿曼及里海沿岸的哈萨克斯坦和土库曼斯坦等国最丰富，其石油开采和提炼也相当发达。其中不少国家的建筑业、运输业、加工业和商业都是以石油生产为基础建立起来的。本区的伊朗、沙特阿拉伯、土耳其以及中亚各国的矿产资源丰富，如叙利亚、约旦的磷酸盐，土耳其的铬，哈萨克斯坦的煤等都在世界上具有一定地位。建立在丰富矿产资源基础上的采矿工业、冶金工业和军事工业也较发达。西亚和中亚都是传统的农牧业国家，尤以灌溉农业地位重要。主要粮食作物有小麦、大麦和豆类等，主要经济作物有棉花、烟草、甜菜，以及椰枣、石榴和油橄榄等。中亚是世界上仅次于中、美的第三大产棉基地，土耳其是世界上最大的无花果、无核葡萄生产基地；畜产品以土耳其安卡拉细毛羊、紫羔羊最著名。以农畜产品为原料的棉毛纺织工业、地毯编织业和畜产品加工业比较发达。

4．自然风光秀丽如画，人文旅游资源丰富多彩

本区自然景色壮丽。著名的兴都库什山脉、高加索山脉、扎格罗斯山脉、天山山脉、厄尔布尔士山脉、托罗斯山脉的巍峨峻峭、奇峰竞秀，塞浦路斯岛上的亚热带丛林及其野生动植物，阿拉伯半岛上的沙漠、干谷，世界著名的大盐湖——死海，吉尔吉斯的伊萨克湖、哈萨克斯坦的斋桑泊等，都是壮美神奇的风景胜地。境内还绵亘无数的雪峰和超过4000条总面积达11000km^{2}的山岳冰川。西亚是人类文明发祥地之一，曾创造了人类历史上古老而伟大的亚述文明、巴比伦文明、波斯文明和阿拉伯文明，留下了丰富的文物古迹，如约旦佩特拉古城、圣索菲亚大教堂、土耳其阿耳忒弥斯神庙遗址以及反映古代巴比伦文明的“空中花园”等都闻名久远。

二、现代旅游业与旅游市场发展的特点

1．各国政府日益重视旅游业的发展

本区各国政府都十分重视旅游业的发展，对旅游宣传促销活动尤为重视，如通过电台、报刊和杂志等在国际上大做广告，使一些有特色的旅游项目为广大旅游者所熟知。以色列还在特拉维夫举办了名为“地中海和平国际旅游市场”的国际旅游博览会，邀请世界各国400余家旅行社参加；哈萨克斯坦政府每年举办一次“哈萨客斯坦—— 丝绸之路”旅游博览会。各国政府也特别重视旅游安全工作，对于出入境的飞机、客轮、汽车都要经过极其严格的安全检查，以确保旅游者的人身安全。同时，各国政府都十分重视引进国外资金和先进技术，加大旅游开发力度，并制定游客方便入境的政策等。例如，以色列和土耳其政府都制定了一系列优惠政策以吸引外资，哈萨克斯坦为建设国际大型山地消费中心而邀请国际专家考察山地滑雪场建设，沙特阿拉伯为发展穆斯林朝觐旅游而修建了世界上最大航空港等。

2．国际入境、出境旅游市场发展强劲

本区以其神秘的自然景观资源、独具特色的阿拉伯文化和伊斯兰教社会、得天独厚的石油财富，使西亚和中亚不仅国际旅游入境市场长盛不衰，而且国际旅游出境市场也发展迅速，土耳其、沙特阿拉伯、塞浦路斯、哈萨克斯坦、土库曼斯坦都已成为世界上重要的旅游目的地国家。2007年，土耳其接待国际入境游客2225万人次，创旅游外汇206亿美元，进入旅游大国行列。沙特阿拉伯也已稳居世界第15大旅游接待国地位。同时，以色列、科威特、沙特阿拉伯等国家已经成为世界上不可忽视的旅游客源国家。

3．特色旅游方兴未艾

本区特色旅游的优势体现在四个方面：一是沙特阿拉伯和以色列的宗教旅游。沙特阿

拉伯以其伊斯兰教宗教圣地麦加和麦地那及其世界穆斯林宗教朝觐中心地位，每年接待外国游客约300万；以色列的耶路撒冷以世界三大宗教发源地的独特地位，每年也接待来自国外的大量宗教朝觐者。二是丝绸之路旅游。哈萨克斯坦、吉尔吉斯斯坦、伊朗、土耳其等国都在开发丝绸之路旅游项目，尤以哈萨克斯坦成立了“哈萨克斯坦——丝绸之路”国家旅游公司，每年举办“丝绸之路”博览会。三是海滨休闲度假旅游。地处波斯湾沿岸、红海之滨和地中海、里海沿岸各国都在致力于该项目的发展。四是山地旅游。不仅以山地高原为主的中亚各国大力发展山地旅游，沙特阿拉伯、塞浦路斯等西亚一些国家也发展了山地旅游。塔吉克斯坦为此举办了“国际登山活动”，开展了“登山与攀岩”旅游。

三、中国在中亚、西亚旅游发展中的地位

中国与中亚、西亚自古就有密切的友好往来，“丝绸之路”、“亚欧第二大陆桥”就是古今联系的纽带。在经济全球化时代，中国与中亚和西亚的经济、文化、旅游、政治、军事等方面的合作正在不断增强。中亚诸国与中国是近邻，长期以来在经济方面就有合作，近几年来，又有了进一步的发展。尤其是双边贸易旅游和跨国旅游方面取得的发展更大，由此哈萨克斯坦还成为了我国的重要客源国之一。吉尔吉斯斯坦2009年来华游客也达到了5万人次。在1999年9月塔什干“丝绸之路国际研讨会”期间，中国与中亚各国的代表就“推动复兴古老的丝绸之路”达成了共识，把发展丝绸之路旅游作为推动复兴古老丝绸之路的一项重要有效的举措，并得到了联合国的支持。历史上，我国与西亚国家在文化、贸易、宗教等方面也有较多交往，广州、泉州、扬州及我西北地区就留下了不少阿拉伯人、波斯人的遗迹；上海、东北等地也留有犹太人生活的足迹。新中国成立后，中国已与西亚所有国家建立了外交关系。2005年6月，“中国—阿拉伯合作论坛”在北京举行，双方一致认为，有必要加强包括旅游业在内的论坛框架内的合作，由此，中国所接待的西亚游客在不断增加。

第二节 土 耳 其

土耳其全称土耳其共和国，位于亚洲小亚细亚半岛和巴尔干半岛东南端，三面临海，扼黑海海峡，沟通地中海和黑海，战略位置十分重要。国土总面积77.9万km^2，人口约6731万。居民中，土耳其人占80%，99%的人信奉伊斯兰教。土耳其语为国语。首都安卡拉。国旗旗面为红色，靠旗杆一侧有一弯白色新月和一颗白色五角星，红色象征鲜血和胜利，新月和五角星象征幸福和吉祥。国徽以一弯白色新月抱着一颗白色五角星为图案，表示全体土耳其人民的团结与独立。国歌为《独立进行曲》，国花为郁金香。

一、旅游业与旅游市场发展的地理环境背景

1．多样的自然地理环境与丰富的自然资源

地势东高西低，大部分为高原和山地，仅沿海有狭窄而不连续平原。爱琴海、地中海

沿岸有着典型的地中海式气候，内陆高原向热带草原和沙漠型气候过渡。河湖众多，底格里斯河和幼发拉底河都发源于此。安纳托利亚高原中部有克泽尔河注入黑海。土耳其境内最大湖泊为凡湖，属咸水湖。矿产资源丰富，主要有硼、铬、铜、铁、铝矾土及煤等，三氧化二硼和铬矿储量均居世界前列。

2．传统的农牧业国家，但经济发展迅速

土耳其传统的农牧业国家，以发展灌溉农业为主。全国有50%的耕地种植以小麦为主的粮食作物，小麦产量居世界前十位；经济作物种植业发达，是世界上最大的无花果和无核葡萄干生产国。畜牧业以养羊为主，安卡拉细羊毛闻名于世。土耳其自20世纪80年代中期起，推行自由市场经济，大力发展私营经济，实行国营企业私有化，经济得到发展。工业以钢铁、水泥、纺织、采矿、机电为主要部门。公路基本成网，铁路电气化得到发展。外贸地位重要，主要贸易伙伴是欧盟国家。

3．悠久的历史与现代西方民主政治

土耳其民族的发源地为中国新疆阿尔泰山一带，史称突厥。7世纪时，突厥汗国先后被唐所灭。8～13世纪，突厥人西迁至小亚细亚一带，14世纪初建立奥斯曼帝国。15～16世纪进入鼎盛期，版图扩及欧、亚、非三洲，16世纪末开始衰落。20世纪初沦为英、法、德等国的半殖民地。1919年进行民族资产阶级革命，战胜外来侵略军，1923年10月29日成立土耳其共和国。现行宪法规定土耳其为民族、民主、政教分离和实行法制的国家。议会称大国民议会，为最高立法机构，实行普遍直接选举，主要政党有民主左翼党、民族行动党、祖国党等。

4．悠久灿烂的历史文化与发展中的教育

公元前2000～公元1500年之间，土耳其是世界文明的中心。安卡拉的安那托利亚文明博物馆里，可看到约公元前7000年的世界最早农耕群落的复制景象。罗马人建造的宏伟的水道桥，使得城市更加集中。古代建筑师所建造的桥梁散布在乡间，至今雄风不减。伊斯坦布尔、安卡拉、伊兹米尔是土耳其最引人注目的大都市，拥有众多的博物馆、名胜古迹、古文明遗址以及五花八门的物品杂货集市。古代土耳其的口头文学作品多为神话和史诗。从13世纪开始，先有塞尔柱文学，后有奥斯曼文学、古典文学和现代文学，此后出现民族文学流派。土耳其政府重视教育事业，为6～14岁孩子提供义务教育，中小学免费。著名高校有安卡拉大学、哈杰泰佩大学和中东技术大学等。

二、区域旅游资源与旅游地特点

1．多彩而富于变化的自然风光

土耳其的自然风光从东到西，可见披银盖雪的山岳、白桦盛开的高地、潺潺而流的河川、绵延连接的小丘和一望无际的小麦田。从北往南，又可见榛果、玉米和茶盛产的黑海海岸，长满牧草、牛羊成群的孔亚大平原，以及长满月桂树、百里香等的地中海边。土耳其大陆长达8000km的海岸线点缀着数处保存完好的爱琴海和地中海海滩；巍峨的阿勒山高达5406m，山顶终年积雪覆盖，景色最为壮观。黑海海岸有1600km的海岬和山脉，河川湍湍从陡峭的峡谷中流出。群山中隐藏着古老的历史遗迹，安卡拉以南的图兹湖咸水湖，1t水的含盐量竟高达322kg。安卡拉东南约280km处的阿瓦诺斯、居来美和于尔居普三个城镇之间的三角地带为火山熔岩高原，分布着奇特石笋、断岩和岩洞地貌，最为著名的有仙女峰和石骆驼等。

2．独具魅力的旅游城市与风景名胜

（1）**安卡拉** 全国第二大城市，自罗马帝国、拜占庭帝国、奥斯曼帝国统治时期乃至现代，都是全国政治、军事、商业和文化中心。安卡拉位于安纳托利亚高原的西北部，公元前3世纪曾为加拉西亚古王国都城。北部古色古香的旧城区，保留着奥斯曼帝国时期的建筑风貌，并残存不少拜占庭时期的城堡和墓地；新城区街道整洁宽阔、高楼林立、花园遍布，呈现出一派现代化大都市景象。主要名胜古迹有赫梯博物馆、凯末尔纪念馆、阿塔图尔克陵墓等。

（2）**伊斯坦布尔** 全国最大城市、海港和工业中心，也是最大运输、贸易中心和文化中心。伊斯坦布尔位于博斯普鲁斯海峡两岸，扼黑海出入门户，欧亚交通要冲。市内主要景点有苏丹艾哈迈德清真寺（又名“蓝色清真寺”）、圣索菲亚大教堂、托普卡普宫殿、伊斯坦布尔大桥、埃及市场等。

圣索菲亚大教堂 东罗马帝国时代的遗迹，1453年改建为清真寺，1932年辟为国家博物馆。其建筑气势恢弘、装饰富丽堂皇、精美绝伦，曾被建议列为新的“世界七大奇迹”之一。

（3）**伊兹米尔** 位于爱琴海东岸，为黑海与爱琴海交通要冲，自古即为贸易和农业中心，相传是古希腊诗人荷马的诞生地。城市平均海拔高度25m，风景秀丽、环境优美、气候宜人，半月形的海湾沿岸布满海滨浴场。

（4）**特洛伊** 位于达达尼尔海峡西南岸的恰纳卡港附近，为希腊人始建于公元前16世纪的古城遗址。考古学家现已发掘出土了公元前3000～公元400年期间分属9个历史时期的特洛伊城遗址。相传公元前9世纪古希腊诗人荷马的史诗《伊利亚特》中叙述的“特洛伊木马计”就发生在这里。至今留存有毁于地震的公元前4世纪至公元5世纪的特洛伊城残垣断壁以及罗马帝国时期的雅典娜神庙等废墟。

（5）**阿耳忒弥斯神庙** 位于土耳其以弗所，堪称世界古代七大奇迹之一，建于公元前652年，后聘请古希腊建筑师先后用了100多年时间才告完成。神庙占地6300m^2，庙宇的回廊有137根圆柱，每根圆柱高20m，底部直径为1.59m，大理石圆柱的柱身下部均有形态各异的人物浮雕。

3．别有风味的社会风情和民族习俗

土耳其民族热情好客。若在大城市问路，一定会有很多好心人指点或带路；在乡村问路，被招待喝茶吃饭也是常事。土耳其人热心于骆驼格斗，每年都举行两次骆驼格斗盛会。闻名遐迩的土耳其浴是利用浴室内的高温，使人大汗淋漓，再用温水或冷水淋浴全身，达到清除污垢、舒筋活骨、消除疲劳的目的。见面要亲脸颊，不停地问好。土耳其的食品以烤肉、甜点闻名。土耳其菜被誉为世界第三大菜系。土耳其人生活节奏很慢，在餐馆吃一顿饭，至少要两三个钟头，但他们开起车来却像骑马一样横冲直撞。土耳其人喜欢饮茶和咖啡。最盛大的节日是开斋节。从城市到乡村，到处都是清真寺，每天五次从宣礼塔传出赞颂安拉的声音。

三、现代旅游业与旅游市场的发展

1．政府大力支持旅游业的发展

政府非常重视旅游业开发：为了解决发展旅游业所需资金不足的问题，政府制定了一系列优惠政策以吸引外资；注意在发展旅游业的同时保护其生态环境，尽力做到发展和环境之间的相互协调，如兴建海水净化和废物处理设施；开设旅游培训中心、旅游学校或短期培训班，培养不同层次的旅游从业人员，提高旅游从业人员的业务素质和服务质量；特别重视旅游宣传工作，利用电视、广播、书刊等媒体作为宣传，并在海外设立了旅游办事处，兴办旅游展览会、参加博览会等。

2．国际旅游大国地位已经确立

旅游业是土耳其仅次于建筑业的第二大支柱产业。2009 年，土耳其接待国际游客 2225 万人次，旅游收入 206 亿美元，分别居全球各旅游接待国的排名第九位和第八位。土耳其主要客源市场是德国、俄罗斯与其他欧美国家。旅游设施完善，服务质量优良。航空运输相当发达，有 25 条国际航线通往世界各地，年客运量为 400 多万人次。国有铁路网联结各主要的城市，公路运输也相当发达，全国公路总长近 6 万 km。连接伊斯坦布尔和安卡拉的高速公路，再加上两座博斯普鲁斯大桥，使得往来欧亚变得非常方便。已建旅游饭店 2120 座、床位 393374 张，还有众多价廉物美的小旅店。

3．中土旅游关系发展空间广阔

中国和土耳其分别位于古丝绸之路的东西两端，政治、文化和贸易方面的交往历史悠久。两国人民之间的交往可追溯到中国的汉代（公元前 209～公元 220 年）和匈奴帝国时期。中国历史上最成功、最稳定的唐朝与当时统治土耳其的突厥国联系密切，这是历史上丝绸之路最活跃、最繁荣的时期。土耳其与中国于 1971 年 8 月 4 日正式建交，两国间的经济文化交流日渐频繁。2001 年 12 月，中国国家旅游局前局长何光暐访问土耳其时，同土耳其签署了一项旅游合作备忘录。2001 年 12 月 14 日，土耳其已获准成为中国公民的旅游目的地国家。自此，中土两国间的旅游交往发展更为快速。

第三节　沙特阿拉伯

沙特阿拉伯全称沙特阿拉伯王国，位于西亚阿拉伯半岛上，西临红海，东濒波斯湾，面积 225 万 km^2，人口约 2267 万。官方语言为阿拉伯语，通用英语。伊斯兰教为国教。首都利雅得。国旗以绿色为旗底，用白色的阿拉伯文写着伊斯兰教的一句名言——“万物非主，唯有真主，穆罕默德是安拉的使者”，下方绘有宝刀。国徽中心是一棵椰枣树，是沙漠绿洲的标志；椰枣树的根部是两把交叉的阿拉伯金柄宝刀，体现人民捍卫国家独立和宗教信仰的坚定信念。国歌为《沙特阿拉伯王国国歌》，国花为乌丹玫瑰。

一、旅游业与旅游市场发展的地理环境背景

1．以干旱荒漠为主要特征的自然环境与丰富的以石油为主的自然资源

国土大部分为高原和山地，地势由东往西倾斜。西部为红海海岸低地及其邻近的贾兹—阿西尔高原，中部为宽 480km 的纳季德高原，东部为波斯湾沿岸平原。沙漠约占全国面积的 1/2，南部的鲁卜哈利沙漠面积达 64 万 km^2。西部高原属地中海气候，其他绝大部

分地区属热带沙漠气候，南部的鲁卜哈利沙漠几乎终年无雨；全年平均气温在25℃左右，内地最高可达54℃。已探明石油储量占世界总储量的25%以上，有“石油王国”之称。地下水总储量按目前用水量计算尚可使用320年。

2. 石油经济为国家经济命脉，现代农业发展迅速

石油和石化工业为沙特阿拉伯经济命脉。年产原油4亿～5亿t，居世界首位。政府大力引进国外的先进技术设备，建立先进的外向型石化工业。目前石油收入占全国财政收入的70%以上，石油出口占出口总额的90%以上，并在此基础上建设了现代化的港口、公路、铁路、机场、海水淡化等基础设施，已建立起了全面的陆、海、空交通运输网，城市面貌日新月异。国家特别重视农业发展，巨资投入水利和农田基本建设，大力发展节水型农业和灌溉农业，使其农业成倍增长。这里盛产小麦、椰枣和蔬菜，饲养单峰驼、绵羊、山羊和马，是世界第六大小麦出口国，并出口椰枣、畜产品、烟草和珍珠等。

3. 悠久的历史与独特的政治体制

公元610年，穆罕默德创立了伊斯兰教，沙特阿拉伯一直是世界伊斯兰教的活动中心和圣地。公元7世纪，伊斯兰教的创始人穆罕默德的继承者建立阿拉伯帝国，8世纪为鼎盛期，版图横跨欧、亚、非三洲。11世纪开始衰落，16世纪为奥斯曼帝国所统治，1915年沦为英国保护地，1932年9月23日宣告建立沙特阿拉伯王国。沙特是政教合一的君主制王国，无宪法，禁止政党活动。国王是国家元首，又是教长，王室掌握着国家的政治、经济、军事大权。内阁决议、与外国签订的条约和协议均需国王最后批准。《古兰经》和穆罕默德的《圣训》是国家执法的依据。国王亦称“两个圣地（麦加和麦地那）的仆人”，并兼任武装部队总司令和大臣会议主席（即内阁首相）等职务。内阁由副首相、各部大臣及任命的国务大臣和国王顾问组成，任期四年。

4. 影响深远的伊斯兰教文化与独特的宗教教育

沙特阿拉伯人早在公元6世纪就创造了以伊斯兰教为共同思想旗帜的政教合一政权——穆斯林公社。到8世纪中期，伊斯兰教得到广泛传播，并成为世界性的宗教。麦加和麦地那两圣地成为宗教学术中心，圣训学、古兰经学、教法学的研究蔚然成风。全国有2万多座清真寺，宗教教育在国民教育中占主导地位。在全国500多所小学和200多所中学均开设有宗教课，大多数儿童仍在清真寺所设的学校接受传统宗教文化教育。全国设有麦地那伊斯兰大学、麦加伊斯兰经学院和利雅得伊斯兰法学院等五所宗教大学。政府重视文化教育、智力投资和人才培养，从小学到大学全面实行免费教育。

二、旅游资源与旅游地特点

1. 奇特的自然景观与多彩的人文风光

自然景观以奇为特色，如鲁卜哈利沙漠是世界上最大的连续性沙漠，夏季内地气温可高达54℃，而西部沿岸山地却凉爽如秋；冬季大部分地区气候温和宜人，而西南高原可见罕见的雪景。在2437km的海岸线上，有诱人的沙滩、阳光和海水，尤以红海、波斯湾出产的美丽珊瑚和珍珠著称。在内陆茫茫沙海中活跃着瞪羚、直角大羚羊、蜜獾和香猫，在西南山地还有狒狒等珍贵的野生动物；干旱荒漠地区一般植物难以生存，高大的椰枣树却在沙漠绿洲和沿岸平原低地分布较普通。穆罕默德的出生地——麦加和穆罕默德的安息地——麦地那是伊斯兰教的两大圣城，却都在沙特阿拉伯境内；遍布全国城乡的清真寺，因建造时代不同而风格各异，是阿拉伯文化和伊斯兰艺术的精华。19 世纪，英国势力侵入，带来了欧式风格建筑。

2．独具魅力的旅游城市与风景名胜

（1）**利雅得**　全国第一大城市，政治、经济、金融、商贸、教育、卫生、文化中心，位于国境中部。附近有美丽的哈季绿洲及广阔的椰枣林和清泉；市区街道整齐宽阔，立交桥雄伟壮观，林荫道、花园遍布全城，享有“人间天堂”的美誉。主要旅游景点有国家博物馆、迪拉广场、马斯马克堡垒、传统市集、骆驼市场、王国中心大厦等。

王国中心大厦　位于利雅得市中心，建造于 20 世纪 90 年代，全球标志性建筑之一，由沙特王子出资建造，为高达 300m 的塔式高楼，被美国著名旅游杂志《旅游者》列为最新现代化建筑的新“世界七大奇观”之一。

（2）**麦加**　坐落在沙特阿拉伯西部赛拉特山区一条狭窄的山谷里，景色壮丽，相传公元 576 年伊斯兰教创始人穆罕默德出生于此。穆罕默德在麦加创立和传播伊斯兰教，由于遭到反对和迫害，在公元 622 年迁往麦地那，并在麦地那决定把礼拜的方向朝向麦加，从此，世界各地穆斯林都朝向麦加做礼拜。

麦加大清真寺　又称禁寺，是世界各国穆斯林去麦加朝觐礼拜的主要寺庙，位于麦加城中心。经几个世纪的扩建和修葺，总面积达 18 万 m^2，可容纳 50 万穆斯林同时做礼拜。从围墙到楼梯台阶以及整个地面，都用洁白大理石铺砌，气势磅礴。

圣殿克尔白　在禁寺广场中央，呈正方形，又称天房（真主的房子），供奉着真主安拉，天房内吊着盏盏金灯和银灯，交相辉映。

（3）**麦地那**　伊斯兰教的第二大圣城，位于沙特西北部的汉志省。公元 622 年穆罕默德率教徒迁此，称“麦地那·乃比”，意即“先知之城”，简称“麦地那”。它是穆斯林第二个首都，穆罕默德及其亲属、圣门弟子等的安葬地。先知清真寺创建于伊斯兰教初期，其建筑艺术高超，装饰富丽堂皇。穆罕默德陵墓坐落于其东南角。

（4）**吉达**　全国第二大城市和重要海港，位于阿拉伯半岛西部海岸之滨，海滨沙滩游人如织，被誉为“红海新娘”，是著名的金融、贸易和交通中心，连接亚、欧、非洲的纽带，穆斯林进入麦加或麦地那进行朝觐的陆、海、空交通要道和主要门户。城北的阿卜杜勒·阿齐兹国王国际机场是世界面积最大、耗资最多的机场。本市南北中三段滨海大道长 100km，以“世界最长的街道”而载入《吉尼斯世界纪录大全》。

3．宗教特色浓厚的社会风情与生活习俗

社会风情与生活习俗带有浓厚的伊斯兰教宗教特色，如沙特阿拉伯人崇尚白色（纯洁）、绿色（生命），而忌用黄色（死亡）；沙特妇女出门必须披黑袍、罩面纱；除了由其丈夫陪同外，不准单独与男士交往，不准与亲属之外的人合影；在饭店和旅游餐厅，男女顾客分开就餐；在商店、旅馆和饭店，禁止饮用酒和带酒精的饮料；妇女不准驾驶各种车辆；游艺场、游泳池等公共场所严格按男女专场营业时间开放。沙特穆斯林严格按照伊斯兰教的规定，每天五次定时祈祷，届时各地的清真寺、电台、电视台都要播放《古兰经》，商店、银行、饭店等场所必须停业、熄灯、关门，待礼拜时间过后，再恢复正常的业务活动。各种设计忌用猪和类似猪的熊猫、十字架、六角星等作图案。按穆斯林的习俗，以牛、羊为上品，忌食猪肉，忌食有贝壳的海鲜和无鳞鱼，肉食不带血。以前阿拉伯人多用右手抓饭，现在招待客人多用西餐具。

三、现代旅游业与旅游市场的发展

1. 不断发展的旅游基础设施建设

政府为了发展旅游业，近年来投资 13 亿美元，在原有城市饭店基础上兴建旅游饭店数十家。目前全国有旅馆 308 家，客房数量达 3.75 万间，旅游度假别墅 3500 幢，娱乐城和儿童游乐园 50 个。公路交通运输业发达，全国公路总长 19 万 km，连接各大中城市；现在有 25 个机场，其中 4 个为国际机场，有 40 条国际航线，延伸到世界 70 多个国家。首都利雅得以及吉达、达兰等地都建有大型现代化国际机场。

2. 国际出入境旅游发展迅速

凭借其特有的石油财富，富裕的沙特阿拉伯人每年约有 350 万人出国旅游，占居民总数的 25%，出境旅游支出约 70 亿美元。公民出境旅游的首选国家是埃及和叙利亚，其次是黎巴嫩、约旦、摩洛哥和突尼斯等。土耳其也是沙特人的传统旅游目的地，去印度尼西亚和马来西亚的旅游者在增加。出游的远程目的地是英国、法国、瑞士和美国。出境旅游的人均消费为每天 146.7 美元，高出世界平均水平的 50%。沙特阿拉伯也是国际入境旅游接待大国，每年入境游客有 300 多万人次，其中 2/3 与朝觐有关。

3. 中沙两国旅游关系发展潜力巨大

早在公元 7 世纪，穆罕默德的弟子就远涉重洋来到中国传播伊斯兰教。公元 15 世纪，明代著名航海家郑和下西洋时，曾到过沙特阿拉伯。现代中沙友谊继续发展，1990 年 7 月 21 日，沙特同中国建交。近年两国高层领导互访不断，合作领域逐步扩大。中国已成为沙特第四大进口国和第五大出口国。在文化、民航、宗教等领域的交流也不断扩大：中国伊斯兰教协会每年组织国内穆斯林赴沙特朝觐，仅 2006 年就有 7000 人次。沙特阿拉伯来华的游客虽说目前数量不大，但呈逐渐上升趋势，沙特阿拉伯已成为中国最具开发价值的潜在客源市场。

第四节　以　色　列

以色列全称以色列国，位于亚洲西部，西濒地中海。国土面积 1.49 万 km^2。人口约 715 万，是世界上唯一一个以犹太人为主体的国家。居民中犹太人占总人口的 76%，阿拉伯人和德鲁兹人占总人口的 20%。犹太教为国教，部分人信奉伊斯兰教。官方语言为希伯来语和阿拉伯语，通用英语。首都耶路撒冷。国旗的基本图案是犹太教祈祷者的蒙头巾，呈长方形，旗面为白色，上、下各有一道蓝色的宽带，中央有一蓝色的六角星形标志，也称“大卫之盾”。国徽为长方形盾徽，蓝色盾面上有一个七杈烛台，烛台两旁饰以橄榄枝，象征犹太人对和平的渴望，烛台下方用希伯来文写着“以色列国”。国歌为《希望之歌》。

一、旅游业与旅游市场发展的地理环境背景

1. 自然地理环境与自然资源相对较差

国土的大部分为山地和高原：北部为戈兰高地和加利利群山；中部为低山丘陵；南部为内盖夫荒漠，地势崎岖；沿海为狭长平原。以色列属地中海型气候，大部分地区夏季高温少雨，冬季温和湿润。南部荒漠地区年降水量仅 220mm。位于加利利山和戈兰高地之间的加利利湖，面积 164km^2，是以色列最大的淡水湖泊。以色列最大河流为约旦河，全程300km，汇集了来自赫尔蒙山的溪流，最后流入死海。主要的自然资源为从死海提炼的钾盐、镁盐、溴、磷酸盐和石膏等。

2. 新兴的发达工农业国家

以色列地小人少，资源贫乏，但以科技立国，重视教育和人才的培养，使经济得以快速发展。农业、工业、电子、通信、军工、医疗工业和生物科技工程等方面都拥有先进的技术和优势。严重缺水使以色列形成了特有的滴灌节水型农业，并将大片的沙漠变成了绿洲。加上世界一流的高新技术，使以色列用不足总人口 5%的农民养活了国民，而且还生产了大量优质水果、蔬菜、花卉和棉花出口，被称为“世界农业的奇迹”。经济发展一直保持增长态势，国内生产总值人均约 2 万美元，在中东地区位居第一。

3. 发展曲折的历史与现代西方民主政治

以色列是世界主要宗教犹太教、伊斯兰教和基督教的发源地。犹太人的远祖为古代闪族的支脉希伯来人。公元前 12～前 11 世纪，腓利斯人和希伯来人曾在此建立自己的国家。公元前 63 年罗马人入侵，绝大部分犹太人流往世界各国。公元 7 世纪为阿拉伯帝国的一部分，阿拉伯人不断迁入。19 世纪末，欧洲犹太资产阶级发起“犹太复国主义运动”，大批世界各地犹太人移居巴勒斯坦地区，与当地阿拉伯人不断发生流血冲突。1947 年 11 月 29 日，联合国大会通过《181 号决议》，规定在巴勒斯坦分别建立阿拉伯国和犹太国。1948 年 5 月 14 日以色列国正式成立。以色列是议会制国家，议会是最高权力机构，拥有立法权，负责制定和修改国家法律，对政治问题表决，批准内阁成员的任命并监督政府工作以及选举总统和议长。以色列没有宪法，只有议会法、总统法和内阁法等基本法。总统是象征性的国家元首，议会有权解除总统职务。

4. 特有的犹太文化和发达的教育

犹太教是世界三大宗教之一，也是犹太民族的生活方式及信仰。犹太教的主要戒命与教义，来自《妥拉》，即圣经的前五卷书。犹太教中有三部典籍：第一部是《圣经·旧约》，所有犹太人都要绝对忠诚地信奉它，《妥拉》是其中最重要的著作；第二部是《塔木德》，它对《妥拉》及犹太教经文中的“613 条戒律”逐一做出了详尽解释；第三部是《米德拉什》。政府十分重视教育，从小学到高中均实行免费教育，高等教育发达，著名高校有以色列科学和人文学

院、耶路撒冷希伯来大学、特拉维夫大学、海法大学和以色列工程技术学院等。

二、旅游资源与旅游地特点

1．多彩的自然景观资源

以色列国土面积狭小，但集中了许多高品位的自然风光胜地。例如，死海海拔–392m，湖水含盐量高达30%，因浮力大而人可以随心所欲地浮在水面看书、阅读而不会下沉；水中的动植物无法生存，却含有多种对人体有益的微量元素，湖底黑泥对皮肤病的治疗有效。又如，加利利湖低于海平面以下212m，是世界上海拔最低的淡水湖，湖滨景色优美，湖畔到处流传着早期耶稣传教的故事；地中海海滨分布着许多“沙细、滩长、水清、浪柔”的海滨浴场；红海之滨的海岸分布着很多迷人的海滨，也是世界著名休闲度假胜地；南部沙漠地区的旷野风光令人神驰，冬季在沙漠中开展的冰雪活动更是世界罕见；中部撒马利和犹太地区山地，森林茂密，溪流四季奔流不息；戈兰高地多悬崖断层，却经人类改造已成为粮食和瓜果之乡。

2．地域特色鲜明的旅游城市和风景名胜

（1）**耶路撒冷** 全国政治、文化中心。世界三大宗教——犹太教、基督教和伊斯兰教同视之为各自的“圣地”。整个城市分为西区和东区。西区有议会大厦、高等法院、历史博物馆和以色列博物馆等现代建筑；东区又称旧城，已有3000年历史，是世界上最古老的城市之一。1947年通过决议，规定耶路撒冷为国际性城市，由联合国管理。著名风景名胜有哭墙、圆顶寺、圣墓教堂等。

哭墙 位于耶路撒冷东部。由于耶路撒冷神庙山上的圣殿累建累毁，一些犹太人在原圣殿废墟上垒起一道长52m、高19m的大墙，称为“西墙”。数百年来，犹太教徒到这里面壁祈祷，追忆历史上圣殿被毁情景，不禁号啕大哭，哭墙因此而得名。

圆顶寺 始建于公元688～691年，后经多次坍塌和修复，是保存最完好、最为重要的伊斯兰早期建筑杰作。据伊斯兰教传说，先知穆罕默德就是踩着该寺里的那块大岩石，骑着名叫“巴拉克”的神马登上七重天的。

圣墓教堂 位于耶路撒冷老城区内。基督教认为该教堂建在耶稣被钉在十字架上、死亡、埋葬及升天的地方，因此成为基督教的圣地之一。教堂建于公元326年，几经战乱，数度被毁、重建。主要胜迹有耶稣被钉在十字架上的地方、耶稣死亡升天的地方及耶稣死后曾存放其尸首的石头（膏油石）。

（2）**特拉维夫–雅法** 特拉维夫与雅法原为各自独立的两座城市，于1980年合并，现已发展成为地中海沿岸现代化城市，以色列的财政、金融、商业贸易、交通和文化中心。这里以拥有全国半数以上的工厂以及规模最大的大学、剧院、交响乐团、商业和银行著称，在以色列经济生活中居主导地位。特拉维夫建于1909年，是以色列的前首都，至今几乎所有的使馆、领事馆都设在这里。雅法是一座有着4000年历史的港口城市，古城至今仍保存完好。

（3）**海法** 以色列重要的港口城市和海法区的首府，位于地中海东岸，是以色列继耶路撒冷、特拉维夫之后的第三大城市，也是以色列北部工业中心和国际贸易、商业中心。港口区濒临海湾，从山顶可俯视海湾全景，海滨还有连绵优质的海滨浴场。

（4）**埃拉特** 位于以色列的最南端，是以色列唯一通向红海的出海口。该市建有港口，

气候炎热干燥。但神奇的海底景色、秀丽的沙滩及周全的服务设施吸引着大批游客到此观光旅游，是以色列人休闲度假的胜地。

3．独具特色的社会风情和民俗习惯

以色列居民中大部分是犹太人，犹太族民族风情独特。信奉犹太教的以色列人，男性一般头戴小圆帽；犹太教的“拉比”（相当于牧师）则全身穿黑色服饰，头戴黑色毡帽，并在耳朵上沿留着长而卷曲的鬓发。面饼是犹太人的主食，被视为生命线，所以人们吃饼通常不用刀切，只用手掰，唯恐用刀割断了生命线。禁食猪肉和其他某些肉类、贝类、无鳞鱼。犹太教的节日众多，尤以安息日、犹太新年最具特色。

安息日 犹太教每周的休息日，来源于圣经“创世纪”（上帝在六天内完成创造世界，第七天休息）。安息日从每个星期五日落时开始，星期六黄昏时结束。安息日人们吃三顿饭，即周五晚餐、周六午餐（早餐午餐合二为一）和安息日结束餐，以周五晚餐最为丰盛。安息日所有商店停业，公共汽车也停止运行。

犹太新年 为犹太历（太阴历）一年的开始，是犹太人最重要的节日之一。节日期间，全国放假两天。教堂里吹起羊角号，取意与上帝通话，期望得到上帝祝福。朋友见面问新年好。人们在新年期间要吃蘸了蜜的苹果，预示新的一年甜甜美美。

三、现代旅游业与旅游市场的发展

1．国际入境旅游发展艰难，出境旅游快速发展

以色列旅游业长期以来一直笼罩在紧张的阿以关系、战争和恐怖主义的阴影中，使得国际入境旅游业发展停滞不前。近年来随着巴以冲突的缓和，国际入境旅游又有所发展。以色列的出境旅游颇具规模，且发展迅速。从 1990 年以来，以色列出国旅游人数的年均增长率为 18%。2006 年出境游客 370 万人次，平均每次出国消费 1400 美元以上。出境旅游的目的地主要是欧美各国及周边国家。

2．国家旅游政策有力，旅游接待条件优越

政府重视发展国际旅游业，并实行鼓励旅游投资的政策。在 20 世纪 80 年代，其重点是贷款支持各地兴建大型高档酒店；90 年代逐渐转向支持中小型旅游企业及农村旅游业的发展，使各种档次饭店的地理分布趋于合理。以色列旅游业发展的目标是瞄准上层收入者的度假市场，拓展犹太教、伊斯兰教和基督教三大宗教的朝圣旅游，开发高质量的温泉保健旅游、个人团体的奖励旅游及国际会议旅游。政府还投资 8 亿美元扩建本·古里安国际机场，使其能运载 1000 万以上旅游者出入境。目前以色列政府已在欧洲和北美一些国家设立了“以色列政府旅游办事处”，大力开展促销活动，参加和举办各种国内外旅游展览。现有旅行社 670 家（包括批发商在内），总床位数达 126000 个，另有教会招待所和乡村招待所数百家。

3．中以旅游关系不断发展

中以两国于 1992 年 1 月 24 日正式建立外交关系。早在 1989 年，我国已在以色列的特拉维夫市设立了旅游办事处，以色列也在北京设立了对等的机构。1992 年 3 月，两国民航签订《谅解备忘录》，同意以航飞行特拉维夫至北京的直达包机。1992 年 9 月，中国时任外长钱其琛出访以色列；同年 12 月，以色列总统偕同夫人正式访华，两国签署了科技、贸易和文化协议。1994 年 6 月，两国签署了《旅游合作协定》；2005 年 6 月，中国宣布将以色列列为中国公民出境旅游目的地国。2006 年，以色列来华游客约 5 万人次；同期，中国赴以游客亦为 5 万人次，中以两国互为旅游客源市场的合作关系前景可观。

第五节 伊 朗

伊朗全称伊朗伊斯兰共和国，北濒里海，南临波斯湾和阿曼湾，位居亚、欧、非三洲交通要冲，面积 164.8 万 km^2，人口约 670 万，居民中波斯人约占 66%，阿塞拜疆人占 25%，98%的居民信奉伊斯兰教。波斯语为官方语言。首都德黑兰。国旗呈长方形，自上而下由绿、白、红三个平行的横长条组成。白色横条正中镶嵌着红色的伊朗国徽图案。国徽由四弯新月、一把宝剑和一本古兰经组成：新月象征宗教——伊斯兰教，古兰经位于顶端，象征伊斯兰教高于一切，宝剑象征坚定与力量。国徽整个图案呈圆形，象征地球，表示“安拉”的伊斯兰思想遍及全球。国歌为《伊朗伊斯兰共和国国歌》，国花为玫瑰。

一、旅游业与旅游市场发展的地理环境背景

1. 高原山地环境与丰富的自然资源

伊朗地处伊朗高原，高原和山地占国土面积的 90%。北部厄尔布尔士山脉的达马万德峰海拔 5671m，为全国最高峰。中部为高原，地势较平坦；东部为山地和沙漠；西北部为山间盆地，并有扎格罗斯山脉耸立；北部里海和南部波斯湾、阿曼湾沿岸一带有狭长的沿海平原。主要河流有卡流伦河与塞菲德。里海是世界最大的咸水湖，南岸属伊朗。伊朗广大地区属亚热带干旱气候，干燥少雨，但温差大。油气资源丰富，石油储量居世界第五位，天然气储量居世界第二位。

2. 石油经济大国与发展中的农业

石油收入占全部外汇收入的 85%以上，伊朗是欧佩克成员国中第二大石油输出国。工业以石油开采和提炼为主，并有纺织、食品、建材、地毯、电力、化工、汽车、冶金、钢铁和机械制造等部门。农业在国民经济占有重要地位。主要作物有小麦、大麦、大米、水果和蔬菜。开心果、苹果、葡萄、椰枣等远销海内外，是世界上最大的开心果出口国。全国有牧场 9 万 km^2，每年生产牛羊肉 80 万 kg。有 5000 多年历史的波斯地毯闻名全球。

3. 悠久的历史与政教合一的伊斯兰政治体制

伊朗史称波斯，公元前 6 世纪建立古波斯帝国，曾盛极一时。公元 17～18 世纪逐渐衰落，常遭异族入侵。19 世纪以后，逐渐沦为英、俄殖民地。1928 年建立巴列维王朝。1979 年 2 月被推翻，同年 4 月 1 日建立伊斯兰共和国。现行宪法突出强调伊斯兰信仰、体制、教规、共和制及最高领袖的绝对权力不容更改。伊斯兰议会是伊朗最高立法机构，实行一院制。议会通过的法律须经宪法监护委员会批准才可生效。议员由选民直接选举产生，任期四年。

政府实行总统内阁制。总统是国家元首，也是政府首脑。

4．古老的文化与发展中的教育

伊朗是著名的文明古国之一。几千年来，伊朗人民创造了辉煌灿烂的文化。大医学家阿维森纳在公元 11 世纪所著的《医典》，对亚欧各国医学发展有着重大的影响。伊朗人修建了世界上最早的一座天文观测台，发明了与今天通用的时钟基本相似的日晷盘。诗人费尔多西的史诗《列王记》、萨迪的《蔷薇园》等不仅是波斯文学珍品，也是世界文坛的瑰宝。伊朗实行中、小学免费教育，重视高等教育。目前，6 岁以上受教育人口占全国人口的 82.5%，全国共有高等院校 346 所。德黑兰大学是著名的高等学府。

二、旅游资源特点

1．多彩的自然风光和人文胜迹

伊朗自然环境多样，孕育着丰富的自然风光资源。例如，浩瀚的沙漠边缘，分布着风景如画的绿洲；观赏价值很高的椰枣林、相思树广泛分布于波斯湾沿岸低地、干河谷和大小绿洲之上；黑海之滨气候温和，果木林四季常绿；达马万德峰，山顶烟云缭绕，充满神秘色彩；广阔的荒漠草原上生长着稀疏草类和多刺植物，并有善于奔跑的羚羊、野驴、野马、双峰野骆驼及沙鸡、野雁和灰鹤成群活动。独特的“伊朗沙漠国家公园”已成为旅游热点。伊朗到处是古波斯文化的遗迹和珍贵文物，如设拉子附近的古波斯都城波斯波利斯、阿瓦士以北的古都翁塔西城所在地恰高占比尔以及伊斯法罕的皇家广场均被列入《世界文化遗产名录》。全国各地现有 8 万多座清真寺，其数量为各国之最。

伊朗国家沙漠公园　位于德黑兰东南部，占地面积 42 万 hm^2。在公园盐碱湖泊里生活着各种各样的鸟类，给干旱枯燥的沙漠带来了生机。在公园里还有包括丝绸之路在内的各个历史时期遗留下来的古迹。其中最为著名的有巴赫拉姆客栈、城堡、蓄水池、地下水道等。

2．古老神奇的旅游城市与风景名胜

（1）**德黑兰**　全国政治、经济、文化和交通中心，也是西亚最大的城市，位于中央高原的边缘、厄尔布尔士山的南麓，市区南部保留有狭窄弯曲的街巷，传统集市“巴扎”人群川流不息，北部新城区富有现代化都市风貌。市内有皇家公园、国家公园以及考古博物馆、国家美术博物馆、民族博物馆等风景名胜。伊朗国宝库中珍藏有“孔雀宝座”、“四顶王冠”、高 6lcm 的纯金地球仪、重 184kg 的“光海”钻石等传世之宝。

巴列维王宫　巴列维生前居住过的王宫有两处最有名，分别是萨德阿巴德王宫和古列斯坦王宫。萨德阿巴德王宫位于德黑兰市北部山上，空气清新，环境优美，始建于凯加王朝，后为巴列维国王的夏宫；古列斯坦王宫位于德黑兰市中心，又称玫瑰宫，礼萨·汗和巴列维父子的加冕典礼都是在这里举行。古列斯坦王宫建筑风格独特，堪称伊朗建筑的精华。

（2）**伊斯法罕**　伊朗古都，古代“丝绸之路”的南路要站，亦是东西方贸易的集散地，当时城市十分繁荣，民间有“伊斯法罕半天下”之美称，现为伊斯法罕省省会，全国第二大城市，名胜古迹众多 。

伊斯法罕皇家广场　位于市中心，始建于 17 世纪，是当年阿巴斯大帝检阅军队和观看马球的场所。周围有两层拱廊环绕，每边拱廊各开一座雄伟大门，分别通向皇家清真寺、圣·罗图福拉清真寺、阿里·加普宫和皇家集市。最引人注目的是广场上的铁铺，在离广场很远的地方就能听得见铁匠艺人们的叫卖声。

（3）**设拉子** 古波斯文化中心，素以“玫瑰和夜莺之城”、“诗人的故乡”闻名，现为法尔斯省省会。设拉子位于扎格罗斯山脉南部的山间谷地之中，城区绿树成荫，宫殿及古寺掩映于玫瑰、蔷薇和各种草木之中，故又有“花城”之称。一年一度的“设拉子艺术节”和传统的手编地毯、玻璃镶嵌工艺品等吸引着各地游客。

（4）**大不里士** 公元8世纪起曾长期作为首都，现仍是伊朗西北方的门户和商业中心，位于雷扎耶湖盆地东北侧山麓，自古以来一直是欧亚大陆交通枢纽和贸易通道，城内有建于中世纪的阿尔格清真寺和蓝色清真寺。市区周围温泉遍布，湖滨为避暑胜地。

3．具有强烈伊斯兰特色的社会风情和生活习俗

伊朗社会生活“全面伊斯兰化”，一切都按伊斯兰教的教义规范其行为举止。例如，伊朗人的衣着：女士须戴头巾，穿长袖、宽松、不透明的上衣或风衣，不得显露腿及脚踝部位；男士不得穿背心或短裤外出。禁酒，忌食猪肉、狗肉。穆斯林斋月期间，即使非穆斯林也不能白天在公开场合吃东西、喝水或吸烟。不允许赌博、卖淫，妇女不得从事唱歌、跳舞等职业。男士不可主动与女士握手，女士一般也不主动与伊朗男士握手。伊朗人不喜欢与外国人有身体上的密切接触。不能与伊朗人挎胳膊，不得用手触摸小孩子的头部，称好时不能竖大拇指。接受物品时应用右手。乘坐公交车辆须男女分开，女士一般坐公共汽车的后部，地铁有女士专用车厢，男士不得入内。伊朗盛产各种水果，家家户户一年四季水果不断，下雪天吃西瓜也是平常的事。人们普遍喝水果榨成的果汁，因此伊朗人叫“喝水果”。

三、现代旅游业与旅游市场的发展

1．旅游市场发展潜力巨大，而目前举步维艰

伊朗拥有数千年文明史，自然地理和古代文明遗产丰富。伊斯兰革命前，每年到伊朗旅游的外国人有数百万人。两伊战争后，旅游业遭到极大破坏。1979～1994年，赴伊旅游人数年均不足10万人次。从1991年起，政府开始致力发展旅游业，2000年达到134万人次，旅游收入10亿美元。“9·11”事件后，游客锐减。随着地区安全形势转好，赴伊游客人数稳步回升，2006年共接待入境游客274万人次，实现旅游收入18亿美元。伊朗出境旅游具有一定的规模，2000年出境旅游者为229万人次，国际旅游支出7亿美元；2007年国际出境旅游支出65亿美元。但由于伊朗核危机，其出入境旅游都举步维艰。

2．旅游设施建设及接待条件有待改善

由于西方社会的长期孤立封锁和长达八年的两伊战争对伊朗经济造成的损害，伊朗与旅游相关的基础设施相当匮乏，尤其是中高档酒店的接待能力相对较弱。伊朗的主要景点大多集中在几个主要城市，有小、少、稀的特点，旅行社可安排的旅游线路也相对较少。伊朗的旅游市场也欠规范。旅行社都是私人的，规模都很小。由于旅游业的长期萧条，软硬件都有不少问题，旅游专业人才匮乏，导游服务水平不高。但是，伊朗作为一个有数千年悠久历史的文明古国，文化资源极为丰富，这是伊朗旅游业的最大优势，其有充分的潜能成为世界旅游大国。

3．中伊旅游关系发展良好

中伊交往可追溯至公元前2世纪。张骞的副使甘英曾到过伊朗，并打通了中国经伊朗通

往罗马的交通线，即“丝绸之路”，此后两国间的往来连绵不断。1971年8月16日中伊建交。1979年伊斯兰共和国建立后，两国高层互访增多，各领域友好合作关系不断发展。2005年7月，中国宣布伊朗为中国公民自费旅游目的地国家。2006年，中伊文化、旅游合作发展良好：3月30日，伊朗政府代表团参加上海国际旅游博览会；8月31日～9月3日，国家文物局局长单霁翔率团访伊，双方就开展博物馆交流、文物保护、共同申报“丝绸之路”文化遗产等问题达成共识；9月10日，中国南方航空公司新疆分公司北京—乌鲁木齐—德黑兰直飞航班投入运营；12月27日，中国国家旅游局与伊朗伊斯兰文化遗产、手工艺和旅游组织签署《关于中国旅游团队赴伊朗旅游实施方案的谅解备忘录》。中伊两国旅游合作发展前景广阔。

第六节　哈萨克斯坦

哈萨克斯坦全称哈萨克斯坦共和国，为地处中亚的世界上最大的内陆国家，面积272.49万km^2，人口约1586万，居民中哈萨克族占51%，俄罗斯族占32%。哈萨克语为国语，通用俄语。居民主要信奉伊斯兰教和东正教。首都阿斯塔纳。国旗旗底为浅蓝色，旗面中间是一轮金色的太阳，其下有一只展翅飞翔的雄鹰；靠旗杆一侧有一垂直竖条，为金色花纹图案。浅蓝色是聪明智慧的象征，金色太阳象征光明和温暖。国徽呈圆形，圆面中间是哈萨克人毛毡帐篷顶图案，两侧是骏马，上端是一颗五角星，下端的绳带上用哈萨克文字写着“哈萨克斯坦”。国歌为《哈萨克斯坦共和国国歌》，国花为梅花。

一、旅游业与旅游市场发展的地理环境背景

1．干旱内陆自然环境与丰富的旅游资源

地形以平原与低地为主，西南为里海沿岸低地和图兰平原，中部是哈萨克丘陵，东和东南缘属阿尔泰山和天山。荒漠和半荒漠占领土面积的60%。全国有大小河流2000多条，多为内流河。主要有额尔齐斯河、锡尔河、乌拉尔河、恩巴河和伊犁河。湖泊约4.8万个，以里海、咸海、巴尔喀什湖和斋桑泊最为著名。这里属温带大陆性气候。矿产资源种类多、储量大，素有“能源和原料基地”之称。钨的储量居世界第一位，铬和磷矿石居世界第二位。

2．较为发达的工农业国家

哈萨克斯坦独立前一直为原苏联的能源和材料基地，工矿业与农业获得较大发展。独立后，加工工业、轻工业和第三产业显得落后，煤炭、钢铁、石油开采与加工、有色金属开采与冶炼、非金属开采、种植业和以羊为主的放牧业是其主要产业部门。向外输出能源、原材料与初级加工品；进口机械设备、技术、木材和轻工业。电力工业发达，拥有包括众多核能在内的大型电站。其农业与畜牧业均较发达，为灌溉农业和节水型农业，出产小麦、大麦、玉米等粮食作物；棉花、水果、甜菜等经济作物也很发达，为世界主要棉花产区。

3．悠久的历史与现代西方民主政治

公元6世纪中叶～8世纪建立突厥汗国，9～12世纪曾建奥古兹族国、哈拉汗国，15世纪末成立哈萨克汗国。19世纪中叶以后，哈萨克全境处于俄罗斯统治之下。1917年11月建立苏维埃政权，1925年4月19日改称哈萨克苏维埃社会主义自治共和国，1936年12月5日定名为哈萨克苏维埃社会主义共和国，同时加入前苏联。1990年10月25日宣布独立，1991年12月加入独联体。现行宪法规定哈萨克斯坦是“民主的、非宗教的和统一的国家”，为总统制共和国，总统为国家元首，是决定国家对内对外政策基本方针并在国际关系中代表国家的最高官员。国家政权以宪法和法律为基础，根据立法、司法、行政三权既分立又相互作用、相互制约、相互平衡的原则行使职能。

4．独特的突厥语国家文学与发展中的教育

公元前750～700年，梅里安人开始在哈萨克草原上展现自己的文化，他们称自己是太阳之子，将日神作为崇拜对象。突厥语系是哈萨克民族的族源之一。公元前2世纪初叶，哈萨克草原上出现了又一个强大的种族式文化——库曼（克普恰克）文化，同属西突厥中的一个部落。突厥语国家文化是哈萨克斯坦的主题文化。哈萨克斯坦历史上曾出现过一些著名的思想家和哲学家，其中法拉比被誉为“东方的亚里士多德”，自然科学造诣极深，哲学和心理学方面也有多种著述。进入20世纪，哈萨克文学有了长足发展。其中，阿斯哈尔最早尝试戏剧创作，尼合迈德创作了第一部哈萨克中篇小说《生活的代言人》。哈萨克斯坦教育基础较好，目前全国共有全日制普通中小学8290所，大学163所，著名大学有哈萨克大学、哈萨克工学院等。

二、旅游资源与旅游地特点

1．多姿的自然景观与多彩的人文风光

哈萨克斯坦地处欧亚大陆结合部，自然风光多姿多彩。境内既有阿尔泰山、天山等高山峻岭、冰川雪峰，也有终年干旱少雨的卡拉库姆、莫因库姆、萨恩耶西克阿特劳等沙漠景观，还有广袤无垠的大草原和莽莽苍苍的原始森林；既有里海、咸海、巴尔喀什湖等大型内陆湖泊，也有马尔卡科、布赫塔尔马、斋桑泊、卡普恰盖等山间湖泊或水库，还有阿拉木图郊区和拉赫曼诺夫等矿泉。哈萨克斯坦历史悠久，既有远古人类生活的遗址，也有塔拉兹等历史时期的古都及丝绸之路留下的历史古迹。在哈萨克斯坦生活着130多个民族，其民俗、服饰、建筑风格各异。

2．独具魅力的旅游城市与风景名胜

（1）**阿斯塔纳市**　历史时期的军事要塞和19世纪的商贸中心，美丽的现代化都市。现在，这里已经开通了从这里到哈萨克斯坦及俄罗斯许多城市的空中交通线路，以及通往德国、土耳其、波兰、巴基斯坦、阿拉伯联合酋长国的航班；拥有25层高的五星级宾馆“国际大厦”和40层高的摩天大楼；还有国家博物馆、剧院、文化馆、俱乐部、电影院和图书馆等场所。

（2）**阿拉木图**　全国经济、交通、科学、文化、教育和主要工业中心，位于外伊犁阿拉套山脉北麓伊犁河的支流大、小阿尔马廷卡河畔的人工灌溉绿洲上。哈萨克语阿拉木图意为“苹果城”，因其城郊盛产苹果得名。铁路、公路运输较发达，为国内国际重要航空港。主要风景名胜有冼星海纪念碑、28勇士公园、麦迪奥山等。

冼星海纪念碑　竖立在阿拉木图市东区冼星海大街和加加林大街交汇处。纪念碑以荷花为造型，碑体下部荷叶层叠，上部荷花绽放。用中、哈、俄三种文字镌刻的碑文写道："谨以中国杰出的作曲家，中哈友谊和文化交流的使者冼星海的名字命名此街为冼星海大街"。纪念碑上镌刻着冼星海简历和他创作的交响诗《阿曼盖尔德》第一行乐谱。

麦迪奥山　位于阿拉木图的阿拉套山上，海拔 1691m。山上建有世界上最大的高山冬季体育运动综合基地。其中的"奇姆布拉克"高山滑雪场被誉为"世界上最出色的滑雪场"。

（3）**突厥斯坦市**　16 世纪前称亚瑟市，古哈萨克汗国第一个都城，曾是古代丝绸之路上的古城，现代又是重要的贸易、手工业、艺术中心。突厥斯坦市的名称很像是一个突厥国家的名称，故有"第二麦加"之称。政府已决定将突厥斯坦市作为旅游重点城市开发。

（4）**巴尔喀什湖**　地处哈萨克斯坦东部，湖面海拔 340m，面积 1.8～1.9 万 km^2。湖泊西半部有伊犁河水注入，构成主要水源；东半部没有大河注入，蒸发量超过河水补给量，造成两半部咸淡明显不同。湖中有 20 多种鱼类，芦苇丛中有大量鸥、野鸭、鸬鹚、天鹅、鹧鸪等。

（5）**阿拉湖**　位于哈萨克斯坦东部，距离我国的阿拉山口口岸不足 30km，是一个自然风光优美的淡水湖风景区。一眼望去，开阔湖面，烟波浩渺，气势恢弘，两座湖心小岛在夕阳的薄雾中隐约可见，勾画出一幅人间仙境般的奇异美景，让人流连忘返。

3．具有游牧民族特色的社会风情与生活习俗

"马背上的民族"是对哈萨克斯坦传统文化及其社会风情与生活习俗的生动描述。熟人之间见面、送别行拥抱礼，男人初次见面，都双手紧握，极为热情。哈萨克族传统居所是圆顶毡房，传统服饰以毛皮为主。哈萨克姑娘和少妇一般穿袖子带绣花、下摆多皱的连衣裙。未出嫁的姑娘戴水獭皮圆顶帽子，帽顶绣花并有漂亮的鸟羽毛；男子身穿宽大的衬衫，再配上一条宽肥裤，外罩一件长到膝盖的无袖衣，头戴绣花小帽。哈萨克人的传统食物是羊肉、羊奶及其制品，最流行的菜肴是手抓羊肉。他们能歌善舞，每逢节假日都要进行弹唱、对唱、跳舞、猜谜、踢毽、放风筝及赛马、摔跤、叼羊、射箭等各种文体活动比赛。哈萨克人热情好客，招待来客总是拿出最好的食物，并宰羊杀畜。传统节日很多，如每年 3 月 20 左右过"纳乌鲁孜"节，即春节；每年伊斯兰教历 9 月是斋月，在斋月里人们白天都不进食，斋月过后开始过"肉孜节"，即开斋节；"肉孜节"之后 70 天过"古尔邦节"。

三、现代旅游业与旅游市场的发展

1．政府高度重视，旅游业发展潜力巨大

哈萨克斯坦独立后，特别重视旅游业的发展。1990 年 7 月，国家通过了《旅游法》，同年加入世界旅游组织；1998 年 2 月，发布《复兴丝绸之路历史中心，保存和继承发展突厥语国家文化，布局旅游基础设施》的总统令；为充分利用"丝绸之路"发展旅游业，国家新成立了"哈萨克斯坦——丝绸之路"国家公司，每年举办一次"哈萨克斯坦——丝绸之路"旅游博览会。按照哈萨克斯坦确定的《2007～2011 旅游发展规划》，其还准备花大力气建设和维修公路干线、引进各种安全舒适的客运工具，国家预算为此将投资 4.6 亿美元，目前正在建设的旅游综合设施有 30 个。其中最为重要的有阿拉木图州的卡普恰盖镇的扎纳—伊犁大型旅游中心、阿克莫拉州休钦斯克—博罗夫斯克疗养旅游基地和曼吉斯套州的肯杰尔利旅游基地等。国家还准备建设 10～15 个山地滑雪场，开发拜克努尔的"哈萨克航天港"和"丝绸之路"国际旅游活动等，这些都预示着其旅游业巨大的发展潜力。

2．现代旅游业与旅游市场发展迅速，但一切还有待提高

经十多年的发展，目前有权组织旅游活动的旅游公司有713家，大约6000名工作人员和1500名专业导游与近80个国家有旅游方面的合作关系；有到达印度、土耳其、阿联酋、巴基斯坦、韩国、希腊和波兰等国的旅游包租航线，开辟了700多条通往全国各地的旅游线路；有372家不同级别的宾馆及32876张床位；为游客提供了知识游、休闲游、生态游、体育游、野外宿营、狩猎和探险等旅游产品。到哈萨克斯坦访问和旅游的外国人，2000年仅147万人次，2007年达388万人次；国际旅游收入从2000年4亿美元，增加到2007年的12亿美元。国际出境旅游发展也很快，2000年仅125万人次，2007年出境游客便增加到454万人次，旅游支出达14亿美元。但哈萨克斯坦旅游业的发展尚处于初级阶段，极限运动游、山地滑雪游、徒步游、骑马游、探索自然游等特色旅游项目基本尚属空白；航空公司少、航班少，许多措施尚未落实，一切都有待提高。

3．中哈旅游合作关系日益发展

中哈山水相连，同处在"丝绸之路"上。中国西汉时期，张骞出使西域就到过哈萨克地区。中哈两国有着1700多千米的共同边界。1992年1月3日，中哈两国建交。1996年7月，前国家主席江泽民对哈萨克斯坦进行国事访问，两国元首签署了《中哈联合声明》及四个合作文件。1999年11月，纳扎尔巴耶夫总统对中国进行国事访问，两国元首签署了《中哈关于在21世纪继续加强全面合作的联合声明》、《中哈关于两国边界问题获得全面解决的联合公报》。20世纪90年代以来，中哈两国旅游关系日益发展。哈萨克来华旅游者相对稳定，1994年为10.6万人次，2007年达到了44万人次。哈萨克斯坦与中国是睦邻相处的友好邻邦，在经济、科技、文化、贸易以及反恐等方面，两国合作已取得了可喜成绩。两国旅游合作发展空间很大。

第七节　吉尔吉斯斯坦

吉尔吉斯斯坦全称吉尔吉斯共和国，位于中亚中东部，面积19.85万km^2，人口501万，居民中吉尔吉斯族占60.3%，其余为俄罗斯、乌克兰、鞑靼等80多个民族，多信仰伊斯兰教。吉尔吉斯语为国语，通用俄语。首都比什凯克（伏龙芝）。国旗呈长方形，旗底为红色，一轮金色的太阳悬于旗面中央，太阳图案中间有一个类似地球的圆形图案。红色象征胜利，太阳象征光明和温暖，圆形图案代表国家的独立、统一和民族的团结与友好。国徽呈圆形，圆形上有一只展翅的雄鹰，其背后是山峰和太阳，两侧饰有麦穗和棉桃。国歌为《吉尔吉斯共和国国歌》。

一、旅游业和旅游市场发展的地理环境背景

1．内陆山地环境与丰富的自然资源

吉尔吉斯斯坦为高山国家，全境83%的地区海拔超过1000m，约1/3的地区海拔3000m以上。天山山脉西段盘踞境内东北部，西南部阿赖山脉的列宁峰海拔7134m，为全国最高

峰。纳伦河横贯全境，伊塞克湖为著名的高山湖泊。吉尔吉斯斯坦属温带大陆性气候。自然资源丰富，主要矿产有黄金、煤、银、锑、钨、锡、锌、汞、铅、铀、石油和天然气等，其中，煤的产量在中亚国家中首屈一指，被誉为“中亚煤斗”，锑产量居世界第三位，锡和汞的产量居独联体第二位；有辽阔的山地牧场；水利资源丰富。

2．农牧业与工业地位同等重要

吉尔吉斯斯坦畜牧业比较发达。高山融化的雪水使全国一半以上的面积成为牧草丰茂的山地草原和高山草甸，境内有山地牧场 850 万 hm^2。马、羊的存栏头数和羊毛产量在中亚地区居第二位。大部分耕地集中在山间河谷和盆地，以灌溉农业为主。北部种植小麦和甜菜，西部盛产棉花、稻谷、水果和烟草。重工业实力雄厚。主要工业部门有采矿、有色冶金、电力、建材、食品加工等。食品工业以肉、奶制品业和制粉、制糖业为主，是中亚国家中唯一产糖的国家。

3．简短而坎坷的历史与现代西方式民主政治

公元 15 世纪后期，吉尔吉斯斯坦民族基本形成。19 世纪前半期属浩罕汗国，1876 年被俄罗斯吞并。1936 年 12 月 5 日成立吉尔吉斯苏维埃社会主义共和国，加入前苏联。1991 年 8 月 31 日，吉尔吉斯斯坦脱离前苏联，宣布独立；同年 12 月 21 日，加入独联体。根据现行宪法，吉尔吉斯斯坦是建立在法制、世俗国家基础上的主权、单一制民主共和国，实行立法、司法、行政三权分立，总统为国家元首，总统有权在征得议会同意后任命总理并根据总理建议任命内阁成员，有权控制各权力机构，还可以任命地方政府领导人。

4．独特的文学艺术与发展中的教育

吉尔吉斯斯坦的文学经历了一个由口头文学到书面文学的发展过程。诞生于 10 世纪的长篇史诗《玛纳斯》是口头文学艺术的代表。该史诗以口头演唱的形式在中亚吉尔吉斯民族聚居区代代相传，吉尔吉斯独立后一直把史诗《玛纳斯》视为国家民族团结、复兴和尊严的象征。吉尔吉斯的书面文学作品是十月革命后在俄国文学的影响下才发展起来的，其著名作家钦·艾特马托夫以其杰出的文学才华而成为当今世界拥有最多作品的作家之一。吉尔吉斯艺术多姿多彩，绣花、制毡、雕刻的技艺高超精湛；包括话剧、歌剧和舞剧在内的专业戏剧艺术发展很快，其绘画艺术也具有民族特色。政府重视教育工作，著名大学有吉尔吉斯斯坦国立大学、国家大学、比什凯克人文大学和斯拉夫大学等。

二、旅游资源与旅游地特点

1．以秀丽为主要特色的高山山水风光

全国约 4/5 的国土是高山叠峦的山地，群山中雪峰谷地错落成趣；高山湖泊激流如珠似链，一派“山地绿洲”的如画风光。境内有许多山峰终年积雪，冰川雪峰在阳光的照射下银装素裹，分外妖娆；以天山、帕米尔山及其他山脉冰雪融水为源头的几百条河川流经高山深谷间，不仅以巨大的落差蕴藏了巨大的水能，而且形成高山深谷奇观。高山深谷区的山间自然景观的垂直差异十分明显，一般从山坡到海拔 2500m 为草原和森林，2500m 以上为亚高山草地和高山草地，3700m 以上便为万年积雪和冰川。在吉尔吉斯斯坦还有伊塞克湖、卡拉库里湖、帕米尔高原的山地风光胜地。

（1）**伊塞克湖**　位于卡拉科尔市的西面，湖面海拔 1608m，水域面积 6280km^2，平均

深度 278m，蓄水量 $1735km^3$，是世界高山湖泊中深度和蓄水量最大而面积居第二位的天然湖泊，由 118 条山溪性河川汇集而成，是世界上最清洁、无污染的湖泊之一。沿湖多天然沙滩浴场和温泉，湖四周重峦叠嶂，风景秀丽。湖畔有著名的伊塞克湖休闲度假区。

（2）**卡拉库里湖** 典型的冰川湖，位于昆仑三雪山交汇处，湖的周围有许多古冰川遗迹和连绵不断的冰碛丘陵。墨绿色的湖面上倒映着昆仑三雪山的雄姿，倒影上连山峰顶部的“冰帽”、山坡上悬挂的冰川、冰瀑布和“冰川峡谷”也一一清晰可见。

（3）**帕米尔高原** 位于天山、昆仑山、喀喇昆仑山三大山系交汇处。在这个高原上，海拔 8000m 以上的山峰就有四座之多。著名的“昆仑三雄”公格尔峰、公格尔九别峰和慕士塔格峰三座巨大的雪山亦在这里拔地而起，众多的雪山令这片寂静的雪域透着恢弘的气势，风光无比壮丽。

2．具有强烈地域特色的旅游城市与风景名胜

（1）**比什凯克（伏龙芝）市** 全国政治、经济、文化中心，坐落在楚河河谷，风景优美，素有“花园城市”的美称。总统府、最高会议大厦、博物馆等建筑物都以大理石建造，宏伟壮观。广场、花圃、喷泉、雕塑构成一幅幅美丽的街景；音乐厅门前广场上耸立着英雄玛纳斯的铜像；市内雕塑公园集中了数百件雕塑作品，造型各具特色，栩栩如生。主要风景名胜有伏龙芝博物馆、玛纳斯铜像等。

伏龙芝博物馆 以前苏联著名军事家、红军统帅米哈伊尔·瓦西里耶维奇·伏龙芝命名的博物馆，当年的茅草屋被原封不动地搬到了新建筑内。馆内展厅分五个部分，珍藏了 1400 余份珍贵的原始文件、照片及私人物品，分阶段展现了伏龙芝生活和战斗的历程。

（2）**奥什市** 奥什州首府，具有 3000 多年的历史。城郊的苏莱曼山是中亚地区穆斯林朝觐的圣地，在其东北的乌兹根有供召集穆斯林教徒祈祷的宣礼楼及三座圆顶的陵墓。奥什市还是吉尔吉斯斯坦的交通枢纽和旅游城市，以其特有的历史文化和自然风景每年吸引大量的欧美游客，为政府计划建设的全国三大自由旅游区之一。

（3）**托克马克市** 位于首都比什凯克东南方约 60km 的楚河州境内，以生产细羊毛、砌墙饰面的花岗岩、大理石石板、橱窗玻璃以及各种水果罐头著名。距城南 15km 处有中世纪布拉纳古城遗址和建于公元 11 世纪的清真寺高塔（通称布拉纳塔），附近还有唐代著名诗人李白出生的碎叶城遗址。

3．具有游牧民族特色的社会风情和生活习俗

吉尔吉斯人热情好客，节日做客、应邀赴宴或参加家庭喜庆活动是常有的事，但客人必须赠送鲜花和礼品（忌偶数）。按当地穆斯林习惯，宴请先上茶，再上羊尾和羊杂，最后上羊肉。传统服装是其整个民族文化的重要组成部分，男子的传统服装上身是长袍，罩羊皮袄，下身是布料长裤，冬天则穿皮裤，脚穿皮靴或毡靴，头戴皮帽或绣花小帽；妇女一般穿色彩鲜艳的宽大连衣裙，外罩针织丝绒或长绒的长袍或小坎肩，下配灯笼裤，长袍外面束一条开襟的绣花围裙，脚穿软皮鞋，外套胶皮套鞋。奶类食品是吉尔吉斯人食品的主要成分，吉尔吉斯人食用羊肉、马肉、牛肉、骆驼肉和牦牛肉，其中，绵羊肉和山羊肉特别受欢迎。民族节日很多，“纳乌鲁兹”节是最重要的节日之一，具有全民性，人们在每年 3 月下旬的春分那天庆祝这个节日。节日当天，人们身着盛装，互相祝贺。

三、现代旅游业与旅游市场的发展

1. 政府重视现代旅游业的发展，但诸多问题亟待解决

吉尔吉斯拥有美丽的湖光山色和丰富的历史文化遗存，旅游业发展条件优越。但至2001年，国际旅游外汇收入仅2420万美元。为此，其总统发布了《关于为2005年旅游发展创造良好条件和旅游实行自由签证管理办法》的指示。2006年，吉尔吉斯斯坦优化了国家旅游发展管理体系，建立了独立的国家旅游机构，通过了三项涉及国家旅游发展问题的法律，对特定国家的商人和游客实行自由签证管理办法，而且还可以在主要入境口岸直接办理签证，并强调必须成立地区旅游信息中心。从2008年起，其地方预算支出必须包括用于建设好宾馆、改善基础设施和道路状况、利用广告进行宣传的费用。吉尔吉斯的旅游业近年已有一定发展。

2. 旅游业和旅游市场的新发展

吉尔吉斯国内的政府危机、旅游安全问题以及入境签证的繁杂和拖拉问题等，使其国际入境旅游一度陷入困境，尤其是来自欧美的游客减少了40%左右。后来旅游业发展的重要性重新得到了政府的高度重视，并采取了大量相应的措施。2006年共接待国际游客10万人次，是2001年接待总量的10倍，创造旅游外汇收入1.645亿美元。据吉尔吉斯政府旅游部门提供的资料，目前国际游客中，以休闲度假和观光为目的的游客占64%，商贸旅游占29%，而且游客多来自哈萨克斯坦及其他独联体国家，表明国家入境旅游的发展潜力很大。但总体来说，吉尔吉斯斯坦的国际旅游业仍处在初创阶段，尤其是出境旅游落后。

3. 中吉旅游合作关系发展迅速

中吉两国自古就有丝绸之路相连，现在又是山水相连的友好邻邦。自1992年建交以来，两国友谊又揭开了新的一页。双方高层互访不断，各个领域的友好合作关系取得了长足发展。1996年7月，前国家主席江泽民对吉尔吉斯斯坦进行正式访问，签署了中吉友好联合声明和中吉两国国界协定。2002年6月，阿卡耶夫总统访华，并与江泽民主席签署了两国睦邻友好合作条约。2006年6月，巴基耶夫总统对中国进行国事访问，两国首脑签署联合声明。2007年8月，胡锦涛主席对吉尔吉斯斯坦进行国事访问，签署了《中吉关于进一步深化睦邻友好合作关系的联合声明》。两国旅游合作关系也不断发展。2007年，吉尔吉斯来华旅游5万人次，比上年增长达32.36%。特别是中国北京中坤投资集团已获准对吉尔吉斯斯坦的伊塞克湖自然风景区约10km^{2}的区域进行旅游开发，沿古丝绸之路旅游线路从新疆的喀什向西延伸至吉尔吉斯斯坦的国际黄金旅游线的开辟，预示着中吉两国互为客源市场前景十分广阔。

实 战 演 练

一、课堂讨论

1. 将西亚和中亚作为一个国际旅游市场的科学依据。
2. 西亚和中亚发展特色旅游的最大优势。

二、复习思考

1. 土耳其与沙特阿拉伯均为新兴国际旅游大国，但其根本区别及其原因是什么？
2. 西亚与中亚地区旅游资源环境的主要特征及其国际旅游发展的潜力。
3. 以色列与伊朗发展国际旅游的各种优势及各自的困难。
4. 土耳其国际入境旅游市场兴起的启示。
5. 哈萨克斯坦与我国发展互为客源市场的条件。
6. 国际丝绸之路旅游线路包括的国家及开发现状。
7. 以色列成为中国重要客源国的主要原因。

三、实践指点

1. 在世界政区地图上确定“五海三洲之地”，并对照教材西亚与中亚地区主要国家示意图认识土耳其、沙特阿拉伯、伊朗、以色列、哈萨克斯坦和吉尔吉斯斯坦的位置及轮廓特征。

2. 在网上收集整理关于国际丝绸之路的有关资料，并草绘从中国至土耳其之间的国际丝绸之路各国地图。

四、知识拓展与案例

【知识拓展与案例 6-1】 滑雪旅游

滑雪旅游是人们在冬季的一项兼有旅游与体育健身功能的户外活动，也是四大高消费运动项目之一。它不仅可以丰富冬季旅游项目、缩小旅游淡旺季差距，而且可以以个人、家庭、团体等不同组织形式进行，能吸纳大量国际、国内旅游者，并有利于人们之间的相互了解、广交朋友，是人们冬季锻炼身体、延年益寿的康体旅游产品。全球滑雪人口大约有4亿，其中滑雪度假人数约5000万人次，年消费约5000亿美元以上。冬季高山滑雪人数（沿山坡雪道下滑）大概美国有1100万人次、加拿大有4000万人次、欧洲有800万人次。美国还有300万人次越野滑雪、400万人次雪地滑行，英国的滑雪旅游者也有100万。滑雪旅游的目标群体主要是年轻人、丁克家庭和家庭度假者。据调查，欧洲和北美的滑雪旅游者总体年龄中25～34岁年龄段的比例最高，男性较多。

滑雪旅游的洲际游主要是欧洲和北美游客的互访，滑雪度假地的吸引力主要取决于三点：一是不中途停留的包机和互访定期航班能够将游客从出发地直接送到滑雪地，时间经济而便捷；二是滑雪地有高质量的住宿设施和优质的服务；三是要有高质量自然环境（雪期、雪位及高质量的雪道）。目前滑雪度假地主要在欧洲的阿尔卑斯山以及比利牛斯山脉、美国和加拿大。欧洲最有名的滑雪场主要在法国、意大利、奥地利和瑞士。近年，西亚和中亚的一些山地国家也正在积极发展滑雪旅游。

◆ **联想**：①国际滑雪旅游的现状及发展前景；②滑雪旅游国具备的条件；③世界滑雪旅游对中国的启示。

【知识拓展与案例 6-2】 沙漠旅游

沙漠旅游是利用沙漠酷热干旱、气候变化无常等特点，来锻炼人的毅力、磨炼人的意志的一种旅游产品。沙漠中还常会出现海市蜃楼和美丽的绿洲，给艰难跋涉的旅游者带来意外的惊奇和惊喜。目前世界上非洲的突尼斯和尼日尔开展沙漠旅游比较活跃：突尼斯在南部的撒哈拉沙漠开辟了七个沙漠旅游区，吸引了众多游客；尼日尔在北部著名的特内雷沙漠开辟了60多条旅游线路，全方位开放特内雷沙漠，也吸引了世界各国的许多游客。澳大利亚、墨西哥、阿根廷、智利以及西亚、中亚的一些国家也有发展沙漠旅游的条件，也正在积极开发沙漠旅游产品。

沙漠旅游属于探险旅游之列，有一定的危险性，需要一定技能。探险旅游在发达国家尤其是欧美盛行。其目标群体主要是青少年、丁克家庭和空巢家庭，一般不涉及带孩子的家庭。典型的沙漠旅游者多受过良好的教育，有丰富的旅游经验，40 岁左右，处于事业顶峰期，可支配收入丰富，在外停留时间一般在一周左右，每天户外活动 5 小时或更多，在宿营地过夜。沙漠旅游花费相对较高，市场年均增长速度在 15%左右。旅游目的地开发沙漠旅游市场必须先作详细的市场调研，确定消费需求，要能提供专业服务以帮助旅游者“圆梦”。

◆ **联想：**①世界沙漠旅游的主要魅力、发展现状；②沙漠旅游者的特点，沙漠旅游市场开发潜力；③在我国的内蒙古、宁夏、新疆等内陆省区也开发有沙漠旅游产品，国际沙漠旅游对我国的启示。

五、旅游景观美学欣赏

以色列耶路撒冷哭墙

沙特阿拉伯麦加大清真寺

吉尔吉斯斯坦伊塞克湖

伊朗伊斯法罕皇家广场

土耳其阿耳忒弥斯神庙

哈萨克斯坦巴尔喀什湖

第七章

南亚地区

学习提示

南亚各国都是我国的近邻，自古关系密切。其中，印度以其悠久的历史、灿烂的古文明、迅速发展中的经济以及众多的人口，旅游市场发展潜力巨大；巴基斯坦和尼泊尔均是我国的友好邻邦，发展互为旅游客源市场具有一定潜力；斯里兰卡因其优美的热带海岛、海洋风光及独特的社会风情和生活习俗，为不少国际旅游者所向往，也已成为中国公民出境旅游的新兴的目的地国家。对本章所列入的南亚四国，必须全面学习了解，尤其是印度、巴基斯坦要重点学习掌握。

第一节 概 述

南亚是指亚洲南部从喜马拉雅山脉南侧到印度洋之间的广大地区。由于北面有高大的喜马拉雅山脉把它同亚洲其他地区隔开，使其在地理上形成一个相对独立的单元，故被称为南亚次大陆。世界旅游组织在世界旅游市场划分中，将其统属于南亚旅游市场。南亚北部有尼泊尔、不丹两个内陆山国，南部有印度洋上的斯里兰卡和马尔代夫两个岛国，中间是印度、巴基斯坦和孟加拉国三国。总面积 418 万 km^2，人口约 12 亿，是世界上人口密度最大的地区之一。南亚是世界四大古文明发祥地之一，也是婆罗门教和佛教以及印度教的诞生地，还是伊斯兰教的传播区。

一、旅游资源与旅游环境特征

1. 以山地、高原为主的地形

南亚地区北部是雄伟高峻的喜马拉雅山脉，以南为一系列与它平行的山脉，地势逐级下降形成崎岖而狭长的山区；南部为德干高原，由西向东缓慢下降到孟加拉湾，地表波状起伏；北部山地和南部高原之间，为印度河—恒河平原，土地肥沃，经济发达。喜马拉雅是“冰雪之乡”的意思，平均海拔超过 7000m 的高峰有 50 多座，8000m 以上的参天高峰 14 座，还有无数的形态各异的高山冰川、冰塔、冰柱、冰帘、冰洞、冰丘、冰湖等自然奇观。德干高原是印度半岛的主体，古老多奇。在漫长的海岸线上分布着不少美丽的沙滩，在辽阔的印度洋上还有成群的岛屿与岩礁。

2. 气候以热带季风气候为主

南亚位于赤道至北纬 37° 之间，北部有喜马拉雅山等高山阻挡北方寒冷空气的侵入，全区热量丰富（除山地外），终年温暖，降水的多寡和雨量的季节分配决定各地间的气候差异。马尔代夫和斯里兰卡南部位于赤道附近，终年雨量充沛，为热带雨林气候。西北部干燥少雨，形成热带沙漠气候。其余大部分地区属热带季风气候，年内分为三季：凉季，又称干季（10 月至次年 2 月），以东北季风为主，气候凉爽宜人，是南亚旅游的旺季；热季（3～6 月），气候炎热，大面积地区干旱；雨季（7～10 月），西南季风强劲带来大量降雨，植物生长茂盛、品种繁多，但降水集中易造成洪涝灾害。

3. 人文旅游资源突出，自然风光独特

南亚人文景观具有强烈的宗教色彩。首先，作为宗教活动的寺庙遍及全区，其中不少为建筑艺术和装饰艺术的杰作；其次，全区宗教活动活跃，宗教节日繁多；第三，由宗教信仰所决定的各民族往往具有完全不同的语言文化、风俗习惯、民族服饰。南亚自然风光独特。北部喜马拉雅山以秀丽的雪山风光和著名的登山运动场为特色，南部以热带岛国风光见奇。南亚地区的野生动物资源和热带植物资源极为丰富，鲜花植物多达 3000 余种。珊瑚礁群岛马尔代夫的滨海旅游资源极为丰富，被称为“印度洋上的花环”。

二、旅游业与旅游市场发展的特点

1. 各国政府均重视旅游业的发展

各国政府先后成立了国家旅游局、旅游公司，并把旅游业作为重要部门，制定旅游产业发展计划，提供财政资助，拨专款修建各种旅游设施。例如，斯里兰卡政府早在 1966 年就成立国家旅游局，1968 年又制定了旅游产业 10 年发展计划，并颁布法令鼓励投资修建饭店，对进口饭店设施等实行免税优惠等；印度政府已将旅游业作为创汇产业列入发展重点；尼泊尔政府在 1977 年成立了旅游部，积极发展旅游基础设施，并为私人兴建旅馆发放贷款等。各国还分别开发了疗养旅游、新婚旅游、海滨岛屿旅行、原始生活旅游，以及登山、滑雪、骑马、狩猎、钓鱼、观鸟等富有特色的专项旅游项目，使本区国际国内旅游业获得了一定的发展。

2. 国际出入境旅游市场在曲折中发展

南亚旅游资源丰富，但目前是世界上经济发展水平最低的地区之一，加之宗教教派纷争、恐怖活动及疾病流行等，旅游业疲不能兴，游客人数及旅游外汇收入在国际旅游市场上所占份额很小。1990 年接待的国际旅游者约为 317 万人次，占世界的 0.7%，国际旅游收入为 19.6 亿美元，占世界的 0.77%；2001 年接待入境旅游者约 570 万，国际旅游收入 4.7 亿美元，市场份额仅为世界的 1%。2004 年，南亚旅游业增长率达 23%，共吸引了 800 万游客，商务旅游也继续保持快速增长势头。入境旅游者以欧洲游客人数最多，其次是来自西亚、东南亚以及美洲、非洲、中亚、中东及东亚的新兴市场的旅游者。南亚的国际出境旅游普遍仍较落后，但具有发展潜力。

3．国内旅游观光尚未形成时尚

尽管20世纪国际交流与合作使不同文化发生碰撞、相互渗透，可南亚地区的居民仍然坚持着自己的文化传统。尤其是每一个宗教节日世世代代都按相同的方式度过，其他文化和国际时尚对其也没有任何影响。例如，开斋节的庆祝活动主要有沐浴盛装、参加集体礼拜仪式、听教长讲道，随后便上街购物、走亲访友、登门祝贺、互赠礼品；又如宰牲节，也叫古尔邦节，多以家庭为单位在自家屋檐下庆祝，居民区的小胡同里处处可见宰杀牛羊。节日期间，少有人打破传统（至少中下层百姓如此）外出旅游观光。这就是南亚各国国内旅游消费难以刺激、难成时尚的文化因素。

三、中国在南亚旅游市场中的地位

中国和南亚各国交往源远流长，一直保持着友好关系。由于政治、经济、宗教等多方面的原因，其来华旅游市场在整个国外旅游者市场中所占比例一直较小。近年来，中国与南亚各国高层领导人的互访，促进了旅游合作关系的进一步发展，南亚各国来华旅游人数不断增加。2007年，印度旅华游客达46.2万人次，同比增长14.2%，成为我国主要客源国家之一。巴基斯坦来华旅游人数也达9.8万人次，同比增长12.6%。中国去南亚的旅游人数也不断增多，旅游目的国不断增加。到目前为止，已有巴基斯坦、马尔代夫、斯里兰卡、印度和尼泊尔五个南亚国家被列为中国公民出境旅游目的地国家。

第二节 印 度

印度全称印度共和国，北有喜马拉雅山脉，南临印度洋，西濒阿拉伯海，是东西方的海上交通要冲。国土面积298万km^2，人口约11亿。居民中，印度斯坦族占46.3%，泰卢固族8.6%，孟加拉族7.7%，还有泰米尔族等10个民族。约有82%的居民信奉印度教，其次为伊斯兰教、基督教、锡克教等。英语和印地语同为官方语言。首都新德里。国旗自上而下由橙、白、绿三个相等的横长方形组成，白色长方形中心绘有24根轴条的蓝色法轮。国徽图案为圆形台基上站立着四只金色的狮子，台基四周有四个守卫四方的守兽，守兽之间雕有法轮，下面有句用梵文书写的格言“唯有真理得胜”。国歌为《人民的意志》，国花为荷花，国鸟为蓝孔雀，国树为菩提树，国兽为牛。

一、旅游业与旅游市场发展的地理环境背景

1．复杂多样的自然环境与丰富的自然资源

全境可分为西北部边境高山区、中部平原区和南部印度半岛区三个大区。中部平原属印度河—恒河平原，地势平坦开阔；西部除旁遮普外，大部分为塔尔沙漠所覆盖；南部为德干高原，为一久经侵蚀的古陆块，到处散布着低矮的山岭，高原两侧有山地隆起。印度大部分地区属于典型的热带季风气候，气温较同纬度地区偏高。多大河且水源充足，最大河流为恒河，发源于喜马拉雅山，全长2580km，注入孟加拉湾，有灌溉和航运之利，被印度人民视为“圣河”。自然资源丰富，煤、铁、锰、铬、钛、菱镁矿、铍、锆、独居石、云母、萤石、石油等矿产资源的储藏量均居世界前列，为世界最大的云母片出产地，世界第五大煤、铁矿出产地。

2. 传统型的农业大国，发展中的新兴工业

印度是传统上的农业大国。经历了 20 世纪 60 年代的“绿色”革命之后，又经过了“白色”和“灰色”革命，农业技术水平有了很大提高。粮食可自给，棉花产量常年占世界的20%左右，奶产量居世界第一。其他主要农产品有咖啡、甘蔗、香料、茶、椰子肉、纤维、黄麻等。建立在优质棉基础上的沙丽布料、贝那拉斯锦缎、生丝和棉布等，在东南亚很受欢迎。科技技术发展迅速，科学家和工程师数量在世界上仅次于美国和俄罗斯。经多年建设，已形成较完整的工业体系，钢铁、煤炭、化工、石油、电力、机械等工业均有长足发展，尤其在原子能开发利用、航天、军工等方面有相当水平。电子工业发展较快，目前已成为世界主要软件中心之一。世界上 80%的钻石在印度切割、抛光、加工。

3. 悠久的文明历史和现代西方式民主政治

公元前 2000 年前后创造了印度河文明；约公元前 1000 年，开始形成以人种和社会分工不同为基础的种姓制度；公元前 4 世纪崛起的孔雀王朝开始统一印度。阿育王统治时期疆域广阔，政权强大，佛教兴盛并开始向外传播。中世纪印度教兴起；自 11 世纪起，来自西北方向的穆斯林民族不断入侵并长期统治印度，1526 年建立莫卧儿帝国，成为当时世界强国之一。1600 年英国侵入，1849 年全境被英国占领。1947 年 6 月，英国将前印度分为印度和巴基斯坦两个自治领；同年 8 月 15 日，印巴分治。1950 年 1 月 26 日，印度共和国成立，为英联邦成员国。印度为联邦制国家，采取英国式的议会民主制。总统为国家元首和武装部队的统帅，由联邦议会及邦议会组成的“选举团”选出，每届任期五年，总统依照以总理为首的部长会议的建议行使职权。议会由联邦院（上院）和人民院（下院）组成。副总统为法定的联邦院议长，人民院为国家主要立法机构，最高法院是最高司法权力机关，由总统委任。

4. 高度发达的宗教文化与教育

早在公元前 2000 多年前，印度的原始居民达罗毗荼人就已经有了高度发达的城市文明。大约公元前 2000 年前后，游牧民族雅利安人从西北进入印度。在此后近千年的时间里，雅利安人由印度河流域逐渐向东南发展，移往恒河流域。这一时期，在印度历史上称为“吠陀时代”和“史诗时代”。史诗时代产生了两部不朽的史诗，即《摩诃婆罗多》和《罗摩衍那》，对印度人民的思想行为、道德观念以及文学艺术、风俗习惯等都具有深远的影响。印度的音乐、舞蹈、绘画、雕刻和建筑等艺术也高度发达，尤其是壁画在世界上享有盛誉。教育相当发达，实行 12 年一贯制中小学教育，高等教育共 8 年。现有 254 所综合性大学，著名的有德里大学、尼赫鲁大学、加尔各答大学等。

二、旅游资源与旅游地特点

1. 富有强烈地域特色的旅游城市和风景名胜

（1）**德里** 位于恒河支流亚穆纳河畔，人口 1100 多万，以著名的拉姆利拉广场为界，广场以南为新德里，广场以北为旧德里。新德里为印度的首都，也是全国的政治、文化中心，街道整齐、宽阔，高楼林立，碧绿的草坪点缀其间，给人以清新、舒适、现代化之感。旧德里街道狭小，低矮的残旧建筑与牛车、人力车充斥其间，给人以古朴、沧桑之感受。

阿格拉红堡 有 400 多年的历史，全部用红砂石砌成，形似城堡，南北长 976m，东西宽 548 米，城墙全长 2400m，高 33.5m，城墙上建有塔楼、亭阁、阳台和透雕的大理石窗，所有亭台楼阁没有一块木料或是铁钉，已列入《世界文化遗产名录》。

胡马雍陵 位于德里东南郊亚穆纳河畔，是莫卧儿王朝第二代皇帝胡马雍的陵墓，建于1565年。墓体状如蹲坐，高大的拱形入口上面是一个球形墓顶，墓的四周环绕着排列整齐的花园。红沙石精细的镂花、花园式的内景和四周墙壁上的拱形大门，构成典型的莫卧儿建筑风格，列入《世界文化遗产名录》。

（2）**加尔各答** 西孟加拉邦首府，印度第一大城市，印度东部水运和铁路、航空枢纽，重要的工商业、金融中心。加尔各答位于恒河下游支流胡格利河畔，人口1400多万。市内殖民地色彩建筑林立。主要的旅游景点有那克荷达清真寺、帕芮须纳特寺庙、印度博物馆，以及著名诗人泰戈尔的故居、旅印华人华侨最大的聚居地"塔坝社区"等。

塔坝社区 位于加尔各答东郊，目前有华裔居民人口约1000人，是印度最大且是唯一的华人聚居地，但在极盛时期，当地华人人口一度达四五万人之多，以祖先来自广东梅县的客家人居多，至今仍秉持典型的传统中华文化，过着勤俭创业的生活。

（3）**孟买** 印度最大的港口和西海岸的门户，也是印度最大的商业中心。市区高楼林立，街道繁华，一座座高大建筑，令观者赞叹不已，素有"小印度"之称。

印度门 位于孟买湾，面对阿拉伯码头，是1911年时为纪念英国国王乔治五世到访所建。由于门下可以容纳600人，因此经常被用做举行盛典的场所。1947年印度独立的时候，便在印度门前的广场举行了阅兵仪式。

（4）**阿格拉** 位于北方邦亚穆纳河南岸，曾为莫卧儿王国的首都。1504年，德里鲁迪王朝的第二代皇帝塞坎达尔·鲁迪在此建都。现在的雄伟城堡和华丽宫殿都是莫卧儿王朝帝王建造的。城内著名建筑达500多座，兼有伊斯兰教与印度教建筑艺术特色。

泰姬陵 位于阿拉格城邦朱木拿河南岸，是公元17世纪印度莫卧儿王朝国王沙贾汗的宠妃慕玛泰姬·玛哈尔之墓。泰姬陵占地17万m^2，东西长约580m，南北宽305m，四周为红砂石围墙。陵墓全部用洁白的大理石建成，高74m，修筑在一座7m高的大理石平台上，以独特的建筑风格和艺术魅力号称世界七大奇迹之一，已列入《世界文化遗产名录》，2007年又被评为世界新七大奇迹之一。

（5）**斋浦尔** 沙漠之邦拉加斯坦邦的首府，曾经是众多王朝的聚集之地，拥有大量古城堡及其遗址。城市中所有的建筑都是粉红色的，因此被称为"红粉城市"。庄严肃穆的宫殿、七彩缤纷的市集、盘踞于市内的城堡，使斋浦尔弥漫着一片浓厚的中世纪气氛。斋浦尔是全印度著名的宝石加工集散中心。

斋浦尔王宫 历代土王亲政起居的宫殿。王宫内修建了十余座富丽堂皇的亭台楼阁，种植有许多奇花异树。印度独立以后，已改为王宫博物馆，馆内陈列了许多极珍贵的历史文物和艺术杰作。

2. 自然旅游资源多姿，人文旅游资源多彩

印度山川秀丽，野生动物保护区和国家公园遍及全国。其中印度河沿途风光优美，尤其上游河窄流急，两岸森林茂密；位于西孟加拉邦的大吉岭，海拔2280m，气候凉爽，是个被美丽森林所围绕的世界性避暑胜地。人文旅游资源更具魅力，著名的红堡、泰姬陵等，均以其独特的建筑风格和艺术魅力，赢得了世界声誉。德干高原上的巨大遗迹阿旃陀石窟壁画、埃罗拉的雕刻和浮雕都是印度的伟大杰作；印度教圣地瓦拉纳西，曾是王国都城，城内有几千座大大小小的印度教庙宇和寺院；奥里萨邦的科尔腊格庙，是一座太阳神庙，以其精美的雕刻而闻名于世；印度锡克教圣地阿姆利则的金庙，坐落在苍翠高大的菩提树、榕树丛中，远眺酷似万绿丛中一颗灿烂夺目的珍珠，尽皆令人神往。

3. 丰富多彩的民族文化和独特的民俗风情

印度是多民族、多宗教的国家，各民族都有自己的语言和习俗。全国民间节庆有 360 多个，主要有新年（1 月 1 日）、罗里节（也称马卡·桑克兰梯节，1 月 15 日）、贺利节（在 3 月份）、纳加潘察米节（蛇节，8 月 19 日）和赞马舒塔米节（在 8 月季风时节中期）等。印度人对牛特别崇敬。印度人以大米为主食，高级的印度风味米饭用肉汤烹制，里面再加上肉、青菜和果仁等佐料，称为“皮罗”（烩肉饭）。印度妇女喜欢在额头正中点上一颗指头大小的红痣，它是人工点就或用红色锡箔贴上的，象征喜庆和吉祥，印度人称之为“特丽佳”。原先只有已婚妇女才有此特权，但现已发展成一种化妆美容的普遍做法，并增加了黄、紫、绿、黑（消灾避祸）等颜色。“吉祥痣”已成为印度民族风格的标志。

三、现代旅游业与旅游市场的发展

1. 政府十分重视旅游业的发展

印度政府 1949 年就成立了“旅游交通局”，1958 年 3 月，在交通部下建立了旅游局和民航局。为促进旅游业的发展，1965 年 3 月，政府将几家大旅游公司和饭店合并为印度旅游发展联社；1966 年 11 月，印度旅游发展有限公司成立。1982 年制定了旅游法规和政策，并设立了民航旅游部。旅游局在全国各主要旅游城市有 20 个办事处，驻海外机构有 18 个。印度政府还积极鼓励外商投资印度旅游业，制定了很多优惠政策。经过半个多世纪的发展，到今天，印度旅游服务业已具备一定规模。包括饭店、旅行社、旅游车船公司、旅游商贸服务公司和旅游管理机构等在内的旅游服务机构越来越多，旅游从业人数不断增加。

2. 国际出入境旅游市场发展迅速

印度具有发展旅游业的资源优势，旅游业起步晚，但发展较快，且潜力大。1998 年，旅游外汇收入 31.68 亿美元，居世界第 34 位。受“9·11 事件”影响，国际入境旅游者人数一度下滑，但 2003 年印度入境旅游人数增长了 14.6%，外汇收入增长了 23%，成为世界第三大旅游热点；2007 年，印度接待国际游客达 508 万人次，创汇 107 亿美元。据预测，印度到 2020 年左右有望成为世界第三大旅游目的地国家。印度的主要客源市场是亚洲，其次是西欧地区，再次是北美地区。印度公民出国旅游的人数增加也很快，2007 年达 978 万人次，已成为世界重要旅游客源国之一。

3. 中印旅游关系稳步发展

自以古来，旅游活动就一直伴随着中印友好交往的发展。作为两大文明古国，中印交往历史绵长。佛教东传是古代中印交往的重要内容，法显、玄奘天竺取经，郑和下西洋，丝绸之路的开辟等，这些古代的旅游活动在中印两国人民亲近友好的交往史上留下了不可磨灭的印记。20 世纪 80 年代以来，中印之间的旅游活动逐步增多。1984 年，印度来华旅游者 0.45 万人次；1994 年，3.56 万人次；及至 2007 年，已达 46.25 万人次，印度已成为我国的第 15 大国际旅游客源国。同时，中国公民出境到印度观光游览的人数也逐年增加。2003 年，中国大陆赴印度旅游人数达 1.34 万人次，2007 年便达 6.98 万人次，比上年增长 48.2%，2008 年，8.38 万人次，比上年增长 20%，发展前景仍十分广阔。2005 年 4 月 9～

12日，温家宝总理对印度进行了正式访问。访问期间，两国总理签署了两国政府联合声明，并同意将共同努力进一步扩大两国直达航班和轮船、旅游及民间接触，同时签署了近二十项协议，其中就包括旅游合作协定，而且其发展趋势是两国将互为重要客源国家。

第三节 巴基斯坦

巴基斯坦全称为巴基斯坦伊斯兰共和国，位于南亚次大陆西北部，东北紧临中国，南濒阿拉伯海。面积79.61万km^2，人口约1.49亿。巴基斯坦是一个由旁遮普、信德和俾路支等民族组成的多民族伊斯兰国家，95%以上的居民信奉伊斯兰教。乌尔都语为国语，英语为官方语言。首都为伊斯兰堡。国旗呈长方形，左侧是白色竖长方形，右侧为深绿色长方形，绿色部分中央有一颗白色五角星和一弯白色新月。国徽颜色同国旗：顶端是五角星和新月图案；中间是盾徽，盾面分为四部分，分别绘有棉花、小麦、茶、黄麻四种农作物；盾徽两侧饰以鲜花、绿叶；下端的绿色饰带上用乌尔都文写着“虔诚、统一、戒律”。国歌为《保佑神圣的土地》，国花为素馨花，国球为曲棍球。

一、旅游业与旅游市场发展的地理环境背景

1. 以山地为主的自然环境与较为丰富的自然资源

全境3/5为山区和丘陵地，地势西北高、东南低。蒂里奇米峰为境内最高峰，海拔7690m。南部沿海一带为荒漠，向北伸展则是连绵的高原牧场和肥田沃土。喜马拉雅山、喀喇昆仑山和兴都库什山在西北部汇聚，形成了奇特的景观。南部属热带气候，其余地区属亚热带草原和沙漠气候。南部湿热，受季风影响，雨季较长；北部地区干燥寒冷，有的地方终年积雪。年平均气温27℃，年平均降雨量不到300mm。源自中国的印度河自北向南，流经巴基斯坦2300km，最后注入阿拉伯海。矿产资源较为丰富，以开采天然气、石油和铬矿为主。

2. 以农业为主的经济

巴基斯坦经济以农业为主，但工业发展迅速。历史上巴基斯坦仅有落后的农业而无工业，1947年以前一直是印度的原料供应地。印巴分治以后，工业才开始发展起来。20世纪70年代，运用新技术和机器开始的“绿色革命”使其小麦、水稻及蔗糖产量大幅度增产，因而有剩余粮食可供出口。水果资源非常丰富，素有“东方水果篮”之称：在平原洼地盛产香蕉、橘子、芒果、番石榴和各种瓜类，在山地高原则盛产桃子、葡萄、柿子等。进入20世纪80年代，巴基斯坦成为南亚经济增长速度最快的国家之一。工业发展迅速，最主要的工业是棉纺织业，其他还有毛纺织、制糖、造纸、烟草、制革、机器制造、石油等工业，主要出口棉花、大米、纺织品、皮革制品等。

3. 独特的国家文明历史进程和政治体制

公元前1800年，印度河谷曾有过高度文明，吠陀信仰是印度教的前驱。到公元200年，以白沙瓦为首都的贵霜帝国十分强盛，其贸易的繁荣得益于古丝绸之路经过这里。当时佛教十分流行，全国有数千座庙宇。公元16～17世纪，巴基斯坦属莫卧儿王朝的一部分，伊斯兰教

处于鼎盛时期。18 世纪沦为英国的殖民地。1947 年根据英国公布的《蒙巴顿方案》，实行印巴分治。1947 年 8 月 14 日，宣告独立而成为英联邦的一个自治领。1956 年 3 月 23 日，巴基斯坦伊斯兰共和国成立，为英联邦成员国。总统由全民选举产生，总理由国民议会选举产生。议会实行两院制，由国民议会（下院）和参议院（上院）组成。

4．富有传奇色彩的文化与教育

巴基斯坦是人类最古老的文化发源地之一。《故事总汇》是中世纪著名作家穆罕默德·奥非（1172—1242）的杰作，充满了逸闻其事。继其后有诗人兼音乐家阿米尔·胡斯劳（1253—1325），其重要著作有关于宫廷风流韵事的《情人》和散文诗《奇迹之书》。旅行家伊本·巴图塔（1304—1377）到过许多国家，曾在我国元朝时以苏丹使者身份访问中国，著有《游记》。N. F. 阿里·汗为当今巴基斯坦最著名的宗教音乐家和歌唱家，其唱片集《真主颂》极为畅销。在现代文学领域里，最知名的当推诗人阿拉马 M. 依克巴尔，正是他唤醒了巴基斯坦的民族意识。巴基斯坦教育有悠久历史，传授伊斯兰《古兰经》的学校，可以说是巴基斯坦最早的学校。巴基斯坦现致力于普及小学教育，高等教育有一定的发展，著名大学有国际伊斯兰大学、白沙瓦大学和旁遮普大学等。

二、旅游资源与旅游地特点

1．重要的旅游城市

（1）**伊斯兰堡** 具有伊斯兰教色彩的现代化都市，全国政治、文化中心。地处内陆，属亚热带季风气候，自然环境优美。主要风景名胜有费萨尔清真寺、塔克西拉、“玫瑰和茉莉公园”。

费萨尔清真寺 坐落于伊斯兰堡市区北部，占地约 19 万 m^2，四座尖塔高 88m，主祈祷厅高 40m，可容纳万人同时祷告。寺前广场内有巴基斯坦前总统齐亚·哈克墓。附属建筑为神学院。

塔克西拉 原名塔克西哈拉，位于伊斯兰堡西北约 50km，是有着 2500 年历史的古城，也是唐玄奘西游取经的最后一站《西游记》中“西天”的原型。这里富饶而美丽。

（2）**拉合尔** 全国文化中心，历史名城，旁遮普省省会。主要景点有巴基斯坦独立塔、伊斯兰国家首脑会议纪念碑、拉合尔古堡、夏利玛公园和皇家清真寺等。

拉合尔古堡 莫卧儿王朝的建筑瑰宝，始建于公元 1021 年。公元 1566 年，莫卧儿王朝的阿克巴大帝为了抵抗外敌入侵，在拆除旧城后修建了高墙环绕的砖结构王宫。此后又不断增修扩建了花园和寝宫，数百年的历史风雨侵蚀后，虽许多建筑辉煌旧貌已荡然无存，但其遗迹仍然很有风韵。

皇家清真寺 位于拉合尔古城外，巴基斯坦最大的清真寺。寺院的高大围墙由红砂岩砌成，院内的大广场可容纳 10 万人同时祷告。广场西侧清真寺的主体建筑——礼拜堂建筑宏伟，光彩夺目，显出浓厚的波斯和莫卧儿风格。

（3）**卡拉奇** 巴基斯坦最大城市和最大港口，全国工商业和贸易中心，信德省省会，也是往来东南亚、非洲、欧洲的国际航空港，人口约 1200 万。市区有巴基斯坦国父真纳的陵墓、巴图大清真寺等名胜。

国父墓 又称“真纳墓”，是巴基斯坦国父穆罕默德·阿里·真纳的陵墓，位于卡拉奇市中心，建于1970年。伊斯兰风格的方形白大理石陵墓主体屹立于棕榈树和各色鲜花之间，整个环境清新幽静，给人以庄严、圣洁之感。

2．著名的风景名胜

（1）**克什米尔谷地** 位于喀喇昆仑山区，吉尔吉特市的东北部，罕萨河右岸。地势高峻，冰川密布，高山积雪融化汇成罕萨河，向西南流入吉尔吉特河，喀喇昆仑公路由此通过。

（2）**罕萨** 世界著名"长寿之乡"，是一处被喜马拉雅山包围、海拔2438m的山区。这里风景如画，恬静如诗，人人过着"日出而作，日落而息"的农耕生活，自给自足，与世无争。当地人几乎从不患病，六七十岁根本不叫老人，八九十岁仍在地里劳作，健康地活过一百岁在这里并不算什么稀罕事。

（3）**克里夫顿海滩** 位于卡拉奇市郊的克里夫顿镇，濒临阿拉伯海。海滩宽阔、沙质细软、海水清澈，保持着原始的野趣。

3．社会习俗与民族风情

巴基斯坦绝大多数居民信奉伊斯兰教，每天都要面向麦加做五次祈祷，每逢礼拜和大的宗教节日，人们都到清真寺聚会。男人见面一般握手一次，然后行拥抱两次大礼。在公共场合，男女授受不亲，即使是夫妻在公交车上也要分开坐。13岁以上的女子一般穿宽大的长袍，外出时要戴上面纱。巴基斯坦人喜食香辣食品，喜欢炖菜，吃饭时用右手抓着吃，小麦煎饼是其主食；有嚼槟榔的习惯，也很喜欢饮茶；严格禁酒。民间节日众多，有些是宗教性的，如开斋节、穆罕默德生日等；另一些则纯属文体活动节日，如每年2月底在俾路支斯坦省的锡比市有锡比节，其间有传统的运动会、民间音乐歌舞表演和工艺品展销会，3月下旬在西北边疆省的吉尔吉持、奇特拉尔等地有为期三天的"纳罗兹"节，举行马球、足球、排球和曲棍球比赛并伴有民族歌舞演唱会等。

三、现代旅游业与旅游市场的发展

1．旅游基础设施有待完善，旅游配套设施和服务项目单一

全国有铁路8875km，公路20.85万km，有卡拉奇和卡西姆两个国际海运港口，有49条国际航线。旅游住宿设施相对落后，全国仅有十家五星级酒店，最多的是汽车旅馆、客栈和招待所。许多旅游景点的配套设施和服务项目比较单一或简单，只适合一日或半日游。例如，卡拉奇50km以外的鹰群湾海滩，其环境极其宁静，但可给客人提供的休闲活动实在太少。

2．现代旅游业发展相对缓慢，但近期发展较快

巴基斯坦旅游业发展缓慢。20世纪70年代初才成立旅游公司，经过30多年的发展，现在巴基斯坦的旅游业能基本满足各项专业旅游活动的需要，到巴基斯坦观光或者进行特色旅游的外国人日渐增多。2007年，入境外国旅游者人数为84万人次，国际旅游收入为9亿美元，尚属落后。为了刺激旅游业的发展，近几年来，巴基斯坦旅游部门采取了多种措施，如将攀登超过6500米山峰的特许费用下调了50%，缩短了游客签证的办理时间等。

3．中巴旅游合作关系极具潜力

中国和巴基斯坦是山水相依的友好邻邦，两国人民有着悠久的传统友谊。早在1000多年前，中国晋朝的高僧法显和唐代高僧玄奘就先后到过巴基斯坦的许多地区。中巴两国1951年5月21日建交以来，双方高层领导人交往频繁，两国在各个领域的互利合作关系

不断发展。2003 年 11 月，巴基斯坦前总统穆沙拉夫出席第二届博鳌亚洲论坛年会后对中国进行了国事访问，并与时任国家副主席的胡锦涛签署《中巴关于双边合作发展方向的联合宣言》。2005 年 4 月，温家宝总理对巴基斯坦进行正式访问，两国签署了睦邻友好合作条约。近年来，中巴双边经贸合作关系发展迅速，中巴旅游合作也迈出了新的步伐。2007～2009 年连续三年，巴来华游客均有 10 万人次左右。尽管目前赴巴旅游存在较大不安全因素，但 2008 年中国大陆赴巴游客仍有 2.82 万人次，比上年增长 7.1%。

第四节 尼 泊 尔

尼泊尔全称尼泊尔联邦民主共和国，是位于喜马拉雅山中段南麓的内陆山国。北与中国西藏接壤，西、南和东南三面与印度毗邻，面积为 14.72 万 km^2，人口约 2642 万，有尼泊尔（亦称廓尔喀）、尼瓦尔、塔鲁等 30 多个民族，居民中 85%以上信奉印度教。尼泊尔语为国语，通用英语。首都加德满都。国旗由上小下大、上下相叠的两个三角形组成，旗面为红色，旗边为蓝色。红色是国花红杜鹃的颜色，蓝色代表和平。上面的三角形旗中是白色弯月、星图案，代表皇室；下面三角形旗中的白色太阳图案是来自拉纳家族的标志。两个旗角表示喜马拉雅山脉的两个山峰。国徽中部底图是世界第一高的珠穆朗玛峰，峰顶飘着尼泊尔国旗，峰底依次是丘陵和平原。浮在地貌底图之上的是白色尼泊尔地图和女性与男性握手图样。底部基座是弧形的红绶带，上面用梵语写着“母亲与祖国重于上天”。国歌为《唯一百花盛开的国度》，国花为杜鹃花，国兽为黄牛。

一、旅游业与旅游市场发展的地理环境背景

1．复杂的自然环境和丰富的自然资源

地形大致分为南部平原地区、中部河谷地区和北部高山雪峰区，全国总面积的 83%位于海拔 900m 以上的喜马拉雅山地区，素有“高山王国”和“世外桃源”之称。境内在 6100m 以上的雪峰达 240 余座，全世界十座海拔在 8000m 以上的高峰，就有八座在尼泊尔境内或其边境上。南方锡伐利克山区森林繁茂，林间生活着大象、犀牛、野水牛和老虎等大型野生珍稀动物。北部的喜马拉雅山区除麝香鹿、黑羚羊、野牦牛、野象外，还有世界罕见的高山珍稀动物雪豹等。尼泊尔有铜、铁、铝、锌、磷等矿藏。水电蕴藏量约占世界水电蕴藏量的 2.3%。

2．经济以农业为主，工业有一定发展

尼泊尔是个农业国家，农业人口占全国总人口 90%以上，主要农产品有大米、玉米、小麦、黄麻、茶叶、甘蔗等。工业主要为农、林、牧产品的加工工业。由于尼泊尔政府长期推行一系列发展民族经济的方针政策，经过 40 多年的发展，取得了瞩目的成就。农业生产持续增长，工业领域不断扩大，对外贸易全面开放，国际旅游蓬勃发展，国民经济得到全面发展。但由于经济基础实在太差，加上政治上多变，整体经济仍很落后。

3．发展曲折的历史和联邦民主共和王国体制

尼泊尔历史悠久，为世界佛教发源地。约在公元前 6 世纪就已建国，到公元 12 世纪，

先后有基兰底王朝、塔库和王朝，13～18 世纪建立了马拉王朝。18 世纪后半期廓尔喀人征服马拉王朝，统一了尼泊尔，建立沙阿王朝。1814 年后沦为英国殖民地，1923 年英国承认尼泊尔独立。1951 年实行君主立宪制。2008 年废除君主政体实行了联邦民主共和国体制。党派主要有尼泊尔大会党、尼泊尔共产党（联合马列）、民族民主党和尼泊尔亲善党。

4．悠久的文化与发展中的教育

尼泊尔拥有丰富多彩的建筑、雕刻、绘画、文学、音乐和舞蹈等文化艺术。公元前 6 世纪，尼泊尔人就在加德满都一带定居并建立王朝，公元 565 年佛祖释迦牟尼诞生于兰毗尼。境内名胜古迹很多，历代兴建的宫殿、庙宇、寺院和佛塔等金碧辉煌、瑰丽多姿，都具有很高的建筑艺术特色。公元 12～13 世纪，运用木雕技术装饰塔顶，加德满都皇宫广场上的加德满都独木庙就是那个时期的作品。20 世纪面世的史诗《夏昆塔拉》、《苏洛恰那》、《木纳玛丹》，诗集《比可拉里》、《普罗米修斯》，散文诗《帕格尔》等至今都广为流传。尼泊尔实行了义务教育，著名的大学有特里布文大学、马亨德拉梵文大学、加德满都大学、博克拉大学和普尔阪查尔大学等。

二、旅游资源与旅游地特点

1．神奇的自然风光

自北而南百余公里地域内海拔从“世界屋脊”——喜马拉雅山主脉的 8000 多米，急剧递降至 100m 以下的德赖平原，这种举世罕见的强烈的地势起伏，导致了自然环境的复杂变化，并形成神奇的自然旅游资源。北部大喜马拉雅山脉横贯，雄伟壮观，吸引了来自世界各地无数的探险家和登山旅游者；发源于喜马拉雅山脉的巴格马提河、塞提河等切穿山脉，形成一系列气候温和、物产丰饶、人口稠密的山间盆地，造就了境内绝美的自然生态景观，全国有 14 个野生动植物保护公园。其中著名的基特温国家公园占地 980km^2，各类野生动植物汇集，常有与独角犀牛面对面的机会，全境 1/3 的孟加拉虎亦集中于此。

2．多具宗教色彩的城市与风景名胜

（1）**加德满都**　全国政治、经济、文化中心，四周青山环绕，常年鲜花盛开，被称为山国的“春城”。历代王朝在此兴建了大批庙宇、佛塔、神龛和殿堂。最负盛名的大梵天庙、大佛塔等建筑气势雄伟、金碧辉煌，使其获得“宗教建筑之都”的美誉。

（2）**廓尔喀**　位于加德满都的西北，1559 年曾在此建立过独立的廓尔喀王国。城池全由石头筑成，北倚悬崖峭壁，只有南面有崎岖山道通行，精美的王宫和寺庙雄踞于高山之巅。走进街市，石街、石墙、石房、石塔古庙随处可见。

（3）**勒利德布尔**　与首都加德满都隔巴格马提河相望，曾为帕坦王国都城，素以制作工艺美术品著称，被誉为“艺术之城”。市区街道造型别致，做工精细的石殿、木雕以及陶制、金属制作的神像等手工艺品到处可见。主要景点有玛哈巴蒂庙、金寺帕坦故宫、鲁德拉·瓦纳寺等。

（4）**巴克塔普尔**　历史古都，位于首都加德满都以东 12km，城市依山坡而筑，13 世纪初马拉王朝定都于此，所遗存的寺庙、佛塔、石亭、雕像等林立在大街、商店和住宅之间。主要景点有马拉王朝王宫、尼亚塔婆拉塔、达塔特拉亚庙等。

（5）**兰毗尼**　释迦牟尼的出生地，位于鲁潘德希县，因古代天臂国善觉王夫人兰毗尼的花园而得名。主体工程兰毗尼花园，环境清雅。这里有纪念佛祖母亲玛亚·黛维而建的摩耶女神庙。庙旁清澈如镜的小水池相传是当年佛祖淋浴的地方，池边长有一株胸径达 13m 的大菩提树。

3. 瑰丽多姿的社会习俗与民族风情

尼泊尔各民族之间的风俗各具特色。例如，纽瓦尔印度教徒和佛教徒一样，都在自己的种姓集团中婚娶。全国性节日有 20 多个，民间节日 100 多个。每年 9 月底的因陀罗节历时 8 天，以纪念“雨水和粮食之神”；10 月宰牲节，全国范围内庆祝，连续 10 天举行祭典，并要杀数百头野牛祭祀“多鲁加女神”；11 月是“神牲节”，动物不是被宰杀而是被给予很高的荣誉。尼泊尔人在接人待物方面，通常的问候语是“那马斯特”，相应动作是双手合十；进入尼泊尔寺庙、住宅之前要脱掉鞋子；注重着装，尤其是女性切忌穿着暴露；皮毛物品严禁带入寺庙范围内；围绕寺庙或佛塔行走应依顺时针方向。尼泊尔人通常点头表示“不”，摇头却是表示“同意”。临别时主人一般送客人三件礼物：尼泊尔帽、刀和布鞋。握手或传递东西时最好用右手或双手。

三、现代旅游业与旅游市场的发展

1. 政府重视旅游基础设施建设

为加强对旅游行业的管理，1977 年政府成立了旅游部。尼泊尔皇家航空公司也积极配合，为缓解交通困难，除尽可能增加航班、出租直升机供游客游览各地名胜外，还每天组织一次观赏喜马拉雅山雪峰的“山地飞行”，并在萨加玛塔峰海拔 4000m 的地方兴建了一座据称是世界最高的旅馆——埃佛勒斯风景旅馆，以满足旅客就近观赏主峰景色。政府还积极发展旅游基础设施，并为私人兴建旅馆等发放贷款。亚洲开发银行也曾批准向尼泊尔提供一笔总额 1 亿多美元的无息贷款，以帮助其发展旅游基础设施。目前，其旅游设施基本上能满足接待需要。

2. 发展中的现代旅游业

尼泊尔具有发展旅游业的优越资源和条件，但是在 20 世纪 50 年代以前，这里基本上是一个对外封闭的社会，除了身负使命的外交官员以外，很少有人能进入这块“世外桃源”。政府从 50 年代开始重视发展旅游业，但规模较小。1957 年，尼泊尔成立了旅游发展中心，积极培训专业人员，促进了旅游业发展。1966 年，到尼泊尔访问的外国游客为 1.2 万多人，至 1979 年上升到 12.9 万余人。进入 80 年代以来，入境的外国游客增长较快，2005 年全年接待国外游客 37.5 万人次。主要客源以亚洲游客为主，印度游客占总数的 25.7%，其次为西欧和北美游客。

3. 中尼旅游关系稳步发展

中尼之间有着上千年友好交往的历史。晋代高僧法显、唐代高僧玄奘曾到过佛祖释迦牟尼诞生地兰毗尼。唐朝时，尼泊尔公主尺真与吐蕃赞普松赞干布联姻。元朝时，尼泊尔著名工艺家阿尼哥曾来华监造北京白塔寺。现在，两国人民之间的传统友谊和友好合作关系不断发展，高层往来不断。近年来，中尼在旅游、文化、教育等方面的合作发展较快。2001 年，中尼签署《关于中国公民赴尼泊尔旅游实施方案的谅解备忘录》；2002 年 6 月，中国公民赴尼旅游正式启动，尼泊尔成为第 16 个中国公民自费出国旅游目的地国家。2007

年，尼泊尔旅华人数为 3.02 万人次；同年，中国大陆赴尼泊尔游客为 2.86 万人次，比上年增长 81.9%，中尼两国互为客源国家的格局已经形成。

第五节 斯里兰卡

斯里兰卡全称斯里兰卡民主社会主义共和国，曾用名锡兰，位于印度半岛东南，是印度洋上一个美丽富饶的岛国。西北隔水深不足 10m 的保克海峡与印度为邻，东临孟加拉湾，西与马尔代夫隔海相望。陆地总面积 6.56 万 km^2，人口约为 1901 万。居民中以僧伽罗人和泰米尔人人数最多，分别占全国人口的 73.98%和 18.16%。僧伽罗语为官方语言。首都科伦坡。国旗是“狮子旗”。国徽包括一只水碗，内插稻穗，稻穗托起一头由莲花瓣环绕着的传令雄狮，狮上方是法轮，水碗两侧分别为太阳和月亮。国歌为《顶礼，顶礼，母亲》，国花为兰花。

一、旅游业与旅游市场发展的地理环境背景

1．热带岛国环境与丰富的自然资源

斯里兰卡为海洋岛国，本岛地势中南部高，四周低。地形以平原为主，包括北部平原、东南平原、西南平原三大部分，合计约占国土面积的 80%。中南部为高原山地，平均海拔 600m 以上，其最高峰皮杜鲁塔拉格勒山，海拔 2525m。北部属于热带草原气候，南部属于热带雨林气候。年平均降雨量约为 1900mm，年平均气温 28℃，终年如夏。河流发源于中南部山区，呈放射状向四周分流入海。河流上游多形成山间深谷，有许多的瀑布、跌水景观。矿产资源主要有石墨、宝石等，其中石墨的产量居世界首位，兰卡宝石在世界享有盛誉。近年在西北沿海海底发现石油，中央省发现了大磷酸盐矿。森林面积约占国土面积的 45%，特有植物多达 1000 多种。马纳尔湾沿岸海域出产珍珠。

2．以种植园为主的农业经济

斯里兰卡是一个以种植园经济为主的农业国家。农业自然环境优越，特别有利于种植茶叶、橡胶、椰子、可可、香料和香蕉等热带、亚热带经济作物。茶叶、橡胶和椰子是斯里兰卡国民经济收入的三大支柱。农业人口占全国总人口的 72.2%，经营方式多为私营种植园，规模不大。渔业为斯里兰卡的支柱产业之一。工业基础薄弱，独立后发展了自己的民族工业。主要工业部门有纺织、服装、皮革、食品、饮料、烟草、石油加工、橡胶、金属加工和机器装配等。

3．独特的国家历史发展轨迹与现代西方式民主政治

2500 年前，来自北印度的雅利安人移民至锡兰岛建立了僧伽罗王朝。公元前 247 年，印度孔雀王朝的阿育王派其子来岛弘扬佛教，受到当地国王的欢迎，从此僧伽罗人摈弃婆罗门教而改信佛教。公元前 2 世纪前后，南印度的泰米尔人也开始迁徙并定居锡兰岛。16 世纪起先后被葡萄牙和荷兰统治，18 世纪末成为英国殖民地。1948 年 2 月 4 日独立，成为英联邦的自治领。1972 年 5 月 22 日，宣布把国名锡兰改为斯里兰卡共和国。1978 年 8 月 16 日改国名为现名，仍是英联邦成员国。总统为国家元首，兼武装部队司令，享有任命总理和内阁其他成员的权力。议会实行一院制。主要政党有斯里兰卡自由党、人民解放阵线和统一国民党等。奉行独立和不结盟的外交政策。

4．丰富多彩的宗教文化和发展中的教育

斯里兰卡民族文化历史悠久，深受佛教影响，并融入印度教和西方文化，共同形成了斯里兰卡特有的地域文化艺术。例如：音乐，僧伽罗乐谱的七个音阶由七个僧伽罗字母表示，不使用简谱；舞蹈，僧伽罗舞蹈主要以鼓乐伴奏，节奏感强，舞蹈者四肢和身体随鼓乐做各种旋转变化，同时伴以抒情、柔软的手部动作；绘画，僧伽罗人的绘画艺术是和佛教建筑同时发展起来的，古城堡西格利亚现存最早的壁画作品，与印度的婆罗浮屠、柬埔寨的吴哥和印度的阿陀并称“古代东方艺术四大奇迹”。政府一贯重视教育，自 1945 年起实行幼儿园到大学的免费教育。全国有大学 30 所，著名大学有佩拉德尼亚大学和科伦坡大学。

二、旅游资源与旅游地特点

1．绚丽多姿的自然风光

斯里兰卡景色优美，自然环境得天独厚，素有“印度洋上的明珠”之称，绚丽的热带风光和风土民情令人陶醉。本岛中部和南部为高原山地，平均海拔 600m 以上，热带山地风光与种植园田园风光融为一体。各河流上游多形成山间深谷或奔河而下的瀑布景观。近海处是一片宽阔而平缓的海滩，美丽的沙滩浴场是海水浴、日光浴的理想之地。岛的东南部和西部分别建有鲁胡努国家公园和维勒珀图国家公园。岛上茶园满山、椰林遍野，丛簇的芭蕉、成片的橡胶园、挂满枝头的热带水果更增添了美丽海岛的勃勃生机。

2．特色鲜明的旅游城市与风景名胜

（1）**科伦坡** 全国政治、经济、文化、工商业和交通中心，最大的海港城市，位于斯里兰卡岛西南岸，自古以来就是印度洋北部东西间航运的枢纽，素有“东方十字路口”之称。这里长夏无冬，四季常绿。主要风景名胜有伽利草场、国际会议大厦、德希瓦拉国家动物园和拉维尼亚山风景区等。离市区 11km 处，山麓逼近海滨，海滨浴场椰影婆娑、波平沙软，为著名的海滨旅游胜地。

（2）**康堤** 位于中部山区，周围群山环抱、气候温和、环境优美，现为康堤行政区的政治、商业、文化和教育中心。城中的恩姆贝克·德瓦勒寺，建于 14 世纪，佳木精雕、造型优美；兰卡蒂拉卡寺建于 1344 年，以石料建造，造型清丽，被认为是最好的宗教建筑。

（3）**亚当峰** 位于康堤以南约 100km，被佛教、印度教、伊斯兰教以及天主教等誉为“圣山”。海拔 2243m 的圆锥形山峰景色秀丽，山势险峻，有许多小路通向山顶。在山顶的一块巨石上有个长 1.7m、宽 0.8m 的凹痕，相传是圣祖的足记，各教的教徒们均将其视为本教的“圣迹”。

（4）**阿努拉达普拉** 位于斯里兰卡中北部，阿鲁维河畔，世界闻名的佛教圣地，是公元前 4～5 世纪僧伽罗人从北印度来到之后第一个建都的地方。中国高僧法显西行求法曾来此游历过。

3．宗教色彩鲜明的社会习俗与民族风情

宗教在斯里兰卡的社会、政治、经济和文化艺术等各个领域中的影响都非常大。佛教、印度教、基督教和伊斯兰教都有相当的势力，其中佛教势力最大。1978 年宪法赋予佛教“最优先的地位”，并规定“保护和提倡佛教是国家的职责”。斯里兰卡人以大米为主食，喜食鸡肉，菜多放咖喱、辣椒、椰子油，味道辛辣、浓烈，一般习惯用手抓食进餐，但上层和

外交场合使用刀叉。斯里兰卡人有喝上午茶和下午茶的习惯。其民族服装，男人穿长袖紧口短褂，下身着沙笼，一般为白色；妇女上身穿短袖紧身短褂，下身裹以彩色沙丽。男女一般均穿拖鞋，不穿袜子。举行典礼仪式通常不用剪彩，一般以点油灯表示庆贺。摇头表示同意。结婚有由女方出钱的习惯。

三、现代旅游业与旅游市场的发展

1．政府重视旅游业的发展和市场开拓

早在 1966 年斯里兰卡政府就成立国家旅游局，负责开发旅游产业。1968 年又制定了旅游产业 10 年发展计划，并颁布法令鼓励投资修建饭店，对进口饭店设施等实行免税优惠等。政府鼓励在全国范围内开展宗教游、文化游和休闲娱乐游，推动青年游的发展，鼓励员工至少一年一次的假日游，并开展了一项“走进斯里兰卡”的活动，促进七日包价游和周末包价游的发展。加强制造业、商业和服务行业之间的合作，以便促进国内旅游业的发展。成立海外办事机构，明确公共和私营旅游企业在市场营销工作中的分工。

2．现代旅游业发展较为迅速

20 世纪 70 年代以后，斯里兰卡旅游业发展较快，外国旅游者数量年年上升。但自 1983 年发生民族纠纷和政治动乱以来，斯里兰卡的旅游业曾经一度处于低潮。90 年代以来，国内社会秩序大为改观，外国旅游者又有明显增多：1990 年全国接待外国游客为 29.7 万人，比 1989 年增长了 61%；及至 2006 年，接待国外游客 56 万人次，创造旅游收入 7 亿美元。多年来，国际旅游业一直是斯里兰卡最重要的创汇产业之一，其创汇额分别比传统的出口商品宝石、橡胶和椰子制品的创汇金额高出 1 倍以上。为了促进旅游业的发展，政府积极投资，使旅游业的发展进入了一个新的阶段。到斯里兰卡的外国游客中，人数最多的是欧洲游客，其次是亚洲游客。

3．中斯旅游关系稳步发展

中国史称斯里兰卡为师（狮）子国或僧伽罗国。公元 410 年，中国晋代高僧法显从印度赴斯游学两年，取回佛教经典并著有《佛国记》一书。明代航海家郑和曾多次抵斯。15 世纪，斯里兰卡一王子访问北京，回国途中在福建泉州定居，被明皇赐姓为世，其后代现仍在泉州和中国台湾定居。现代，中斯友好合作发展进入新阶段。1957 年 2 月 7 日，斯里兰卡与中国建交。自此，两国高层领导互访频繁。近年，中斯双边贸易保持增长势头，旅游交往也日渐频繁。2003 年，斯里兰卡已获准成为中国公民的旅游目的地国家。斯里兰卡旅游局发布的数据表明，中国公民前往斯里兰卡旅游的增长速度仅次于韩国，位居亚洲第二位。2006 年，中国大陆赴斯里兰卡的游客为 0.73 万人次，比上年增长 80%；同时，斯里兰卡旅华游客一直保持在年 2 万人次以上。

实战演练

一、课堂讨论

1．南亚地区具有发展国际旅游市场的诸多独特优势，为何却相对落后？

2. 中国和印度发展互为国际旅游市场的前景。

二、复习思考

1. 南亚次大陆地理名称的由来，南亚地区旅游资源与环境的主要特征。
2. 南亚地区旅游业与旅游市场发展的主要特点。
3. 印度与巴基斯坦国际旅游市场发展各自的优势和劣势。
4. 尼泊尔和斯里兰卡旅游资源与环境特征的比较。
5. 印度、巴基斯坦、尼泊尔、斯里兰卡各自主要的旅游城市与旅游景区。

三、实践指点

1. 在世界政区图上确认南亚地区的地理位置特征，并对照“南亚地区主要旅游国家示意图”，确认印度、巴基斯坦、尼泊尔、斯里兰卡及其首都的地理位置。

2. 在互联网上搜索唐代高僧玄奘在印度取经、明代航海家郑和途经斯里兰卡的有关资料。

四、知识拓展与案例

【知识拓展与案例 7-1】　文化旅游

文化旅游是满足国际旅游者对跨地域文化了解和旅游审美需求的旅游活动，其吸引人之处在于游客可亲身参与当地的文化活动，深入了解当地居民有特点的生活方式，发现保存完好的地方文化、地域风情……文化旅游的发展速度高于全球旅游增长速度。目前全球范围内文化旅游者约占国际旅游人次的 10%，即 7000 万～8000 万。欧洲每年有 100 万以上人次为文化遗产类的特殊兴趣去欧洲以外的地方，其中法国大约有 30 万人次，英国和德国各有约 10 万～15 万人次，美国大约 20 万左右。其目标群体主要是空巢和高龄的老年游客，他们的收入水准和文化水准均在平均值以上，有丰富的旅游经验，总是在寻找新的目的地，对目的地的社会文化有浓厚的兴趣，在外停留时间长，下榻高级饭店，喜欢购物。从发展趋势看，有越来越多为求知而旅游的年轻人对文化旅游业有着浓厚的兴趣，目前国际旅游基数不大但增长迅速。旅游者对世界遗产及其文化价值的认知度在不断增加，具有强参与性的民俗活动、艺术活动和宗教活动尤具吸引力，而且其消费具有突出的重复性。

旅游目的地开发文化旅游产品，关键是找出唯我独有的文化旅游产品，要通过市场营销和组合相应的产品，让旅游者能实地了解和体验这种特殊的文化。随时让市场了解产品及其特点、树立品牌形象尤为关键。

◆ **联想：**①国际文化旅游的发展现状及前景；②文化旅游国的必备条件；③对开发中国旅游产品和市场有何启示。

【知识拓展与案例 7-2】　国际性节庆活动

国际性节庆活动是吸引国际旅游者，发展国际旅游业的一个重要方式。国际节庆旅游产品主要有民俗节、食品节、动植物节、产品节等。例如，欧美各国的圣诞节、狂欢节，德国慕尼黑的啤酒节，西班牙的斗牛节，墨西哥的面包节，日本的樱花节，泰国的大象节和印度的雪拉拉蛇节等。针对国际旅游市场的需求，不断推出一些具有较强吸引力的大型旅游节庆活动，如“欧洲旅游文化节”、“亚洲艺术节”等，能吸引大量国际游客。

◆ **联想：**①国际性节庆活动的特点及发展趋势；②中国开发大型国际性节庆活动的条件。

五、旅游景观美学欣赏

尼泊尔加德满都

巴基斯坦费萨尔清真寺

印度泰姬陵

印度阿拉格红堡

巴基斯坦国父墓

斯里兰卡亚当峰

第八章

世界特色旅游小国举要

学习提示

国土面积在 1 万 km^2 以内的国家，全球有 30 余个，还有一些略大于 1 万 km^2 的国家，它们被统称为“袖珍国家”。这其中大部分是海洋袖珍岛国，也有一些是处于两国或多国之间的内陆国家。西方人常说，“小的是美好的”。全球最富有（人均国民收入最高）的 10 个国家中，8 个是小国；联合国人类发展指数最高的 20 个国家中，小国占了 13 个。历史时期的小国大多贫穷落后，但现代多靠发展旅游业和金融业或其他特色经济而迅速崛起，成为令人瞩目的富国。但也有些国家至今未能摘掉贫穷的帽子，在联合国公布的 49 个最不发达的国家名单中就有 5 个属于袖珍国家。两相比较，令人深思。本章列举的欧洲 8 国、亚洲和非洲 5 国、美洲 6 国，共 19 个特色旅游小国的富裕之道值得很好地学习和借鉴。

世界旅游小国以欧洲最多、最具特色，且发展水平很高，乃至成为国际旅游市场中重要目的地国家。美洲、亚洲和非洲地区，随着现代国际旅游的兴起，或利用其优越区位交通优势，或利用其特有自然生态环境和特色资源，也涌现出了一批新兴的特色旅游小国。

第一节　欧洲地区特色旅游小国

欧洲是国内旅游业发展最早、规模最大且国际出入境旅游都很成熟的世界第一大国际旅游市场，除拥有众多的旅游大国、旅游强国外，也涌现出了国土面积很小、特色旅游业却尤为发达的卢森堡、马耳他、圣马力诺、安道尔、列支敦士登、梵蒂冈、摩纳哥等旅游小国，如图 8-1 所示。

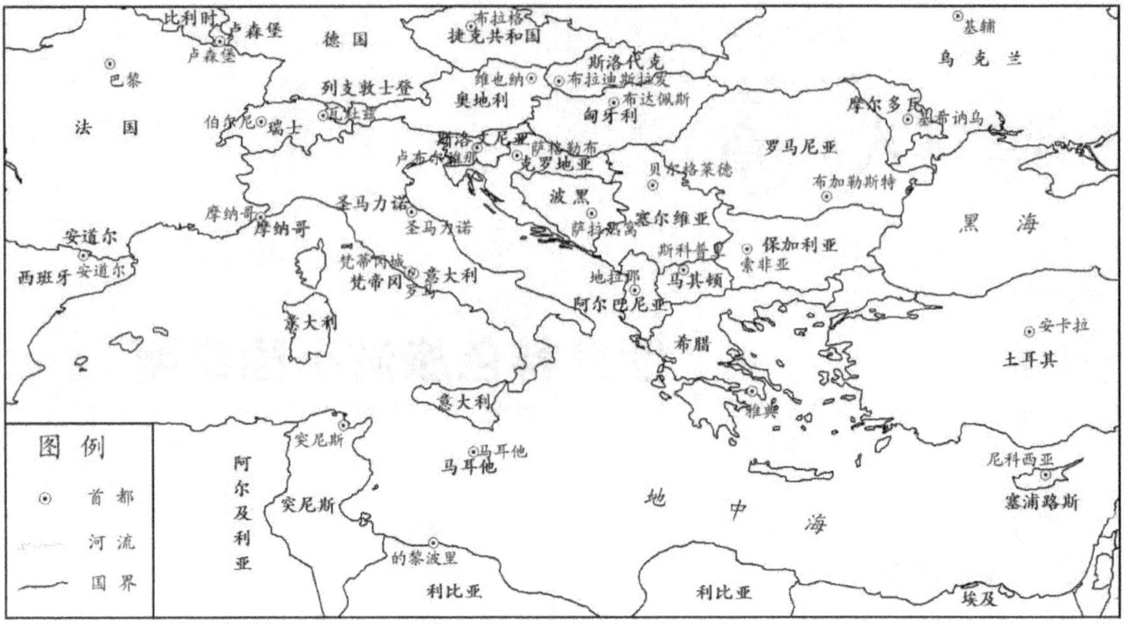

图 8-1 欧洲地区特色旅游小国分布示意图

一、西欧的“千堡之国”——卢森堡

卢森堡，全称卢森堡大公国，位于西欧内陆，介于法国、比利时和德国之间，面积 2586km^2。人口约 43 万，卢森堡人占 65.8%，外籍人占 34.2%。居民中 97%信奉天主教。官方语言为法语和德语，卢森堡语为日常用语。首都卢森堡，国鸟是戴菊莺，国花是玫瑰。卢森堡属发达工业国家，旅游业十分发达。1972 年 10 月 16 日与中国建交。

1. 卢森堡旅游业发展的地理环境背景

卢森堡地势北高南低，北部阿登高原厄斯林区占全境的 1/3，南部为特兰平原。布尔格普拉兹峰海拔 550m，为全国最高点。卢森堡介于海洋性气候和大陆性气候之间，四季分明。国土面积的 70%被森林覆盖，到处是绿色，是个名副其实的“森林之国”。

钢铁工业、金融业和广播电视业是卢森堡经济的三大支柱，人均产钢居世界之首，素有“钢铁王国”之称。金融业发达，截至 2007 年底，在卢注册的银行有 156 家，雇员 3.67 万人，是全球仅次于美国的、欧洲最大的金融管理中心。卢森堡人均国民收入 7 万多美元，为世界最富裕的国家之一。政局稳定，经济实现持续发展，外交活跃。卢森堡人喜欢握手，人们在见面时握手，离别时也握手。卢森堡人对工作早餐有特殊的偏爱，边吃边聊；午餐又慢又长。饮食以法国菜和德国菜为主。

2. 卢森堡的主要旅游城市和旅游景区景点

（1）**卢森堡市** 卢森堡首都，全国政治、经济、文化、交通中心，欧洲金融中心之一，也是一座拥有 1000 多年历史的以“堡垒”闻名于世的历史文化名城，现有人口约 8.2 万。卢森堡市地形险要，历来为西欧军事要塞，整个市区就是一座最大的古堡，具有很高的观赏价值，已被列入《世界文化遗产名录》。市内有著名的阿尔泽特河穿越而过，将城区分成两部分，由 110 多条造型各异、大小不同的桥梁相连接，景色壮观。城区建筑古朴，风格独特，名胜古迹很多；城郊绿树环绕，景色迷人，成为欧洲著名旅游观光胜地。

佩特罗斯大峡谷 又名卢森堡大峡谷，宽 100m，深 60m，为卢森堡新老城区的天然分界，也是历史时期军事防御的天然屏障。当地人民凭借峡谷的天然岩石建造了壁垒、炮门和秘密通道的佩特罗斯要塞。如今峡谷上架起百多座桥梁，站在任何一座桥梁上都可以看到峡谷两壁的参天岩树和岩底优美风光。佩特罗斯大峡谷已成为欧洲最富迷人色彩的观光胜地之一。

阿道夫大桥 是卢森堡市跨越佩特罗斯大峡谷，连接卢森堡市新老城区百余座桥梁中最著名的一座桥梁，建于 19 世纪末和 20 世纪初。全长 220m，高 46m，全部由石头砌成。桥上的拱门左右对称，外观壮丽，桥拱最大跨度达 85m，为当时世界上最大跨度的石拱桥。从拱门下方可以乘坐专门为大峡谷观光游览而设的露天“佩特罗斯快车”，站在大桥之上可以观赏大峡谷奇观和卢森堡城市风光。阿道夫大桥现已成为卢森堡市的标志性建筑景观。

大公馆 在卢森堡，“大公”为国家元首、武装部队统帅，拥有立法权和行政权。大公馆即为卢森堡最高军政首领居住和办公的场所，也是目前卢森堡议会所在地。大公馆建于 1244 年，1554 年的大爆炸使古堡被毁，后按西班牙王宫风格重建，富丽堂皇。

圣母教堂 建于 1613～1621 年，为文艺复兴式建筑，原为一座教会主楼。1935 年进行了扩建，并将三尖顶的帽子加上去变成了圣母堂，里面供奉着圣母玛利亚。教堂内部金碧辉煌，外观结构为文艺复兴时期风格与巴洛克风格相结合的产物。

（2）**摩泽尔峡谷** 著名的葡萄酒产地，位于著名的小城申根和瓦瑟毕力格之间，许多品酒师评价这里出产的葡萄酒是莱茵河支流最好的葡萄酒。这里有许多各种各样的葡萄酒窖和小型葡萄酒博物馆。这里的蒙多夫勒斯巴恩拥有美丽的公园、现代温泉疗养中心、健身中心和桑拿；在特马利姆则可以享受罗马浴和土耳其浴（奥斯曼帝国时代）；峡谷的摩泽尔镇一年四季都拥有各种各样的奇观胜景和休闲娱乐项目。

（3）**阿登比区** 阿登比区又称“奥斯曼”，风景千变万化，绚丽多姿。那里是山地车爱好者独一无二的挑战之地。15 条标志清晰的自行车道总长 300km，途经浓密的森林，穿越深邃的峡谷，偶尔还会邂逅气势雄伟的城堡。

3. 卢森堡现代旅游业的发展

卢森堡利用其各地遍布的森林、牧场、葡萄园、群山、峭岩、静谧的小河和数以千计的古堡、古桥、教堂等，把自己装扮成一个美丽的大花园，并利用其地处西欧中心的有利位置、稳定的政局、良好的社会治安条件和发达的现代交通网络，成为了世界旅游者极便利而又十分向往的休闲度假胜地。目前全国有各类旅馆 284 家，共 7474 个床位，青年旅馆 10 家，野外营地 100 处，住宿设施的年总接待能力超过 10 万人次。国际旅游者在卢森堡之旅中，不仅能享受到清新的自然生态环境和古韵悠悠的人文环境，还可参与令人目不暇接的各类音乐节、喜剧晚会等文化活动。卢森堡年接待外国旅游者已逾 100 万。

二、地中海中的两块“宝石”——马耳他和塞浦路斯

1. 地中海中小国特色旅游业发展的地理环境背景

地中海是世界最大的陆间海之一，位于亚、非、欧三大洲之间，面积约 250.5 万 km^2。

沿岸有23个国家，总面积853万km^2，人口约3.5亿，主要有阿拉伯人、土耳其人、斯拉夫人、意大利人和西班牙人等。居民主要信奉伊斯兰教（亚、非各国）和天主教（南欧各国）。地中海地区多火山地震，海岸线长而曲折，多半岛、岛屿和海湾，为典型的地中海式气候，夏季高温少雨，冬季温和湿润，年降水量300～400mm。地中海沿岸有法国、意大利、西班牙等发达国家，但更多的是发展中国家。农业经济地位重要，主要农产品有麦类、棉花、玉米、烟草，盛产柑橘、柠檬、葡萄、椰枣等果品，其中油橄榄产量占世界总产量的90%以上；畜牧业在经济中占较大比重。地中海的地理位置决定了其在航运上战略地位的重要性：西经直布罗陀海峡可通大西洋，东北经达达尼尔海峡、马尔马拉海和伊斯坦布尔海峡可通里海，东南经苏伊士运河出红海可达印度洋。整体上，地中海为南欧、北非各国之间的纽带和沟通大西洋与印度洋的交通要道。地中海中的岛国马耳他和塞浦路斯，就是镶嵌在这纽带和要道上的两颗灿烂的"宝石"。

2．地中海的"蓝宝石"——马耳他

马耳他，全称马耳他共和国，为南欧岛国，有"地中海心脏"之称。全境由马耳他等五个岛屿组成，面积316km^2，人口约40万，96%为马耳他人，居民多信奉国教天主教，马耳他语和英语同为官方语言。首都瓦莱塔，公元前10～前8世纪，腓尼基人到此定居，后被罗马人、阿拉伯人、诺曼人占领。1814年沦为英国殖民地。1964年9月21日独立，1972年1月同中国建交。

马耳他各岛地形以平原熔岩低地为主，属地中海式气候，物产丰富，尤其是葡萄酒、各式水果和蔬菜、海鲜菜肴等，深受各国旅游者的喜爱。马耳他政局长期稳定，社会治安良好，民风淳朴，恶性犯罪事件发生率极低。马耳他人热情好客，无任何种族歧视现象。在国际场合行握手礼，采用国际通行的称谓。首都瓦莱塔位于马耳他岛的东北部，人口约1.5万，为全国最大的城市和海港，也是国际航线的重要航空港，欧洲历史文化名城。城市整洁，建筑布局整齐，有总统府（并称骑士团首领宫）、圣约翰大教堂等名胜，哈尔萨夫列尼地宫还被列入《世界文化遗产名录》。全国还有自然风光和人文景观原始天然的戈佐岛和具有"教堂之城"誉称的古都姆迪纳。

第二次世界大战后，随着国家农业、制造业、造船业和服务业的发展，现代旅游业发展成为马耳他国民经济中的支柱产业，也是发展最快和最具发展前景的产业之一。马耳他政府总理冈奇在其2008年预算报告中指出，马耳他未来的发展目标之一就是要成为地中海地区的旅游中心。为了表示对旅游业的重视，总理亲自兼任旅游部长，以便更好地促进政策协调和产业发展。近几年来，马耳他政府着重在加强旅游设施、旅游产品建设和提高旅游服务质量上下工夫，致力于通过其发达的航空、海运和信息通信技术使自己与欧洲和地中海沿岸、北非融为一体。2008年加入欧元区和申根协议，更进一步促进了欧盟成员国赴马耳他旅游的便利化，同时提高了其国家的可进入性。2007年，马耳他接待国际入境游客124.4万，主要来自英国与北欧各国等欧盟国家。新推出的产品都是游客所喜爱的"民俗风情游"、"饮食文化游"、"乡村生态游"等特色旅游项目，以及各种海洋旅游活动和海滨休闲度假旅游等。马耳他政府特别重视发展同中国的旅游合作关系，我国的中央民族乐团、重庆民族乐团、杂技团等单位应邀于2007年、2008年在马耳他成功举办了“中国春节系列文化活动”。目前马耳他已正式成为中国公民出国旅游的重要目的地国家。

3. 世界顶级度假天堂——塞浦路斯

塞浦路斯，全称塞浦路斯共和国，位于地中海东部塞浦路斯岛上，在地理上属于西南亚岛国，但在文化、经济方面同欧洲有渊源关系，又被称为欧洲岛国。海岸线长782km，扼亚、欧、非三大洲海上交通要冲。面积925 / km^2，人口约85.5万，信奉东正教。居民中希腊族占84.7%，讲希腊语；土耳其族占12.3%，讲土耳其语；通用英语。首都尼科西亚。历史上，塞浦路斯多次遭外族入侵和占领，1925年成为英国直辖殖民地；1960年8月16日独立，成立塞浦路斯共和国，1971年12月同中国建交。独立后，希、土两族联合政权解体，形成南北分裂局面。

塞浦路斯的西北部和西南部为山地，两山之间为平原，环岛有狭窄的沿海低地，属地中海式气候，年均晴日320～340天，日照充足。水果、蔬菜等常年可以收获，海产丰富。据考古发掘证明，塞浦路斯岛公元前9000年以前就有了人类的生活史；3000多年东西文化的交汇不仅孕育出了各种人文景观和多彩的风土人情，也给塞浦路斯留下了丰硕的历史文化遗产。整个国家就宛如一个中东和欧洲的历史博物馆，古代文明的遗产几乎每一个方面都能在这个岛上的某一个角度呈现，其中不少被列入《世界文化遗产名录》。塞浦路斯人喜欢交际，待人诚实宽厚，彬彬有礼。首都尼科西亚为全国第一大城市，人口约36.3万，是全国政治、文化、金融中心。城市建筑既有东方式样，也有西方格调，明显反映出历史的变迁和东西文化的交融。老城区的丽德拉街、圆形城墙及心形碉堡、塞利米耶清真寺、圣约翰教堂以及新城区的塞浦路斯博物馆等，都是著名旅游景点。这里既有层峦叠嶂、林木葱郁的高山，又有清澈、绿蓝交错的海水和平缓的沙滩；既有奇崖绝壁，又有风景优美的渔港；既有质朴宜人的传统村庄，又有异国情调的海边街景以及漫山的橄榄林、遍野的葡萄园和挺拔的棕树林，构成了一幅幅绚丽多彩的画轴画卷。以大海为渊源，塞岛至今流传着许多脍炙人口的美丽神话传说，爱神阿芙洛狄特是塞浦路斯人们心中爱和美、光明和力量的源泉，是人们崇拜的对象，因而塞岛又被称为“爱神之岛”。塞浦路斯政府充分利用其丰厚而独具特色的旅游资源优势，大力发展旅游业，决意将塞浦路斯建设成为地中海上的旅游胜地，世界顶级的度假天堂。

经过多年建设，塞浦路斯已经形成了较完备的旅游设施，仅南塞浦路斯就拥有大小旅馆600多家，总床位10万个，其中三星级以上旅馆占总数的60%。其旅游地附近还有别墅、成套公寓以及居民家庭的床位可供出租。岛上也有水电设施齐全、供游人租用的露营帐篷，豪华的沙滩宾馆和全欧洲最大面积的游泳池，另有18个高尔夫球场、网球场。冬季还有山地滑雪设施和平底雪橇出租的滑雪场、赛马场；海岸更有游泳、冲浪、潜水、摩托艇快艇、潜水观赏艇、极限跳等多种游乐项目和水上运动中心。现在的塞浦路斯旅游直接从业人数达4.45万，占全国就业总人数的14%，每年接待近300万外国游客，创造旅游收入约52亿美元。旅游业不仅成了国家外汇收入的主要来源，而且为社会提供了就业机会，并带动了餐饮、旅馆、娱乐、交通、购物消费等相关产业的发展。旅游业已成为塞浦路斯真正的支柱产业。

三、欧洲大陆上的五个“袖珍小国”

1．意大利罗马“城中之国”——梵蒂冈

梵蒂冈，全称梵蒂冈城国，位于意大利首都罗马西北呈三角形的高地上，地处台伯河右岸，国土面积 $0.44km^2$，人口1380人，常住人口540人，主要是意大利人，官方语言为意大利语，信奉天主教。领土由圣彼得广场、圣彼得大教堂、梵蒂冈宫和梵蒂冈博物馆组成。除位于城东南的圣彼得广场外，国界以梵蒂冈古城墙为标志。梵蒂冈是世界上最小的国家，但又是欧洲一个名副其实的独立主权国家，在联合国派有观察员，并同世界上161个国家建立了外交关系。政体为政教合一的神权国家，教皇是国家元首，也是世界上天主教的精神领袖。教皇集行政、立法、司法三权于一身。梵蒂冈还是一个“国际金融帝国”，在意大利和许多国家拥有巨额投资和大量房地产，黄金和外汇储备超过100亿美元。

梵蒂冈是欧洲和世界上最著名的游览胜地。其艺术杰作主要集中于圣彼得广场、圣彼得教堂、梵蒂冈博物馆和西斯小教堂。其中，圣彼得广场建筑艺术举世无双；圣彼得教堂是世界上最大的教堂，而且是一座富丽堂皇的建筑圣殿，拥有价与天齐的数百件艺术珍宝。整个梵蒂冈的文艺复兴式建筑被列入《世界文化遗产名录》，每年吸引近千万旅游者前来游览参观，每年的旅游收入成为这个富有之国的重要财源之一。

2．地中海之滨的“明珠”——摩纳哥

摩纳哥，全称摩纳哥公国，位于欧洲西南部，三面被法国国土包围，南面濒临地中海，东西长约31km，南北最高处仅260m，国土面积 $1.95km^2$，为世界上第二小的独立主权国家。人口约3.4万，多为法国人和意大利人，摩纳哥人仅占19%，官方语言为法语，通用意大利语和英语。96%的居民信奉罗马天主教。1977年宣布为独立的君主立宪制国家，首都摩纳哥。摩纳哥境内拥有宜人的地中海式气候、蓝色海湾、充足的阳光，以及诱人的沙滩、海水、新鲜的空气和古老的王宫。教堂最北边有赌场、银行、博物馆和豪华的酒店、剧场、商场，一切都充满着生机活力。摩纳哥被称为地中海之滨一颗灿烂的“明珠”。

摩纳哥经济的发展源于20世纪初的豪华旅游业和当时处于萌芽状态的工业。如今摩纳哥已发展成为一个旅游业、博彩业、金融业和邮票发行业都高度发达的经济中心。摩纳哥旅游休闲设施先进而齐备，不仅拥有蒙特卡洛海洋温泉浴场、18家豪华酒店和宾馆、28家著名餐馆、众多的休闲酒吧和俱乐部、世界四大著名赌场之首的蒙特卡洛大赌场、著名的F1一级方程式赛车活动、摩纳哥管弦乐团、摩纳哥芭蕾舞团、摩纳哥歌剧院以及蒙特卡洛马戏节等活动，还拥有世界上创建最早、规模最大的海洋博物馆及位居世界前列地位的水族馆、海洋实验室和世界上罕见的海洋展览品、史前人类学博物馆和动植物馆等。其每年接待30多万高消费的旅游者群体，旅游收入可占国家总收入的50%。

3．意大利的“国中国”——圣马力诺

圣马力诺，全称圣马力诺共和国，位于亚平宁半岛东北部，为南欧内陆国家，被包在意大利国之中，面积 $61.19km^2$，人口28880人（2005年），90%为圣马力诺人，居民多信奉天主教。圣马力诺为欧洲最古老的共和国之一，首都圣马力诺。1971年5月6日同中国建立领事馆关系，1991年7月15日升格为大使级。圣马力诺属地中海式气候，有利

于果木花卉的生长。圣马力诺多山，由公路和石板路盘曲而上可见依崖孤岛，叠簇着许多风格开朗的居民宅院，静谧而清朗；鸟鸣狗吠，红苑绿草，宛如世外桃源。其首都圣马力诺市，依蒂塔诺山坡而建，全市人口不足5000人，古堡教堂高低错落，掩映在浓绿的树林之中。蒂塔诺山的三个山峰上各建有一个古堡，城堡之间有城墙相连，极为壮观，也是圣马力诺风景绝胜处。若站在古堡前放眼远眺，东面为碧波万顷的亚德里亚海，其他三面都是意大利的城市和遍地的葡萄园、果园，极富诗情画意。

圣马力诺自20世纪60年代以来，旅游业、商业和工业持续发展，人均国民收入已超过4万美元。旅游业发达，全国有中等规模以上的旅馆27家，饭店67家，还有一条世界知名的F1赛车道，每年的4月份举行F1赛车比赛。圣马力诺每年接待的国际游客超过300万人次，旅游收入占国民收入的30%以上。其新颖、超前的邮政服务、邮票和古钱币享誉世界。

4．瑞士和奥地利之间的“国间国”——列支敦士登

列支敦士登位于中欧内陆，瑞士与奥地利之间，面积160万km^2，人口约3.1万，其中来自瑞士、奥地利和德国的外籍人约占40%，当地土生土长的人口仅1.6万多，居民主要信奉天主教，德语为官方语言，首都瓦杜兹，为独立的君主立宪制国家，1950年9月14日同中国建交。

列支敦士登地处阿尔卑斯中部和莱茵河谷地中，气候温和湿润，富大理石和森林资源。列支敦士登没有城市，仅有城镇和乡村。所到之处可使人感到一派恬静、安逸、清新的氛围。山坡上的绿草树林中有小楼式的农舍、别墅和教堂，山坡上的层层草场中有成群的牛羊，农舍房前房后种植鲜花，呈现出一派田园风光。首都瓦杜兹坐落于莱茵河东岸的一个山间盆地之中，仅有干干净净一条街，整齐的两排楼，在热闹处敞开着几十家店铺，总人口仅5000人。抬眼仰望矗立在半山腰、由教堂塔楼组成、建在悬崖峭壁上的掩映在高耸丛林中的古堡，亦即瓦杜兹城堡，正是大公家族的住所。

经几十年努力，列支敦士登由第二次世界大战结束时的以农业和牧业为主的贫穷落后国家一跃而成为经济高度发达的工业国家，全国已拥有面向国际市场的850多家工商企业，尤其是它的高新技术产品、真空薄膜技术和牙医材料在国际上享有盛誉。列支敦士登素以优美的邮票著称于世，邮票收入最高时曾为政府财政收入的25%。列支敦士登还有“假牙王国”的盛誉，假牙制品出口占世界的1/7，每年出口假牙的外汇价值达700亿美元；有人统计，欧洲人嘴里的假牙90%为列支敦士登所生产。其旅游业也很发达，全国以“世界公园”的公认地位，每年接待国际入境游客逾百万。列支敦士登已成为欧洲一方奇趣的乐土，也是世界最富裕的国家之一。

5．法国和西班牙之间的“国间国”——安道尔

安道尔，全称安道尔公国，位于法国和西班牙交界处，是比利牛斯山东段山谷之中的一个内陆小国，面积468km^2，人口约6.6万，本地民族加泰罗尼亚族约占总人口的21.9%，其余为西班牙人、葡萄牙人、法国人等外国移民，居民多信仰天主教。加泰罗尼亚语为官方语言，通用法语和西班牙语。首都为安道尔城。1993年3月14日，安道尔公民公决通过新宪法而成为一个主权国家，1994年6月29日同中国建交。

安道尔的地形以山地为主，平均海拔1300m，西北部的科马佩德罗峰海拔2946m，为全国最高点。安道尔属山地气候，年平均气温为 9.1℃，森林占国土面积的 37%。安道尔有着悠久的历史和自己的特色文化。现代的安道尔，凭借着介于法国与西班牙两大旅游强国之间的优越地理位置、山水田园和古城古堡的自然文化遗产，以及闻名于世的免税商店和风景绝伦、质量上乘的滑雪胜地，已经成为当代社会的旅游天堂，每年接待国际游客 1300 万，其旅游收入竟占其国民总收入的 80%。

第二节　亚洲与非洲地区特色旅游小国

作为世界第一大洲的亚洲和世界第二大洲的非洲，由于近现代西方列强的侵入，大多数国家沦为贫穷落后的殖民地或半殖民地国家。第二次世界大战后，在“国家要独立，民族要解放”的潮流中，不少国家走上独立自强之路，其中有一些国家靠“上帝赐予的财富”摘掉贫穷的帽子，也有的国家靠旅游业和金融业撑起了一片天，文莱、巴林、马尔代夫、塞舌尔和毛里求斯等特色旅游小国尤为突出。

一、东南亚地区富裕小国——文莱

文莱，全称文莱达鲁萨兰国，又称文莱伊斯兰教君主国，位于东南亚加里曼丹岛北部。北濒南海，东、南、西三面与马来西亚的沙捞越州接壤。国土面积 5765km^2，人口 39 万，马来人约占 85%，华人占 11%。伊斯兰教为国教，马来语为国语，通用英语和华语。首都为斯里巴加湾市。文莱为一个主权、民主和独立的马来穆斯林君主国，属于英联邦成员国。文莱 1991 年 9 月同中国建交。文莱的旅游业发展迅速，在国家经济中占主要地位。

1．文莱旅游业发展的地理环境背景

文莱的国土被马来西亚的沙捞越州分隔为不相连的两部分，并有 33 个岛屿，海岸线长 161km。地势南高北低，西部地区较平坦，沿海多沿岸低地。文莱属热带雨林气候，终年炎热多雨。石油、天然气和森林资源丰富。文莱从 8 世纪开始有人定居，中国史籍中称文莱为“渤尼”。长期受中国文化影响，其国王麻那惹加那乃曾于 1408 年访问中国，后逝世并安葬于南京。13 世纪后伊斯兰化；16 世纪中叶，葡萄牙、西班牙、荷兰、英国等相继入侵；1984 年获得完全独立。独立后的文莱政府大力推行“马来化、伊斯兰化和君主制”政策，巩固王族统治。

传统上的文莱经济主要建立在传统农业和沿海渔业的基础上，随着 20 世纪初石油、天然气的发现，石油和天然气的开采和出口，使文莱进入富国的行列。近年来，文莱政府加大实施经济多元化战略部署的力度，而大力发展旅游业成为其主要手段。文莱的宗教色彩和马来民族传统浓厚，有一些独特的习惯和风俗，如当地马来人与人握手，通常会把手收回到胸前轻触一下，以示真诚；从有身份的人或长辈前面经过时，要把手下垂并贴着身体，侧身轻步走过等。此外，参观清真寺或到马到人家做客时，进入要脱鞋以示尊重和清洁；指人或物时，不能用食指，而要把四指并拢轻握成拳，大拇指贴在食指上节；在接送物品时要用右手；一般不与异性握手，不要用手摸他人头部等。

2．文莱的主要旅游城市与旅游景区景点

（1）**斯里巴加湾市**　文莱首都，位于文莱西南岸，靠近赤道，属典型的热带海洋性气候，但晚上特别凉爽。全市由新旧两个城区组成，旧城区为“水村”，建在水上，风格独特；新城区高楼林立，为商业和金融区。努洛伊曼皇宫、国王清真寺、文莱博物馆、帝王酒店等著名建筑都集中在新区。整个斯里巴加湾市装饰豪华，一切都显示出一派豪气和浓厚的伊斯兰传统文化。

杰米清真寺　又称国王清真寺、蓝色清真寺，其屋顶共29个圆拱金顶，由45kg黄金做成，代表由现任的29世苏丹所兴建。规模宏大，男女两个朝拜室分别能容纳3500人和1000人。寺内建筑装饰极为豪华，铺有3000块沙特阿拉伯地毯，缀有比利时水晶吊灯，里面的设施全部电子化。从外面看，淡蓝色的柱子高耸入云，几个金色圆顶在阳光下熠熠生辉。

努洛伊曼皇宫　建筑面积3万km^2，耗资3亿美元，是世界上最大、最豪华的皇宫之一。皇宫由四幢内部相通的建筑物组成，有两个外表镀22K金的巨大圆拱形屋顶，宫殿内有2000多个厅室。每当国庆日和开斋节大门洞开三天，游客可排队进去与国王握手。

文莱博物馆　位于离斯里巴加湾市6.5km的文莱河右岸。馆内拥有文莱的各种珍贵文史资料，还有大量的古物如陶品、精致的古代艺术玻璃制品等。

帝王酒店　六星级酒店，造价5亿美元，比迪拜的“帆船港湾”投资还要多，规模宏大、设施齐全、客房华丽舒适。酒店由“帝国酒店乡村俱乐部”、“450座”剧院、“250座”音乐厅及3家“百座”电影院、淡水泳池、海水泳池等构成，是体验帝王生活的最佳处所。

（2）**水上村落**　位于文莱河在市区旁流过时形成的宽阔河湾上，面积2.6km^2，是世界上最大水上村落之一，已有600多年历史，被称为“东方威尼斯”。水下是一排排木桩，桩上搭建木屋，也有街巷之分。村中除了住家还有学校、清真寺、邮局、诊所、村委会等公共机构，形成一个风格独特的水上社区。它已成为外国游客的必游之地和画家、摄影家的重要创作主题之一。

（3）**都东镇**　文莱土著的聚居区，这里有着丰富的自然美景：斯里克纳海滩的自然沙滩和露出地面岩层的岩石，所有的内陆风景，以及充满着神感的一个沼泽地和15世纪的墓地环绕的湖。居住在这里的人民，有着土著文化村丰富的文化特色，吸引着世界各国的文化和生态旅游者。

3．文莱旅游业的发展

文莱政府将发展旅游业作为推动经济多元战略的主要手段之一，并采用多种措施促进旅游业的发展。现在的文莱已拥有东南亚地区最大、最豪华的购物中心，云集了世界各种品牌产品，从奢华的高档奢侈品到经济实惠的传统手工业品，应有尽有。在文莱艺术品和手工训练中心，可以购买到许多富有民族韵味的土特产品，如银器、织锦、锻制品、编篮等；在传统菜市场，可以采购各种货真价实的水果、蔬菜、花卉及传统手工产品。中式、西式餐馆齐备，游客在这里可以品尝到中式、印度、泰式、日式、德式、美式的美味佳肴，以及沙参、整只烤鸡、烤鱼等文莱民族美食。文莱的住宿酒店如帝王酒店、喜马登乌塔玛酒店、兰苑酒店、鸿景酒店等，设施先进，服务上乘。这里交通设施也很齐全，可以满足游客的出行要求。

文莱具有“和平之邦”的美誉，素来政局稳定，民族和睦，治安状况良好，基本无自然灾害和大的流行疾病。2006年，文莱举办了“文莱旅游观光节”；2007年又举办了“认识我们的国家”等旅游活动，吸引了大量国际游客。据欧美报导，每年到文莱的国际观光客已逾百万，其中过夜游客12万，其旅游业年增长率以7%的速度在提升。中国与文莱是近邻，有长期友好往来的经历，2000年两国签署了《中国公民自费赴文莱实施方案谅解备忘录》。2005年，到文莱旅游的中国游客达4.3万人；文莱的旅华游客最多年份也有3万人次，两国互为客源市场的格局已经形成。中国与文莱的旅游合作正在加强，尤其是在重点加强旅游市场开发、旅游路线开辟、旅游产品推介和客源组合方面的合作。

二、“海湾明珠”——巴林

巴林，全称巴林王国，位于波斯湾中部，是西南亚地区群岛国家，由巴林岛和附近的36个岛屿组成，有跨海大桥与阿拉伯半岛相连，陆地面积691.2km^2，人口约60万，居民多为巴林半岛阿拉伯人，多信奉伊斯兰教，公元7世纪为阿拉伯帝国的一部分，几经更迭后于1971年8月14日独立，1989年同中国建交。巴林景色秀丽，享有“海湾明珠”之称，旅游业发达。

1. 巴林旅游业发展的地理环境背景

巴林为海洋群岛，各岛地势低平，沙漠广布，主岛沿海平原环绕着中央石灰岩台地。气候干旱，年平均降水量76mm。自古以来，天然涌泉散布各地，与灿烂的阿拉伯阳光孕育的天然椰林点缀其间，而成为黄沙之中的处处绿洲，景色格外诱人。巴林石油、天然气和铝土资源丰富，沿海采珠业久远闻名，农产品有椰枣、柑橘等。巴林政府奉行经济开放政策，已成为世界著名国际金融中心之一。目前已有4000多个地区和国际金融服务机构在巴林设立办事处，各国银行在巴林总资产达885亿美元；巴林股市共有上市公司51家，市值201亿美元。巴林建立了炼油、石化及铝制品等工业，现代旅游业已成为其新兴产业。

今日巴林的石油采炼、金融和旅游业成为国民经济三大支柱，被誉为“中东的香港”。巴林和沙特之间由长达28km的法赫德国王大桥相连，有可停泊6万t级轮船的深水港萨勒曼。巴林是连接东西方的空中交通枢纽，全国有五个机场。对外奉行中立不结盟政策，主张加强海湾国家之间的团结合作。国内政局一直稳定，人民生活富裕而安定。巴林具有与一般伊斯兰国家同样的风俗习惯，有着5000多年的历史文化，素以丰富多彩和浓厚的历史文化而著称。自1932年成为第一个发现石油的海湾国家以来，巴林王国已经开始了翻天覆地的变化，加上它优越的地理位置和异国风情，为其现代旅游业的发展创造了条件。

2. 巴林的主要旅游城市和旅游景点景区

（1）**麦纳麦市** 巴林首都，全国第一大城市，海湾地区主要的金融中心，主要港口及贸易中转站，人口约21万。麦纳麦市位于波斯湾中段，巴林岛的东北角。气候温和，风光绚丽，为著名的旅游城市。旅游景区景点高度集中。

古兰经文化中心　为现代巴林建筑的典范，外部采用雕刻的库法字母作为装饰。这里收藏了大量珍贵的古兰经手稿和木刻，尤以尺寸仅 4.7cm×3. 2cm 的波斯微型古兰经最为珍贵。

法蒂哈清真寺　为填海造陆建造的可容纳 7000 朝圣者的全国最大寺庙建筑。所有建筑材料全部来自于国外，如意大利的大理石、奥地利的玻璃和印度柚木，加上巴林工匠的精心雕刻，部分室内设计已成为世界寺庙的典范。

生命之树　位于麦纳麦市郊，高约 10m，树干胸径 1.2m 以上，树龄超过 400 年，独立于广袤的沙漠之中，却盘根错节，绿树成荫，令人产生遐想。

巴林国际赛道　由六条赛道组成的大型 F1 赛道，可容纳 5 万名观众，并修建了高达 9 层的贵宾观看台。

（2）**法赫德国王大桥**　又称巴林大桥，是连接巴林和沙特的跨海公路大桥，全长 28km，宽 25m，为双向六车道（四车道平时使用，另两个车道为应急车道），大桥造型别致，蔚为壮观，耗资 12 亿美元。在技术上为大跨度独塔斜拉桥，采用了古今世界最先进的钢筋混凝土预应连浇桥梁技术建成。

（3）**穆哈拉格岛**　面积 13km^2，为巴林第二岛，位于主岛巴林岛东北，有 2500m 宽的海峡相隔，但现已修堤道相连。岛上遍植椰枣、水果和蔬菜。南部有穆哈拉格城。

穆哈拉格城　人口约 5 万，为巴林第二大城市，位于穆哈拉格岛的西南角，为一商港，也是巴林的采珠业中心。城郊椰林、果木林遍布，为国际旅游者休闲观光必到之处。

3. 巴林现代旅游业的发展

巴林和其他海湾国家一样，靠油气收入富国富民，但石油资源已非常有限。由此，巴林政府提出了经济多元化的发展战略，金融、炼铝和旅游三个产业已迅速崛起。其中以休闲、会议、会展为内容的旅游业，2007 年的收入高达 45.16 亿美元，海湾航空公司每年为巴林 GDP 贡献 7.7 亿美元，F1 赛事 2004～2007 年对巴林经济贡献为 310 亿美元。巴林王国的酒店业得到了蓬勃发展。国内宾馆设施有 100 多处，其中 80 家是星级酒店，酒店从业人员达 6500 人。著名的民间市场如艾尔比阿市场、哈达市场、烟草市场等，都被开发成为重要的旅游景点，在那些市场可以购买到各种地方特产和民间工艺品。巴林拥有海湾地区最美丽的海滩。巴林王国政府正在采取积极措施，大力发展旅游业，计划将国内总产值中旅游业所占的比重提升至 20%。为此，巴林将启动价值逾 20 亿美元的一系列旅游项目。巴林发展旅游业的新计划的重点是发展家庭旅游、会展旅游、企业团体旅游和体育旅游等。

三、印度洋上的三颗“风景明珠”

1. 旅游者的乐园——马尔代夫

马尔代夫，全称马尔代夫共和国，是位于印度洋上的一个南亚群岛国家，总面积 9 万 km^2，其中陆地面积 298km^2，人口 35.9 万（2007 年），居民为马尔代夫族，伊斯兰教为国教，官方语言为迪维希语，上层通用英语。马尔代夫是独立主权国家，实行总统制，首都为马累，1972 年 10 月同我国建交。全境由 19 组环礁、1200 多个珊瑚岛礁组成，其中 202 个岛礁有人居住。

岛屿地势低平，平均海拔 1.2m。地跨赤道，具有明显的海洋性热带季风气候特征，温和湿润。这里盛产金枪鱼、石斑鱼、海参、龙虾等热带鱼类及海龟、玳瑁和珊瑚、贝壳之类的海产品。马尔代夫居民大多为虔诚的穆斯林，严格遵守伊斯兰教的教义教规，如禁酒、禁食猪肉，每日祷告五次等。马尔代夫人淳朴、好客、重礼节。大部分居民以鱼、椰子和木薯为主食。马尔代夫融合了来自古代世界各地的海上移民所带来的丰富多元的文化，当地传统文化深受东非及印度文化的影响，尤以东非式的击鼓与乐曲、印度式的美食文化最为突出。马尔代夫的首都马累为全国最大的城市、经济中心和对外贸易的唯一港口，同时也是全国最大的岛，面积 $2.5km^2$，人口 0.4 万（2006 年），主要景点有 1656 年建成的清真寺和 1675 年落成的古清真寺、苏丹公园、国家博物馆以及王宫、政府机关、蔬菜市场等。街市整洁，屋外花园长满了各种果树，使其成为世界上最小、最美和最宁静的首都。机场建在邻近的胡鲁列岛上。

旅游业、航运业和渔业是马尔代夫的三大经济支柱。主要交通工具为船舶，自行车和摩托车为主要陆上交通工具。海运业主要经营中国香港到波斯湾和红海地区及国内诸岛间的运输业务。椰子生产在农业中占有重要地位，全国约有 100 万棵椰子树。马尔代夫最大的资源优势就是拥有很多可供开发的珊瑚岛礁、碧蓝的海水和银白的细沙海滩。已开发的岛礁有 87 个，每个岛礁就是一景、一个旅游胜地，每个岛上都有风格别致的酒店和优良的海滨沙滩，如诗似画。例如，拥有 150 套上等原木修建的沙滩别墅、俄罗斯总统普京入住过的皇家岛；可以享受豪华环境和完美服务，并拥有 74 套豪华别墅、16 套私人别墅和 4 套总统房的椰子岛；形似一艘航空母舰，并拥有马尔代夫唯一机场，而形成“一个岛屿一个机场”的举世罕见绝妙奇景的胡鲁列岛；作为 2000 年“世界小姐”竞选赛指定地点，度假设施齐全，并被称为“好客之岛”的班乌土岛；风景绝胜，拥有举办国际会议设备酒店，并被称为马尔代夫最大旅游岛之一的维林格里岛；还有天堂岛、太阳岛、泰姬珊瑚岛等。尽管各具特色，但个个都“以人为本”，追求人与环境的和谐，给人以世外桃源和回归自然的感觉。现在，每年有超过 68 万高消费游客到马尔代夫休闲度假，旅游业收入占国家 GDP 的 28%及外汇收入的 60%，超过 99%的政府税收来自进口税和旅游相关产业。

2．旅游者的天堂——塞舌尔

塞舌尔，全称塞舌尔共和国，是位于印度洋上的一个东非群岛国家，由 115 个大小岛屿组成，陆地面积 $455km^2$，人口约 8.5 万，主要是班图人和克里奥尔人，其余为印巴人、华裔和华侨。居民中 90%信奉罗马天主教。克里奥尔语为国语，通用英语和法语。首都维多利亚。16 世纪葡萄牙人到达此地，1609 年英国入侵，尔后英、法多次轮流占领，1976 年 6 月 29 日独立，但仍属于英联邦成员国，同年的 6 月 30 日与中国建交。

群岛由花岗岩岛和珊瑚岛组成，前者多山地、丘陵，后者地势低平。塞舌尔属热带海洋性气候，年平均气温 24～30℃；年降水量 2000～4000mm。塞舌尔为欧洲、非洲移民后裔及其他混血后裔——克里奥尔人组成的国家，三大洲的风俗习惯兼而有之，和平共存。虽说肤色各异，但居民们友好相处，没有种族歧视。至今保有古老习俗，常有人戴一只耳环，据说可避邪。塞舌尔有婚礼游行之俗，重视女子婚前贞操；善舞蹈，民间村社常在夜间燃起篝火跳舞。塞舌尔的克里奥餐和东南亚饮食相似，即原汁原味的清新，也有很强的辛辣味道。其龙虾和石斑鱼很有名，价格却很便宜。首都维多利亚市位于塞舌尔最大岛马埃岛的东北部，依山傍水，是塞舌尔唯一的城市和港口，人口仅 2.5 万，为世界上最小的首都之一。城市街道整洁，建筑多为两层楼，但庄重典雅、小巧玲珑、幽静而秀丽。该市先后与我国广东梅州市和海南的海口市结为友好城市。塞舌尔的经济传统上以农业、渔业为主，种植椰子、肉桂、香草等特种经济作物，海洋渔业资源丰富，捕鱼业发达，但其最大优势还是生态旅游资源。

首先，全境 50%以上的地区辟为自然保护区，享有“旅游者天堂”的美誉，1993 年在世界十大旅游点评选中名列第三，并被联合国开发计划署《2005 年度人类发展报告中》选为最适合人类生存的国家。其国家虽小却拥有两处世界自然文化遗产名录地：一个是阿尔达布拉岛，拥有世界上最大的珊瑚礁和 15 万只成群的巨型象龟，可称世界上独一无二的“象龟王国”；另一个是在拉拉斯林岛的“五月谷”自然保护区（已辟为国家公园），至今那里仍保存着其独有的，且数量达 7000 棵的海椰子树和濒于灭绝的黑鹦鹉。

其次，塞舌尔拥有一个热带海岛所应拥有的蓝天、碧水、阳光、沙滩、海浪、椰树木等，有很多原始天然的海滨旅游胜地。例如，塞舌尔第一大岛马埃岛，奇峰幽谷，林木葱茂，景色绚丽，并拥有世界一流天然浴场和 73 个优质沙滩。其中，世界排名第三的沙滩博瓦，水清沙白，长达 4km，每年可吸引 100 多万欧洲旅游者来此旅游。拉迪戈岛为塞舌尔第四大岛，至今保持着 19 世纪的原始风貌，被列入美国《国家地理》的 50 个一生必游地之一，其德阿让海滩是世界最美的海滩之一。位于艾尔岛西北的鸟岛，则被选入“世界十大生态旅游地”。

塞舌尔政府利用其优越的气候条件和优质资源，制定了只吸引消费能力高的游客的计划。其供游客使用的旅游设施极其豪华，塞舌尔北岛酒店和费雷格特岛酒店曾在《福布斯》评出的世界最贵十大酒店中分别排名第二和第三，是世界各地富豪和明星首选的旅行下榻之地。旅游业已成为塞舌尔第一大经济支柱，目前每年接待约 14 万高消费外国游客，直接或间接创造了约 72%的国内生产总值，约占外汇收入的 70%。

3. 阳光之岛——毛里求斯

毛里求斯，全称毛里求斯共和国，是位于非洲东南面印度洋中的一个岛国，地处南大西洋和印度洋之间的航运要冲，由主岛毛里求斯岛与罗德里格岛、阿加莱加群岛、卡加多斯卡拉若斯群岛、查戈斯群岛等岛群组成，国土面积 2040km^2，人口 113 万，主要为印度和巴基斯坦人的后裔，另有克里奥尔人、华裔和欧洲人后裔，居民多信仰印度教，官方语言为英语，首都为路易港，属于英联邦成员国。1598 年开始为荷兰人统治，1715 年被法国人占领，1814 年沦为英国殖民地，1968 年 3 月 12 日独立，1978 年 4 月 15 日同中国建交。

毛里求斯主岛是火山岛，四周被珊瑚礁环绕，地貌千姿百态。沿海是狭窄平原，中部是高原山地，有多座山脉和孤立的山峰，景色颇为壮观。毛里求斯属亚热带海洋性气候，年平均降水量 1270～5000mm，年平均气温 23℃，高原湖泊为岛上居民提供了淡水资源。经济以甘蔗、茶叶、烟草及加工业为主，旅游业发达。在地缘上，毛里求斯属于非洲，但在文化上却是非洲、欧洲、东方文化的交融之地，在这里可以同时感受到法国的风情、英国的优雅、非洲的奔放和印度的神秘。这种多文化融合的特质，反映在毛里求斯建筑、美食、街景和轻松的度假气氛中。位于毛里求斯岛西北的路易港，为全国第一大城市和港口，也是全国政治、文化、经济中心，现有人口约 15 万。城市三面环山，风景秀丽，市政厅、自然博物馆、美术馆、图书馆、教堂等市内主要建筑是古代与现代、东方与西方风格的奇妙结合，路易港也就成为全国最大的旅游中心。

美国著名作家马克·吐温曾说过，“上帝先创造毛里求斯，再创造了伊甸园”，并赞美毛里求斯是天堂的“原乡”。而今，这里已成为全世界享受生命、解放自然的度假天堂。毛里求斯以其明媚的阳光、清澈的海水、绵柔白细的沙滩，以及毛里求斯人与生俱来的热情好客，每年吸引近百万具有中高档消费水平的休闲旅游者。据世界旅游论坛公布的《2007年旅游业竞争力报告》，毛里求斯在所统计的124个国家和地区中名列第39位，在整个非洲国家中名列第二位。长期以来，旅游业一直是毛里求斯的四大支柱产业之一和第三大外汇产业。按照其政府规划，2015年，毛里求斯要接待的外国游客超过200万人次。为此，政府将大力发展商务、会议、购物、医疗等特色旅游，加强旅游设施建设，新建五个度假村，增加2.5万间客房。目前毛里求斯已成为世界上五大婚礼及“蜜月”圣地之一，也是世界上“疗养和度假旅游”最佳目的地国家之一。毛里求斯已成为我国公民出境旅游的目的地国家，其卡特邦市还与我国黑龙江省的大庆市结为友好城市。

第三节　美洲地区特色旅游小国

美洲地区在自然地理上，是南、北美洲的统称；在人文地理上，又是盎格鲁美洲和拉丁美洲的总合；在综合区划上，又有北美洲、南美洲、中美洲和加勒比海地区四个区域。美洲地区共35个独立国家，其中小国不少，且多是历史时期贫穷落后的国家，但巴哈马、牙买加、哥斯达黎加和巴拿马等小国靠发展现代特色旅游，创造了脱贫致富的经济奇迹，如图8-2所示。

图8-2　美洲地区特色旅游小国分布示意图

一、加勒比海地区各岛国的海洋旅游

1．地理环境的基本特征

加勒比海为大西洋的属海，是介于南、北美之间的广大岛群区，是大西洋、太平洋和南、北美洲之间许多航线的必经之地，故有“美洲地中海”之称。其自然生态环境有三大明显的区域特征：①由三大岛群组成。大安的列斯群岛，位于加勒比海北面，由古巴岛、海地岛、牙买加岛、波多黎各岛及其附近的1000多个岛屿组成；小安的列斯群岛，位于加勒比海东面，自北而南呈弧形排列，由100多个岛屿组成，除特立尼大岛面积稍大外，大都为不足1000km^{2}大的火山岛；巴哈马群岛位于安的列斯群岛北面，由14个稍大的岛屿和许多珊瑚礁组成。②多特色风景地貌景观。加勒比海地区的多数岛屿地势低平，海拔10m左右，沿海多沼泽和潟湖，并有珊瑚礁环绕；小安的列斯群岛地区如瓜德罗普、马提尼克、多米尼克等岛都为火山岛。③热带气候。本区各国地处热带，分属于热带雨林和热带海洋性气候。该地区主要的国家有波多黎各、巴哈马、古巴、牙买加、巴巴多斯等。

加勒比海各国利用热带海岛风光优势，大力发展海滨浴场、海洋航行、矿泉休养、休闲度假等旅游活动。海滨旅游使旅游业成为这一地区各国的支柱产业。据世界旅游组织统计，2005年该地区接待国际入境游客1890万人次，国际旅游收入超过200亿美元。在加勒比海各国中，波多黎各风景秀丽、气候宜人，有“迷人之岛”誉称，旅游业成为其三大支柱产业之一；多米尼加向为美国、加拿大及西欧旅游者所青睐，早在1994年便接待国际游客220.9万次，创汇21亿美元；面积仅431km^2，人口仅27万的巴巴多斯，以优美的海滩吸引游客，现代旅游业已成为其国民经济的第一大产业，人称“加勒比富国”；巴哈马、牙买加等国的海洋旅游更是兴旺发达。

2．“人间伊甸园”——巴哈马

巴哈马全称巴哈马国，位于西印度群岛最北部，扼南、北美洲海上交通要冲，是出入加勒比海的门户之一。全境由700多个岛屿和2000多个岩礁组成，陆地面积1.39万km^2，人口28万，黑人占85%，其余为英国、加拿大、美国人后裔和少数海地人、牙买加人和华人，居民多信奉基督教。官方语言为英语，首都拿骚。1492年哥伦布到达群岛中的萨马纳岛，1647年欧洲开始向此移民，1917年宣布为英国殖民地，1782年被西班牙殖民者侵占，1783年正式沦为英国殖民地。1973年7月10独立，1997年5月23日同我国建交。

巴哈马位于美国佛罗里达州东南海岸对面，古巴北侧，领土从西北美国佛罗里达州沿海一直向东南延伸至古巴和海地的北部沿海，长达1220km。主要岛屿有大巴哈马岛、安德罗斯岛、伊柳塞拉岛和新普罗维登斯岛等，大多数岛屿地势低平，海拔10m左右。沿海多海滩沼泽和潟湖，并有珊瑚礁环绕。冬无严寒、夏无酷暑，森林植被常绿，被称为“四季花开六月岛”。巴哈马有不少海滨旅游胜地，如海湾岛南侧绵延数里的粉红色沙滩；天堂岛堪称世界一流的水清沙细海滩；拿骚港口东边的天然“海底公园”等。巴哈马政府充分利用其海洋资源优势，开发了惊险而刺激的潜水运动、深海捕鱼和钓鱼、私租岛屿独享度假体验、赏鸟，以及冲浪、板球、沙滩漫步、私人飞行游等特色旅游项目。巴哈马拥有世界上最大的海岛酒店——亚特兰蒂斯酒店，总共有23000多个房间、35间餐厅、11个游泳池，以及高尔夫球场、沙滩等，尽显奢华和气派。全国2/3的国民以旅游业为生，2005年，外国游客超过500万人次，创汇超过20亿美元，占其GDP的40%和外汇收入的80%。在每年接待的外国游客中，美国游客占80%。2005年2月，中国同巴哈马签署了两国旅游协议，巴哈马已被列为中国公民出境旅游的旅游目的地国家。

3．加勒比的"世外桃源"——牙买加

牙买加，位于加勒比海西北部，为岛国，陆地面积1.1万km^2，处于加勒比海的中心地带，扼经牙买加海峡到巴拿马运河的航线。人口约250万，黑种人和黑白混血种人，共占90%，其余为印度人、白种人和华人。居民多信奉基督教，官方语言为英语。公元1494年，哥伦布航海到此；1509年沦为西班牙殖民地；1655年被英国占领，1866年沦为英国直辖殖民地。1962年8月6日独立，1972年11月21日同中国建交。

牙买加主岛的东部为山地；中部和西部为丘陵和石灰岩高原，岩溶地貌发育，多洞穴；沿海地区为平原，土壤肥沃。牙买加属热带雨林气候，年平均气温27℃，年平均降水量2000mm。森林植被率为45%，物种资源丰富，有开花植物2800种、蕨类植物5500种，还有300多种苔藓和很多真菌；铝矾土储量居世界第三位。牙买加海岸线长1220km，港湾众多，红树林湿地、珊瑚礁石、海洋野生物质丰富多奇，海滨沙滩闻名于世，其尼格瑞尔海滩更是世界著名的十大海滩之一。旅游业、铝矾土采冶业和新兴的信息服务业为国民经济的三大支柱。2008年北京奥运会上，牙买加运动员一举夺得六金、三银、二铜共11枚田径奖牌，故而牙买加享有"新兴体育王国"的盛名。牙买加的首都金斯顿，为世界第七大深水良港，背山面海，风景如画，有"加勒比城市皇后"之誉，为著名的旅游疗养胜地。

牙买加人利用其特有的阳光、海水、沙滩，雄伟的山脉，奇险的峡谷，美丽的城市和街景，以及丰富的农林水产，人民的热情好客，大力发展了以海洋旅游为主体的现代旅游业。目前，牙买加旅游业直接从业人数为4万人，间接从业人数为17万人，行业总人数占牙买加就业人口的24%。2006年，国际入境游客为301.5万人次，其中过夜的游客为167.9万人次，游轮游客为133.6万人次，同比分别增长15.3%、13.5%、17.7%，行业产值占其GDP的16.7%，也是世界上旅游业人均收入最高的国家之一。牙买加的外国游客主要来自美国和加拿大。

二、中美洲各国的生态旅游

1．地理环境基本特征

中美洲是指墨西哥以南、哥伦比亚以北的美洲大陆中部地区，因轮廓狭长，故又称中美地峡。它东邻加勒比海，西濒太平洋，是连接北美大陆和南美大陆的桥梁。地形以高原山地为主，山地紧靠太平洋，属科迪勒拉山系自北向东南的延伸部分。北部为海拔1000～2500m的中山，东南部为海拔1000m左右的低山。沿海平原比较狭窄，宽度一般在20～100km之间。全境有活火山40余座，地震频繁。中美洲有多处地层陷落带，便于修建道路和开凿运河，巴拿马运河就是修建在巴拿马地峡上。气候东西两侧不同，东侧加勒比海沿岸为热带海洋气候，西侧太平洋沿岸属热带草原气候，山间气候温和。

中美洲包括危地马拉、萨尔瓦多、洪都拉斯、尼加拉瓜、哥斯达黎加、巴拿马和伯利兹等国。近些年来，中美洲各国致力于发展以生态旅游为主的现代旅游业，取得了令人瞩目的成就。

2."中美洲瑞士"——哥斯达黎加

哥斯达黎加全称哥斯达黎加共和国，位于中美洲南部，国土面积5.1万km^2，人口4905万，黑白混血人和纯种欧洲人占95%，另有3%的黑人后裔、19%的华人和少量印第安人。居民70.5%信奉天主教。官方语言为西班牙语，首都圣何塞。哥斯达黎加以其和平、民主、平等、政治稳定、人文发展水平较高而被认为是世界最安全的绿洲。哥斯达黎加是传统的单一经济国家，经历过了"木材周期"、"牛肉周期"、"可可周期"和"咖啡周期"，但都是以牺牲生态为代价，毁林开荒而使水土流失严重、土壤贫瘠。为保护热带雨林地区的生态环境以实现可持续发展，政府出台了《国民经济结构调整计划》，开始了从传统经济向多元经济的转变，致力于发展生态旅游经济。

哥斯达黎加的地形中部为崎岖的高原山地，多火山温泉，尤以间歇性火山伊拉苏火山最为有名；沿海为平原，土壤肥沃。哥斯达黎加为热带、亚热带气候，但受山地气候垂直分异的影响，变得复杂多样，有旱湿季之分。这里孕育出了丰富多奇的多样性生物种群，尽管其国土面积仅占世界的万分之三，生物种类却占世界的5%，拥有1.2万种植物物种，1449种脊椎动物，另有12个自然带和4个热带雨林景观。月均温在26～28℃，年均降水量在1500～6000mm之间。哥斯达黎加还拥有热带海岸沙滩、休眠火山、古运河河道、加勒比海绿毛龟栖息地，乃至成为美洲地区生态旅游资源最丰富的国家。为此，其先后建立了34个国家公园和保护区，大规模建设旅馆、度假村，使其生态旅游获得迅速发展，每年接待外国游客160万人次，创造16.5亿美元的外汇收入，旅游业成为全国最大产业和外汇来源。这使得哥斯达黎加成为美洲生活水平最高的国家之一，而且全民幸福指数排名世界第一。哥斯达黎加与中国已于2007年6月1日正式建立了外交关系，而且哥斯达黎加已成为我国公民出境旅游的主要目的地国家。

3."世界桥梁"巴拿马

巴拿马全称巴拿马共和国，位于巴拿马地峡峰腰上，是连接南北美洲的咽喉，被称为"世界桥梁"、"宇宙心脏"。国土面积7.7万km^2，人口230万。首都巴拿马城。巴拿马运河的修建和管理有一段十分艰难而传奇的历史，但现在的巴拿马运河及与其有关的美洲大桥、科隆自由贸易区、巴拿马城国际金融中心，为巴拿马的旅游业发展提供了良好的基础条件。

巴拿马的生态旅游（包括文化生态）资源丰富。首先，巴拿马是殖民地文化和移民文化的"博物馆"。从公元1513年航海家巴博亚在此建立殖民地据点，到1519年西班牙王国正式建立殖民地统治，使其成为美洲最大奴隶市场；美、法等国的工业科技渗入，欧洲、中国、印度等国移民的登陆定居，各种文化的交叉融合，使巴拿马具有了各种不同风采和魅力，且移民文化繁荣，是公认的世界级人文遗产。其次，巴拿马是生物"博览园"。巴拿马境内拥有世界上气候最适宜、物种最丰富的生态系统。43%的国土被森林覆盖，25%的国土属国家保护地区（其中含48个自然保护区、14个国家公园、1个地球生物保护圈和5个海洋公园），另有2800km长的海岸，珊瑚礁沿太平洋和大西洋两岸分布，17 万 km^2 红树林，这些在全球屈指可数；其大西洋海岸有从高山森林到热带雨林，再到珊瑚礁的“垂直走廊”，举世罕见。大西洋沿岸还有从“巴拿马—哥斯达黎加国际公园到达里恩”被誉为巴拿马旅游业生命线的自然生态线。在巴拿马包罗万象的生态系统中，还有 230 种哺乳动物（其中 23 种是稀有动物，16 种是两栖动物，11 种是稀有物种）、224 种爬行动物（其中 11 种为稀有物种）和 927 种鸟（其中有 5 种稀候鸟）。为此，巴拿马政府早在 1984 年就颁布了《巴拿马旅游业鼓励法》，努力改善旅游环境，大力发展生态旅游。目前，巴拿马的旅游外汇收入仅次于巴拿马运河和科隆自由区的创汇额。

三、拉美地区各国的玛雅文明之旅

1. 玛雅文明之旅的兴起

玛雅是一个地区、一支民族和一种文明，而且是重要的世界古文明之一。玛雅人 5000 年前就出现在墨西哥和中美洲危地马拉的太平洋海岸，在美洲远古的石器时代就开始了他们的生产活动。玛雅文明孕育、兴起、发展于今墨西哥的尤卡坦半岛、恰帕斯和塔瓦斯科两州、巴西以及中美洲的一些地方，包括今天的伯利兹、危地马拉的大部分地区、洪都拉斯和萨尔瓦多的西部地区，最北为北纬 22°，最南达北纬 14.4°。中部和南部为茂密的热带雨林，北部尤卡坦半岛则为十分干旱的灌木丛，几乎没有地表水。世界四大古文明都孕育滋长于大河流域，玛雅文明却崛起在贫瘠的石灰岩溶蚀高地和茂密的热带雨林之中，令人难以想象。

玛雅文明的金字塔神庙、巨石雕像和纪念碑、祭台，高超的抽象思维能力及其所创造的精确数学体系（采用 20 进位法和 18 进位法及天文历法系统，即太阳历），以及至今仍有待我们去破译的象形文字系统，其卓越的文化成就与当时的生产力水平相差之大也令人无法想象。玛雅文明是城市文明，其遗址除已被评为世界“新七大奇迹”之一的墨西哥奇琴伊察外，还有危地马拉的蒂卡尔、奇奇卡斯地兰可，洪都拉斯的科潘古城遗址等。为了让游客比较集中地观光考察玛雅文化遗址，以领略古代玛雅人的生活习俗和灿烂文化，墨西哥 2004 年投资 500 万美元与伯利兹共同推出了边境“玛雅大海岸”生态旅游项目；又与伯利兹、萨尔瓦多、危地马拉、洪都拉斯等中美洲国家一道组织了“玛雅之路旅游”，已渐成旅游热线。

2. 曾经的玛雅文明中心——危地马拉

危地马拉全称危地马拉共和国，位于中美洲北部地区，面积 10.88 万 km^2，人口 1400 万，主要民族为印欧混血种人和白人，居民 94%信奉天主教，4.9%信奉基督教，首都危地马拉城，奉行独立自主、积极中立、多元化和不结盟的外交政策。

危地马拉南濒太平洋，东临加勒比海和洪都拉斯，向北与陆地强国墨西哥、伯利兹，向南与洪都拉斯和萨尔瓦多相邻。全境 2/3 为山地高原。西部有库丘马塔内斯山脉，南部为马德雷山脉，西部和南部属火山地震带，有火山 30 多座，其塔胡穆尔科大山海拔 4211m，为中美洲最高峰，北部有佩藤低地，太平洋沿岸有狭长沿海平原。危地马拉位于热带，北部及东部沿海平原地区属热带雨林气候，南部山地属亚热带气候，有干湿季之分。森林资源丰富，盛产桃花木等贵重木材，生态旅游资源更是丰富多奇。

4～11 世纪，危地马拉的佩藤低地地区是古老玛雅文明中心，遗留许多玛雅文明时期的金字塔和城市废墟至今，尤其是被列入《世界文化遗产名录》的蒂卡尔，是玛雅古典时期的最大、最华丽的城邦，坐落于危地马拉北部的热带丛林深处。其区域面积超过 65km^2，目前经挖掘并已开放观光的古迹有 4000 多处，其中有金字塔、祭坛、石碑等遗迹 3000 座以上，其中心区域集中了大型金字塔十几座、小型神庙 50 多座，均分布于古老的广场中心四周。建筑物前雕刻的石碑和祭台林立成行，井然有序。更令人叹为观止的是，蒂卡尔最大金字塔自底部至顶端高达 70m，其外形有如欧洲的哥特式教堂般奇峭，人称“丛林大教堂”，现已成为当今危地马拉玛雅文明之旅的核心资源。

3. 玛雅文明之旅线路枢纽——伯利兹

伯利兹位于中美洲东北部，国土面积 2.23 万 km^2。人口 32.2 万，混血种人和克里奥尔人分别占总人口的 44.1%和 31%。居民中 62%信奉天主教，28%信奉基督教。伯利兹曾为英国殖民地，1981 年宣布独立，但仍为英联邦成员国，是中美洲唯一以英文为官方语言的国家。首都为贝尔莫潘。伯利兹北部与西北部邻墨西哥，西与西南与危地马拉接壤，东濒加勒比海。海岸线长 322km。地形大致可分为南、北两个部分。其南部以玛雅山脉为主体，北部为海拔不到 61m 的低地区，距海岸 24km 的海面上有世界第二大堡礁与海岸平行。伯利兹属热带雨林气候，森林覆盖率为 90%，盛产红木、苏木、染料木等珍贵林木，沿海渔业资源丰富。伯利兹还有八大野生动物保护区，其中美洲虎和红脚鲣保护区为世界仅有。

伯利兹利用其丰富的生态旅游资源，每年吸引着大批欧美游客来此感受椰风海韵的热带风情。由于伯利兹曾是玛雅人的家园，曾创造过光辉灿烂的古代文明，至今遗存有大量玛雅遗址。其中最为著名的一是南部山脉的玛雅城邦卡拉科尔，这里拥有高度超过 42m、比著名的莱卡尔美洲豹金字塔还高 4m 的凯纳金字塔；二是在与危地马拉接壤的修南图内奇，留有伯利兹境内最高金字塔——卡斯蒂奥城堡及其他金字塔群。伯利兹政府特别重视对生态旅游资源和玛雅文化旅游资源的开发。前者主要依靠亚热带气候开发海滨和海上娱乐项目；后者是将伯利兹的玛雅古遗址和周边国家墨西哥、危地马拉、洪都拉斯和萨尔瓦多联系起来，形成一条全长 2400km 的玛雅文化观光旅游线。伯利兹已成为美洲地区玛雅文明之特色旅游线路的枢纽。

实战演练

一、课堂讨论

1. 世界一系列小国的富国之道对中国小区域旅游发展的启示。
2. 接待穆斯林国际旅游者应有的设施设备及应注意的社交礼仪。

二、复习思考

1. 文莱和巴林自然生态环境及国际旅游业发展特点的比较。
2. 印度洋上的塞舌尔、毛里求斯、马尔代夫各自国际旅游业发展的特点。
3. 卢森堡国际入境旅游发展的条件和特点。

4. 马耳他和塞浦路斯地理位置特征及国际入境旅游各自发展的特点。

5. 摩纳哥、列支敦士登、安道尔、梵蒂冈国际入境旅游各自的绝招及客源。

6. 加勒比海与中美地峡小国特色旅游的异同比较。

三、实践指点

1. 在世界政区地图上找出教材所述特色旅游小国所处的地理位置。

2. 设计制作世界各特色旅游小国的国土面积和人口规模、地理位置特征、资源特点、接待国际旅游者的规模比较一览表。

四、知识拓展与案例

【知识拓展与案例8-1】 世博旅游

世博会全称世界博览会，是一项由主办国政府机构或委托的有关组织举办的有较大影响的、历史悠久的国际性活动，是一种非商业性交易的博览会。世博会的宗旨是促进世界各国经济、文化、科学技术的交流和发展，使每个参加博览会的国家利用参展机会，向全世界展示自己在各个领域所取得的成就。举办世博会可以向世界推介举办国的产品和技术，发展国际贸易和技术交流；可以扩大国际间的交流和合作，提高举办国的国际地位；可以开阔眼界，学习世界各国的先进科学技术；可以带动和促进举办国城市建设和经济发展，获得较好的经济效益。因此，世界各国都积极争取举办世博会，世博会也就被誉为世界经济、科学技术的“奥林匹克”盛会。

世博会自从1851年5月1日在英国伦敦举办首届以来，已有160年的历史，至今在世界各国已举办了340多次各种类型的博览会。世博会的举办国和举办城市多集中于欧美发达国家，但已有向亚洲发展的趋向。至目前为止，亚洲已有日本、韩国、中国三个国家举办过世博会，中国于1999年在昆明举办的“99中国昆明世界园艺博览会”影响很大，2010年的上海世博会更是盛况空前。世博会的国际机构是国际展览局，成立于1928年，总部设在法国巴黎。到目前为止，国际博览局共有47个会员国。中国于1993年5月30日加入国际博览局成为会员国，并于1993年增选为国际博览局信息委员会委员。世界博览会宪章是《国际展览巴黎公约》，签订于1928年。该公约明确规定了世博会参展者和组织者的权利和义务，明确规定3～5年举办一次综合性世博会，时间不超过6个月；在两次综合性博览会期间可以适当安排专业性的博览会。2010年上海世博会即为综合性世博会，99中国昆明世界园艺博览会则为专业性博览会。

世博会旅游是当代一大旅游热点，如1992年的西班牙塞维利亚世博会，观光游览的旅游者达600万人次；2005年的日本世博会，仅中国馆就接待观光旅游者570万人次；2010年上海世博会观光游览的人数有7000万人次，旅游收入达800亿人民币。而且，世博会旅游像奥运旅游一样，有“前世博旅游”、“中世博旅游”和“后世博旅游”时期，在世博会之后，举办国及举办城市在相当一段时期内仍可吸引大批国际、国内旅游者前来观光游览和考察；很多世博会的设施将作为遗产成为永久的旅游景点和景物。法国巴黎世博会留下的埃菲尔铁塔至今仍为巴黎的标志性景观，备受旅游者的青睐，就是其典型的例证。

◆ **联想：**①世博会与旅游的关系；②网上查阅世界近现代旅游奠基人托马斯·库克同世界博览会的关系；③网上查阅并整理2010上海世界博览会的社会经济效益。

【知识拓展与案例 8-2】 奥运旅游

奥运会全称国际奥林匹克运动会。古代希腊人把体育竞赛看做祭祀奥林匹斯山众神的一种节日活动。公元前 776 年在距雅典 300km 的古希腊伯罗奔尼撒半岛西部的奥林匹亚村举行了人类历史上最早的运动会，为了纪念这次运动会，1896 年由法国的顾拜旦男爵在希腊雅典创办了真正意义上的现代奥林匹克运动会。以后，这种运动会虽定期轮流在各国举行，但仍沿用“奥林匹克”的名称。奥运会有夏季奥运会、冬季奥运会和残疾人奥运会之分。经 100 多年的发展，奥运会尤其是夏季奥运会已成为世界最大规模、最具影响的一大体育盛事，各个国家政府和城市都竞相举办、积极参与。

奥运旅游是指以奥运会的各种名义而引发的各种旅游活动和与举办城市、社会、文化相结合的一种特色旅游活动。从旅游本身看，奥运旅游包括体育赛事参与、观光、交流、会议，以及由此引发的商务旅游、文化旅游、宗教旅游、节庆旅游、公务旅游、观光旅游、购物旅游等各种形式的综合旅游活动。奥运旅游作为特殊形式的旅游，具有全球性、阶段性（一般分为约 7 年的前奥运、17 天的中奥运、约 3 年的后奥运三个阶段）、集中性、高层次性等特点。实践经验表明，现代奥运会及奥运旅游对举办国及举办城市的区域影响越来越深远而长效。2008 年，我国北京成功举办了第 29 届国际奥运会，其影响和作用诚如国际奥委会 2002 年就发表的《百年奥运会分析研究报告》指出的，国际奥运会对举办城市和东道国的功能和作用包括树立举办城市的国际形象、留下体育馆和人才、增进人们对体育的热爱、增进东道国国民的向心力和凝聚力及促进旅游业的发展五个方面。奥运会后，北京市已成为世界人民向往的国际旅游城市。

◆ **联想：**①以北京为例，说明奥运旅游对举办城市和举办国家的综合影响；②中国除北京外，尚有哪些城市可创造条件申办奥运会。

五、旅游景观美学欣赏

梵蒂冈圣彼得堡大教堂

毛里求斯路易港

摩纳哥蒙特卡洛温泉浴场

卢森堡阿道夫大桥

文莱努洛伊曼皇宫

巴林穆哈拉格岛

参 考 文 献

[1] 王兴斌．中国旅游客源国概况[M]．北京：旅游教育出版社，2006．
[2] 李志勇．客源国概况[M]．成都：四川大学出版社，2002．
[3] 姚昆遗．中国旅游客源国家和地区[M]．福州：福建人民出版社，2002．
[4] 宝胜，舒惠芳．客源国概况[M]．北京：机械工业出版社，2003．
[5] 张建融．客源国概况[M]．北京：北京大学出版社，2005．
[6] 陈家刚．中国旅游客源国概况[M]．天津：南开大学出版社，2005．
[7] 李树藩．最新各国概况[M]．长春：长春出版社，2007．
[8] 杨载田．旅游客源国概论[M]．北京：科学出版社，2008．
[9] 潘建．世界知识地图集[M]．成都：成都地图出版社，2002．
[10] 多林，金德斯列．世界地图集[M]．成都：成都地图出版社，2004．
[11] 江永欣．世界地图集[M]．北京：星球地图出版社，2002．
[12] 陶卓民，胡静．旅游市场学[M]．北京：高等教育出版社，2001．
[13] 罗明义．国际旅游发展导论[M]．天津：南开大学出版社，2002．
[14] 许汎．中国旅游市场概论[M]．北京：中国旅游出版社，2004．
[15] 赵西萍．旅游市场营销学[M]．北京：高等教育出版社，2005．
[16] 王晨光．旅游目的地营销[M]．北京：北京大学出版社，2005．
[17] 李天元．旅游学概论[M]．5 版．天津：南开大学出版社，2003．
[18] 魏小安．旅游目的发展实证研究[M]．北京：中国旅游出版社，2002．
[19] 赵荣，王恩涌，张小林，等．人文地理学[M]．北京：高等教育出版社，2006．
[20] 陈才．世界经济地理[M]．北京：高等教育出版社，1995．
[21] 郑胜华，潘海颖．世界经济地理[M]．杭州：浙江大学出版社，2005．
[22] 周彩屏．浙江旅游客源国（地区）概况[M]．杭州：浙江大学出版社，2005．
[23] 孙玉琴，袁绍荣．世界旅游经济地理[M]．广州：华南理工大学出版社，2002．
[24] 于志达．国际贸易地理概论[M]．天津：南开大学出版社，2004．
[25] 杨载田．中国旅游地理[M]．3 版．北京：科学出版社，2010．
[26] 王鹏，杨载田，戴学军．国际区域旅游市场研究[M]．北京：中国言实出版社，2007．
[27] 金俊良．世界之旅丛书[M]．北京：旅游教育出版社，2000．
[28] 王成家．新版各国概况[M]．北京：世界知识出版社，2002．
[29] 孙淑华，张瑜．中国周边国风情录[M]．北京：气象出版社，2003．
[30] 柏杨．主要客源地概况[M]．北京：人民邮电出版社，2006．
[31] 环球国家地理精华编委会．环球国家地理精华[M]．长春：吉林出版社，2007．
[32] 瞿文明．世界国家地理[M]．北京：光明日报出版社，2004．
[33] 刘晓丽，李敏．国外的旅游名景[M]．北京：中国社会出版社，2006．
[34] 许春晓．世界旅游地理[M]．长沙：湖南大学出版社，2005．

[35] 杨青山，韩杰，丁四保．世界地理[M]．北京：高等教育出版社，2005.
[36] 张铁伟．伊朗[M]．北京：社会科学文献出版社，2005.
[37] 刘庚岑，徐小云．吉尔吉斯斯坦[M]．北京：社会科学文献出版社，2005.
[38] 刘鑫．南亚东南亚 10 国自助游[M]．北京：中国轻工业出版社，2005.
[39] 纪江红．世界百科[M]．北京：北京出版社，2007.
[40] 李金龙．国家地理百科[M]．呼和浩特：远方出版社，2005.
[41] 李伟山．中国入境旅游客源的文化分析[J]．广东民族大学学报，2007（1）.
[42] 郑淑清，等．中国出境旅游发展研究[J]．江西财经大学学报，2006（2）.
[43] 张凌云，杨晨．从创汇优先到平衡收支：我国出境旅游发展战略的再认识[J]．旅游学刊，2007（6）.
[44] 张蕴岭．亚洲现代地理透析[M]．北京：社会科学出版社，2001.
[45] 张佑印．旅华日本、韩国游客旅游决策影响因素分析[J]．陕西师范大学学报，2006（1）.
[46] 张丹宇．日本海外旅游市场动向的分析研究[J]．云南师范大学学报，2005（2）.
[47] 孙洪杰．韩国游客赴中国旅游市场分析及对策[J]．苍州师专学报，2006（1）.
[48] 马勇．亚太旅游市场分析与营销战略创新[J]．世界地理研究，2003（4）.
[49] 廖芳．中国旅游发展及在亚太旅游中的地位和作用分析[J]．商业经济，2006（2）.
[50] 谢昆．欧洲游追近中国[J]．中国对外贸易，2004（2）.
[51] 胡建伟．国际滨海度假旅游的发展策略研究[J]．广西社会科学，2006（3）.
[52] 朱应皋，万绪才．全球旅游 11 强（国）旅游业国际竞争力综合评价[J]．地理与地理信息科学，2004（3）.
[53] 汪德根，陆林，刘昌雪．德国出境旅游市场比较优势与市场拓展对策——兼论旅游市场开发[J]．经济地理，2004（3）.
[54] 孙根年．新世纪中国入境旅游市场竞争分析[J]．经济地理，2005（1）.
[55] 张学君．感受欧洲旅游文化[J]．文史杂志，2002（2）.
[56] 赵汀，赵逊．欧洲地质公园略影[J]．国土资源，2004（1）.
[57] 孙晓谦．中俄边境地区旅游开发潜力研究[J]．西伯利亚研究，2002（1）.
[58] 任志远．中国旅游德国外客源市场态势分析[J]．西北大学学报，2004（4）.
[59] 刘文波．我国出境旅游市场的现状及趋势[J]．商业经济与管理，1999（3）.
[60] 励新建．国外旅游业研究综述[J]．北京第二外国语学院学报，2006（1）.
[61] 何效祖．英国旅游业发展战略及借鉴价值研究[J]．旅游学刊，2006（3）.
[62] 林壁高．英国出境旅游产品分析[J]．旅游学刊，2005（2）.
[63] 朱玲．法国旅游业的成功之道[J]．首都经济，2002（3）.
[64] 朱晔．浅谈意大利的可持续发展[J]．陕西职业学院学报，2005（2）.
[65] 钱西博．西班牙如何发展旅游业[J]．中国改革，2001（6）.
[66] 毋连龙．经济一体化的北美自由贸易协定制度研究[J]．财经界，2006（11）.
[67] 丁登山．北美洲旅游资源和旅游业特征[J]．中学地理教学参考，2007（1）.
[68] 陈元和．生态旅游业与可持续发展研究[J]．绍兴文理学院学报，2004（4）.
[69] 叶和平．拉美会议业发展经济及其对澳门的借鉴意义探析[J]．澳门理工学院学报，2006（2）.
[70] 徐世澄．中拉文化的特点、历史联系与相互影响[J]．拉丁美洲研究，2006（5）.
[71] 叶贵平．拉美会展发展经验[J]．澳门理工学院学报，2006（2）.
[72] 李包相，于文波．美国发展生态旅游的经验与启示[J]．人文地理，2006.（3）.

[73] 马耀峰，赵华，王晓峰．来华美国旅游者旅游偏好的实证研究[J]．西北大学学报（自然科学版），2006（1）.
[74] 蒋德恩．节事旅游在加拿大旅游业发展中的作用[J]．北京第二外国语学院学报，2006（3）.
[75] 何元贵．中国与加拿大旅游服务贸易的比较分析[J]．北京第二外国语学院学报，2005（5）.
[76] 贺绚．中墨文化交流的新篇章[J]．美术，2005（8）.
[77] 代彦玲．墨西哥[J]．青年科学，2006（3）.
[78] 海南省代表团．我们眼中的巴西、智利旅游业[J/OL]．海南人大，2002（8）.
[79] 罗丹，孙小燕．巴西狂欢节[J]．海外英语，2006（5）.
[80] 孙国维．桑巴狂舞里约热内卢[J]．文化交流，2006（4）.
[81] 朱志远．阿根廷华丽的足球殿堂[J]．足球世界，2005（8）.
[82] 沈安．阿根廷新的历史机遇[J]．今日世界，2005（23）：62.
[83] 唐乾．风情万种的阿根廷[J]．文化，2006（6）.
[84] The Hawaii State Government. Reportto the 2003 Legis lature, Progress on the Study: Planning for Sustainable Tourism in Hawaii—A Study on the Carrying Capacity for Tourism [EB/OL]．2003-1. http://www.hawaiitourismstudy.com.
[85] U.S. Department of State. Over View of Sustainable Ecotourismin the United States of A Merica [EB/OL].2003-4-8. http://www.state.gov/g/oes/rls/or/19412. htm.
[86] 庞晓华．委内瑞拉油气工业现状[J]．中国石油和化工分析，2006（19）.
[87] 殷德洪．秘鲁矿业振兴已见成效[J]．世界有色金属，2007（5）.